¿GAY Y CRISTIANO?

¿GAY Y CRISTIANO?

MICHAEL L. BROWN, PhD

CASA
CREACIÓN

La mayoría de los productos de Casa Creación están disponibles a un precio con descuento en cantidades de mayoreo para promociones de ventas, ofertas especiales, levantar fondos y atender necesidades educativas. Para más información, escriba a Casa Creación, 600 Rinehart Road, Lake Mary, Florida, 32746; o llame al teléfono (407) 333-7117 en Estados Unidos.

¿Gay y cristiano? por Michael L. Brown, PhD
Publicado por Casa Creación
Una compañía de Charisma Media
600 Rinehart Road
Lake Mary, Florida 32746
www.casacreacion.com

A menos que se exprese lo contrario, todas las citas de la Escritura están tomadas de la Santa Biblia Reina Valera Revisión 1960 © Sociedades Bíblicas Unidas, 1960. Usada con permiso.

El texto bíblico marcado (PDT) corresponde a la Biblia: La Palabra de Dios para Todos. Copyright: © 2005, 2008, 2012 Centro Mundial de Traducción de La Biblia.

El texto bíblico marcado (NVI) corresponde a la Santa Biblia, Nueva Versión Internacional® NVI® Copyright © 1999 por Bíblica, Inc.® Usado con permiso. Todos los derechos reservados mundialmente.

Traducido por: Nahúm Sáez
Diseño de la portada: Justin Evans
Director de diseño: Bill Johnson

Visite la página web del autor: www.AskDrBrown.org

Library of Congress Control Number: 2014905709
ISBN: 978-1-62136-878-6
E-book ISBN: 978-1-62136-879-3

Nota de la editorial: Aunque el autor hizo todo lo posible por proveer teléfonos y páginas de internet correctas al momento de la publicación de este libro, ni la editorial ni el autor se responsabilizan por errores o cambios que puedan surgir luego de haberse publicado.

Impreso en los Estados Unidos de América
14 15 16 17 * 7 6 5 4 3 2 1

Dedicado a todos aquellos que
se identifican como lesbianas,
gays, bisexuales y transexuales
(LGBT, siglas en inglés) o atraídos
hacia el mismo sexo y que
desean amar y servir al Señor,
para que conozcan la plenitud
del amor de Dios en Jesús.

CONTENIDO

PREFACIO

¿SE PUEDE SER gay y cristiano? La manera en que respondamos a esa pregunta tiene mucho que ver con nuestra definición de términos. ¿Significa "gay" simplemente tener atracción por el mismo sexo? ¿Significa practicar la homosexualidad romántica y sexualmente? ¿Quiere decir que se tiene una identidad "gay"? ¿Y qué decir de "cristiano"? ¿Significa ir a una iglesia cristiana? ¿Haber nacido en una familia cristiana? ¿Ser un verdadero seguidor de Jesús?

Este libro tiene la intención de responder a la pregunta de si usted realmente puede seguir a Jesús y practicar la homosexualidad al mismo tiempo, aunque no ha sido escrito a la ligera. Para muchos de ustedes que leen, esta es la pregunta más grande (y más urgente y dolorosa) en su vida. Tal vez usted creció en un hogar cristiano y, desde que tiene memoria, se sintió atraído hacia los miembros del mismo sexo. ¿Quiso esto decir que Dios lo rechazó? ¿Que lo predestinó a la condenación? ¿Que usted nunca se podría casar o tener una familia propia?

Tal vez usted apreció profundamente la moralidad bíblica y la pureza sexual, pero no encontró ninguna salida legítima para sus deseos románticos y sexuales—una salida bendecida por Dios para el amor que usted sintiera por alguien—así que fue a consejería, a terapia, tal vez incluso a algún tipo de liberación y exorcismo, sólo para descubrir que sus deseos seguían iguales. Y tal vez contempló (o intentó) el suicidio.

O quizás simplemente perdió su fe, siendo incapaz de conciliar sus deseos amorosos y sexuales, que para usted eran no solo algo que hacía, sino más bien una parte esencial de lo que usted es en el centro de su ser. O tal vez decidió estudiar las cuestiones teológicas de nuevo, llegando a la conclusión de que la Biblia no estaba en contra de las relaciones homosexuales—amorosas y monógamas—sino contra las relaciones abusivas de violación, pederastia o prostitución, o que estaba en contra de los actos homosexuales en el contexto de la idolatría.

Si lo estoy describiendo aquí, entonces este libro es para usted.

Tal vez esté al otro extremo del espectro. Quizás sea un seguidor consagrado a Cristo y esté seguro de que las Escrituras, que reflejan el deseo y la voluntad de Dios, prohíben la práctica homosexual. Es probable que esté preocupado por los efectos generalizados del activismo gay en nuestra cultura y está convencido de que son una amenaza real para nuestras libertades de expresión, de conciencia y religión. Y es posible que conozca personas que dicen haber sido "gays"—en otras palabras, homosexuales o personas que simplemente ya no se identifican ni viven como homosexuales—y está completamente seguro de que Jesús puede liberarnos de cualquier cosa.

Este libro también es para usted. Es más, es para todos los lectores que simplemente están interesados en lo que las Escrituras enseñan acerca de este tema tan importante, o en cómo vamos a responder (a nosotros mismos o a aquellos a quienes ministramos) a la cuestión de la homosexualidad.

Como heterosexual felizmente casado, no pretendo afirmar que entiendo a plenitud los desafíos que enfrentan quienes se identifican como gays o lesbianas (o, para el caso, como bisexuales o transexuales), pero sinceramente puedo decir que he llevado estos temas al Señor con lágrimas, que he escuchado con atención las historias de las personas LGBT (tanto los que se identifican como cristianos como los que no lo hacen), que he revisado en profundidad los argumentos pertinentes de las Escrituras, y que cada palabra de este libro fue escrito con un anhelo por Dios y por la gente.

Aunque este libro está escrito en un estilo popular en comparación con el académico, está basado en décadas de investigación académica seria y hace referencia a los estudios más importantes sobre el tema. Y aunque está escrito con un corazón pastoral, no es un manual de consejería, ni es una guía para ayudar a las personas con atracción no deseada hacia el mismo sexo, aunque creo que va a ser de gran ayuda para pastores, consejeros y creyentes (o incluso no creyentes) procedentes de una amplia gama de orígenes.

La bibliografía es más selectiva que completa, enumerando sólo los libros directamente relevantes (en lugar de artículos) y excluyendo los comentarios bíblicos y léxicos, junto con obras de carácter general sobre la homosexualidad y los sitios web pertinentes. También he incluido un nuevo libro de Matthew Vines, programado para ser lanzado casi al mismo tiempo que este. Yo no tengo acceso a su manuscrito, pero debido a que su conferencia sobre la Biblia y la homosexualidad corrió como reguero de pólvora, quise hacer referencia a su libro. (Para ser franco, no encontré nada nuevo o persuasivo en su discurso, a pesar de su popularidad).

En el espíritu de Isaías 1:18, presentémonos, entonces, delante del Señor y razonemos juntos, abrazando su voluntad con confianza y gozo, con los ojos puestos en Jesús, el autor y consumador de nuestra fe (Hebreos 12:2), sabiendo que todo lo que Dios tiene para su pueblo es lo mejor.

—Dr. Michael Brown

Una nota acerca de la terminología: El año pasado empecé a llamar a los maestros, predicadores, profesores y traductores de la Biblia a que dejaran de usar el nombre de "Santiago" en vez de "Jacobo" (que es lo que dice el griego en todo el Nuevo Testamento),[1] y a fomentar también la recuperación del nombre de "Judá" en vez de "Judas" (sí, esto sin duda marca una diferencia). Por lo tanto, en todo el libro, utilizo Jacobo con Santiago en paréntesis (lo mismo con Judá y Judas).

Capítulo 1

EL AMOR no HACE MAL al PRÓJIMO

El argumento del "cristiano gay": El amor es el cumplimiento de la ley y no hace mal a su prójimo. Pero la enseñanza eclesiástica de que la práctica homosexual es pecado ha hecho un daño enorme a muchas personas LGBT excelentes y, por lo tanto, no está amando. Si hemos de amar a nuestro prójimo como a nosotros mismos, debemos apoyar a nuestros hermanos y hermanas LGBT.

La respuesta bíblica: Si bien es cierto que muchos "cristianos gays" han sido heridos por la iglesia y, si bien es cierto que esta a menudo ha fracasado miserablemente en alcanzar con compasión a las personas LGBT, la mayor expresión posible de amor es decirle a la gente la verdad de Dios, sabiendo que sus caminos son mejores.

JUSTIN LEE ES EL fundador de la Red Cristiana Gay. En su importante libro *Torn* [Desgarrado] cuenta la historia de su vida con doloroso detalle.[1] Llamado "Godboy" [niño de Dios] cuando era adolescente a causa de su devoción por Cristo, se sorprendió al descubrir que no se sentía atraído por el sexo opuesto, como todos sus amigos y compañeros. ¡Más sorprendente aun fue el descubrimiento de que se sentía atraído por el mismo sexo!

Al igual que muchas otras personas que han vivido a través de este trauma espiritual y emocional, a menudo lloraba hasta dormirse, rogando a Dios que lo cambiara, sólo para descubrir que sus deseos amorosos y sexuales no cambiaban. ¿Qué iba a hacer?

Él sabía que no podía actuar en cuanto a esos deseos—después de todo, era soltero y cristiano, así que actuar en cuanto a sus impulsos sexuales estaba prohibido—pero tenía toda su vida por delante. ¿No iba a poder casarse nunca y tener hijos? ¿Estaba destinado al celibato a menos que Dios lo cambiara?

Como cuenta en su historia, en su profunda agonía y por devoción al Señor, prometió ser célibe el resto de su vida, si eso era lo que su Padre celestial requería. Pero, ¿lo era? ¿Qué decía la Escritura?

Así que se entregó al estudio intenso de los pasajes bíblicos relevantes en Génesis, Levítico, Romanos y 1 Corintios, luchando con la Palabra, queriendo encontrar la verdad, sólo para concluir que todavía no estaba seguro.

Él escribe:

> Sin embargo, la incertidumbre fue más que lo que podía soportar, y temió convencerse a sí mismo de algo que no era correcto a los ojos de Dios, por lo que decidió que tendría que comprometerse a ser célibe a menos que Dios cambiara de alguna manera su manera de pensar, pero aun esto no encajaba con él.[2]

Y entonces la luz se encendió. Lee llegó a la conclusión de que había un principio superior, un principio innegable, basado en el cual sería perfectamente correcto delante de Dios el que dos gays o dos lesbianas hicieran entre sí un compromiso monógamo para toda una vida; es decir, que entraran en un "matrimonio" entre personas del mismo sexo. Era la ley del amor, la regla de oro.

Como lo dijo Jesús: "Así que, todas las cosas que queráis que los hombres hagan con vosotros, así también haced vosotros con ellos; porque esto es la ley y los profetas" (Mateo 7:12; Ver también Mateo 22:37-39). O, en palabras de Pablo:

> No debáis a nadie nada, sino el amaros unos a otros; porque el que ama al prójimo, ha cumplido la ley. Porque: No adulterarás, no matarás, no hurtarás, no dirás falso testimonio, no codiciarás, y cualquier otro mandamiento, en esta sentencia se resume: Amarás a tu prójimo como a ti mismo. El amor no hace mal al prójimo; así que el cumplimiento de la ley es el amor.
> —ROMANOS 13:8-10; VER TAMBIÉN GÁLATAS 5:14

Lee explica la evolución de su pensamiento:

> Pensando en estas normas, se hizo mucho más fácil interpretar los pasajes difíciles de las Escrituras de manera coherente. Sí, había esclavos en tiempos de la Biblia, pero, ¿no exige el amor ágape desinteresado su libertad? Las reglas acerca de cubrirse la cabeza y la longitud del cabello tenían un propósito en la cultura de Pablo [ver 1 Corintios 11], pero si no tienen relevancia fundamental en nuestra comisión a amar desinteresadamente a Dios y a nuestro prójimo, entonces, guiados por el Espíritu, podemos hacerlas a un lado hoy.[3]

A continuación, Lee trató de aplicar "esas normas a la cuestión de la homosexualidad" reconociendo, por supuesto, que había "muchos tipos de comportamiento homosexual" que eran claramente egoístas, dirigidos por la carne y no por el verdadero amor, incluidas cosas como violación, prostitución y explotación infantil.

> Pero supongamos que dos personas se amaban con todo su corazón, y querían comprometerse uno al otro ante los ojos de Dios a amarse, honrarse y apreciarse; a servirse desinteresadamente y a animarse entre sí, para servir a Dios juntos; a ser fieles por el resto de sus vidas. Si fueran de sexos opuestos, lo llamaríamos santo y hermoso, algo que celebrar. Pero si cambiamos una sola cosa: el sexo de uno de esos individuos—aunque se mantengan el mismo amor, altruismo y compromiso—, de repente muchos cristianos lo llamarían abominable y condenado al infierno.[4]

El presidente Barack Obama evocó un enfoque similar a la Escritura cuando indicó el 9 de mayo de 2012, lo ya por todos conocido:

> En cierto momento, acabé concluyendo que, para mí personalmente, es importante avanzar y afirmar que creo que las parejas del mismo sexo deberían poder casarse...La raíz de lo que pensamos es que, no sólo que Cristo se sacrificó a sí mismo por nosotros, también tenemos la Regla de oro; ustedes saben, tratar a los demás como a ustedes les gustaría que los traten.[5]

En efecto, esto se ha convertido en uno de los argumentos más contundentes en el debate del "cristiano gay": la ley del amor nos obliga a aceptar a las parejas del mismo sexo. Ciertamente, la humanidad común lo requiere. Es más, negarles el derecho a casarse y estar juntos a esas parejas comprometidas del mismo sexo no sólo viola la ley del amor. Es negarles *a ellos* el derecho a amar. El antropólogo Patrick Chapman expresa esto en el título de su reconocido libro: *Thou Shalt Not Love: What Evangelicals Really Say to Gays* [No amarás: Lo que los evangélicos dicen realmente a los gays].[6]

¿Qué cristiano compasivo y sin prejuicios querría decir a sus hermanos y hermanas en el Señor que son gay: "No amarás"? ¿Es esto, entonces, lo que nosotros como seguidores de Cristo les estamos diciendo en realidad a ellos? El periodista John Shore, cristiano profesante, afirma que la respuesta es enfáticamente (y trágicamente) sí. Así que escribe:

> Aquí está la gran diferencia entre la homosexualidad y otros pecados: No hay pecado que yo pueda cometer que, en virtud de haberlo cometido, me haga incapaz de amar o ser amado. Puedo cometer un asesinato. Puedo hurtar. Puedo robar. Puedo violar. Puedo beber hasta morir. Puedo hacer cualquier cosa terrible en absoluto y nadie afirmará que, inherente a la condición que me hizo hacer eso, por *naturaleza*, soy simplemente incapaz de dar o recibir amor.
>
> Nadie le dice al bebedor crónico, o al glotón, o al adúltero, o a cualquier otro tipo de pecador, que deje de experimentar el amor. Sin embargo, eso es exactamente lo que muchos cristianos insisten que hagan los gays.[7]

¿Es esto realmente así? Shore continúa:

> Cuando usted le dice a una persona gay que se "resista" a serlo, lo que en verdad le está diciendo "lo que usted realmente *quiere decir*" es que sea célibe.
>
> Lo que usted verdadera y realmente está diciendo es que quiere que se condene a una vida carente de la clase de amor perdurable, romántico, de pareja que todas las personas, incluidos los cristianos, entienden como casi la mejor parte de estar vivo.[8]

¿Qué, pues, estamos diciendo a una persona gay que quiere seguir a Cristo? Según Shore, este es nuestro mensaje:

Quédate solo, estás exigiendo. Vive solo. No sostengas la mano de nadie. No te acurruques en el sofá con nadie. No te abraces con alguien en la noche antes de dormir. No tengas a nadie con quien charlar mientras tomas café por la mañana. No ates tu vida a la de otro. Vive toda tu existencia sin conocer esa alegría, ese compartir, esa paz. Simplemente dile "no" al amor. Quédate solo. Vive solo. Muere solo.

La "tentación pecaminosa" que los cristianos siempre están instando a las personas LGBT a resistir es el amor.

Ahora bien, ¿no es gracioso que el amor fuera la *cosa* en la que Jesús expuso muy claro el deseo de que sus seguidores extendieran a los demás? Es tan gracioso que hace que usted ría hasta que le dan ganas de llorar. [En la primera edición de este libro, Shore llamó a esa posición "idiotez cruel"].[9]

¿"IDIOTEZ CRUEL"?

Entonces, ¿es "idiotez cruel" negarle a una persona gay el derecho de amar a otra persona, sobre todo si lo hacemos en el nombre de Cristo? ¿Es esto lo que la iglesia practica: "odiar a tu prójimo" en vez de "amar a tu prójimo"? Esta es la tesis de Linda Patterson, una excristiana heterosexual, ahora lesbiana agnóstica y abogada litigante civil, autora del libro *Hate Thy Neighbor: How the Bible Is Misused to Condemn Homosexuality* [Odia a tu prójimo: Cómo se emplea mal la Biblia para condenar la homosexualidad].[10] ¿Tiene ella razón?

El autor judío, Dr. Jay Michaelson, que ha enseñado tanto en la Facultad de Derecho de la Universidad de Boston como en la Escuela de Divinidad de Harvard, se hace eco de la posición de Justin Lee en su importante libro *God vs. Gay? The Religious Case for Equality* [¿Dios vs. Gays? El caso religioso de la igualdad].[11] Después de adaptar el lenguaje bíblico (de Génesis 2) para argumentar que "No es bueno que una persona [el hombre] esté sola [solo]",[12] Michaelson refiere las palabras de Jesús (cuando este cita Levítico 19:18), que nos dicen "amarás a tu prójimo como a ti mismo" (Mateo 22:39).[13]

Basando su argumentación en las enseñanzas de Jesús, Michaelson escribe:

Un estudioso del Nuevo Testamento ha escrito que "cualquier interpretación de la Escritura que dañe a las personas, oprima a la gente o la destruya no puede ser correcta, no importa cuán tradicional, histórica o exegéticamente respetable sea". Este es un punto crucial. Si nos enfocamos en "la cuestión de la homosexualidad" con una perspectiva legal, académica o hermenéutica, no vamos a llegar a ninguna parte religiosamente. Todos los argumentos funcionan y los antigay son tan inteligentes como los progay. No, para ser miembros responsables de una tradición de fe, primero debemos abrir nuestros corazones, permitirles ser quebrantados por las desgarradoras historias de gays que han sufrido la exclusión, la peste y el odiarse a sí mismos, y ser animados por las historias inspiradoras de la integración, el amor y la celebración. Esta es la evidencia que debemos reconocer en nuestras deliberaciones, y si no está disponible de inmediato, entonces debemos buscarla. Cualquier disposición teológica que no incluya en su procedimiento un largo período para escuchar, está en la bancarrota moral y al borde de lo blasfemo.[14]

Esas son palabras fuertes, sin duda. Michaelson afirma que estamos en "bancarrota moral" y "al borde de lo blasfemo" si no escuchamos estos argumentos.

En pocas palabras, se nos dice que el rechazo a los homosexuales y las lesbianas les ha causado dolor y destrucción; que aceptarlos como hermanos y hermanas les ha traído vida y liberación. Seguramente sólo hay una forma en que la iglesia puede ir desde aquí.

Michaelson continúa:

Ninguna tradición religiosa nos dice que cerremos los ojos, endurezcamos nuestros corazones y nos paremos firmes contra las exigencias del amor. A pesar de que de vez en cuando nos pueda ofrecer refugio en un mundo incierto, la rigidez de espíritu no es el camino a la salvación. Por el contrario, nuestras diversas tradiciones religiosas exigen que seamos compasivos, amorosos y cuidemos de los demás, incluso de otros a los que quizás no entendamos. La Regla de oro exige reciprocidad y compasión e igualdad básica. Traten ustedes a los demás tal y como quieren que ellos los traten a ustedes, denles los mismos privilegios, civiles y religiosos, que ustedes quieren para sí mismos. Estos son los principios religiosos fundamentales, que se encuentran una y otra vez en la Biblia y en miles de años de enseñanza religiosa. La compasión exige que indaguemos en la vida de las personas homosexuales y descubramos si el "otro" es como nosotros o no. Busquen la verdad y la encontrarán. Es más, ella los encontrará a ustedes.[15]

Sí, este es el argumento central que está siendo levantado por homosexuales y heterosexuales por igual: el amor requiere, incluso exige, que reconozcamos, abracemos, aprobemos y hasta celebremos uniones comprometidas del mismo sexo.

Gene Robinson, el primer obispo abiertamente homosexual ordenado por la Iglesia Episcopal, lo dice todo en el título de su libro del 2012, respaldado por el presidente Obama: *God Believes in Love: Straight Talk About Gay Marriage* [Dios cree en el amor: Hablemos del matrimonio gay].[16] ¿Quién puede discutir con el amor? Como afirma el pastor gay Romell Weekly en su página electrónica JudahFirst.org: "Estamos comprometidos con la defensa de la verdad de la Palabra de Dios, aplicada correctamente a través del lente del amor...La Escritura es el oponente más fuerte de la opresión, la marginación y la privación de derechos".[17]

Respondiendo a la pregunta "¿Qué haría Jesús?", Robinson escribe:

> Nadie puede decir con certeza lo que Jesús pensaría y haría en respuesta al desarrollo del siglo XXI. Pero para mí, es difícil imaginar que Jesús no asumiría una actitud amable y de apoyo hacia el amor que sienten entre sí dos personas del mismo sexo. ¿Puede alguien imaginar que Jesús denunciaría y condenaría a dos hombres o dos mujeres que se han enamorado, prometiéndose vivir en una relación fiel, monógama, con intenciones para toda la vida, y que ahora buscan el estado civil y el sacramento eclesiástico del matrimonio? Yo no puedo.[18]

El profesor William Stacy Johnson del Seminario Teológico de Princeton, un heterosexual casado, plantea un argumento similar en su volumen de 2006 *A Time to Embrace: Same-Gender Relationships in Religion, Law, and Politics* [Un tiempo para aceptar: Las relaciones del mismo género en la religión, el derecho y la política].[19] Él concluye su libro con estas palabras:

El tiempo para la consagración plena del amor comprometido exclusivamente entre parejas del mismo sexo está por venir. Hay razones teológicas, políticas y jurídicas de peso para que hagamos todo lo posible para acelerar su llegada. Es más, es hora de que aceptemos a los que durante tantos años han anhelado fervientemente ser tratados como partes iguales y valiosas de la familia humana.[20]

El pastor presbiteriano Jack Rogers escribe aun más apasionadamente en su libro *Jesus, the Bible, and Homosexuality: Explode the Myths, Heal the Church* [Jesús, la Biblia y la homosexualidad: Explote los mitos, sane la iglesia],[21] y también es un franco aliado de la comunidad LGBT. Según Rogers, nosotros "no estamos viviendo de acuerdo a los ideales de nuestro Salvador y soberano, Jesucristo, cuando discriminamos injustamente en contra de cualquier grupo de personas en medio nuestro".[22] En efecto, él afirma que: "Actuar injustamente debilita nuestro testimonio de Cristo en el mundo. Yo creo que sólo seremos una iglesia santa y sana cuando todos nuestros miembros reciban el mismo trato".[23]

Sí, para Rogers, Johnson, Robinson, Michaelson, Chapman, Lee y todos aquellos que están de acuerdo con ellos, esto difícilmente es una cuestión teológica abstracta. Se trata de personas reales—a menudo personas amables, dedicadas, solícitas y piadosas—que tienen vidas reales. ¿Acaso no nos compele la ley del amor a aceptarlos plenamente? Seguramente el amor no los condenaría ni ahuyentaría, ¿verdad?

Rogers relata cómo él y su esposa, Sharon, pasaron una noche en la casa de una pareja gay, reunidos con otras parejas de gays y lesbianas en un momento en el período 2001-2002:

> Conocimos a dos señores mayores, Dick y Jim, que en ese momento habían estado juntos por cuarenta y siete años. Uno de ellos me dijo que vivía todos los días con el temor de que serían "marginados" y de que perdería su trabajo. Sin embargo, persistían en cuidar uno del otro. Muchas de las parejas allí habían estado juntos por veinte años o más y todos por diez años o más. Recuerdo una amiga heterosexual que me dijo que en su círculo de amistades, alguien que hubiera permanecido casado durante más de cinco años era un caso excepcional. La gente que conocí [esa noche] eran simplemente cristianos normales, fieles, que mostraban un profundo compromiso entre sí.[24]

¿Echaría Jesús a esa gente a un lado? ¿Los llamaría sodomitas y pecadores viles, dignos de condenación? ¿Qué haría el amor? ¿Qué querría Jesús que hiciéramos nosotros? Un comentario en una página web cristiana ofrece esta sencilla respuesta: "La ley de Cristo es simple: Amar a Dios, amar a los demás como Dios los ama a ustedes. De aquí brota toda la ley vigente y la gente puede aceptar la gracia de Dios, independientemente de la orientación sexual".[25]

En su libro, *This We Believe: The Christian Case for Gay Civil Rights* [Esto creemos: El caso cristiano por los derechos civiles de los gays], C. S. Pearce, que es una heterosexual casada, escribe que: "Al afirmar ese nombre, cristiano, aspiramos a ser como Cristo, a vivir en la bondad y la misericordia, con compasión y amabilidad para con todos".[26] Ella apela a sus lectores "en el nombre del Dios de amor" y nos recuerda que "tenemos la oportunidad de usar nuestra fe para mostrar compasión y valor, empatía y justicia". Y cierra el prefacio con esta oración: "Que el amor de Cristo prevalezca".[27]

Pearce comienza el capítulo 2, "Pare de herir", con estas palabras: "Nadie debería ser separado del amor de Dios. Ese es el mensaje maravilloso de todo el Nuevo Testamento. Sin embargo, al exigir que las personas LGBT cambien su esencia misma para conectarse a ese amor, estamos poniendo enormes barreras entre ellos y Dios".[28] Y advierte a los cristianos tradicionales que es mucho lo que está en riesgo, señalando que "si la posición cristiana tradicional sobre la homosexualidad no es apoyada por fundamentos bíblicos, intelectuales o compasivos y continúan aferrándose a ella, ustedes comparten la responsabilidad de las consecuencias", las cuales incluyen a personas LGBT que se van de la iglesia y, peor aun, que cometen suicidio.[29]

Argumentando su posición, Pearce sostiene que:

> Hay más de 2000 versículos en la Biblia que describen la inmensa preocupación y amor de Dios por los pobres y los oprimidos, y muy pocos que se ocupan de la homosexualidad. Pero en un mundo lleno de pobreza, desastres e injusticia, algunos cristianos en vez de eso se centran en presionar por leyes que legalicen la discriminación de las personas homosexuales, muchos de los cuales sin duda encajan en la categoría de oprimidos. Eso va en contra del amor hacia nuestro prójimo predicado por Jesús en los evangelios.[30]

¿Le estremecen a usted estos argumentos por su peso? ¿Apelan a su amor por Dios y su amor por toda la creación? ¡Ciertamente yo los siento graves! M. W. Sphero, un defensor apasionado del "cristianismo gay", es más fuerte aun:

> Por lo tanto, si bien es cierto que usted hace todo lo posible por amar a su prójimo como a sí mismo a través de sus *acciones* (ya que el sentimiento no tiene nada que ver con ello); ¿no aceptaría, afirmaría, apoyaría y *defendería* a su prójimo gay como le gustaría—y *necesitaría*—que lo trataran a *usted* de la misma manera…especialmente si usted *hubiera*—al menos hipotéticamente—nacido gay? ¿No parecerían la homofobia, la intolerancia, las excomuniones, las exclusiones, las condenas injustificadas, la incitación a la violencia, las discriminaciones en el trabajo y la iglesia, y el ostracismo en contra de los gays y lesbianas estar muy *en contra* de la propia voluntad de Dios desde ese punto de vista?[31]

Él pregunta:

> ¿No queremos ser amados por otros como ellos se aman a sí *mismos*? ¿No querríamos ser amados por los demás como Dios *mismo* nos ama…sin condiciones y sin ataduras? Esto *por sí solo* debería ser razón suficiente para que la religión organizada comenzara no sólo a aceptar, sino además a *defender* y *proteger* activamente a su prójimo gay y lesbiano como una cuestión de política "cristiana" universal.[32]

Sphero resume su posición con 1 Juan 4:8, lo cual cita con énfasis: "El que no ama, no ha conocido a Dios; porque Dios es amor".[33] Por lo tanto, sostiene, afirmar que la Biblia está en contra de la práctica homosexual "no es más que simplemente un secuestro diabólico del evangelio por fariseos homofóbicos egoístas de los tiempos modernos".[34]

¿ESTÁN LOS CRISTIANOS ATERRORIZANDO Y OPRIMIENDO A LOS HOMOSEXUALES?

De acuerdo a estos sentimientos, Rod Brannum-Harris, en su autoproclamada "pieza de ataque", afirma que sólo los falsos cristianos—"los fariseos entre nosotros", para usar el título de su libro[35]—rechazan a los "cristianos LGBT". Él llama a los evangélicos conservadores "contorsionistas bíblicos" y "cristianos farsantes", aunque su tono y retórica pueden ser diferentes a los de algunos de los que acabo de citar, él expresa los sentimientos de muchos otros:

> Es hora de que los cristianos volteen—metafóricamente hablando—las mesas de los que abusan de la Biblia para aterrorizar y oprimir a otros, que promueven el miedo y el odio en el nombre de Dios. Desafío a los cristianos a hacerle frente a la blasfemia que se refiere a la negación de que Dios asigna orientaciones sexuales diferentes, para poner fin al daño generalizado, sin sentido, infligido por tal blasfemia.[36]

¿Están los cristianos conservadores realmente usando la Biblia "para aterrorizar y oprimir a los demás"? ¿Estamos realmente promoviendo "el miedo y el odio en el nombre de Dios"? ¿Somos culpables de "blasfemia"? ¿Estamos infligiendo "daño generalizado, sin sentido" a algunos hijos amados del Señor, solo a sus divinamente asignadas "orientaciones sexuales diferentes"?

Incluso Mel White, pionero del movimiento "gay cristiano", fundador y líder de Soulforce, se ha involucrado en una retórica similar. Sus escritos han pasado de relato biográfico, *Stranger at the Gate: To Be Gay and Christian in America* [Extraño en la puerta: Ser gay y cristiano en Estados Unidos],[37] a ser francamente confrontacional, como *Religion Gone Bad: The Hidden Dangers of the Christian Right* [Religión dañada: Los peligros ocultos de la derecha cristiana].[38] Es más, en la segunda edición prácticamente sin cambios de este libro, el título *Religion Gone Bad* se cambió por *Holy Terror: Lies the Christian Right Tells Us to Deny Gay Equality* [Terror santo: Las mentiras que la derecha cristiana nos dice para negar la igualdad gay].[39] ¿Es la derecha cristiana en realidad culpable del "terror santo"?

Las cosas han llegado al punto en que, cuando la Convención Bautista del Sur reafirmó que el "matrimonio" entre personas del mismo sexo no era un derecho civil (como se esperaba plenamente que hicieran), White escribió un artículo titulado, "Resista al 'Terrorismo' de los Bautistas del Sur". Aunque no llamaba a la violencia física, reiteró el llamamiento a otro tipo de resistencia agresiva:

> Soy un activista viejo y cansado del siglo veinte. Ustedes son activistas del siglo veintiuno con las herramientas de internet que podrían ser utilizadas para poner en marcha un poderoso

movimiento de resistencia nueva. Eso sí, no esperen a que alguien más lo haga. Por favor, por el bien de millones de nuestros hermanos y hermanas que son víctimas del terrorismo santo, ¡resistan![40]

Las líneas de batalla, por tanto, han sido claramente dibujadas, y esta es realmente la gran pregunta que la iglesia de principios del siglo veintiuno confronta: ¿Cuál es el deseo de Dios en este asunto? ¿Cuál es la opinión de Él? ¿Que está diciendo su Espíritu? ¿Qué está escrito en la Palabra? ¿Qué quiere Cristo que hagamos?

Capítulo 2

¿JUZGAR o no JUZGAR?

El argumento del "cristiano gay": La iglesia se ha vuelto crítica y homofóbica al punto que muchos jóvenes LGBT se han suicidado. Jesús nos enseñó a no juzgar.

La respuesta bíblica: Algunos cristianos pueden ser críticos e incluso estar llenos de odio, lo cual es incorrecto e inexcusable; pero como seguidores de Jesús estamos llamados a reconocer la diferencia entre el bien y el mal, para hacer juicios morales adecuados en lugar de juzgar y condenar. En cuanto al mensaje que predicamos, el evangelio trae vida, no muerte, y los jóvenes que se suicidan normalmente tienen otros problemas emocionales. Si realmente los amamos, trataremos de abordar esos problemas, más que apoyar sus deseos sexuales y románticos.

¿HAS OÍDO HABLAR de la película *Plegarias por Bobby*, basada en el libro del mismo nombre? El subtítulo del libro es *A Mother's Coming to Terms With the Suicide of Her Gay Son* [Una madre entiende el suicidio de su hijo gay], y cuenta la historia de Bobby Griffith, que era el "hijo favorito de su madre, el perfecto niño estadounidense que creció bajo influencias profundamente religiosas en Walnut Creek, California". Pero, "Bobby también era gay".[1]

Así es como se describe el video en el sitio web de la película.

Mientras luchaba con un conflicto que nadie conocía y mucho menos entendía, Bobby al fin se lo reveló a su familia. A pesar del apoyo tentativo de su padre, sus dos hermanas y su hermano mayor, la madre de Bobby, Mary, se volvió a las enseñanzas fundamentalistas de su iglesia para rescatar a su hijo de lo que ella creía era un pecado irredimible. A medida que Mary se acercaba más y más al entendimiento de que Bobby no podía ser "curado", lo rechazaba, negándole el amor incondicional de madre y conduciendo a su hijo predilecto al suicidio.[2]

Después del trágico suicidio de su hijo, Mary tuvo un cambio radical y, a través del libro y la película, ha hecho todo lo posible por revelar lo que cree profundamente fue el error de su comportamiento, pidiendo a los padres que acepten y afirmen a sus hijos gays. (Para que quede claro, usted puede aceptar y afirmar a sus hijos aunque no esté de acuerdo con ellos). ¡Si solo pudiera darle marcha atrás al tiempo!

Pero tan trágica como esta historia es, hay algo aun más aciago. En realidad, no es tan poco común, y así se nos dice, que Mary Griffith no es la única madre o padre que pierde a un hijo gay por causa del suicidio y debido a las convicciones religiosas de los padres, convicciones que llevaron a los hijos a tal desesperación que tomaron su propia vida. Esta es la peor pesadilla para un padre o una madre.

¿Podría ser, entonces, que los padres y los líderes religiosos bien intencionados estén impulsando a los chicos gay al suicidio por su dogmatismo religioso? ¿Podría ser que estén usando la Biblia, que se supone trae vida y esperanza, para traer muerte y desesperación?

El DVD del año 2007 *Porque la Biblia dice así* afirma esta misma narración, al contar la historia de las terribles luchas que los jóvenes gay y lesbianas sufren a causa del fundamentalismo cristiano de sus familias, el que—dice el video—, se inspira en ministerios como "Enfoque en la Familia", del Dr. James Dobson. También cuenta la historia de cómo estas familias aprendieron a aceptar la homosexualidad de sus hijos, pidiendo a otros que siguieran sus pasos.

Como lector cristiano conservador usted pudiera decir: "No me pueden engañar con estos trucos emocionales. Yo voy con lo que dice la Biblia; si la Biblia lo dice, lo creo y punto".

En realidad, comparto esa misma convicción—de que la Palabra de Dios es la máxima autoridad—pero lo hago entendiendo cuán serios son estos temas. Como ya he dicho en este libro, aquí estamos hablando de la vida de las personas. Y también estamos hablando de la Palabra de *Dios*— el Dios de la compasión, el Padre de nuestro Señor Jesús, el Dios de la misericordia, el perdón y la gracia, así como de la santidad y la verdad—no sólo de un manual religioso. Todo lo cual significa que debemos ir con cuidado y en oración cuando tratamos con este tipo de problemas sensibles, asuntos de vida o muerte.

Un artículo que me ataca en RightWingWatch.org declaraba:

> El Centro de Recursos para la Prevención del Suicidio informó en el 2008 que jóvenes lesbianas, gays y bisexuales "son casi una y media a tres veces más propensos a reportar ideas suicidas" y "casi una y media a siete veces más probables que los jóvenes no LGB de haber reportado intento de suicidio", señalando que "el estigma y la discriminación están directamente relacionados con los factores de riesgo para el suicidio".[3]

Por supuesto, RightWingWatch.org, junto con decenas de otros sitios web de gays o que los apoyan, asignan gran parte de la culpa de ese supuesto "estigma y discriminación" a los pies de la iglesia, al menos en la iglesia conservadora que cree en la Biblia. No es de extrañar, entonces, que los comentaristas que responden a algunos de mis artículos en la internet hayan afirmado que yo llevo la sangre de muchos jóvenes gays en mis manos porque enseño que Dios no aprueba ni bendice la práctica homosexual. En consonancia con esa mentalidad, cuando un gran ministerio cristiano afirmó que ayudó a gays a volverse heterosexuales, fue acusado de ser responsable de muchos suicidios de gays que intentaron cambiar.

Del mismo modo, cuando me acerqué a la comunidad LGBT en mi ciudad, invitándolos a visitar nuestros servicios de la iglesia o a disfrutar de una comida juntos, o a que me invitaran a mí (o a mis amigos) a uno de sus servicios, recibí una respuesta de un "cristiano gay" que terminó con estas palabras:

> Si, usted contribuye al daño de muchos en la comunidad gay a través de sus cortos [*sic*] puntos de vista. El hecho de que sea "educado" o tenga buenas intenciones, no significa que lo que usted dice no es dañino. Cuando tengamos jóvenes que no tomen sus propias vidas porque son gay, entonces podremos sentarnos y

tener un debate amistoso sobre este tema. Hasta entonces, sería mejor que usted se callara y escuchara.[4]

Ahí lo tienen una vez más: usted está dañando a las personas con sus puntos de vista y los jóvenes homosexuales se están suicidando por causa de ellos.

Algunos incluso hacen acusaciones más extremas como esta, publicada en respuesta a un comentario que hice en una entrevista televisiva en la que dije que uno no puede comparar el movimiento por los derechos civiles de los negros con el movimiento de los derechos de los homosexuales de hoy, reconociendo, sin embargo, el sufrimiento que muchas personas LGBT han experimentado:

> ¿Qué piensa hacer? ¿Poner a todos los adolescentes homosexuales y lesbianas en las cámaras de gas cuando su orientación sexual surja en la pubertad? ¿Haría eso una vez, o lo haría por el resto de la historia humana? Produce náuseas.[5]

Este es el tipo de retórica a la que tenemos que hacer frente simplemente porque decimos que Dios no aprueba la práctica homosexual y que el cambio es posible; y esta es la caricatura de iglesia que muchos gays y lesbianas tienen. Tales puntos de vista son comunes, aunque no siempre así de extremos.

En su conocido libro *Casi cristiano*, los autores David Kinnaman y Gabe Lyons describen los resultados del estudio que hizo Investigaciones Barna, que preguntaba cómo ven los jóvenes de Estados Unidos a la iglesia de hoy:

> En nuestra investigación, la percepción de que los cristianos están "en contra de" los gays y las lesbianas…ha alcanzado una masa crítica. La cuestión gay se ha convertido en la "más importante", la imagen negativa que está probablemente más entrelazada con la reputación del cristianismo. También es la dimensión que muestra más claramente la fe no cristiana a los jóvenes de hoy, un torrente de percepciones negativas: críticos, intolerantes, amparados, derechistas, hipócritas, insinceros e insensibles. Los de afuera dicen que nuestra hostilidad hacia los gays—no sólo la oposición a la política y los comportamientos homosexuales sino el desprecio por los individuos homosexuales—prácticamente se ha convertido en sinónimo de la fe cristiana.[6]

El título completo del libro es *Casi cristiano: Lo que una nueva generación piensa de verdad sobre el cristianismo...y por qué es importante*, y el capítulo 5 del libro se titula "Antihomosexual". ¿Cómo fue que obtuvimos esta reputación? Y, ¿qué tiene que ver "antihomosexual" con el evangelio?

Refiriéndose a estos mismos datos, el líder "cristiano gay" Justin Lee señaló que a los encuestados de dieciséis a diecinueve años de edad, se les dieron varias opciones para describir a los cristianos de hoy en día, frases positivas como "ofrece esperanza" y "tiene buenos valores" así como los negativos, como "crítico" e "hipócrita". La opción más popular era "antihomosexual". Lee observó que "No sólo el noventa y uno por ciento de los no cristianos describieron la iglesia de esta manera, sino que el ochenta por ciento de los *feligreses* también lo hicieron así".[7]

¿Nos hemos convertido en eso? Con todo y que declaramos que amamos a Cristo y a su Palabra, ¿nos hemos convertido en críticos, hipócritas y antihomosexuales (o incluso "homofóbicos")?

El 6 de mayo de 2006, en el mismo parque público en Charlotte, Carolina del Norte, donde normalmente tiene lugar el evento anual del orgullo gay, yo leí una declaración a la comunidad gay y lesbiana de Charlotte después de que su marcha del orgullo gay fuera cancelada. Comenzaba con estas palabras:

> Como líder de la iglesia en el área metropolitana de Charlotte, quiero tomar un momento para dirigirme a la comunidad homosexual de esta ciudad. Como la mayoría de ustedes saben, en los últimos cuatro años, los grupos cristianos han protestado por los eventos del orgullo gay que han tenido lugar aquí en Marshall Park. Ustedes saben que hemos objetado las demostraciones públicas de lujuria, los discursos y entretenimiento obscenos, y hemos dejado claro que este tipo de cosas—ya sean heterosexuales u homosexuales—no tienen cabida en nuestros parques de la ciudad.
>
> La mayoría de ustedes saben que, como seguidores de Cristo, tenemos convicciones morales no negociables, basadas en la Palabra de Dios y sus leyes naturales, y no ofrecemos ninguna disculpa por esas convicciones. Creemos que los caminos de Dios son los mejores, y creemos que el comportamiento homosexual es contrario a sus caminos, así como creemos que toda actividad

sexual fuera de los lazos del matrimonio entre un hombre y una mujer es contrario a sus caminos.

No nos avergonzamos de tomar estas posiciones, aunque ustedes nos consideren llenos de odio e intolerantes. Nosotros decimos una vez más: los caminos de Dios son los mejores, no nos disculpamos por nuestro Señor y su Palabra. Amamos a Cristo, nuestro Salvador y Amigo, y no nos avergonzamos de ser identificados con Él.

Pero hay algo más que quiero que escuchen. Reconocemos que a veces hemos fallado en extendernos a ustedes con gracia y compasión, que a menudo hemos sido insensibles a sus luchas, que hemos alejado a algunos de ustedes en vez de acercarlos, que hemos contribuido a su sensación de rechazo. Por esas fallas nuestras, les pedimos que nos perdonen. Por la gracia de Dios, tenemos la intención de ser modelos de su amor.[8]

En más de una ocasión, y en nombre de los demás cristianos, he pedido disculpas públicamente a aquellos que se identifican como LGBT, reconociendo los pecados de la iglesia en contra de ellos, y lo he hecho por una sola razón: amor. El amor por Dios y el amor por la gente. Nada más y nada menos.

Y es ese mismo amor el que me obligó a compartir algo más en mi declaración a la comunidad LGBT de Charlotte en mayo de 2006:

Entendemos, por supuesto, que a sus ojos, nuestras convicciones bíblicas constituyen odio, y es doloroso para nosotros que ustedes lo sientan así. El hecho es que nosotros realmente les amamos—más de lo que creen o entienden—y por ello, vamos a seguir hablando la verdad, convencidos de que es la verdad lo que nos hace libres. El amor hace lo que es correcto, incluso cuando es despreciado y burlado y ridiculizado...

Así que, no vamos a dejar de amarlos, aunque nos llamen intolerantes, incluso si afirman que los estamos privando de sus derechos civiles, si se burlan de nosotros y nos llaman cristianos fanáticos. Vamos a orar por ustedes, ayunar por ustedes, acercarnos a ustedes y sufrir junto con ustedes. Ya sea que lo entiendan o no, estamos aquí para ayudar.

No los menospreciamos ni despreciamos ya que, para nosotros, la cuestión fundamental no es la homosexualidad o la heterosexualidad. Ninguno de los seres humanos está a la altura de los estándares de Dios en muchas maneras, y todos nosotros—heterosexuales y homosexuales por igual—necesitamos de la misericordia divina a través de la sangre de Jesús. Todos necesitamos el perdón, todos necesitamos apartarnos de nuestros pecados y pedirle a Dios la gracia para llevar una vida santa y virtuosa.

Ustedes pueden rechazar nuestro mensaje, pero nosotros los seguiremos amando. Ustedes pueden cuestionar nuestra motivación, pero nosotros los seguiremos amando. Ustedes pueden considerarnos llenos de odio e intolerantes, pero nosotros los seguiremos amando, y esperamos que nuestras acciones hablen más fuerte que nuestras palabras. Nosotros les extendemos una invitación personal para se sienten y hablen con nosotros cara a cara. Es cierto que tenemos algunas diferencias hondas y profundas, pero no tenemos que estar en desacuerdo de una manera mezquina y destructiva.

Así que, una vez más, les pedimos que nos perdonen por nuestros defectos, abrimos una puerta de diálogo e interacción, y les extendemos nuevamente el mensaje del amor transformador de Dios a través de Cristo. Como sus representantes, aquí hoy decimos: ¡que se reconcilien con Dios!

Extendemos a usted de nuevo el mensaje del amor transformador de Dios a través de Jesús.[9]

Es ese mismo amor, sólo que más profundo ahora con el paso del tiempo, el que me obliga a escribir y hablar aun hoy y, si me lo permite, me gustaría desafiar a algunas vacas sagradas y sacudir algunas posiciones políticamente correctas. Es un campo de minas difícil de navegar. (¿Cómo podemos amar al Señor, amar la Palabra y amar a los gays y lesbianas, sin comprometer las normas bíblicas o herir a las personas que amamos?) Pero se puede hacer. No, se debe hacer.

Como ve, estoy convencido de que el mensaje de Cristo trae vida, no muerte; esperanza, no desesperación; liberación, no esclavitud.[10] El mensaje de Jesús libera a las personas del suicidio en lugar de conducirlas al suicidio. Y así como he agonizado con las historias de los Bobby Griffiths de este mundo, me he alegrado con los relatos de aquellos que una vez fueron suicidas *porque* estaban viviendo un estilo de vida gay—incluyendo estilos de vida "cristiana gay"—pero que fueron liberados del suicidio cuando reconocieron su pecado y se convirtieron al Señor.

El mismo mes que yo estaba escribiendo este capítulo—septiembre de 2013—recibí un correo electrónico de algunos amigos, hablándome de un hombre que una vez trabajó con un ministerio que yo conocía. En ese momento yo pensaba que él era un marido felizmente casado y padre, así que me quedé totalmente sorprendido cuando me enteré, hace unos años, que había dejado a su esposa y estaba viviendo con otro hombre, alegando que ambos eran "cristianos gays". Asistían a una iglesia que apoya a los gays y estaba convencido de que la gente como yo vivía en la edad del oscurantismo espiritual, sin entender lo que dice realmente la Palabra de Dios.

Entonces, pocas semanas después recibí el correo electrónico que acabo de mencionar. Me decían que este hombre había conducido seis horas para verlos, que estaba en absoluto tormento espiritual y emocional a causa de su estilo de vida homosexual, y que si no rompía con su pareja y se arreglaba con Dios, iba a suicidarse. Después de horas de oración juntos y de muchas lágrimas, él supo el camino que debía tomar y, por primera vez en años, su esperanza se restauró. Sí, el volverse *de* la homosexualidad se convirtió en el camino de liberación para él, incluyendo la liberación del suicidio.

Y recuerde: él no estaba viviendo una forma de vida irracional, ni alimentada por las drogas. No estaba durmiendo con cientos de hombres. Él hacía tiempo que se había divorciado de su esposa y asistía a una iglesia que apoya a los gays. Sin embargo, estaba dispuesto a quitarse la vida si no podía estar bien con Dios de nuevo; sabía que la manera en que estaba viviendo era pecado delante de Él.

Eso fue el resultado del Espíritu Santo trabajando en su vida, no el resultado de una sociedad homofóbica, crítica y de la iglesia; y su historia no es única. Personalmente, he oído muchas otras historias similares, relatos poderosos de hombres y mujeres, jóvenes y viejos, que eran suicidas y estaban deprimidos *a causa de su estilo de vida homosexual* (me refiero a vivir y apoyar su homosexualidad), que experimentaron la vida, la paz, la alegría y la libertad cuando se volvieron a Jesús arrepentidos. Eso significa que los amigos que me enviaron el correo electrónico acerca de ese hombre podrían haber tenido sangre en *sus* manos si lo apoyaron en su estilo de vida gay y la fe gay. (Tenga en cuenta que él participaba en una iglesia que apoya a los gays y aun así era suicida).

Así que es importante que los cristianos creyentes en la Biblia tracen una línea en la arena y tomen esta determinación: *No voy a dejar que las amenazas de suicidio me impidan hacer lo que es correcto, con compasión y con valor.* Y si alguien quiere colgar esto por encima de mi cabeza, diciéndome que un libro como este conducirá a suicidios de homosexuales, yo podría decir también, en respuesta: "Si usted anima a los gays y lesbianas a no leerlo, podría estar contribuyendo a sus suicidios".

CÓMO LLEGAR AL MEOLLO DEL ASUNTO

¿Ve usted lo erróneo que es esto y cómo se banaliza en última instancia la vida de aquellos que queremos ayudar? De hecho, hay sociólogos que creen que esta forma de hablar—diciéndole a la sociedad que los adolescentes gay se suicidarán si no apoyamos su homosexualidad—en realidad contribuye a sus altas tasas de suicidio mediante la plantación de semillas de inestabilidad, desesperanza y autodestrucción en sus corazones.[11]

Pero permítame volverme aun más polémico. Durante los días de dura segregación aquí en Estados Unidos, cuando los negros eran tratados mucho peor que los homosexuales hace una generación, ¿escuchó de alguna epidemia de suicidios de negros? ¿Escuchó que todos los jóvenes negros en las escuelas—a los que les robaron la esperanza y la dignidad— se estaban suicidando? ¿Y escuchó a líderes negros levantar el cetro del suicidio de jóvenes negros sobre la nación, advirtiéndoles que si Estados Unidos no cambiaba sus maneras racistas estos chicos se quitarían la vida?

Obviamente no. ¿Por qué? Porque esos jóvenes afroamericanos fueron animados a ser fuertes, a tomar una posición, a negarse a dejarse intimidar, a tomar la determinación de vivir con dignidad, aunque la sociedad los degradara, y a trabajar por un futuro mejor y más brillante.

Sin embargo hoy, cuando tenemos un presidente agresivamente progay, y unos medios de comunicación descaradamente progay, cuando tenemos cualquier número de figuras públicas populares homosexuales (como Ellen DeGeneres, Anderson Cooper y Rachel Maddow), cuando tenemos programas de estudios progay en muchas de nuestras escuelas y leyes contra la discriminación (que incluyen la "orientación sexual") en la mayoría de nuestros estados, cuando el Tribunal Supremo ha anulado la "Ley de defensa del matrimonio" como inconstitucional, se nos advierte constantemente que si no apoyamos la homosexualidad, los jóvenes gay se van a suicidar. ¿Puede ver que algo está muy mal con esta imagen?

Al aparecer en mi programa de radio el 8 de mayo de 2012, y discutir el proyecto de ley de matrimonio acerca del cual nuestro estado estaba a punto de votar, el activista gay Mitchell Gold afirmó que si el pueblo de Carolina del Norte votaba para afirmar que el matrimonio era la unión entre un hombre y una mujer, eso daría lugar a los suicidios de los homosexuales:

> Para un chico de catorce años de edad, que está tratando de entender su sexualidad, hacer una enmienda al discurso público en este gran debate para tener gente diciendo que los gays son pecadores y una abominación, que ellos no tienen derecho, que no es el plan de Dios que sea de esta manera…Esta es la razón por la que los chicos saltan de los puentes. Esta es la razón por la que los chicos se ahorcan.[12]

Realmente, en la gran mayoría de los casos, como lo verificarán los expertos en suicidio, los chicos saltan de los puentes y se ahorcan porque tienen otros problemas emocionales o sociales más profundos.[13] De otro modo ellos no tomarían sus propias vidas. Y sin embargo, en lugar de tratar de llegar a la raíz de esos problemas y realmente ayudar a esos jóvenes a encontrar la plenitud, estamos siendo rehenes por el temor de que nuestros valores bíblicos vayan a conducir a los jóvenes a quitarse la vida. Si realmente nos preocupan esos jóvenes y si realmente queremos ayudarles, ese querer hacer sentir culpable a otros debe terminar.

De hecho, cuando consideramos todos los esfuerzos que se invierten en la campaña "It Gets Better" [Esto se pone mejor], es justo preguntar: ¿Por qué son estos niños tan frágiles y suicidas? El acoso (bullying) de cualquier grupo es terrible—y, a veces, sin duda, mortal—pero muchos otros niños son acosados en la escuela, y sólo un porcentaje mínimo se quita la vida. ¿Podría ser que haya otras cuestiones que preocupen a los gays y lesbianas suicidas que deben ser abordadas? Dicho de otra manera, ¿se están suicidando sólo por el rechazo que experimentan (y la falta de esperanza en el futuro)? ¿Hay otros factores trabajando? Y, ¿es posible darles esperanza sin apoyar su homosexualidad?

Hace unos años tuve una extensa interacción en línea con un hombre que había pasado por una cirugía de cambio de sexo y ahora se identificaba como mujer, afirmando haber estado profundamente consagrado a Cristo todo el tiempo. Había estado casado durante treinta y siete años cuando le hicieron la cirugía y me dijo que, como resultado de convertirse en mujer, había destruido su matrimonio y efectivamente dejado a su mujer viuda. Cuando le pregunté qué hacía con Efesios 5:25—"Maridos, amad a vuestras mujeres, así como Cristo amó a la iglesia, y se entregó a sí mismo por ella"—, me explicó que después de décadas de intentar todo lo que sabía para lidiar con sus luchas y vivir como hombre, llegó al punto en que era o el cambio de sexo o el suicidio.

Por supuesto, no puedo entender el tormento que experimentó, y sé que él dice sentirse feliz y realizado viviendo como mujer. Al mismo tiempo, no creo ni por un momento que la única forma en que ese estimado hombre podía obtener alivio era mediante la destrucción de su matrimonio y dejando a su mujer como una viuda virtual. Y Walt Heyer, un hombre que tuvo una cirugía de cambio de sexo y vivió durante años como Laura, destruyendo también su matrimonio, sólo para tratar de revertir la cirugía y convertirse de nuevo en hombre, también cree que hay cuestiones más profundas que deben ser abordadas en las vidas de aquellos que se identifican como transgéneros (o transexuales). Como me explicó durante una entrevista de radio el 28 de agosto de 2013, el hecho de que alguien amenace con suicidarse si no puede ser apoyado como gay o para cambiar la identidad de su género es una prueba de que hay otras cuestiones que deben tratarse.[14]

La palabra específica que Walt utilizó en la entrevista fue *comorbilidad*, que significa "la presencia de uno o más trastornos (o enfermedades) además de la enfermedad primaria o trastorno; o el efecto de tales trastornos adicionales o enfermedades".[15] Así que en lugar de decir simplemente: "Ella es un niño atrapado en el cuerpo de una niña y es suicida a causa de ello" o, "Él es gay y es suicida porque su familia no lo acepta", debemos buscar otros problemas en la vida de esa persona que pudieran estar contribuyendo a su angustia.

¿Sabía usted que bajo el liderazgo del Dr. Paul McHugh, respetado profesor de psicología a nivel nacional, el centro médico de la Universidad Johns Hopkins *dejó de realizar cirugías de cambio de sexo* hace años? Como lo relaté en *A Queer Thing Happened to America* [Una cosa extraña le pasó a Estados Unidos], en 1975, cuando McHugh se convirtió en el psiquiatra en jefe del Hospital Johns Hopkins y decidió "poner a prueba la afirmación de que los hombres que se habían sometido a la cirugía de cambio de sexo habían encontrado resolución a sus muchos problemas psicológicos generales", exigiendo más información antes y después de la cirugía. Con la ayuda de un compañero psiquiatra, él "encontró que la mayoría de los pacientes que [su colega] rastreó algunos años después de la cirugía estaban contentos con lo que habían hecho y sólo unos pocos estaban arrepentidos".[16]

Pero eso fue sólo una parte de la historia. McHugh señala que "en todos los demás aspectos, se registraron pocos cambios en su estado psicológico".

> Tenían muchos de los mismos problemas que tenían antes con sus relaciones, el trabajo y las emociones. La esperanza de que ellos fueran a surgir ahora de sus dificultades emocionales para florecer psicológicamente no se había cumplido.
>
> Vimos los resultados como una demostración de que así como esos hombres disfrutaban de vestirse como mujeres antes de la operación, igualmente disfrutaban de vivir como mujeres después de ella. Pero no mejoraron en su integración psicológica ni era más fácil vivir con ellos. Con esos hechos en la mano llegué a la conclusión de que Hopkins estaba fundamentalmente cooperando con una enfermedad mental. Pensé, nosotros los psiquiatras haríamos mejor en concentrarnos en tratar de arreglar sus mentes, no sus genitales.[17]

¡Esas son palabras sorprendentes! Por razones obvias, Walt Heyer ha leído vorazmente sobre el tema (ahora está en los primeros años de su séptima década de vida y ha estado felizmente casado con su segunda esposa por más de dieciséis años) y ha puesto en marcha un sitio web llamado SexChangeRegret.com. Él escucha regularmente personas que, después de someterse a una cirugía de cambio de sexo, se han dado cuenta de que han cometido un tremendo error, viendo ahora que había problemas subyacentes en sus vidas que eran la verdadera causa de su tormento y dolor suicida. Un estudio importante de Suecia, que siguió las vidas de hombres y mujeres que se sometieron a cirugía de cambio de sexo, llega a conclusiones similares: "Las personas con transexualidad, después de experimentar una reasignación de sexo, tienen riesgos considerablemente más altos de mortalidad, comportamiento suicida y morbilidad psiquiátrica [estado enfermizo] que la población general. Nuestros hallazgos sugieren que la reasignación de sexo, a pesar de aliviar la disforia de género, puede no ser suficiente como tratamiento para la transexualidad".[18]

Repito: a menudo hay otros factores que conducen al suicidio de los LGBT, por lo que es injusto y engañoso decirle a la iglesia: "A menos que ustedes apoyen a la gente en su orientación sexual e identidad de género, estarán contribuyendo a su suicidio".

¿Estoy negando la historia de Bobby Griffith? No, en absoluto. ¿Estoy avalando la forma en que su madre inicialmente manejó su situación? Por supuesto que no. De hecho, cuando los padres me preguntan qué deben hacer cuando su hijo o hija se revela como gay, les digo esto: Siéntense con ellos y digan: "Tú sabes que no creemos que Dios te hizo gay o que la homosexualidad es su voluntad, pero queremos aclararte que te amamos incondicionalmente, que eres nuestro hijo (o hija) no importa qué, que siempre vamos a estar contigo, que estamos totalmente comprometidos contigo, que queremos estar involucrados en tu vida, y que lo que nos dijiste no cambia tu relación con nosotros ni disminuye nuestro amor por ti de ninguna manera". Después de eso los animo a no sacar a relucir el tema a su hijo, sino más bien orar por él o ella y demostrarle ese amor incondicional.[19]

Pero aquí es donde muchos cristianos bien intencionados han caído en una trampa: hemos creído la mentira de que una persona se define principalmente por sus atracciones románticas y deseos sexuales (como en, "Soy gay"), dando lugar a nociones tales como esta, expresada por el profesor del Nuevo Testamento que apoya a los gays, Dan Via:

> Yo esperaría una proclamación del evangelio en relación a la sexualidad humana que pueda ser escuchada de la misma manera por los homosexuales y los heterosexuales: Dios le extiende a usted el perdón y la restauración y lo capacita para darse cuenta de todas las posibilidades para el bien que se encuentran en su destino. Recuerde que usted está obligado a materializar estas posibilidades de una manera moralmente responsable. Usted es liberado *para* la promulgación de su identidad sexual y—se espera—*de* las fuerzas en la iglesia y la sociedad que le obliguen a negar lo que usted es.[20]

¿Reconoce la falla fundamental en el pensamiento del profesor Via? ¿Ve cómo se está desvirtuando el propósito del evangelio, como si Cristo hubiera muerto para que pudiéramos satisfacer nuestra identidad sexual?

Por supuesto, los cristianos se apresuran a decir a los hombres y mujeres homosexuales: "Los queremos, pero odiamos su pecado", a lo que ellos responden: "Eso quiere decir que me odian. Esto no es lo que hago. Esto es lo que soy". Bueno, quiero desafiar eso. Usted es más que sus atracciones románticas o deseos sexuales. Usted es más que alguien atraído por el sexo opuesto o el mismo sexo. Usted fue creado para ser hijo de Dios, siervo del Señor Jesús, un cambiador del mundo y uno que hace historia en Él, y es Jesús quien nos dice que el primer paso que debemos dar cuando le seguimos *no* es afirmarnos a nosotros mismos, sino más bien *negarnos a nosotros mismos*.

Ahí es donde comienza una nueva vida, no con la búsqueda de una liberación "*para* la promulgación de [nuestra] identidad sexual", como alega el profesor Via, sino con la entrega total y completa de toda nuestra vida a Dios, dándole el derecho absoluto de hacer lo que desee con nosotros y trabaje todo lo que desee en nosotros (o fuera de nosotros). Como lo expresa un diccionario teológico: "Seguir a Jesús como discípulo significa el sacrificio incondicional de toda su vida...para el todo de su vida...Ser un discípulo significa (como Mateo, en particular, enfatiza) estar sujetos a Jesús y hacer la voluntad de Dios (Mateo 12:46-50; cf. Marcos 3:31-35)".[21] C. S. Lewis dio justo en el blanco cuando dijo: "Hasta que no hayan entregado su yo a Él no tendrán un verdadero yo".[22]

Y esto expone una de las principales raíces del problema que enfrentamos al tratar con el difícil tema de la homosexualidad y la iglesia: empezamos nuestro pensamiento con el sistema de valores estadounidense contemporáneo que comienza con: "Todo gira alrededor de mí", lo que significa que lo bueno y lo malo está determinado en gran medida por lo que yo pienso al respecto. Y luego tejemos el evangelio con esto, lo cual es una de las razones por las que estamos en tal error y engaño espiritual hoy, no sólo en el área del "cristianismo gay", sino en muchas otras maneras también.[23]

Hace más de cincuenta años, en su clásico artículo "La cruz vieja y la nueva", A. W. Tozer escribió: "La vieja cruz no tendría nada que ver con el mundo. Para la carne orgullosa de Adán significaba el fin de la jornada". Por el contrario, él observó con profunda intuición, "la nueva cruz no mata al pecador, lo redirige".[24] Hoy podríamos dar un paso más allá y decir: "la nueva cruz no mata al pecador, sino que lo (o la) faculta".

Sí, el "evangelio" contemporáneo proclama: "¡Jesús vino a convertirte en un más grande y mejor tú! ¡Jesús vino para ayudarte a cumplir tus sueños y tu destino!" Dicho de otra manera, "¡El evangelio es todo acerca de ti!".

Así que cuando se trata de la homosexualidad, si partimos de la premisa de: "Esto es lo que soy y Jesús murió para afirmar lo que soy", entonces terminaremos negando el verdadero mensaje del evangelio y el testimonio coherente y claro de la Escritura. ¿Puede ver lo confuso y equivocado que es todo este planteamiento?

En diciembre de 2011 Matt Comer, el editor de *Q-Notes*, el periódico gay de las Carolinas, escribió un editorial titulado: "Una oración por Michael Brown", que terminaba con estas palabras:

> Brown nos dice que es su objetivo ver las vidas de las personas gays y lesbianas transformadas y llevadas a Cristo. Honestamente creo que él tiene fe en el poder de Cristo para transformar. Yo también. Sin embargo, en este caso, me temo que es Brown, no la gente LGBT, el que realmente necesita la transformación. Él nunca reconocerá ni admitirá que sus palabras son hirientes y llenas de odio porque está ciego a la verdad, la clase de verdad que realmente libera a la gente y los lleva a una comunión radicalmente inclusiva con los demás, el mundo que les rodea y lo divino. Ese es el mensaje más verdadero, más parecido al Cristo del evangelio, que espero que Brown un día oiga y reciba.[25]

En un editorial que escribí para responder al artículo de Matt, me dirigí a la cuestión de "el significado de la inclusión de Cristo", y terminé el escrito con estas palabras:

> Los líderes LGBT a menudo señalan (y con razón) que Jesús pasó tiempo con los que la sociedad margina, específicamente las prostitutas y los recaudadores de impuestos corruptos, comúnmente vistos como pecadores. Pero, ¿qué hizo Jesús? ¿Animó a las prostitutas a servir mejor a sus clientes? ¿Enseñó a los recaudadores de impuestos cómo extorsionar más dinero? Por supuesto que no. Más bien, se acercó a ellos, se involucró en sus vidas, y los cambió. Él practicó la inclusión que transforma, que de todo corazón defiendo, no inclusión que apoye, que es lo que los defensores de la comunidad LGBT defienden.
>
> Por mi parte, estoy eternamente agradecido de que Jesús no me apoyó en mi estilo de vida. Más bien, murió por mí y me transformó. Así es que es mi ferviente oración y esperanza que Matt experimente ese mismo amor transformador. ¿Quién querría resistirse al amor de Dios que cambia vidas?[26]

Hoy tengo amigos que son cristianos consagrados y están disfrutando de sus bendiciones, pero que todavía tienen atracción hacia el mismo sexo. Ellos reconocen que esas atracciones son contrarias al plan de Dios, pero no actúan de acuerdo a ellas ni las alimentan, no abrazan una "identidad gay", y a pesar de que actualmente son solteros, no regresarían a su antigua forma de vida ni por todo el dinero del mundo.

También tengo amigos que me aseguran que han sido completamente liberados de la atracción homosexual y están felizmente casados. ¡Sus cónyuges afirman eso también! Y así como creo las historias desgarradoras de los que me dicen que trataron de cambiar de homosexual a heterosexual y no pudieron—causándoles un tremendo dolor y angustia—también creo las historias de aquellos que me dicen que *han* cambiado, sobre todo cuando veo la evidencia de una vida cambiada durante un período de muchos años.

No deje que nadie le diga que esas personas no existen. Esa es una posición extremadamente prejuiciada, intolerante e incluso cruel de tomar, por no decir que es una negación del poder del evangelio.[27]

Conocí a un buen hombre cristiano que había estado involucrado con otros hombres (y no con mujeres) antes de ser salvo—en otras palabras, era homosexual, no bisexual—pero cuando nació de nuevo le entregó toda su vida al Señor, lo cual incluyó su sexualidad. Luego, para su sorpresa, sintió atracción por las mujeres, al punto que llegó a casarse con una buena mujer cristiana, y estuvieron felizmente casados hasta el día de su muerte.

Escuché la historia de otro hombre que solo sentía atracción por otros hombres antes de convertirse en creyente. Después de venir al Señor, deseaba casarse con una mujer y tener hijos, lo que significaba convertirse en heterosexual. Pero entonces pensó para sí mismo: "Espera un segundo. Todo hombre heterosexual que conozco lucha con la lujuria hacia las mujeres. ¿Quién necesita eso?". Así que oró para que Dios le diera amor y atracción sólo por la mujer con la que se casaría, y eso es exactamente lo que pasó con él; y ha durado por años.

En abril de 2013, recibí un correo electrónico de un hombre llamado Randy que escuchaba normalmente mi programa de radio en WMCA en la ciudad de Nueva York. Él me escribió esto a través de Facebook en respuesta a una pregunta que yo le había hecho:

> Por 39 años, he tenido que luchar con ser gay y amar a Jesús. Tengo celos de las personas que afirman haberse hecho

heterosexuales...Está tan fuera de mi alcance, no puedo ni siquiera imaginar una cosa así. He estado en más consejería, terapia, reuniones con el grupo Éxodo, ministerio de exgays, incluso terapia de electrochoque en un hospital mental...cumplí 57 años el 18 de abril, y todavía soy gay. Yo no elegí vivir un estilo de vida difícil en el que usted es menospreciado y odiado; especialmente cuando la iglesia bautista en la que me crié se enteró de que yo era gay. Para mí, es sólo un hecho de la vida. Yo supe que era diferente cuando era todavía un chiquillo. Me encantaba jugar con las niñas...detestaba los deportes (y todavía los detesto)...me encantaba andar con mi madre todo el tiempo. Seguro que usted ha oído todo esto antes...Sinceramente, creo que nací de esta manera...Yo no quiero ir al infierno...sólo espero que Dios sepa las luchas que he tenido y sé que me va a juzgar con justicia...[28]

Un día más tarde, escribió esto:

Doctor Brown, me temo que se me ha entregado a una "mente reprobada", por lo que ya no hay ninguna ayuda para mí. Voy a arder en el infierno por toda la eternidad.

Ya he empezado a pagar un precio por mi forma de vida gay, mi último amante tenía VIH y se suicidó. Ahora tengo la enfermedad del VIH avanzada, numerosos problemas de salud y muchos de mi familia se alejaron de mí. Sin embargo, en estos días, eso no parece estar tan mal; ya que lo gay es ahora más o menos aceptado, ellos han vuelto a mí...poco a poco.

¿Qué más puedo decir, doctor Brown? Por favor, ore por mí, tal vez sea demasiado tarde.[29]

Cuando leí sus correos electrónicos al aire—con su permiso—tuve que contener mi quebranto y mis lágrimas. Qué dolorosa, terrible, historia. Usted pudiera decir: "¿No puedes ver el problema? Todo su dolor fue causado por la homofobia, sobre todo en la iglesia. Si ustedes los cristianos simplemente lo hubieran apoyado como cristiano gay, él no habría pasado por tal infierno. ¡Ese es el verdadero problema!".

Randy imploraría discrepar con eso, como lo explicó en otro correo electrónico que me envió con fecha 23 de septiembre de 2013: "No...no se puede ser gay y cristiano...usted puede tener sentimientos homosexuales con los que debe luchar minuto a minuto, día a día, mes a mes, año a año...pero no se puede tener intimidad con un hombre y ser cristiano...Lo he intentado...con un fracaso emocional absoluto y triste".[30]

En marcado contraste, cuando le aseguré que Dios no lo había entregado a una mente reprobada, cuando le dije que Jesús murió para perdonarle *cada* pecado que había cometido, y cuando lo animé a que podía vivir sin sexo o sin otro hombre, pero que no podía vivir sin Dios, tuvo un dramático avance.[31] Unos días más tarde, después de ver las respuestas a un artículo que yo había escrito sobre su historia y de escuchar los reportes de que habían oyentes que estaban orando por él, él publicó esto en la página AskDrBrown (Pregunta al Dr. Brown) en Facebook:

> Estoy sentado con las lágrimas prácticamente cayendo sobre el teclado de mi computadora. ¡Yo no puedo creer que haya tanta gente que se preocupen...por mí! ¡Estoy "anonadado"! ¿Por qué esas personas se preocupan por un chico homosexual postrado con SIDA que nunca han visto antes? En este momento estoy básicamente sin palabras. No puedo agradecer lo suficiente a todas aquellas personas por sus amables palabras y apoyo. Yo creo que Dios va a traer a alguien a mi vida que realmente, ESTA VEZ, será capaz de ayudarme a superar este estilo de vida infeliz. ¡Muchas gracias, doctor Brown!...Y gracias de nuevo a todas esas personas maravillosas que se preocupan por mí...¡NO PUEDO CREER LA CANTIDAD DE PERSONAS QUE SE PREOCUPAN![32]

La última vez que supe de él, le estaba yendo bien, estaba fuerte en su fe y hablando claramente contra "el cristianismo gay", diciendo no a los deseos del mismo sexo que lo habían atormentado durante tantos años.

UN LLAMADO A LA SANTIDAD Y A LA COMPLETA RENDICIÓN

La historia de cada persona es diferente, pero el resultado final es que Dios no nos llama a la heterosexualidad tanto como a la santidad.[33] Más que eso, nos llama a sí mismo: a la entrega total—de todo lo que somos, todo lo que tenemos y todo lo que deseamos—a Él. Y esa es la forma en que ahora nos definimos a nosotros mismos: como hijos de Dios, como hijos e hijas del Altísimo, como siervos del Señor.

Christopher Yuan es un cristiano consagrado a quien tuve el placer de conocer hace unos años y hoy en día está enseñando en el Instituto Bíblico

Moody, en Chicago, completando su doctorado en ministerio. Había llevado una vida homosexual promiscua llena de drogas antes de acabar en la cárcel donde, con un montón de tiempo en sus manos, comenzó a leer la Biblia, junto con un libro que el capellán de la prisión que apoya a los gays le dio, diciéndole que podía ser "cristiano gay".

Yuan escribe: "Yo tenía ese libro en una mano y la Biblia en la otra. Tenía todos los motivos para aceptar las afirmaciones del libro para justificar las relaciones homosexuales. Pero el Espíritu de Dios que mora en nosotros me convenció de que ese libro estaba distorsionando su Palabra".[34]

Y por eso, explica, "con el tiempo me di cuenta de que había puesto mucho énfasis en 'ser gay'. Ahora necesitaba ubicar mi primera identidad en Cristo". Sí, "la nueva identidad que encontré en Cristo me obligaba a vivir en obediencia a Dios, ya fuera que mis tentaciones cambiaran o no. El evangelio se trata de algo más que creencias correctas; nos lleva a una vida correcta como resultado de creencias correctas. El cambio bíblico no es la ausencia de luchas, sino la libertad de elegir la santidad en medio de nuestras luchas".[35]

Por el contrario, Yuan encuentra que el libro *Torn* de Justin Lee envía el mensaje erróneo: "*Torn* son las memorias honestas de una lucha cristiana a través de los temas de la sexualidad, pero las conclusiones de Lee en cuanto a cómo vivir parecen ser más antropocéntricas que cristocéntricas".[36] En otras palabras, las conclusiones de Lee son más "acerca de mí" que lo que son "acerca de Él"; más centradas en el hombre que en Cristo, y ese es un problema central con el enfoque del "cristiano gay": ve las Escrituras a través del lente de la homosexualidad en lugar de ver la homosexualidad a través del lente de las Escrituras.[37] Como dije anteriormente, esto es parte de la mentalidad errónea del "evangelio" estadounidense contemporáneo.

Según lo expresado por la profesora de la Universidad de Princeton Kenda Creasy Dean en su libro *Almost Christian: What the Faith of Our Teenagers Is Telling the American Church* [Casi cristiano: Lo que la fe de nuestros adolescentes está diciendo a la iglesia estadounidense], a nuestras congregaciones hoy:

> ...parece que han ofrecido a los adolescentes una especie de "teología de comedor": una religión de ofertas, barata pero satisfactoria, cuyos dioses requieren poco en la forma de fidelidad o sacrificio. No importa que los siglos de cristianos hayan leído el llamado de Jesús a poner su vida por los demás como la

característica de la firma del amor cristiano (Juan 15:13), o que el darse Dios a sí mismo nos permite compartir la gracia de Cristo cuando la nuestra es lastimosamente insuficiente. La teología de comedor es mucho más fácil de digerir que todo esto y es mucho más segura, especialmente para los jóvenes maleables. Entonces, ¿quién puede, en realidad, culpar a las iglesias por servir seriamente con cucharón este guiso a los adolescentes, llenándolos con una papilla aceptable sobre la importancia de ser agradable, sentirse bien consigo mismo y guardar a Dios para las emergencias? Nos hemos convencido de que este es el evangelio, pero en realidad es mucho más cercano a otro plato de lentejas, una perspectiva religiosa no reconocida pero muy extendida entre los adolescentes estadounidenses que se dedican principalmente, no a amar a Dios, sino a evitar la fricción interpersonal...

En la opinión de los adolescentes estadounidenses, Dios es más objeto que sujeto, una idea, no un compañero. El problema no parece ser que las iglesias estén enseñando mal a los jóvenes, sino que estamos haciendo un trabajo extremadamente bueno de enseñar a los jóvenes lo que realmente creemos: a saber, que el cristianismo no es gran cosa, que Dios requiere de poco, y la iglesia es una institución social útil llena de gente agradable que se centra principalmente en "gente como nosotros"; lo que, por supuesto, plantea la pregunta de si realmente somos iglesia en absoluto.[38]

Esto fue tomado de la primera parte del libro de la profesora Dean, una sección llamada "La adoración en la iglesia de cualquier cosa benigna", con los primeros capítulos titulados: "Cómo convertirse en cristianucho" (es decir, no realmente cristiano), y "El triunfo del 'Culto a lo agradable'" (lo que significa que los adolescentes cristianos en Estados Unidos parecen pensar que el fin esencial del evangelio es simplemente ser agradables).

Ella se pregunta en voz alta si la iglesia no está modelando la vida radical y sacrificial de la cruz, sino que está presentando una religión que sólo exige el consentimiento informal, algo que sólo nos hace sentir mejor, la historia de un Dios que guarda su distancia en vez de uno que viene a nuestro mundo a través de su Hijo para transformar por completo nuestras vidas. Si este es el caso—si la mala praxis teológica explica las identidades religiosas a medias de los adolescentes—, entonces quizás la mayoría de los jóvenes practiquen el deísmo terapéutico moralista no porque rechacen el cristianismo, sino porque este es el único "cristianismo" que conocen.[39]

Esta es la mentalidad que ha ayudado a crear la tormenta perfecta para el actual "cristianismo gay", la combinación de varios factores críticos a la vez. En primer lugar, cada vez más los jóvenes de hoy tienen amigos, hermanos, vecinos o padres gays, lo que ayuda a romper muchos estereotipos negativos exagerados. No hay nada malo en ello. En segundo lugar, nuestra sociedad es rápida para pararse del lado de las víctimas y de los menos favorecidos, y en la medida en que las personas LGBT son percibidas como víctimas, los jóvenes en particular, se paran del lado de ellos y se identifican con ellos, lo cual es totalmente comprensible. En tercer lugar, hemos creído la mentira de que la homosexualidad, como el color de la piel, es inherente, inmutable y completamente neutral (en otras palabras, es innata, no puede ser alterada, y no es mejor ni peor que la heterosexualidad), y así "gay es el nuevo negro" en términos de causas por los derechos civiles en los Estados Unidos.[40]

En cuarto lugar, los medios de comunicación seculares nos bombardean con una dieta constante progay y antibíblica, hasta el punto que el crítico de cine y presentador de radio Michael Medved una vez observó: "Un marciano que estuviera recopilando pruebas sobre la sociedad estadounidense, simplemente mediante la supervisión de nuestra televisión, sin duda asumiría que había más gente gay en los Estados Unidos que cristianos evangélicos".[41] O, como dijera una vez Elizabeth Taylor: "Si no fuera por los gays, dulzura, no existiría Hollywood".[42]

No podemos subestimar el poder de la influencia de los medios en nuestra cultura de hoy y eso no sucedió por accidente. Como dos activistas gays entrenados en Harvard explicaran en 1989, su objetivo era la "conversión de las emociones, la mente y la voluntad de los medios de comunicación de los Estados Unidos a través de un ataque psicológico planificado, en forma de propaganda alimentada a la nación a través de los medios de comunicación".[43] Como lo explicara el profesor David Eisenbach, historiador gay:

> Los activistas gays en las décadas de los años 1960 y 1970 entendieron que sólo después de que el público viera que ellos no eran amenaza para la sociedad podrían los derechos de los gays hacer algún progreso político y jurídico. Mediante la manipulación de

los medios de comunicación y exigiendo caracterizaciones más solidarias de los gays en los programas de televisión, el movimiento de derechos de los gays ofreció retos poderosos a los estereotipos comunes.[44]

En quinto lugar, los activistas gays han tenido éxito en representar a todos los que no afirman la homosexualidad como "enemigos", como si un pastor compasivo que simplemente cree que Dios planeó que los hombres estuvieran con las mujeres fuera un fanático intolerante lleno de odio. Una vez más, no es un accidente que alguien como el Rev. Fred Phelps, el fenecido líder de la notoria Iglesia Bautista de Westboro "God Hates Fags" [Dios odia a los homosexuales], se convirtió para los medios de comunicación en el ejemplo clásico del cristianismo conservador, a pesar de que el noventa y nueve por ciento de todos los verdaderos creyentes repudiaban absolutamente sus palabras y sentimientos.

Eso también fue una estrategia establecida de activistas gays hace más de veinticinco años, ya que se hablaba de "interferir" en las emociones de las personas mediante la asociación de "homo-odio" con el horror nazi, trayendo a la mente imágenes como "miembros del Klan exigiendo que los gays sean sacrificados", "predicadores histéricos salidos de lugares remotos", "vándalos amenazantes", y "un recorrido por los campos de concentración nazis, donde los homosexuales fueron torturados y metidos en las cámaras de gas".[45]

Como observara Jeff Jacoby, columnista conservador del periódico *Boston Globe*: "Atrévanse a sugerir que la homosexualidad no puede ser algo que celebrar...y al instante usted es un nazi...Ofrezca compartir sus enseñanzas del cristianismo o el judaísmo con estudiantes que estén "luchando con la homosexualidad" y usted se convierte en alguien tan vil como un miembro del Ku Klux Klan".[46]

Haga una pequeña prueba usted mismo y muéstrese en desacuerdo con el "cristianismo gay" o con el "matrimonio" entre personas del mismo sexo, hágalo con cuidado, amor y sensibilidad. Observe cuánto tiempo transcurre antes de que usted sea llamado enemigo y fanático intolerante (o peor).

En sexto lugar, hay un enorme analfabetismo bíblico en la iglesia de hoy, por lo que el falso evangelio de la "inclusión que afirma" encaja a la perfección: la "teología de comedor" de la que hablaba la profesora Dean.

En séptimo lugar, en respuesta al activismo gay agresivo, potente y bien financiado, muchos líderes y ministerios cristianos han respondido tomando una posición pública fuerte en contra del "matrimonio" entre personas del mismo sexo y otras causas de los homosexuales, por lo cual han sido apodados homofóbicos y prejuiciosos.

Usted podría decir: "Pero es ahí donde usted está errado. La iglesia se *ha* convertido en homofóbica y prejuiciosa y, sin embargo, Jesús nos enseña claramente a no juzgar. Es por eso que muchos jóvenes han perdido el interés por la iglesia de hoy, y es por eso que la mayoría de los gays y las lesbianas no se atreverían a poner un pie en ninguna congregación que no apoye a los gays. ¿No lo entiende?".

Hablando en nombre de muchos otros jóvenes de edad universitaria, Dannika Nash escribió un artículo en su blog titulado "Carta abierta a la iglesia de mi generación". Ella explicó cómo la canción progay de Mackelmore y Ryan, "El mismo amor", era el tema musical de su generación, y señaló que:

> Las cosas están cambiando, el mundo se está convirtiendo en un lugar más seguro para mis amigos gays. Van a conseguir la igualdad de derechos. Estoy escribiendo esto porque estoy preocupada por la seguridad de la Iglesia. La Iglesia se rasca la cabeza, preguntándose por qué el setenta por ciento de los jóvenes de veintitrés a treinta años de edad que se criaron en ella se van. Voy a ofrecer una respuesta bastante sincera, y que va a molestar a algunas personas, pero yo me preocupo demasiado por la Iglesia como para quedarme tranquila. Tenemos miedo al cambio. Siempre hemos tenido miedo. Cuando los científicos propusieron que la Tierra podría estar moviéndose a través del espacio, los obispos de la iglesia condenaron la enseñanza, citando el Salmo 104:5 que dice que Dios "fundó la tierra sobre sus cimientos; no será jamás removida". Pero la teoría científica continuó, y la Iglesia existe todavía. Estoy diciendo esto: no podemos seguir enfrentando a la iglesia en contra de la humanidad o el progreso. NO me oigan decir que no podemos luchar contra la cultura o cualquier cosa. Un montón de cosas de la cultura son absolutamente contradictorias con el amor y la igualdad, y deberíamos estar luchando contra esas cosas. ¿La forma en que la cultura trata a las mujeres, o la pornografía? OCÚPATE de eso, iglesia. Estaré ahí con ustedes. Pero mi generación, la generación que puede oler [censurado], especialmente [censurado]

santo, a una milla de distancia, no va a quedarse a ver a la iglesia combatir el matrimonio gay en contra de nuestro mejor juicio. Es mi generación la que apoya abrumadoramente la igualdad del matrimonio y, como joven y como teóloga les digo, Iglesia, darles ese ultimátum no es lo más conveniente para ustedes.[47]

Pero, hay más:

Toda mi vida, me han dicho una y otra vez que el cristianismo no va con la homosexualidad. Simplemente no funciona. Me vi obligada a elegir entre el amor que sentía por mis amigos homosexuales y los llamados autoridad bíblica. Elegí la gente gay y estoy dispuesta a apostar que no soy la única persona. Yo dije: "Si realmente la Biblia dice esto acerca de la gente gay, no estoy demasiado interesada en confiar en lo que dice acerca de Dios". Y me fui de mi iglesia. Sólo ha sido últimamente que he visto pruebas de que la Biblia puede estar diciendo algo completamente diferente sobre el amor y la igualdad.[48]

Y esto realmente pone de manifiesto el problema, una vez más: "Si tengo que elegir entre la Biblia y mis amigos gays, voy a elegir a mis amigos gays a menos que, por supuesto, la Biblia diga algo diferente a lo que mi iglesia me ha enseñado".

¿Estoy diciendo que todo el problema es que los jóvenes no son lo suficientemente espirituales y no conocen la Biblia lo suficientemente bien? En realidad, incluso si eso es cierto en algunos casos, ese no es mi punto aquí en absoluto. Y, en mi opinión, en la medida en que eso es verdad, una gran parte de la culpa debe darse a los pies de los predicadores, pastores y padres que fallaron en conducir a la generación más joven a un encuentro real con el Señor. Y así, en un sentido real, veo a los jóvenes de hoy como víctimas de una iglesia defectuosa y amañada.

¿Estoy negando que la iglesia evangélica ha puesto su confianza en la política, hasta el punto de que los cristianos evangélicos blancos casi han equiparado el trabajar por el cambio social con votar republicano? No, en absoluto. De hecho, he sido un crítico franco de nuestra dependencia del sistema político, además de criticar a los evangélicos negros por su lealtad incondicional al Partido Demócrata, y señalar que a menudo hay una gran diferencia entre el reino de Dios y el patriotismo.

¿Estoy afirmando que la iglesia no ha sido culpable de proclamar a viva voz su oposición al activismo gay, mientras que en silencio proclama su amor por las personas LGBT? Por supuesto que no. Así que, aquí también soy solidario con lo que opinan Dannika y otros jóvenes. Pero, ¿me permite presentar la otra cara de la historia?

Para estar seguros, yo sí entiendo cuán serios son estos temas, y los resultados de Kinnaman y Lyons son tan innegables como impactantes:

> En nuestra investigación, la percepción de que los cristianos están "en contra de" los gays y lesbianas—no sólo objetando su estilo de vida, sino también albergando un miedo irracional y un desprecio inmerecido hacia ellos—está colmando el vaso. La cuestión gay se ha convertido en el "tema grande", la imagen negativa que probablemente está más entrelazada con la reputación del cristianismo. También es la dimensión que demuestra más claramente la fe no cristiana a los jóvenes de hoy, haciendo brotar una serie de percepciones negativas: prejuiciados, intolerantes, amparados, derechistas, hipócritas, insinceros e insensibles. Los de afuera dicen que nuestra hostilidad hacia los gays—no sólo la oposición a la política y comportamientos homosexuales sino el desprecio por los individuos homosexuales—se ha convertido prácticamente en sinónimo de la fe cristiana...
>
> De los veinte atributos que evaluamos, tanto positivos como negativos, en cuanto a su relación con el cristianismo, la percepción de ser antihomosexual estaba en el tope de la lista. Más de nueve de cada diez individuos (noventa y uno por ciento) que están fuera de la fe, pertenecientes a las generaciones Mosaico (nacidos entre 1984 y 2002) y Buster (nacidos entre 1961 y 1981) dijeron que "antihomosexual" describe con precisión al cristianismo actual. Y dos tercios de los de afuera tienen opiniones muy fuertes sobre los cristianos en este sentido, generando fácilmente el mayor grupo de críticos verbales. Cuando usted se presenta como cristiano a un amigo, un vecino o un socio de negocios que está fuera de la fe, también podría tener tatuado en su brazo: antihomosexual, que odia a los gays, homofóbico. Dudo que usted piense de sí mismo en estos términos, pero eso es lo que los de afuera piensan en usted.[49]

Así que, de nuevo, estoy plenamente consciente de eso, pero como le pedí hace un momento, ¿puedo compartir otra perspectiva con usted?

Quizás haya otra cara de la historia que muchos jóvenes en particular no están viendo. Aquí hay algunas preguntas a considerar.

En primer lugar, ¿es posible que parte de la hostilidad anticristiana haya sido impulsada por los medios de comunicación? Piense de nuevo en las palabras de Michael Medved: "Un marciano que estuviera recopilando pruebas sobre la sociedad estadounidense, simplemente mediante la supervisión de nuestra televisión, sin duda asumiría que había más gente gay en los Estados Unidos que cristianos evangélicos". Fácilmente podríamos llevar esto un paso más allá y decir: "El marciano también llegaría a la conclusión de que los gays eran, con rara o ninguna excepción, increíblemente agradables, orientados hacia la familia, creativos y considerados, mientras que los cristianos evangélicos eran todos mezquinos, prejuiciados, sin brillo, codiciosos e hipócritas".

Y escuche esto: aunque encuesta tras encuesta nos dicen que los gays y las lesbianas constituyen cerca del tres por ciento de nuestra población,[50] una indagación de Gallup de 2011 indica que, en promedio, los estadounidenses creen que los gays y lesbianas representan ¡el veinticinco por ciento de la población! Aun más sorprendente es el hecho de que la generación más joven (aquellos entre dieciocho y veintinueve años) creía que *casi el treinta por ciento* de la población era gay, lo cual significaría, *aproximadamente una de cada tres personas en lugar de una de cada treinta y tres*.[51] ¡Qué diferencia hace esto! y seguramente los medios de comunicación jugaron un papel muy importante en esa percepción extremadamente falsa.

En cuanto a que los cristianos evangélicos son críticos agresivos de los gays, el hecho es que la gran mayoría de las iglesias evangélicas en Estados Unidos rara vez aborda el tema de la homosexualidad de alguna manera—yo he conducido encuestas acerca de esto y examinado las listas de sermones y títulos de libros y artículos—sin embargo, la percepción popular es que estamos obsesionados con este tema y que en cualquier domingo dado es probable que usted escuche un sermón antigay, homofóbico. Nada podría estar más lejos de la verdad.

En segundo lugar, es posible que cuando los cristianos se hayan involucrado con estos temas—y son sobre todo los principales ministerios orientados a la familia los que han marcado el camino—lo han hecho así porque estaban respondiendo a cuestiones de la vida real que necesitaban ser abordadas desde el punto de vista de las Escrituras. De acuerdo a Justin Lee, no sólo es cierto que la sociedad estadounidense, especialmente entre la generación más joven, se siente incómoda con la creciente cultura cada vez más desagradable entre los gays y el cristianismo, pero es este el que *"disparó el primer tiro"*.[52]

Una vez más, eso simplemente no es verdad. Fue sólo con el surgimiento de un activismo gay desafiante que la iglesia se vio obligada a abordar esas cuestiones. Y, ¿puede usted criticar a esos líderes cristianos por haber exagerado un tanto la imagen del gay o lesbiana "promedio" cuando las imágenes más destacadas que se les presentaron eran bastante vulgares y extremas, como los desfiles del orgullo gay mostrando desnudos masculinos en público, carrozas con forma de falo, lesbianas con el torso desnudo y pancartas declarando: "Dios es gay" y "Nosotros queremos sus chicos"?

Para ser perfectamente claro, yo no creo que esto hable de la gran mayoría de los gays y las lesbianas, pero hay que entender que el "orgullo gay" fue asociado hasta tal punto con la promiscuidad sexual audaz y pervertida, que fue demasiado fácil para los cristianos pensar lo peor de todos los hombres y mujeres homosexuales. A eso se suma el hecho de que, en promedio, los gays son más promiscuos que los heterosexuales, por no hablar de las tasas más altas de enfermedades de transmisión sexual de forma masiva en la comunidad (de hombres) gay, y usted puede entender por qué los líderes cristianos dieron la voz de alarma acerca de la práctica homosexual.[53] Difícilmente estábamos nosotros haciendo "el primer disparo".

En tercer lugar, ¿es posible que el movimiento de los "derechos de los gays" esté más conectado a la revolución sexual de la década de los 1960 que al movimiento de los derechos civiles de esa misma época? Sé que muchos homosexuales dicen que "El amor es el amor" y "Yo tengo el derecho de casarme con la persona que amo", y comparan la prohibición del "matrimonio" entre personas del mismo sexo con la prohibición del matrimonio interracial. Pero hay otra forma de ver eso, concretamente, entender el intento de redefinir radicalmente el matrimonio como otro indicio del deterioro del matrimonio, un deterioro acelerado por el divorcio heterosexual no contencioso, la pornografía desenfrenada y la promiscuidad.

De hecho, una vez que usted ubica el "matrimonio" del mismo sexo en el contexto de la revolución sexual, todo se vuelve claro: el matrimonio y la familia están bajo asalto. En 1960, el veintitrés por ciento de todos los nacimientos de estadounidenses negros eran fuera del matrimonio; para 1970, era de hasta treinta y siete por ciento. Para la década de 1990, un promedio de *más del sesenta y ocho por ciento*, y no es mejor hoy en día.[54] Entre los estadounidenses blancos, en 1960 los nacimientos extramatrimoniales fueron sólo el dos punto tres por ciento de todos los nacimientos, aumentando sólo al 5.7 por ciento en 1970 y al 7.3 por ciento en 1975. Pero para 1997 había llegado a 25.8 *por ciento*, lo que equivale a un aumento de más de diez a uno a partir de 1960.[55] Y si quiere un vistazo de donde está nuestra cultura hoy, en 2013 el cuarenta y ocho por ciento de todos los primeros nacimientos (es decir, los bebés nacidos de madres primerizas) fueron extramatrimoniales.[56] Esa es una estadística absolutamente asombrosa.

Como ha señalado Robert Rector, Investigador Principal del Centro DeVos para la Religión y Estudios de la Política Doméstica de la Sociedad Civil:

> En 1964, 93 por ciento de los niños nacidos en los Estados Unidos eran hijos de padres casados. Desde entonces, los nacimientos dentro del matrimonio se han reducido drásticamente. En 2010, sólo el 59 por ciento de todos los nacimientos en el país se produjo en parejas casadas.
>
> ...Cuando la guerra contra la pobreza comenzó a mediados de la década de 1960, sólo el 6 por ciento de los niños nacieron fuera del matrimonio. Durante las próximas cuatro décadas y media, el número aumentó rápidamente. En 2010, el 40.8 por ciento de todos los niños nacidos en EE. UU. nacieron fuera del matrimonio.[57]

Es en este contexto que el empuje por el "matrimonio" entre personas del mismo sexo debe ser visto. No es un paso hacia adelante, sino hacia atrás.

Podemos ver el mismo ciclo en descenso en los medios de comunicación, y no es de extrañar que hace unos pocos años las principales redes de televisión por cable ofrecieran programas innovadores que celebraban la homosexualidad y el lesbianismo (como *Queer as Folk* [Raros como todos] y *The L Word* [La Palabra L]), mientras que hoy están ofreciendo programas innovadores que promueven la poligamia *Sister Wives* [Esposas hermanas] y *Big Love* [Gran amor]), el embarazo adolescente *Teen Moms* [Madres adolescentes]—en los que las madres se convierten en celebridades de la televisión, aunque el embarazo adolescente no se celebra), y el poliamor *Polyamory: Married and Dating* [Poliamor: Casado y saliendo con alguien]. ¿Ve cómo todos estos temas están ligados?

El 16 de agosto de 2010, la revista *Newsweek* hizo la pregunta:

"¿Estamos frente a un futuro sin género?". Un año antes, *Newsweek* había ofrecido un destacado artículo sobre relaciones con parejas múltiples que se consienten mutuamente". El artículo, titulado "Poliamor: La próxima revolución sexual", declaraba: "Es suficiente para hacer girar la cabeza de cualquier monógamo. Pero es mejor que los tradicionalistas se vayan acostumbrando a eso".[58] Sólo dos años antes (en 2007), la revista *Time* planteó la pregunta: "¿Debería ser legal el incesto?".

Y en diciembre de 2010, cuando el profesor de la Universidad de Columbia David Epstein fue arrestado por una aventura amorosa de mutuo acuerdo por tres años con su hija adulta, su abogado señaló: "Está bien que los homosexuales hagan lo que quieran en su propio hogar. ¿En qué es esto tan diferente? Tenemos que averiguar por qué se tolera cierto comportamiento y otro no".[59] No es sorprendente que un buen número de estudiantes de Columbia fueron a la internet y preguntaron por qué los actos sexuales cometidos por adultos que consienten (en este caso, ¡un padre y una hija!) deben ser considerados un delito.

A la luz de todo esto (y podría escribir un libro entero sobre estos temas; de hecho, lo hice y fue de 700 páginas de largo, con 1,500 notas finales de documentación[60]), ¿es acaso un misterio por qué muchos cristianos están tan preocupados por la dirección que lleva nuestra sociedad? ¿Es tan impactante el que sea importante para nosotros el defender el matrimonio y la familia y la sexualidad como Dios manda, aunque eso signifique ofender a nuestros amigos gays a quienes amamos y quienes son importantes para nosotros?

En cuarto lugar, ¿podría ser que en realidad *haya* una agenda gay—es decir, objetivos comunes compartidos por las organizaciones de activistas homosexuales y sus aliados—y que esa agenda sea realmente una amenaza a nuestras libertades de expresión, de conciencia y de religión, por no hablar de una amenaza al matrimonio, a la familia, así como a las distinciones de género? Si usted está tentado a sacarme de la lista como un fanático religioso, lo reto a ver la evidencia. ¿Quiere al menos seguir leyendo para ver lo que tengo que decir?

Supongo que ha oído hablar de Rosa Parks, la mujer afroamericana que ayudó a iniciar el movimiento moderno de los derechos civiles. Pero, ¿ha oído usted hablar de otra mujer afroamericana llamada Crystal Dixon? ¿No? ¿Qué hay de otra mujer llamada Julea Ward? ¿No? ¿Qué tal una mujer más, Angela McCaskill? ¿Todavía no le suenan conocidas?

Bueno, Crystal Dixon se desempeñó como administradora de los recursos humanos en la Universidad de Toledo, cuando escribió un artículo de opinión para su periódico local (en su propio tiempo y como ciudadana individual) en el que respetuosamente discrepaba de la idea de que ser negra era como ser gay (en particular, en términos de estatus y la historia del movimiento por los derechos civiles). Como resultado de escribir ese editorial, ella fue despedida por la universidad. ¡Despedida![61]

Julea Ward era una estudiante de postgrado en el programa de consejería de la Universidad del Este de Michigan, cuando se le pidió que asesorara a un cliente abogado que era gay y se le dio la instrucción de que afirmara la relación homosexual de ese cliente. Cuando ella dijo que, como cristiana, no podía hacerlo con la conciencia tranquila, su profesor le dijo que remitiera al cliente a otro consejero, después de lo cual ella fue reportada a la administración y luego sometida a una inquisición anticristiana degradante antes de ser expulsada del programa. ¡Expulsada![62]

La doctora Angela McCaskill fue la primera mujer afroamericana sorda en obtener un doctorado en la Universidad de Gallaudet, en Washington DC, aclamada como la mejor escuela superior de la nación para sordos, y después de trabajar en la institución durante años, fue nombrada como la primera jefe oficial de diversidad de la universidad en enero de 2011. (Para el registro, su descripción de trabajo no se centraba en "diversidad" LGBT). En julio de 2012, como ciudadana privada y residente de Maryland, firmó una petición para apoyar el matrimonio como la unión de un hombre y una mujer. Y firmó esa petición con su marido a la salida de un servicio de la iglesia donde su pastor había predicado contra la redefinición del matrimonio.

Casi tres meses después, una lesbiana miembro de la facultad se dio cuenta de eso y emitió una queja a la universidad, y McCaskill fue relevada inmediatamente de sus responsabilidades. ¡Fuera, te vas! Fue puesta bajo licencia administrativa pagada y llegó a estar tan angustiada que necesitó atención médica. Afortunadamente, la protesta pública en su favor fue tan fuerte que finalmente fue reinstalada, pero sólo después de haber sido terriblemente traumatizada y maltratada; y eso, amigos míos, no es ni siquiera la punta del iceberg.[63]

Casos similares se están llevando a cabo en todo el país: un trabajador es despedido porque explica a su supervisora lesbiana, que se mantiene hablándole de su próxima boda gay, que él no está de acuerdo con la práctica homosexual, según la Biblia; una niña de once años de edad, recibe amenazas de muerte después de testificar ante el senado de su estado que el matrimonio es la unión de un hombre y una mujer; una maestra de escuela es despedida por publicar comentarios en contra del activismo gay en su página privada de Facebook; un profesor católico es despedido porque enseñó a sus estudiantes lo que la Iglesia Católica cree acerca de la homosexualidad en una clase en el departamento de religión sobre catolicismo. Y casi todos los meses (si no todas las semanas) los cristianos están siendo llevados a los tribunales en diferentes estados, porque no pueden en buena conciencia prestar sus servicios (tales como la fotografía o arreglos florales o tortas) para ceremonias de "boda" del mismo sexo o cosas similares.[64]

Sí, los que salieron del armario hace más de cuarenta años nos quieren poner en el armario a nosotros, y los que dicen ser tolerantes se han vuelto cada vez más intolerantes. ¿Es tan extraño que los líderes cristianos se hayan preocupado por la erosión de nuestras libertades? Fue Dietrich Bonhoeffer quien dijo: "La prueba definitiva de una sociedad moral es el tipo de mundo que deja a sus hijos".[65] ¿Qué clase de mundo estamos dejando a nuestros hijos?

La gente nos puede llamar homofóbicos todo lo que quieran, pero ¿estamos realmente exagerando cuando levantamos nuestra preocupación sobre tres nuevos proyectos de ley que recientemente aprobaron en California? El primero, SB 777, requiere que todos los distritos escolares y todos los grados de kínder al décimo segundo grado (K-12), celebren la historia de los gays, lesbianas, bisexuales, transexuales en América.[66] El segundo, SB 1172, hace ilegal que un menor de edad con atracción no deseada por el mismo sexo vaya a consejería profesional[67] (lo que significa, que a un chico de diecisiete años de edad, que no quiere ser atraído hacia otros chicos no se le permite recibir consejería; un proyecto de ley similar fue aprobado en Nueva Jersey, con más estados que están planeando copiarlo). Sin embargo, es perfectamente legal en California que los padres pongan a su hijo de diez años de edad bloqueadores hormonales para detener el inicio de la pubertad, ¡si el niño siente que él o ella está atrapado en el cuerpo equivocado! El tercer proyecto de ley, AB 1266, ahora permite que un niño que cree que es una niña (o viceversa) para utilizar el baño de las niñas en la escuela (de K-12), así como jugar en equipos de deportes de las niñas y el uso de la sala de vestidores de las niñas, y no se exige ninguna prueba de ningún tipo.[68] El niño simplemente tiene que decir: "Así es como me percibo a mí mismo".

¿Son los cristianos instados a quedarse de brazos cruzados y no hacer nada para ayudar a que nuestros propios hijos y nietos que estén siendo afectados por todo esto? ¿No estamos firmes con la justicia y por que no contra de la injusticia?

Hay centros preescolares en Estados Unidos, donde no se les permite a los maestros llamar a los estudiantes "niños y niñas" ya que eso estaría haciendo una distinción de género. Y en varios países la tienda de juguetes *Toys "R" Us* ha anunciado que va a pasar a ser tienda de juguetes de sexo neutral.[69] De hecho, algunos de sus catálogos ya muestran niños jugando con muñecas princesas y niñas jugando con armas de fuego, todo porque algunas personas se sintieron ofendidas con los estereotipos de género. Y a nivel universitario, hay profesores que están llamando a la "guerra al mundo clasificado por género".[70]

Por tanto, yo le pregunto, ¿es malo para nosotros estar preocupados cuando los titulares celebran la noticia de que un chico de dieciséis años de edad, que ahora se identifica como chica, ha sido elegido reina del baile de bienvenida a los exalumnos de su escuela?[71] (Mi corazón tiene compasión por ese chico, pero él es un niño—biológica y cromosómicamente— y la verdadera compasión trataría de ayudarlo de adentro hacia afuera). ¿Deberíamos estar felices cuando un estudiante en otra escuela secundaria (que había votado a favor de una *chica* para ser el *rey* del baile) dijo: "No es más el estereotipo en el que el rey [del baile de graduación] tiene que ser un atleta y estar allí con las porristas…vivimos en una generación en la que los chicos son chicas y las chicas son chicos"?[72] ¿Se supone que esto sea algo bueno?

Y, ¿es loable que un niño de *seis años de edad*, en la Argentina, se le haya permitido cambiar su certificado de nacimiento de masculino a femenino? Los niños de esa edad difícilmente entienden la diferencia entre la fantasía y la realidad; sin embargo, un medio de comunicación gay informa que "Una niña de seis años de edad, *que fuera asignada varón al nacer*, ganó su batalla legal para cambiar su documento nacional de identidad y la partida de nacimiento para su género preciso".[73] Esto es nada menos que locura social.

Y se supone que debe ser bueno cuando los estudiantes universitarios LGBT, en respuesta a una encuesta, se identificaron con descripciones como: "lesbiana género raro de veintiún años de edad, estudiante

del último año"; "*Genderqueer* (se identifica con ambos sexos) F-M de
veintidós años de edad, estudiante del último año" (F-M de femenino a
masculino), "femenina bisexual de veintiún años de edad, estudiante del
penúltimo año", y "bicurioso cuestionando femenina, veinte años de edad,
estudiante del último año".[74] ¿Es esto algo para celebrar?

Esto muestra cuánto nos desviamos del curso cuando nos apartamos
del orden que Dios estableció en cuanto a masculino-femenino, varón-
mujer. Y es por eso que estamos empezando con el pie equivocado cuando
simplemente decimos a la gente: "Usted es definido por su identidad sexual, cualquiera sea la identidad o identidades". Esto conduce a políticas
extrañas como esta de la Guía de referencia del distrito escolar unificado
de Los Ángeles: "'La identidad de género se refiere a la comprensión, intereses, perspectivas y sentimientos que uno tenga acerca de si uno es
hombre o mujer, o ambos, o ninguno, independientemente de su sexo biológico".[75] ¿Qué?

Y una vez que encontramos que la dicotomía hombre-mujer es restrictiva y opresiva, y consideramos la homosexualidad y la bisexualidad como
perfectamente buenas opciones a la heterosexualidad, nos encontramos
con una lista de términos como esta, todos los cuales se han utilizado en
los círculos LGBT contemporáneos:

> Androginia (hermafroditismo), andrógino (chico que luce como
> chica), bisexual, bilesbiana, *boi* (lesbiana con aspecto varonil), *boi-
> dyke* (o, *boydyke*; lesbiana con aspecto femenino), *bro-sis* (relación
> hermano-hermana), *butch* (machorra/marimacho), *butchDyke*
> (machorra/marimacho), *camp* (amanerado/afeminado), travesti,
> *cross–living* (vivir tiempo completo en el rol del sexo opuesto),
> *drag* (*In drag*; hombre vestido de mujer), *drag king* (mujer que
> viste como hombre), *drag queen* (homosexual que viste de mujer),
> *dyke* (lesbiana), FTM o F->M o F2M (femenino a masculino),
> *femme* (chica en relación lesbiana), *femme dyke* (que hace de chica
> en relación lesbiana), *female bodied* (asignada como femenina en
> el momento del nacimiento), imitador de mujer (FI, por sus si-
> glas en inglés), travesti fetichista, género ilusionista, género neu-
> tral, *gender-bender* (torcedor de género, actúa o viste como el sexo
> opuesto), gender-blender (mezclador de géneros), *genderqueer* (se
> identifica con ambos sexos), boy (lesbiana con aspecto varonil)
> genético, hombre genético (GM), mujer genético (GF/GW),

chica genética (GG), *grrl* (chica rebelde), *half-dyke* (chica bisexual, atraída más hacia mujeres que hacia hombres), heteroflexible, hir (género neutral), intersexo, MTF o M->F o M2F (masculino a femenino), hombre imitador, metamorfo, monogénero, multigénero, castrado, no-género, no-op (transexual no operado), omnisexualidad, pansexualidad, transexuales preoperatorios (Preop TS), poligénero, transexuales posoperatorios, *queer, queerboi* (lesbiana actuando como chico), *shape shifter* (cambia de forma o identidad a voluntad), *stem* (lesbiana identificada femenina), *stud* (lesbiana identificada masculina), *trannyboi* (transexual masculino vistiendo de mujer), *trannydyke* (transexual atraído hacia mujeres), *trannyfag* (transexual F-M que se identifica como homosexual masculino), *transboi* (transexual asignado femenino al nacer, pero se identifica con masculino), transexuales, transgéneros, en transición, transmale (transexual masculino), transexuales (TS), travesti, transidentificado, trisexual, dos-espíritus (roles mezclados de género), *ze* (género neutral).[76]

Qué lejos está esto de Génesis 1:27, que dice: "Y creó Dios al hombre a su imagen, a imagen de Dios lo creó; varón y hembra los creó". Pero es inevitable una vez que comenzamos a afirmar la identidad gay, lo que significa que debemos reconocer a los bi y trans y *genderqueer* y pansexuales...etc.

EXTENDER LA MANO Y RESISTIR

Por supuesto, tenemos que gritar a los cuatro vientos que Jesús derramó su sangre por cada uno de esos individuos tanto como lo hizo por la persona más recta y heterosexual del mundo. Pero podemos predicar el evangelio sin afirmar los deseos sexuales, atracciones románticas e identidades de género de todo el mundo.

Por eso dije que tenemos que navegar a través de un campo minado difícil, mostrando compasión y amor por los individuos LGBT—en todos los sentidos, siendo Jesús para ellos—mientras respaldamos el matrimonio, la familia y la moralidad en la sociedad: siendo la sal de la tierra y la luz del mundo que Jesús nos llamó a que fuéramos. En resumen, estamos para *extender la mano y resistir*, es decir, llegarnos a las personas LGBT con compasión y resistiendo el activismo gay con valentía.

Tendemos a poner todo nuestro énfasis en uno u otro lado, lo cual lleva a un desequilibrio peligroso. Y mientras que la iglesia local ciertamente debería centrar sus energías en extender una mano compasiva a todos, no puede ignorar los problemas sociales que están afectando a las familias de nuestra nación. ¿Ve usted ahora que la cuestión no está tan definida o clara como pudo haber pensado?

Tal vez algunos de ustedes que sólo se han preocupado por los problemas sociales se dan cuenta ahora de que han juzgado erróneamente a la mayoría de los gays y lesbianas, como si todos ellos fueran activistas tratando de quitarle sus derechos. Ese ciertamente no es el caso. Tal vez otros de ustedes sólo se han preocupado por ser amigo para su vecino gay o lesbiana, y han juzgado erróneamente a los cristianos con conciencia social como si fueran individuos que odian a los gay a causa de sus fuertes posturas morales. Ese ciertamente tampoco es el caso.

Pero, ¿qué pasa con las palabras de Jesús en cuanto a que no estamos para juzgar? ¿No es eso realmente el fondo de la cuestión aquí? ¿Y no se reduce simplemente al hecho de que no es nuestra tarea como cristianos el juzgar *a nadie*?

Bueno, ¿de verdad cree usted eso? En un momento nos ocuparemos de las palabras de Cristo, pero, ¿me está diciendo que si vio a un jugador de fútbol en su escuela secundaria golpear a un chico gay en la cara y llamarlo mariquita, usted no juzgaría al jugador de fútbol ni diría que lo que él estaba haciendo estuvo mal? Si usted hubiera vivido en los días de la esclavitud, ¿me está diciendo que no habría juzgado a los traficantes de esclavos por sus acciones ni dicho que lo que estaban haciendo estaba mal? Después de todo, Jesús dijo: "¡No juzguéis!". ¿Y cómo se sienten respecto del profesor de la universidad que acabo de mencionar que estaba teniendo relaciones sexuales con su hija adulta? ¿No está usted juzgándolos si dice que lo que están haciendo está mal?

Según el director de Hollywood, Nick Cassavetes, *es* un error juzgar a los miembros de la familia por cometer incesto. Durante la promoción de su película del 2012, "Yellow" [Amarillo], que presenta una relación incestuosa adulta, él dijo: "Habíamos oído algunas historias en las que los hermanos y hermanas estaban completamente, absolutamente, enamorados el uno del otro. ¿Saben qué? Toda esta película trata en cuanto a pasar juicio y la falta de ello, y sobre hacer lo que quieras".[77] Exactamente. ¿Quién es usted para juzgar?

Entonces, ¿de verdad cree usted que como cristianos no es nuestro trabajo el juzgar a nadie? Tal vez lo que usted quiere decir es que no debemos ser sentenciosos. En ese caso, ¡estoy de acuerdo! Ser sentencioso es una cosa. Tomar buenas decisiones morales es otra completamente distinta.

Aquí está lo que dijo Jesús:

> No juzguéis, para que no seáis juzgados. Porque con el juicio con que juzgáis, seréis juzgados, y con la medida con que medís, os será medido. ¿Y por qué miras la paja que está en el ojo de tu hermano, y no echas de ver la viga que está en tu propio ojo? ¿O cómo dirás a tu hermano: Déjame sacar la paja de tu ojo, y he aquí la viga en el ojo tuyo? ¡Hipócrita! saca primero la viga de tu propio ojo, y entonces verás bien para sacar la paja del ojo de tu hermano.
>
> —MATEO 7:1-5

¿Qué fue exactamente lo que quiso decir Jesús? En su comentario sobre Mateo, el estudioso del Nuevo Testamento D. A. Carson explicó que las palabras de Jesús en Mateo 7:1 claramente no:

> …prohíben todo juicio de cualquier tipo, porque las distinciones morales establecidas en el Sermón del Monte requieren que se hagan juicios decisivos. Jesús mismo pasa a hablar de algunas personas como perros y cerdos (v. 6) y para advertir contra los falsos profetas (vv. 15-20). En otra parte, exige a las personas que juzguen "con justo juicio" (Juan 7:24; cf. 1 Corintios 5:5; Gálatas 1:8-9; Filipenses 3:2; 1 Juan 4:1). Todo eso supone que algunos tipos de juicio no sólo son legítimos, sino un mandato.
>
> La exigencia de Jesús aquí es para que sus discípulos no estén pasando juicio ni censurando. El verbo *krinō* tiene la misma fuerza en Romanos 14:10-13 (cf. Jacobo [Santiago] 4:11-12). El rigor del compromiso de los discípulos con el reino de Dios y la justicia exigida de ellos no les autoriza a adoptar una actitud crítica.[78]

Me pregunto por qué la gente es tan rápida para citar las palabras de Jesús en Mateo 7:1: "No juzguéis"—lo que significa claramente no juzguen hipócritamente, no juzguen injustamente; no juzguen superficialmente, no condenen—, pero parece que nunca citan las palabras de Jesús en Juan 7:24: "No juzguéis según las apariencias, sino juzgad con justo juicio". ¡Jesús nos llama a juzgar "con justo juicio"! Y, como señaló el profesor Carson, la enseñanza de Jesús en el Sermón del Monte nos *obliga* a hacer juicios adecuados: reconocer la clase de gente que termina burlándose de nuestro mensaje ("echar perlas a los cerdos"), reconocer a los falsos profetas (los cuales conoceremos por su fruto malo), y reconocer la paja que está en el ojo de nuestro hermano para poder removerla una vez que hayamos quitado la viga de nuestro ojo.

Para que quede claro, según las Escrituras, yo no soy su juez y usted tampoco es el mío. La Palabra nos advierte fuertemente sobre esto: "Uno solo es el dador de la ley, que puede salvar y perder; pero tú, ¿quién eres para que juzgues a otro?"(Jacobo [Santiago] 4:12). "¿Por qué juzgas a tu hermano? O tú también, ¿por qué menosprecias a tu hermano? Porque todos compareceremos ante el tribunal de Cristo" (Romanos 14:10).

Al mismo tiempo, *tenemos* la obligación de juzgar la conducta moral, como lo Pablo explica en 1 Corintios 5:11-13:

> Más bien os escribí que no os juntéis con ninguno que, llamándose hermano, fuere fornicario, o avaro, o idólatra, o maldiciente, o borracho, o ladrón; con el tal ni aun comáis. Porque ¿qué razón tendría yo para juzgar a los que están fuera? ¿No juzgáis vosotros a los que están dentro? Porque a los que están fuera, Dios juzgará. Quitad, pues, a ese perverso de entre vosotros.

Así que, si alguien dice ser un seguidor de Jesús y está viviendo francamente en pecado, sin arrepentirse, debemos "juzgarlo" y romper toda comunión con él (con el objetivo de traerlo de vuelta en arrepentimiento). En cuanto a los pecadores impenitentes fuera de la iglesia, Pablo escribe que Dios los juzgará. (Nótese que no dice que Dios los *bendecirá*, sino que los *juzgará*).

Lo irónico de todo esto es que algunos de los que constantemente dicen: "¡No tienes derecho a juzgarme! ¡Tú eres tan crítico! Jesús dijo: 'No juzguéis'", son a menudo muy críticos de sí mismos. Como un colega mío que le preguntó una vez a una mujer que lo acusó de juzgarla. "Pero, ¿no me estás juzgando por juzgarte?" Aun más irónico es que muchos de los que dicen predicar un mensaje de gracia, amor y aceptación se vuelven ferozmente críticos y hostiles cuando su mensaje es cuestionado.[79] De alguna manera yo no siento su amor.

Entonces, ¿dónde nos deja esto cuando se trata el tema de la Biblia y la homosexualidad? Nos deja en una posición de humildad ante Dios, no condenando a los demás, ni juzgando con espíritu áspero y censurador, sino examinando nuestros propios corazones para ver si hay pecado e hipocresía. También nos deja celosos por lo mejor de Dios, reconociendo que solo sus sendas constituyen el camino de la vida. Y nos deja aferrándonos fuertemente al Señor y a su Palabra, sin querer imponer nuestros valores, normas y comentarios sobre la Palabra de Dios, sino más bien pidiendo a nuestro Padre celestial que nos ayude a formar nuestros valores, normas y opiniones basadas en las Escrituras. De lo contrario, como advirtió San Agustín una vez: "Si usted cree lo que le gusta en los evangelios, y rechaza lo que no le gusta, no es en el evangelio en lo que usted cree, sino en usted mismo".[80]

¿Por qué no se detiene un momento y hace esta oración conmigo antes de pasar a la otra página?

> *Padre, en el nombre de Jesús, te pido que me ayudes a abrir mi corazón y mi mente a tu verdad, cualquiera sea el costo o consecuencia. Ayúdame a humillarme y a ser enseñable y corregible, y en armonía con tus promesas, guíame en el camino de la verdad, la vida y la libertad. Donde se me ha engañado, desengáñame, y donde yo he endurecido mi corazón por el pecado, el orgullo, el miedo, la tradición, el control o la religión hecha por el hombre, perdóname y límpiame. Señor, quiero agradarte a ti, no a mí mismo, y más que nada en este mundo sólo quiero amarte, conocerte y vivir para ti. Por tu gracia lo haré. ¡Amén!*

Ahora, prosiga y dele vuelta a la página. ¿Está usted listo?

Capítulo 3

¿ESTAMOS USANDO la BIBLIA para SANCIONAR el PREJUICIO CONTRA los HOMOSEXUALES?

El argumento del "cristiano gay": Así como la iglesia usó incorrectamente la Biblia para justificar e incluso sancionar a la esclavitud, la segregación y la opresión de las mujeres, hoy continúa haciendo mal uso de ella para justificar y sancionar el prejuicio homofóbico.

La respuesta bíblica: La Biblia ha sido mal utilizada para justificar e incluso sancionar a la esclavitud, la segregación y la opresión de las mujeres. En marcado contraste, la iglesia está utilizando correctamente la Biblia para rechazar la práctica homosexual y para anunciar a las personas LGBT que Dios tiene una manera mejor. También es importante recordar que se trataba de cristianos, usando correctamente la Biblia, los que ayudaron a poner fin a la esclavitud, la segregación y la opresión de las mujeres.

E N ENERO DE 2013 pasé diez días en Hong Kong enseñando el libro de Jeremías a pastores chinos de la sección continental como parte de un programa de seminario especial. Otros dos profesores de los Estados Unidos también estaban dando clases esa semana y una tarde tomamos un par de horas para dar un recorrido por la isla.

Uno de esos profesores era un reconocido erudito del Nuevo Testamento griego, graduado del Seminario Teológico Fuller, y mientras viajamos alrededor de Hong Kong, surgió el tema del "cristianismo gay". Ese erudito me dijo que cuando él estaba en Fuller, si quería escuchar la Palabra de Dios predicada en profundidad y con claridad, tenía que escuchar al Dr. Mel White, profesor de Fuller, pastor y escritor de libros para hombres como Jerry Falwell, Pat Robertson y Billy Graham.

Pero lo que los estudiantes y feligreses del Dr. White no sabían era que ese respetado líder cristiano, al parecer, un hombre felizmente casado, por no hablar de padre y abuelo, estaba luchando en secreto con la atracción por el mismo sexo, y todos sus esfuerzos por cambiar habían fallado, incluyendo la oración, la consejería y hasta el exorcismo. Después de que su homosexualidad fuese descubierta por otros en la industria editorial, él salió públicamente, dejó a su esposa y se mudó con su amante masculino, estremeciendo el mundo cristiano evangélico.

Mel White, ¿gay?

Después de salir y convertirse en activista "cristiano gay", el Dr. White escribió esta carta abierta al reverendo Jerry Falwell, que contenía un apremiante llamamiento:

> He estado leyendo su autobiografía de nuevo. Todavía me conmueve. Y no lo digo sólo porque yo la escribí. *Strength for the Journey* [Fortaleza para la jornada] inspira e informa a los lectores porque usted habla de sus fracasos y no sólo de su éxito.
>
> Estoy especialmente conmovido por esas veinte cortas páginas del capítulo once que describen su transformación a partir de 1964, cuando era un acérrimo segregacionista, hasta 1968, cuando bautizó al primer miembro negro de la Iglesia Bautista de Thomas Road.
>
> Cuando le pregunté qué había pasado en apenas cuatro años para que cambiara de opinión acerca de la segregación, usted me contó historias sobre los afroamericanos que había conocido y amado desde la niñez.
>
> "No fue el Congreso, los tribunales ni los manifestantes", me aseguró. "Fue Lewis, el limpiabotas, Lump Jones, el mecánico, y David Brown, el hombre negro sensible, amoroso y sin una esposa o familia que vivió la mayor parte de su vida adulta en la trastienda de nuestra gran casa familiar en Lynchburg".

Era obvio que para usted eran realmente importantes los hombres de raza negra, especialmente David Brown. "Era un buen hombre", me dijo. "Ayudaba a mi madre con la cocina y la limpieza. Se ocupaba de mí y de mi hermano Gene cuando éramos niños. Nos bañaba y alimentaba a ambos. Era como un miembro de nuestra familia".

Entonces, un día, usted y Gene encontraron a David Brown que yacía inconsciente y sin recibir atención en el vestíbulo del Hospital General de Lynchburg. Una parte de la cabeza y de la cara había sido aplastada por un golpe severo con un tubo romo o el cañón de una pistola. Sufrió cortaduras y hematomas en todo el cuerpo; sin embargo, por ser negro, agonizó en esa sala de espera durante cuarenta y ocho horas sin ayuda médica. Usted y su hermano intervinieron, pero su amigo fue dañado en forma permanente por los rufianes racistas que lo dejaron por muerto y por las políticas racistas del hospital que le negaron el tratamiento a tiempo.

¿Se acuerda de cómo sus ojos se llenaron de lágrimas cuando me dijo: "Lamento no haber adoptado una postura a favor de los derechos civiles de David Brown y mis otros amigos y conocidos negros durante esos primeros años"?[1]

Como el propio Falwell declaró en una respuesta abierta al Dr. White: "Yo nací y crecí en una cultura segregacionista. Cuando era un joven creyente, esa fue una de las primeras cosas que el Espíritu Santo comenzó a purgar de mi vida".[2]

¿Podría ser, entonces, que al igual que el Dr. Falwell heredó las creencias erróneas sobre los negros, puntos de vista que "el Espíritu Santo comenzó a purgar" de su vida siendo un joven creyente, también heredara las falsas creencias acerca de los homosexuales y ahora era el momento de que el Espíritu Santo le purgara también esos puntos de vista?

El doctor White enfatizó este punto:

Yo supe, por el sonido de su voz, Jerry, que usted todavía se siente mal por no haber tomado una postura a favor de la igualdad en esos primeros años de ministerio. Sin embargo, después de condenar la legislación del presidente Johnson sobre los derechos civiles como un acto "civilmente equivocado", y después de predicar fervientemente en contra de la integración, usted tuvo el valor de reconocer su pecado y de poner fin a sus formas racistas.

"En todos estos años", me dijo, "no se me ocurrió que la segregación y sus consecuencias para la familia humana eran malas. Yo estaba ciego a esa realidad. No me di cuenta entonces, pero si la iglesia hubiera hecho su trabajo desde el principio de la historia de esta nación, no habría habido necesidad de un movimiento por los derechos civiles".

Bien dicho, amigo. Pero ahora tengo que preguntar una vez más. ¿Ha pasado alguna vez por su cabeza el que usted pudiese estar tan equivocado con la homosexualidad como lo estuvo con la segregación? ¿Podría ser que usted esté ciego a una nueva realidad trágica, que las consecuencias de su retórica homofóbica sean tan malas para la familia como lo eran sus sermones contra la integración? ¿Ha pensado en la posibilidad de que esté arruinando vidas, destruyendo familias y causando sufrimiento sin fin, con sus falsas afirmaciones de que estamos "enfermos" y que somos "pecadores", que "abusamos y reclutamos a los niños", que "socavamos los valores de la familia"?

En las décadas de los años 1950 y 1960, usted hizo mal uso de la Biblia para apoyar la segregación. En la década de 1990 está haciendo un mal uso de nuevo, esta vez para burlarse y condenar a los hijos de Dios que son gays y lesbianas. Una vez usted les negó a los cristianos negros los derechos (y los ritos) de membresía de la iglesia. Ahora es a los gays, lesbianas, bisexuales y transexuales cristianos a los que usted rechaza.[3]

Y el Dr. White terminó su carta con estas palabras penetrantes:

Por favor, Jerry, escuche sus propias palabras acerca de la segregación y aplíquelas a mis hermanos y hermanas homosexuales. "Puedo ver desde los primeros días de mi nueva fe en Cristo", me dijo, "que Dios había tratado de hacerme entender y reconocer mi pecado racial. En la universidad bíblica, las Escrituras habían sido perfectamente claras acerca de la igualdad de todos los hombres y mujeres, acerca del amor a todas las personas por igual, acerca de la lucha contra la injusticia, y acerca de obedecer a Dios y tomar posición en contra de las tradiciones inmorales e inhumanas del hombre".

Las Escrituras todavía son claras acerca de la igualdad de todos los hombres y mujeres. Las Escrituras son todavía claras en cuanto a amar a todas las personas por igual. Las Escrituras todavía son claras acerca de la lucha contra la injusticia y tomar posición en contra de las tradiciones inmorales e inhumanas del hombre. ¿Por qué no puede usted aplicar ESAS Escrituras a nosotros en vez de los seis versos que usa mal una y otra vez para darle una paliza y condenar a la gente GLBT?

Durante años usted apoyó las "tradiciones inmorales e inhumanas" que se utilizaban para perseguir a las personas de color. Entonces, finalmente, el Espíritu de la verdad lo liberó. Ahora, usted es partidario de las "tradiciones inmorales e inhumanas" que se utilizan para perseguir a los homosexuales. Por favor, Jerry, deje que el Espíritu de la verdad lo liberte de nuevo.[4]

¿Es esto lo que el espíritu de la verdad está diciendo hoy a la iglesia? ¿Está Dios desafiando nuestros fanatismos, malentendidos y nuestros prejuicios de nuevo? ¿Estamos, de hecho, usando la Biblia para sancionar a los prejuicios antihomosexuales?

El arzobispo retirado sudafricano Desmond Tutu contesta con un sí rotundo. En una entrevista en septiembre de 2013 se le preguntó: "¿Cuál es el problema más apremiante en el que los cristianos tienen que relacionar su fe con el poder y la injusticia?". Él respondió:

En cualquier lugar donde se socave la humanidad de las personas, en cualquier sitio donde las personas sean dejadas en el polvo, allí encontraremos nuestra causa. A veces usted desearía guardar silencio. Es el tipo de cosa de la que usted ha oído que el profeta Jeremías se quejaba cuando dice: "¿Sabes, Dios? Yo no quería ser profeta y tú me hiciste hablar palabras de condena contra un pueblo que amo profundamente. Tu palabra es como un fuego que arde en mi pecho".

No es que sea cuestionable cuando usted habla por el derecho de las personas con una orientación sexual diferente. La gente tomó una parte de nosotros y la usaron para discriminar en contra de nosotros. En nuestro caso, era nuestro grupo étnico; es precisamente lo mismo que pasa con la orientación sexual. Las personas están siendo asesinadas porque son gays. Yo no pienso: "¿Qué es lo que quiero hacer hoy? Quiero hablar sobre los derechos de los homosexuales". No, es que Dios me agarra por el cuello... El Dios que estaba allí y nos enseñó que debíamos ser libres es el Dios descrito en las Escrituras como el mismo ayer, hoy y por los siglos.[5]

El pastor Brian McClaren, reconocido líder de la "Iglesia Emergente", también diría que sí, la iglesia tiene que hacer grandes cambios en su tratamiento a los gays, lesbianas y transexuales, señalando que:

> ...aunque el debate ha sido agonizante, los liberales han abierto el camino en la búsqueda de tratar a las personas homosexuales y transexuales con compasión. Los conservadores pueden seguir sus pasos en este tema como lo han hecho en otros, varias décadas más adelante, una vez que los pioneros hayan despejado el camino (y una vez que su vieja guardia haya muerto).[6]

Sin duda, muchos cristianos conservadores protestarían de inmediato esta afirmación exagerada, como si la única manera de tratar con compasión a las personas homosexuales y las identificadas como transexuales fuese afirmando sus deseos sexuales, atracciones románticas o confusión de género. Pero, ¿hay verdad en el punto principal del pastor McClaren en cuanto a que los cristianos liberales—hoy llamados a menudo cristianos "progresistas"—son los que rompen las paredes del prejuicio y la intolerancia, sólo para ser seguidos décadas después por la nueva generación de cristianos conservadores?

El difunto Rev. Dr. Peter Gomes, ministro por mucho tiempo de la Iglesia Memorial de la Universidad de Harvard, profesor emérito de moral cristiana, y uno de los líderes más conocidos de la iglesia afroamericana, sin duda se hizo eco de los sentimientos de McClaren. (En 1991 Gomes famosamente declaró: "Yo soy un cristiano que, da la casualidad, también es gay".[7]) En su libro, *El buen Libro: Lectura de la Biblia con el corazón y la mente*, que fue un superventas en 1996, Gomes dedica todo un capítulo a "La Biblia y la homosexualidad", en referencia al rechazo moral de la práctica homosexual como un "perjuicio bíblicamente sancionado".

Gomes escribe:

> La legitimación de la violencia contra los homosexuales, los judíos, las mujeres y los negros... viene de la idea de que la Biblia estigmatiza a esas personas, lo cual las hace presa fácil. Si la

Biblia expresara tal prejuicio, ciertamente no puede ser un error el actuar basados en él. Este, por supuesto, es el argumento que cada antisemita y racista ha utilizado con consecuencias devastadoras demostrables, como nuestra historia social muy vívidamente muestra.[8]

Según el Dr. Gomes, es miedo lo que hay "en el corazón de la homofobia, como había en el corazón del racismo, como con la religión—en particular el tipo evangélico protestante que me había alimentado—[era] la hoja de parra moral que cubría el prejuicio".[9]

Bruce Bawer, otra voz elocuente "cristiana gay", añade este testimonio que confirma aun más:

> Cuando yo era niño en la década de 1970, pasando los veranos en Carolina del Sur—estado natal de mi madre—, conocí a unos chicos blancos que se habían retirado recientemente de la escuela pública y comenzaron a asistir a una nueva academia privada. Ellos me explicaron el cambio: Sus escuelas públicas habían sido integradas por orden de la Corte Suprema de Justicia, y sus padres los estaban enviando a esa nueva institución con el fin de evitar que asistieran a la escuela con "[censurado]" para protegerlos. De ese modo fui testigo del nacimiento de la derecha religiosa.[10]

¿Podría ser, entonces, que "la derecha religiosa"—o, más ampliamente, el cristianismo evangélico conservador—que se opone hoy en día a la práctica homosexual no hace más que continuar en sus formas intolerantes y prejuiciosas del pasado reciente? ¿Es cierta esa acusación?

Estoy seguro de que *hay* algunos cristianos profesantes que continúan en sus formas intolerantes, cuya evaluación negativa de la homosexualidad no se basa en las Escrituras sino en sus propios sentimientos, similar a los sentimientos negativos que tenían sobre los negros u otros en el pasado. Puede ser que incluso crean que todos los hombres homosexuales son pedófilos o que todos los homosexuales son ateos o que odian a Dios.

Pero la existencia de las personas intolerantes en la iglesia, ya sea sus números grandes o pequeños, no prueba nada en absoluto acerca de lo que las Escrituras dicen realmente. Y si vamos a ver la Palabra con sinceridad, tendremos que admitir que no hay comparación entre la promoción de la esclavitud, la segregación, la opresión de las mujeres y el rechazo a la práctica homosexual.

¿Está dispuesto a seguir la verdad de la Palabra de Dios a dondequiera que nos dirija? Entonces, vamos a examinar cuidadosamente el testimonio de la Escritura y de la historia.

Una que se describe a sí misma como "mujer transexual" en el blog Observador Ex-Gay (*Ex-Gay Watch*) publicó estos comentarios dirigidos a mí el 27 de enero de 2008: "Sr. Brown, ya que usted afirma que se adhiere tanto al Santo Libro para su politización, frente a sólo 6 versículos en la Biblia que son interpretados por la derecha religiosa para condenar la homosexualidad, ¿sanciona usted, entonces, el regreso de la esclavitud?"[11]

A continuación, enumeró decenas de versículos de la Biblia, todo lo cual pareció justificar la esclavitud, preguntando: "Sin duda, este es un asunto mucho más grave que el de darles derechos a los homosexuales, ¿verdad?"[12]

Viniendo a esto del punto de vista de un profesor de filosofía que es gay y ateo, John Corvino dice: "Creo que la lectura más plausible de Levítico 18:22 es: 'No se permite sexo entre hombre y hombre, punto', y a diferencia de los adolescentes en búsqueda de escapatorias, creo que el sexo oral es sexo".[13] Pero, considerando que muchas leyes bíblicas ya no se aplican hoy (especialmente las que sancionan la esclavitud), Corvino concluye:

> Sin embargo, cuando uno lee [la Biblia] en su totalidad, es difícil evitar la sensación de que este libro no contiene, de hecho, la palabra infalible de un Dios que es bueno, omnisciente, todopoderoso, pero en cambio contiene las normas ocasionalmente razonables—aunque a menudo defectuosas—de seres humanos falibles, normas que están estrechamente vinculadas a las circunstancias culturales del autor.[14]

Más específicamente, señala que si la reinterpretación gay "funciona para los pasajes sobre la homosexualidad (o para el caso, los pasajes sobre el divorcio), es insostenible para los pasajes sobre la esclavitud". En otras palabras:

> Parece bastante claro que la Biblia aprueba la esclavitud, por lo que está simplemente equivocada. Pero una vez que admitimos que la Biblia refleja los prejuicios culturales erróneos acerca de la esclavitud, debemos admitir que también puede reflejar prejuicios culturales erróneos acerca de otras cosas, incluyendo la homosexualidad. O es infalible o no lo es.[15]

Así que, el profesor Corvino es capaz de descartar lo que la Escritura dice acerca de la práctica homosexual—reconociendo que la prohíbe— desechando la Biblia en su conjunto a causa de la sanción aparente de la Biblia de la esclavitud.

¿Cómo debemos responder a desafíos francos y directos como este? Yo sugeriría que todos nos hagamos algunas preguntas sinceras:

* ¿Estoy usando la Biblia para confirmar mis propias creencias, prejuicios y sesgos, o estoy dispuesto a desafiar lo que soy y lo que creo basado en la Palabra de Dios?

* ¿Y qué si yo utilizara solamente las Escrituras para informar de mis puntos de vista acerca de otras razas, acerca de la esclavitud, acerca de la mujer, acerca de la homosexualidad? ¿A qué conclusiones llegaría?

* ¿Hay más en la interpretación de las Escrituras que simplemente citar unos versículos? ¿Hay problemas mayores y principios morales más grandes que también deben abordarse al evaluar el testimonio de la Escritura?

El profesor menonita Willard Swartley plantea algunas preguntas adicionales para la reflexión, señalando que:

…por una parte, el llamado bíblico a la santidad y la no conformidad a la manera del mundo, en especial sus pecados sexuales, es fuerte y claro. Por otra parte, la Escritura en su conjunto…es igual de fuerte en su llamado a la justicia, la misericordia y a la aceptación de los marginados, lo que podría por lo tanto llevarnos a aceptar homosexuales y lesbianas junto con la práctica homosexual a la luz de su estigmatización por parte de la religión y la sociedad. La solución de esas tensiones es la tarea hermenéutica interpretativa, ya que vivimos con la Escritura en nuestro mundo de hoy.[16]

Y continúa:

¿Cómo gestionamos estas señales éticas mixtas en el texto bíblico? ¿Cómo equilibramos la justicia bíblica con su preocupación también por los límites y la disciplina? ¿Cómo encaja la santidad bíblica con la compasión y la inclusión? ¿El gran principio del evangelio de la inclusión invalida los textos que requieren de límites y disciplina ética (Mateo 18:15-18; 1 Corintios 5)? ¿Son la inclusión y la disciplina incompatibles?[17]

¡Estas son preguntas importantes! Y seamos totalmente sinceros: no son simplemente preguntas en cuanto a cómo interpretamos la Escritura. Estamos tratando con la vida de las personas, y no nos atrevemos a trivializar la dificultad y la sensibilidad de tales temas.

Así que, en cuanto a mí, es con cuidado y preocupación ante el Señor que tomo cualquiera de las posiciones que asumo, además nunca lo hago sin mucha introspección y, a menudo, dolor real, no queriendo herir a la comunidad LGBT más de lo que ha sido herida, no queriendo reflejar mi corazón en vez del de Dios, no queriendo ser un pobre testigo de Jesús, no queriendo rechazar a aquellos que Él está afirmando, y siempre queriendo ser sensible a la voz del Espíritu, a la voz de la conciencia y a la voz de los desposeídos. Y mientras espero el día final para rendir cuentas ante el trono de Dios, me llego a Él (a menudo todos los días), pidiéndole que examine mi corazón, mi vida, mis motivos, mis respuestas, mis palabras, mis acciones, orando tanto por misericordia como por perdón—en lo que me quedo corto—y por valor para tomar una postura en la que su verdad lo requiera, independientemente del costo o las consecuencias.

Mi crianza también es importante en este sentido, ya que crecí en un hogar de mente liberal, muy abierta, al punto que el primer maestro de órgano que mi hermana y yo tuvimos era un hombre francamente gay llamado Russ. (Yo tenía apenas seis años cuando comenzamos a tomar clases de música y mi hermana como nueve). A veces Russ y su pareja Ed iban juntos desde Manhattan a nuestro hogar en Long Island, quedándose a menudo a cenar con nosotros después de la clase. (Ed era peluquero y una vez visitamos, como familia, a Russ y a Ed en su apartamento en Manhattan).

Mi hermana y yo sabíamos que ellos eran diferentes—eso era evidente—pero no entendíamos los asuntos sexuales a edades tan tempranas y, en cualquier caso, a mis padres no les preocupaba en lo más mínimo el que Russ fuera nuestro maestro de órgano. ¡Este, obviamente, no era un hogar "homofóbico"!

Tampoco era un hogar con prejuicios raciales; así que nuestro próximo profesor de órgano fue un hombre negro que estaba casado con una blanca (eso fue a mediados de la década de 1960), y los habían condenado al ostracismo por parte de familiares y amigos debido a su matrimonio interracial.

Recuerdo a mi padre explicándonos lo que pasó y lo equivocado que era ese tratamiento. De nuevo, eso es una imagen del entorno en el que me crié. Cuando llegué a la fe en Cristo, en 1971, como hippie rebelde de dieciséis años de edad, que se inyectaba heroína, usaba LSD y era baterista de música rock, empecé a leer la Biblia con voracidad y sin duda creí que la práctica homosexual era pecaminosa. Pero, para ser sincero, no recuerdo haber oído mucha (o incluso ninguna) predicación sobre el tema, ni tampoco era algo que me preocupara en ese momento. Para mí, el gran problema era dejar las drogas y la bebida (que, por la gracia de Dios, hice casi de la noche a la mañana una vez que el amor del Señor se hizo real en mí), y luego vivir en pureza sexual, permanecer cerca del Señor y alcanzar a otros con las buenas noticias de Cristo.

Este patrón continuó en mi vida por las próximas décadas, por lo que—de los primeros diecinueve libros que escribí (de 1985 a 2010)—, si usted saca todo el material relacionado con la homosexualidad y lo une—, apenas llenaría una página, a pesar de que mi difunto cuñado, David, salió de la homosexualidad y se casó con mi cuñada. No obstante, eso simplemente no era un foco importante para mí, ni me sentía tenso por el tema de la homosexualidad, y ninguna persona que me hubiera escuchado predicar durante décadas podría haber pensado que yo tenía algo contra las personas LGBT. Una vez que Dios comenzó a cargar mi corazón con ese tema (a partir de 2004), me esforcé por escuchar las historias de las personas LGBT, leer sus libros y artículos, ver el mundo (y la Palabra) a través de sus ojos—tanto como un cristiano heterosexual podría hacerlo—y a considerar en oración todos los ángulos de las cuestiones pertinentes.

Así que, a usted le será muy difícil poder acusarme de ir con una mentalidad homofóbica mezquina al texto bíblico. Simplemente estoy comprometido a seguir al Señor y su verdad, dondequiera que ella conduzca. Espero que usted también.

Antes de entrar en los temas específicos de la esclavitud, la opresión de la mujer y la homosexualidad, tengo claro que la gran mayoría de los que han cambiado sus puntos de vista sobre lo que dice la Biblia acerca de la homosexualidad y ahora encuentran a las dos compatibles, lo han hecho basados en: (1) sus propios deseos y la atracción por el mismo sexo, (2) su interacción con "cristianos gays" (o con cualquier persona gay o lesbiana que desafíe sus hipótesis), o (3) la comprensión contemporánea de la homosexualidad. En otras palabras, no han cambiado su forma de pensar basados solamente en el estudio de las Escrituras ya que, la verdad sea dicha, *en los últimos cincuenta años no se ha hecho ningún nuevo descubrimiento textual, arqueológico, sociológico, antropológico ni filológico que nos pueda llevar a leer cualquiera de esos textos bíblicos de manera diferente.* Dicho de otra manera, no es que hayamos ganado algunos nuevos conocimientos sobre lo que el texto bíblico significa basados en el estudio de los textos hebreos y griegos. En otras palabras, la interacción de la gente con la comunidad LGBT les ha hecho que entiendan el texto bíblico diferente.

Considere este ejemplo en concreto. Luke Timothy Johnson es un muy respetado erudito y profesor de Nuevo Testamento que tuvo un cambio de corazón en cuanto a la Biblia y la práctica homosexual, pero afirma que el testimonio de las Escrituras es claro: "La tarea exige honestidad intelectual", escribe. "Tengo poca paciencia con los esfuerzos para hacer que la Escritura diga algo distinto de lo que dice, apelando a sutilezas lingüísticas o culturales. La situación exegética es sencilla: Nosotros sabemos lo que dice el texto".[18]

¡Qué admisión tan franca! Sabemos lo que el texto bíblico dice acerca de la práctica homosexual, que está claramente prohibida en las Escrituras.

Sin embargo, para el profesor Johnson, la historia no termina allí, y se hace la pregunta: "Pero, ¿qué vamos a hacer con lo que dice el texto?"[19] Y explica:

> Debemos declarar cuáles son nuestros fundamentos para tomar una posición firme en cuanto a los claros mandamientos de la Escritura, e incluir en esos fundamentos alguna base de la Escritura misma. Evitar esa tarea es ponernos en la misma posición que otros insisten que ya ocupamos, la de los liberales que aborrecen la tradición y los escritos sagrados de la iglesia, personas a las que tienen sin cuidado los símbolos compartidos que nos definen como cristianos. Si nos vemos a nosotros mismos como liberales, entonces debemos serlo en nombre del evangelio y no, como a menudo ha sido el caso, a pesar del evangelio.[20]

Pero, ¿qué pasa si eso significa rechazar lo que la Biblia enseña claramente "en el nombre del evangelio"? El profesor Johnson escribe: "Creo que es importante establecer claramente que *nosotros, de hecho, rechazamos las órdenes directas de la Escritura,* y apelamos en su lugar a otra autoridad cuando declaramos que las uniones entre personas del mismo sexo pueden ser santas y buenas" (énfasis mío).[21]

¿Qué posible tipo de "autoridad" permitiría a un cristiano "rechazar las órdenes directas de la Escritura"?

> Apelamos explícitamente al peso de nuestra propia experiencia y la de miles de personas que han sido testigos, que nos dicen que afirmar nuestra propia orientación sexual es, de hecho, aceptar la forma en que Dios nos ha creado. Con ello, también rechazamos de modo explícito las premisas de las declaraciones bíblicas que condenan la homosexualidad, concretamente, que se trata de un vicio libremente elegido, un síntoma de la corrupción humana y de la desobediencia al orden creado por Dios.[22]

¡Tremenda declaración! Rechazamos lo que la Biblia enseña explícitamente basados en el "peso de nuestra propia experiencia", junto con la experiencia de miles de otros "cristianos gays" que están convencidos de que Dios los hizo *así*. ¿En serio? ¿Es eso lo que un destacado estudioso del Nuevo Testamento está diciendo? (Y tenga en cuenta también su afirmación en cuanto a que "rechazamos explícitamente...las premisas de las declaraciones bíblicas que condenan la homosexualidad", como si no hubiera manera de armonizar lo que estos versículos dicen con la opinión contemporánea acerca de la homosexualidad. (Regresaremos a ese tema en los capítulos 6-8).

¿Sobre qué base, entonces, puede un erudito de la Escritura poner la experiencia personal en un plano superior a la autoridad de la Palabra de Dios? Él explica:

> Implícito en una apelación a la experiencia está también una apelación ante el Dios vivo cuya obra creativa no cesa, que continúa dando forma a los seres humanos a su imagen cada día, en maneras que pueden sorprendernos e incluso estremecernos. Igualmente importante, tal apelación va a la más profunda verdad revelada por la Escritura misma, a saber, que Dios crea el mundo de nuevo en todo momento, llama a existencia aquello que no es, y resucita a los muertos a formas nuevas y mayores de vida.[23]

Esta también es una propuesta asombrosa, una que teóricamente podría conducir al abandono total de todo lo escrito en la Biblia basado en la idea de que la "obra creativa" de nuestro Dios vivo "nunca cesa", y así podríamos aprender algo hoy que nos haría desechar lo que fue escrito en la Biblia hace dos mil o tres mil años. ¿Cómo podría un erudito bíblico como Johnson cometer un error tan grave?

Es cierto que su hija se declaró lesbiana, lo cual claramente impactó su perspectiva. Pero esa no es la "experiencia" que el profesor Johnson quiere discutir aquí (aunque, obviamente, tiene mucho peso en su propia vida). Al contrario, su argumento sobre el poder de la experiencia se puede resumir en una palabra: esclavitud.

Él escribe: "Nuestra situación con respecto a la autoridad de la Escritura no es diferente a la de los abolicionistas de la América del siglo XIX. Durante la década de 1850, los argumentos desplegados con furia sobre la moralidad de los esclavistas y la exégesis de la Escritura jugaron un papel clave en los debates".[24]

Según Johnson:

> Las batallas exegéticas fueron unilaterales: todo lo que los abolicionistas podían señalar era Gálatas 3:28 y la Carta a Filemón, mientras que los propietarios de esclavos tenían el resto del Antiguo y del Nuevo Testamento, que daba toda indicación de que la esclavitud era un arreglo social legítimo, ciertamente ordenado por Dios, contra el cual ni Moisés ni Cristo ni Pablo plantearon una objeción fundamental.[25]

A la luz de esta evaluación—la que vamos a desafiar en breve—Johnson pregunta: "Entonces, ¿cómo es que ahora, a principios del siglo XXI, la autoridad de los textos de la Escritura sobre la esclavitud y los argumentos basados en ellos nos parecen a todos, sin excepción, como completamente fuera de lugar y profundamente equivocados?"[26]

> La respuesta es que con el tiempo la experiencia humana de la esclavitud y su horror permeó la conciencia popular, a través del testimonio y el contacto personal directo, de la ficción como *La cabaña del tío Tom*, y, por supuesto, a través de una gran Guerra Civil en la que espantosos números de personas dieron sus vidas para que los esclavos pudieran ser vistos no como propiedad sino como personas. Como personas, ellos podrían ser tratados por la misma ley del amor que gobernaba las relaciones entre todos los cristianos y también podrían, por tanto, alcanzar con el tiempo

plenos derechos civiles dentro de la sociedad. Y una vez que la experiencia de su plena humanidad y la maldad de la esclavitud llegaron a una etapa de conciencia crítica, esta nación no pudo ni dar marcha atrás a la práctica de la esclavitud ni leer nunca más la Biblia de la misma manera.[27]

El profesor Johnson luego hace la aplicación obvia, afirmando que "Muchos de los que nos levantamos a favor del pleno reconocimiento de las personas gays y lesbianas dentro de la comunión cristiana nos encontramos en una posición similar a la de los primeros abolicionistas, y la de los primeros defensores de las funciones plenas e iguales de las mujeres en la iglesia y la sociedad".[28]

Sin embargo, su argumento aún suena hueco cuando resume diciendo:

> Estamos plenamente conscientes del peso de la evidencia bíblica que apunta lejos de nuestra posición, pero ponemos nuestra confianza en el poder del Dios vivo para revelar tan poderosamente a través de la experiencia personal y el testimonio como a través de los textos escritos. Para justificar esta confianza, invocamos el principio básico paulino de que el Espíritu da vida, pero la letra mata (2 Corintios 3:6). Y si la letra de la Escritura no puede encontrar espacio para la actividad del Dios vivo en la transformación de las vidas humanas, entonces, la confianza y la obediencia deben ser dadas al Dios vivo y no a las palabras de la Escritura.[29]

Cuán revelador es que el conocimiento de Johnson acerca de la Biblia le obligue a repetir: "Estamos plenamente conscientes del peso de la evidencia bíblica que apunta lejos de nuestra posición", lo que significa que, a pesar del supuesto peso de la experiencia que favorece el "cristianismo gay", él todavía tiene que admitir que la Palabra de Dios no respalda tal cosa. Igualmente condenable a su posición es que compare la esclavitud y la opresión de las mujeres con la práctica homosexual, es como comparar manzanas con naranjas—en realidad, es más extremo que eso, es como comparar manzanas con pelotas de béisbol—aunque el argumento de la "experiencia" funcione tanto en su contra como a favor de él.

Déjeme desempacar estos puntos uno por uno, de la manera más sucinta y clara posible. Para aquellos que quieran una discusión hermenéutica extremadamente detallada, les recomiendo el libro de William J. Webb, *Slaves, Women and Homosexuals: Exploring the Hermeneutics of*

Cultural Analysis [Esclavos, mujeres y homosexuales: Exploración de la hermenéutica del análisis cultural], que voy a estar citando a continuación. También muy recomendable (y menos técnico) es *Homosexuality: Biblical Interpretation and Moral Discernment* [La homosexualidad: Interpretación bíblica y discernimiento moral], de Willard Swartley. Voy a estar citando de este libro también.

Así que, ¿qué dice la Biblia acerca de la esclavitud, los derechos de la mujer y la práctica homosexual? ¿Cómo se comparan estos temas? Obviamente vamos a pasar la mayor parte del resto de este libro viendo los principales textos bíblicos que abordan la práctica homosexual, por lo que nuestra atención aquí se centra en una pregunta simple: ¿Utilizó la iglesia correctamente la Biblia cuando respaldó la esclavitud (o segregación) y la opresión a las mujeres? ¿Se está utilizando correctamente la Biblia al hablar contra la práctica homosexual?

La esclavitud en la Biblia

Sin duda, ciertas formas de esclavitud fueron instituidas por Dios en la Torá, y el esclavo no tenía los mismos derechos que su amo. También es cierto que en determinados momentos de guerra los israelitas esclavizaban a sus cautivos. (Ver Deuteronomio 21:10-14). En un pasaje que la mayoría de los lectores contemporáneos encuentran muy preocupante, a los israelitas se les permitía comprar esclavos de los pueblos vecinos o de los extranjeros que vivían entre ellos, incluso pasar esos esclavos a sus hijos como herencia:

> Así tu esclavo como tu esclava que tuvieres, serán de las gentes que están en vuestro alrededor; de ellos podréis comprar esclavos y esclavas. También podréis comprar de los hijos de los forasteros que viven entre vosotros, y de las familias de ellos nacidos en vuestra tierra, que están con vosotros, los cuales podréis tener por posesión. Y los podréis dejar en herencia para vuestros hijos después de vosotros, como posesión hereditaria; para siempre os serviréis de ellos; pero en vuestros hermanos los hijos de Israel no os enseñorearéis cada uno sobre su hermano con dureza.[30]
> —Levítico 25:44-46

Es evidente que ninguno de nosotros hoy avalaría esto como una práctica piadosa o aceptable y, sin embargo, en ninguna parte de la Escritura hebrea es la esclavitud denunciada como inhumana o inmoral. Parecería que los cristianos *estaban* simplemente siguiendo las Escrituras cuando practicaban la esclavitud en el pasado, ¿verdad?

En los tiempos del Nuevo Testamento, la esclavitud era una forma de vida en el mundo grecorromano en el que Jesús y los apóstoles vivieron; sin embargo, en ningún momento ninguno de ellos llamó a una rebelión directa contra el sistema. Por el contrario, Pedro y Pablo en realidad mandaron a los esclavos a que obedecieran a sus amos, mientras que Pablo incluso aconsejó a los amos a tratar a sus esclavos amablemente en lugar de ordenarles que los liberaran.[31]

¿Podría ser cierto, entonces, que una lectura justa y sincera de las Escrituras apoyaría la esclavitud hoy en día, incluyendo el bárbaro comercio de esclavos africanos llevado a cabo en los Estados Unidos del pasado (por no hablar de muchas otras industrias de comercio de esclavos que hoy existen en otras partes del mundo)? De ninguna manera.

En primer lugar, tenemos que ver que en la Biblia misma la semilla de la liberación de la esclavitud ya estaba siendo plantada, y cuando la ley del Antiguo Testamento instituyó la esclavitud, exigía una norma totalmente diferente para el tratamiento de los esclavos, en comparación con la esclavitud que se practicaba en Estados Unidos y más allá.

Resumiendo la evidencia del Antiguo Testamento, vemos:

+ La liberación de Egipto fue en respuesta a Israel que clamó a Dios de en medio de la esclavitud opresiva (Éxodo 2:23-24), y este tema se conmemora en todo el Antiguo Testamento. (Ver, por ejemplo, Deuteronomio 15:15).

+ Una de las razones por la que se les dio el mandamiento del día del reposo [Sabbat] fue para ayudar al pueblo de Israel a recordar esa misma liberación de la esclavitud de Egipto, por lo que debía ser un día de reposo para esclavos y libres por igual. Así que uno de los Diez Mandamientos declara: "Seis días trabajarás, y harás toda tu obra; mas el séptimo día es reposo a Jehová tu Dios; ninguna obra harás tú, ni tu hijo, ni tu hija, ni tu siervo, ni tu sierva, ni tu buey, ni tu asno, ni ningún animal tuyo, ni el extranjero que está dentro de tus puertas, para que descanse tu siervo y tu sierva como tú. Acuérdate que fuiste siervo en tierra de Egipto, y que Jehová tu Dios te sacó de allá con mano fuerte y brazo extendido; por lo cual Jehová tu Dios te ha mandado que guardes el día de reposo" (Deuteronomio 5:13-15).

+ La servidumbre hebrea se basaba principalmente en la necesidad económica más que en imponer por la fuerza la esclavitud (ver, por ejemplo, Deuteronomio 15:7-18), y un israelita serviría sólo seis años como esclavo, quedando libre en el séptimo año, a menos que decidiera que quería quedarse en esa casa para toda la vida (o hasta el año del jubileo, lo que ocurriera primero; ver Éxodo 21:5-6 con Levítico 25).[32] Así, la esclavitud israelita era mucho más cercana a la servidumbre por contrato que a lo que la mayoría de nosotros pensamos cuando escuchamos la palabra *esclavitud*, es decir, una esclavitud que implicaba secuestro, muertes masivas en el transporte (en el paso de África a América), y todo tipo de opresión brutal.

+ A un israelita no se le permitía esclavizar a un compatriota, en particular, un miembro de la familia. Y, bajo ninguna circunstancia, podría un israelita ser vendido como esclavo. Eso se refleja en leyes como estas: "Y cuando tu hermano empobreciere, estando contigo, y se vendiere a ti, no le harás servir como esclavo. Como criado, como extranjero estará contigo; hasta el año del jubileo te servirá. Entonces saldrá libre de tu casa; él y sus hijos consigo, y volverá a su familia, y a la posesión de sus padres se restituirá. Porque son mis siervos, los cuales saqué yo de la tierra de Egipto; no serán vendidos a manera de esclavos. No te enseñorearás de él con dureza, sino tendrás temor de tu Dios" (Levítico 25:39-43).

+ El sistema legal de la Torá era extremadamente humanitario en términos de esclavos y amos. (Ver, por ejemplo, Éxodo 21:1-11). Por lo tanto, no sólo los esclavos descansaban en el día de reposo, junto con el resto de los israelitas, sino que si el amo maltrataba seriamente al esclavo, este se iría libre: "Si alguno hiriere el ojo de su siervo, o el ojo de su sierva, y lo dañare, le dará libertad por razón de su ojo. Y si hiciere saltar un diente de su siervo, o un diente de su sierva, por su diente le dejará ir libre" (vv. 26-27).

+ En Jeremías 34, los judíos fueron reprendidos por no liberar a sus esclavos en el séptimo año, como lo exigía la Torá. Luego, después de liberar a los esclavos y, posteriormente, cambiar de opinión y esclavizarlos de nuevo, Jeremías declaró que Dios los juzgaría severamente por sus acciones pecaminosas.

+ El libro de Deuteronomio contiene este notable la legislación: "No entregarás a su señor el siervo que se huyere a ti de su amo. Morará contigo, en medio de ti, en el lugar que escogiere en alguna de tus ciudades, donde a bien tuviere; no le oprimirás" (Deuteronomio 23:15-16). Si bien es posible que esto se refiera a los esclavos de los extranjeros y no a israelitas, sigue siendo sin precedentes en el antiguo Cercano Oriente y, de nuevo, lleva dentro de sí la semilla de la libertad y la misericordia.[33]

Así que, aunque no minimizo el hecho de que la ley de la Torá permitía a los israelitas comprar esclavos de los países vecinos, así como entre los extranjeros que habitaban en medio de ellos (como señalamos más arriba en Levítico 25), esos esclavos descansaban todas las semanas en el Sabbat y se les garantizaba un trato humano. De lo contrario, ellos también serían puestos en libertad, tal como lo sería un esclavo israelita.

Asimismo, si bien veremos en los siguientes capítulos que el Nuevo Testamento expresa claramente la desaprobación de Dios de la práctica homosexual, reforzando de este modo lo que se enseña en el Antiguo Testamento, el Nuevo Testamento enseña que en Jesús, toda distinción de casta o de clase que existían anteriormente entre judíos y gentiles son ahora disueltas. Eso significa que las leyes del Antiguo Testamento que tratan a los gentiles en un plano más bajo que a los judíos serían anuladas en el nuevo pacto que Jesús estableció. Así que una ley como la de Levítico 25:44-46, en la que los esclavos extranjeros podrían mantenerse como "posesión" de los israelitas, ya no se aplicaría. Pero, repito, no existen comparaciones similares con respecto a la práctica de la homosexualidad, a pesar de los argumentos de los teólogos gays. Esto se demostrará claramente a través del resto de este libro.

También cabe destacar que el pueblo de Israel nunca entró "en la captura y venta de vidas humanas como lo hicieran los comerciantes fenicios, filisteos y más tarde los países europeos".[34] Como se resume en *Dichos difíciles de la Biblia*:

> Las leyes relativas a la esclavitud en el Antiguo Testamento parecen funcionar para moderar una práctica que se utilizaba como un medio para el préstamo de dinero entre los judíos o para manejar el problema de los prisioneros de guerra. En ninguna parte fue condenada la institución de la esclavitud como tal; pero es que tampoco tuvo nada como las connotaciones que la esclavitud llegó a tener durante los días de los que negociaban la vida humana como si fuera una simple mercancía para la venta. Ese tipo de esclavitud era voluntario para el hebreo…y sólo el prisionero de guerra era encadenado involuntariamente. Pero en todos los casos, la institución era vigilada de cerca y el juicio divino era declarado por los profetas y otros por todos los abusos que ellos vieran.[35]

Además de eso, cada cincuenta años en Israel se celebraba un año de jubileo (o liberación, véase Levítico 25:10-55), un tiempo en el que los israelitas que habían decidido servir a sus amos de por vida (en vez de ser liberados en el séptimo año) serían libres, era un tiempo para "pregonar libertad" (v. 10). Las deudas también serían canceladas y la tierra familiar que hubiera sido vendida por necesidad financiera regresaría a sus dueños originales. Y es este mismo tema, "la proclamación de la libertad" a los cautivos, la que se encuentra en Isaías 61:1 cuando el profeta habla de la liberación por parte de Dios de los cautivos en los últimos tiempos. De manera significativa, cuando Jesús comenzó su ministerio público, tomó esas palabras de Isaías 61 y las hizo suyas, proclamando libertad a los pobres y los oprimidos. (Ver Lucas 4:18). Jesús mismo dio a los futuros abolicionistas un gran texto para utilizar en sus predicaciones.

Y así, si bien es cierto que no hubo un intento por parte de la iglesia en sus inicios para derrocar el sistema de la esclavitud en el antiguo mundo grecorromano—que sería similar a que un pequeño nuevo movimiento religioso tratara de ilegalizar a los militares en Estados Unidos hoy—la semilla de la liberación y la igualdad fueron claramente plantadas en el Nuevo Testamento. Por ejemplo:

+ Pablo enseñó que "no hay esclavo ni libre" en Cristo (Gálatas 3:28; Colosenses 3:11), un concepto verdaderamente radical en ese momento (y en cualquier momento).[36]

+ Pablo enseñó que tanto los amos como los esclavos sirven al mismo Señor y el esclavo es hombre libre del Señor (Efesios 6:5-9), otro concepto radical.

+ Pablo animó a los esclavos a obtener su libertad si era posible (1 Corintios 7:21-23), lo que difícilmente es un respaldo al sistema.

+ En la Carta a Filemón, Pablo le escribe a su amigo Filemón en nombre de un hombre llamado Onésimo, que anteriormente había sido esclavo de Filemón, pero se había escapado, después de lo cual Pablo llevó a Onésimo a los pies de Cristo. Entonces, Pablo apela a Filemón a recibir a Onésimo, no como esclavo, ¡sino más bien como un hermano en Cristo! Eso también era una nueva forma radical de pensar y bastante revolucionaria en sus implicaciones.

Como se señala en *Dichos difíciles de la Biblia*, cuando trata con las relaciones sociales que requerían que los subordinados se sometieran a sus superiores:

> Pablo añade un nuevo giro en el que de una forma u otra replantea el deber tradicional en términos de una relación con Cristo. En otras palabras, lo saca del contexto terrenal y lo pone en el contexto de algo que el Señor recompensará. Con eso, restringe el carácter absoluto de la obligación porque, obviamente, no se puede hacer algo "como para el Señor" o "como esclavos de Cristo" si es algo que el Señor ha dejado ver perfectamente claro que odia...Pablo ha elevado la posición del subordinado a la de un ser humano completo delante de Dios; sin embargo, lo hace sin llamar a la rebelión.
>
> ...Pablo también aborda al superior social y señala que él...tiene responsabilidades hacia su subordinado...El amo debe tratar a los esclavos de manera apropiada a la luz de saber que,

en realidad, tanto él como ellos son esclavos del Amo celestial (Efesios 6:9). Después de todo, incluso Pablo se llama a sí mismo esclavo de Jesucristo. Esta parte de la enseñanza de Pablo es revolucionaria. Era inaudito llamar a un superior social a que respetara y respondiera a un llamado al deber hacia inferiores sociales. De hecho, se podría decir que Pablo trae a los amos al nivel de sus esclavos y hace que traten a su esclavo como hermano o hermana.[37]

Pero, ¿por qué no tratar de derrocar el sistema de un solo golpe? De nuevo, es importante recordar las realidades sociales del momento:

En los días de Pablo la esclavitud era una institución aceptada en la sociedad. También había cierto temor genuino de los esclavos. En Roma, a los esclavos se les prohibía el uso de ropa distintiva por temor a que ellos descubrieran cuán numerosos eran y empezaran una revuelta. Los esclavos de todo el mundo romano estaban bajo el control total de sus amos. Si un amo lo deseaba, podía tener a alguien que ejecutara a un esclavo (o matar él mismo al esclavo)...El esclavo en el primer siglo era una propiedad.

Dado este contexto, ¿qué aspecto tendría si se hubiera creído que el cristianismo estaba llamando a los esclavos a la desobediencia? El cristianismo ya era visto como una forma subversiva de pensamiento. Rechazaba los dioses tradicionales (lo cual lo hacía parecer una traición a la ciudad y al país, porque la adoración a los dioses tradicionales era una de las principales expresiones de patriotismo) y no permitía ninguna transigencia en esa materia. Rechazaba muchas de las formas "normales" de recreación (borracheras, el uso de prostitutas y similares). Formaba a sus miembros en "sociedades secretas" (por lo menos a los ojos de los observadores paganos), y en esas sociedades se rumoreaba que el amo y el esclavo comían la misma comida en la misma mesa y que las esposas estaban presentes junto con sus maridos. En otras palabras, el decoro social del siglo primero no se observaba en la iglesia. Observe que en el Nuevo Testamento no hay separación del deber religioso de acuerdo con la posición social. Cada miembro es dotado espiritualmente, independientemente de su posición social. Cualquier persona puede convertirse en anciano, no sólo los hombres nacidos libres. Cada miembro de la iglesia está llamado a la misma obediencia a Cristo, esclavo o libre, hombre o mujer.[38]

Por lo tanto, el cristianismo neotestamentario ya era bastante revolucionario, y no habría ninguna manera de avanzar esta nueva fe—por no hablar de evitar el derramamiento masivo de sangre—haciendo un llamamiento a los esclavos a rebelarse contra sus amos u ordenando a todos los amos a renunciar a sus esclavos en el momento en el que los amos se convirtieran. Pero los efectos del nuevo mensaje, en el que los esclavos y los libres eran iguales en Jesús, tuvieron un efecto revolucionario:

> ...levantó el esclavo a una nueva posición de ser humano igual ante Cristo. Después de todo, a los ojos de la iglesia la esclavitud era sólo un trabajo, y el trabajo o posición social que uno tuviera en la tierra no importaba (Jesús tampoco tuvo una buena posición social en ningún momento de su vida, y murió una muerte bien vergonzosa, la muerte de un esclavo ejecutado). Si el trabajo fue hecho "como esclavo de Cristo", la recompensa era igual, tanto si uno era un esclavo humano o un amo humano. La estrategia de Pablo era por lo tanto producir una expresión del reino de Dios en la iglesia, no tratar de cambiar la sociedad.
>
> ¿Cuál fue el resultado de esa estrategia? La iglesia nunca adoptó una regla que exigiera que los convertidos tuvieran que renunciar a sus esclavos. Los cristianos no estaban bajo la ley sino bajo la gracia. Sin embargo, leemos en la literatura del segundo siglo y más tarde, acerca de muchos amos que después de su conversión liberaron a sus esclavos. *Surge la realidad de que es difícil llamar a una persona esclavo durante la semana y tratarla como hermano o hermana en la iglesia.* Tarde o temprano, las implicaciones del reino que experimentaban en la iglesia se filtraban en el comportamiento de los amos durante la semana. A la larga, Pablo creó una revolución; no una desde fuera, sino una desde dentro, en la que un cambio de corazón produjo otro de comportamiento y a través de eso provocó en definitiva un cambio social. Ese cambio ocurría dondequiera que el reino de Dios se expresara a través de la iglesia, para que el mundo pudiera ver que la fe en Cristo era realmente una transformación de toda la persona.[39]

Tiene mucho sentido, pues, que el movimiento contra la esclavitud en la historia británica y estadounidense se viera impulsado por cristianos creyentes en la Biblia, entre ellos:

+ William Wilberforce, el valiente parlamentario británico que luchó incansablemente para abolir la esclavitud y la trata de esclavos en el Imperio Británico. ¡Y lo logró!

+ John Newton, el extraficante de esclavos que animó a Wilberforce y que es mejor conocido por escribir el himno "Sublime gracia".

+ Charles Grandison Finney, considerado como uno de los más grandes evangelistas estadounidenses de la historia. A pesar de que puso el evangelismo y el avivamiento de primero, fue también un fuerte abolicionista al punto de que, bajo su presidencia, la Universidad Oberlin se convirtió en parte del Tren Clandestino (*Underground Railroad*), la ruta de escape para los esclavos.

+ William Lloyd Garrison, editor del periódico antiesclavista radical llamado *The Liberator* (El Libertador).

+ Theodore Dwight Weld, orador, editor, organizador y coautor del libro *American Slavery as It Is: Testimony of Thousand Witnesses* [Esclavitud en Estados Unidos tal como es: Testimonio de miles de testigos].

+ Harriet Beecher Stowe, autora del libro enormemente influyente *La cabaña del tío Tom*. De acuerdo a la historia común (aunque no es verificable), cuando el presidente Lincoln se reunió con ella después de la Guerra Civil, él le dijo: "¡Así que usted es la mujercita que escribió el libro que comenzó esta gran guerra!".

Y no olvidemos que el movimiento moderno de los derechos civiles en los Estados Unidos comenzó en gran medida en la iglesia, dirigida por hombres como el Rev. Martin Luther King Jr., que apeló frecuentemente a la Escritura en su escritura y predicación.[40]

Por supuesto, había un montón de ministros blancos que, triste es decirlo, apoyaban la segregación. Pero también los hubo como el Rev. Billy

Graham que se encontraba entre los primeros en respaldar el llamado a la unidad y la igualdad.

> Durante la década de 1960 Graham se opuso a la segregación y se negó a hablar en auditorios segregados. Una vez, rasgó de forma dramática las cuerdas que los organizadores habían puesto para separar la audiencia. Graham dijo: "No hay ninguna base bíblica para la segregación...El suelo al pie de la cruz está nivelado y me toca el corazón cuando veo a los blancos de pie hombro con hombro con los negros al pie de la cruz". Graham pagó el dinero de la fianza para asegurar la liberación de Martin Luther King, Jr., de la cárcel durante la lucha por los derechos civiles de los años 1960. E invitó al Dr. King a unirse a él en el púlpito durante su campaña de dieciséis semanas en la ciudad de Nueva York en 1957.[41]

Ese importante concepto de que "el suelo al pie de la cruz está nivelado", junto con el mandamiento de "ama a tu prójimo como a ti mismo", habla directamente en contra de las prácticas de la esclavitud y la segregación. Por el contrario, como veremos, decir que "el suelo al pie de la cruz está nivelado" y abogar por el amor hacia nuestro prójimo *no* proporciona respaldo para prácticas del mismo sexo; aunque absolutamente *sí* llama a la compasión, a extender atención a los marginados y excluidos, incluidos aquellos que se identifican como LGBT.

También tenemos que recordar que en ninguna parte de la Biblia hay otras etnias, como tal, condenadas o criticadas universalmente. En otras palabras, no hay condenación al por mayor o crítica a gente de un color en particular, contrario a algunas interpretaciones terriblemente equivocadas de ciertos versículos que en realidad no dicen tal cosa.[42] Esto significa que no hay ni una puntada de apoyo bíblico para la opinión de que los cristianos deben oprimir a otro grupo de personas por su origen étnico o el color de su piel, mientras que sí hay apoyo bíblico congruente tanto en el Antiguo como en el Nuevo Testamento en cuanto a la opinión de que la práctica homosexual es pecado a los ojos de Dios.

En resumen, pues, aunque la esclavitud fue legislada en el Antiguo Testamento y permitida en el Nuevo, las leyes de la Torá se destacaron por sus aspectos humanitarios, mientras que las semillas de la liberación de la esclavitud ya habían sido plantadas en el Antiguo Testamento. Con la venida de Jesús al mundo, esas semillas de liberación fueron plantadas aun más profunda y ampliamente, razón por la cual el Nuevo Testamento preparó el camino para la liberación de los esclavos de forma individual y, con el tiempo, de toda la sociedad. Así que, sólo por un mal uso de la Biblia podría un cristiano abogar por el comercio de esclavos modernos (o apoyar la segregación).

LA CONDICIÓN DE LA MUJER EN LA BIBLIA

Claramente, las mujeres no se sostienen en pie de igualdad con los hombres en muchos aspectos en el mundo bíblico, sobre todo en el Antiguo Testamento. Por ejemplo, el ambiente bíblico era totalmente patriarcal; la Torá daba a los hombres el derecho al divorcio, pero no a las mujeres (ver, por ejemplo, Deuteronomio 24:1-4); se practicaba la poligamia, junto con otras formas de matrimonio que podrían ser consideradas degradantes para las mujeres, y estas no podían servir en el sacerdocio.

En el Nuevo Testamento, las mujeres tenían que llevar velo o tener la cabeza cubierta en las reuniones de la iglesia, de acuerdo a 1 Corintios 11, mientras que en 1 Corintios 14 Pablo escribió: "Como en todas las iglesias de los santos, vuestras mujeres callen en las congregaciones; porque no les es permitido hablar, sino que estén sujetas, como también la ley lo dice" (vv. 33-34). Del mismo modo, en 1 Timoteo 2:11-15 él escribió:

> La mujer aprenda en silencio, con toda sujeción. Porque no permito a la mujer enseñar, ni ejercer dominio sobre el hombre, sino estar en silencio. Porque Adán fue formado primero, después Eva; y Adán no fue engañado, sino que la mujer, siendo engañada, incurrió en transgresión. Pero se salvará engendrando hijos, si permaneciere en fe, amor y santificación, con modestia.

Por otro lado, no hay duda de que la Biblia es el libro de la liberación de las mujeres. Considere lo siguiente:

+ Eva, la primera mujer, juega un papel esencial e insustituible, como la compañera idónea para Adán y como "madre de todos los vivientes". Y desde el principio es el hombre el que está llamado a dejar a su padre y a su madre para así unirse a su mujer. (Ver Génesis 2:18-24; 3:20).

+ La Torá también llamaba al tratamiento humanitario de las mujeres y esposas. (Ver Éxodo 21:7-11, que en realidad trata del requerido tratamiento justo de las esclavas).

+ El Antiguo Testamento elogia a mujeres poderosas como Débora, que dirigió la nación y fue una heroína de la fe; y Ester, la valiente reina que salvó al pueblo judío de la destrucción. (Ver Jueces 4–5; el libro de Ester).

+ En la literatura bíblica sapiencial (especialmente en el Cantar de los Cantares) se elogia la sexualidad femenina.

+ El largo poema que elogia a las esposas piadosas en Proverbios 31:10-31 ensalza a la mujer que toma decisiones de negocios, provee para su familia y ejecuta los asuntos del hogar con tal astucia que su marido es libre de hablar de teología y ética con otros hombres en la puerta de la ciudad. El poema, que es veintidós versos de largo, termina con estas palabras: "Engañoso es el encanto y pasajera la belleza; la mujer que teme al SEÑOR es digna de alabanza. ¡Sean reconocidos sus logros, y públicamente alabadas sus obras!" (vv. 30-31, NVI).

En marcado contraste no hay una sola sílaba en las Escrituras elogiando la homosexualidad o su práctica, ni a un solo líder homosexual o una persona reconocida o elogiada como tal.[43]

Cuando pasamos al Nuevo Testamento, observamos que las mujeres desempeñaron un papel prominente en el ministerio de Jesús:

+ Su madre María (Miriam) es altamente considerada en los evangelios, y continúa en el ministerio con los apóstoles después de la muerte y resurrección de Jesús.

+ Lucas registra que un número de mujeres acompañó a Jesús y a sus doce discípulos (esto era sin duda fuera de lo normal), y algunas de ellas ayudaban a financiar sus gastos (Lucas 8:1-3).

+ Algunas de esas mujeres participaban notoriamente en los acontecimientos que rodearon la muerte de Jesús, por lo que los actos de sacrificio y compasión de una de ellas—otra mujer llamada María (Miriam)—son conmemorados en los evangelios como testimonio duradero. (Ver Mateo 26:6-13).

* Esas mujeres también juegan un papel destacado en los acontecimientos que rodearon la resurrección de Jesús; ellas son las primeras en verlo después de resucitar, las primeras en creer que era realmente Él, y las que les informan a los discípulos varones que había resucitado. Eso es importante, ya que la resurrección de Jesús es uno de los acontecimientos más trascendentales en la historia del mundo y fueron las mujeres las primeras en presenciarlo. No es sorprendente que los hombres estuvieran escépticos cuando escucharon por primera vez el informe de esas mujeres, a pesar de que Jesús les había asegurado a sus seguidores que se levantaría.

Las mujeres también jugaron un papel importante en el ministerio (y en las cartas) de Pablo, como se evidencia a partir de esta sección de Romanos 16:1-7 (NVI):

> Les recomiendo a nuestra hermana Febe, diaconisa de la iglesia de Cencreas. Les pido que la reciban dignamente en el Señor, como conviene hacerlo entre hermanos en la fe; préstenle toda la ayuda que necesite, porque ella ha ayudado a muchas personas, entre las que me cuento yo. Saluden a Priscila y a Aquila, mis compañeros de trabajo en Cristo Jesús.[44] Por salvarme la vida, ellos arriesgaron la suya. Tanto yo como todas las iglesias de los gentiles les estamos agradecidos. Saluden igualmente a la iglesia que se reúne en la casa de ellos. Saluden a mi querido hermano Epeneto, el primer convertido a Cristo en la provincia de Asia. Saluden a María, que tanto ha trabajado por ustedes. Saluden a Andrónico y a Junías, mis parientes y compañeros de cárcel, destacados entre los apóstoles y convertidos a Cristo antes que yo.[45]

Y no olvidemos que el mismo Pablo que enseñó que no había judío ni gentil en Jesús y ni esclavo ni libre en Él, enseñó que no había hombre ni mujer en Cristo, un concepto absolutamente radical.[46] ¿Acaso Pablo quiso decir que estas categorías ya no existían en la vida real? No lo creo. Al contrario, estaba diciendo que en Jesús no hay sistema de castas ni un sistema de clases, que todos somos iguales en Jesús, como dijo Billy Graham, el suelo al pie de la cruz está nivelado.

Curiosamente, hasta hoy, cuando un judío tradicional se despierta en la mañana, da gracias a Dios porque no es mujer ni gentil ni esclavo. ¿Por qué? Porque sólo el hombre judío libre es el que está obligado a guardar todos los mandamientos de la Torá, y eso es considerado un privilegio sagrado.[47]

Pablo dice algo todo lo contrario: a pesar de que claramente existe cada grupo, y a pesar de que los hombres están llamados a hacer algunas cosas que las mujeres no lo están, y viceversa (lo mismo con el judío, el gentil, el esclavo y el libre), nosotros compartimos la igualdad absoluta como hermanos y hermanas en Cristo. Para repetir: no hay sistema de castas ni de clases en Cristo, y este concepto por sí solo tuvo efectos revolucionarios en la iglesia que crecía.

LAS MUJERES EN LA IGLESIA PRIMITIVA

Entonces, ¿cómo evolucionaron esas enseñanzas y principios en la vida de la iglesia primitiva? ¿Cuál era la situación de la mujer? El estándar positivo continuó y algunos de los mártires más famosos y valientes fueron mujeres, como Perpetua y Felicidad, cuyas historias fueron contadas y vueltas a contar por siglos. Más significativo aun, a medida que la nueva fe se extendía por el mundo antiguo, iba teniendo un efecto liberador sobre la mujer, del mismo modo que hoy tiene un efecto liberador cuando impacta sociedades dominadas por el islam.

Como ha señalado el respetado antropólogo Rodney Stark: "En medio de denuncias contemporáneas del cristianismo como patriarcal y machista, se olvida fácilmente que la iglesia era tan especialmente atractiva para las mujeres que en el año 370 el emperador Valentiniano publicó una orden por escrito al papa Dámaso I requiriendo que los misioneros cristianos dejaran de hacer llamamientos a los hogares de mujeres paganas".[48]

Stark también explicó que, "las mujeres cristianas de hecho gozaban de un estatus y un poder considerablemente mayor que las paganas".[49] Y explica: "En primer lugar, un aspecto relevante de la condición de la mejora de la mujer en la subcultura cristiana es que los cristianos no aprobaban el infanticidio femenino", lo cual fue otro gran avance revolucionario provocado por la nueva fe.[50]

El profesor Stark señaló que los varones claramente superaban a las mujeres en el antiguo mundo grecorromano, lo que significa que la vida humana estaba siendo manipulada: "Dar a conocer a los bebés de sexo femenino no deseados y los bebés varones deformes era legal, moralmente aceptado y ampliamente practicado por todas las clases sociales en el mundo grecorromano".[51] Y Stark cita esta famosa carta del año 1 antes de Cristo escrita por un hombre llamado Hilarión a su esposa embarazada Alis:

> Debes saber que todavía estoy en Alejandría. Y no te preocupes si todos regresan y me quedo en Alejandría. Te pido y ruego que tengas mucho cuidado de nuestro bebé, y tan pronto como reciba el pago te lo enviaré. Si tienes el parto [antes de que yo vuelva a casa], y se trata de un varón, mantenlo; si es hembra, descartarla. Me has mandado a decir: "No me olvides". ¿Cómo voy a olvidarte?, te ruego que no te preocupes.[52]

¡Qué extraordinario! El movimiento cristiano cambió esa mentalidad de manera dramática y el infanticidio fue borrado en gran parte por la fe cristiana a medida que se difundía, lo que fue de beneficio especial para las mujeres.

Y aún hay más. Stark apunta que, "la visión cristiana más favorable a las mujeres también se muestra en su condena al divorcio, el incesto, la infidelidad conyugal y la poligamia...Como los paganos, los primeros cristianos apreciaban la castidad femenina, pero a diferencia de los primeros, rechazaban la doble moral que daba a los hombres paganos tanta libertad sexual".[53] Por lo tanto, la doble moral que requería la pureza sexual de las mujeres pero no de los hombres también fue arrasada por la cruz.

Stark también añade que, "de enviudar, las mujeres cristianas también disfrutaron de ventajas muy sustanciales", señalando que, "un examen detallado de las persecuciones romanas también sugiere que las mujeres ocupaban puestos de poder y estatus dentro de las iglesias cristianas".[54]

En cuanto a los pasajes del Nuevo Testamento que parecen subordinar las mujeres—pidiéndoles que respeten a sus maridos y se sometan a ellos—esos mismos pasajes también piden a los maridos que amen a sus esposas como Cristo amó a la iglesia, dando su vida por ella. Y sí, es cierto que los esposos están llamados a ser los jefes de sus casas, pero el modelo bíblico es uno de responsabilidad y cuidado, no de opresión o abuso.

También hay versículos que deben ser entendidos en el contexto de la cultura de la época, tal como que la mujer llevara la cabeza cubierta cuando se congregara con hombres para las reuniones. Como ve, la norma era que las mujeres casadas se cubrieran la cabeza en público, por lo que la pregunta aquí era: "Cuando nos reunimos en nuestras casas para estudiar las Escrituras y para la oración, ¿es necesario para las damas usar el velo?".

Difícilmente era una cultura opresiva y machista por la que Pablo estaba abogando y, como señaló el profesor Robert Gagnon: "Pablo no hizo de cubrir la cabeza una cuestión vital para la inclusión en el reino de Dios, pero sí puso las relaciones entre personas del mismo sexo en ese nivel".[55]

Incluso hay una explicación simple para la severa amonestación de Pablo de que las "mujeres callen en las congregaciones; porque no les es permitido hablar, sino que estén sujetas, como también la ley lo dice. Y si quieren aprender algo, pregunten en casa a sus maridos; porque es indecoroso que una mujer hable en la congregación" (1 Corintios 14:34-35).

Como experto en antecedentes bíblicos, Craig Keener explica: "La cuestión aquí es…su debilidad en las Escrituras, no su género".[56] De hecho, tan sólo unos capítulos antes, Pablo había dado directrices claras en las que las mujeres podían orar y profetizar en una reunión pública (1 Corintios 11:1-5), por lo que su llamado a que ellas "guarden silencio" fue en un contexto y un propósito específicos. Como explica Keener:

> Oyentes informados usualmente hacían preguntas durante las charlas, pero era considerado de mala educación que lo hicieran los ignorantes. Aunque comparado con los estándares modernos la alfabetización en la antigüedad era generalmente baja (un poco menos en las ciudades), las mujeres eran mucho menos formadas en las Escrituras y el razonamiento público que los hombres. Pablo no esperaba que esas mujeres sin educación se abstuvieran de aprendizaje (de hecho, el problema era que la mayor parte de su cultura se lo había impedido). Al contrario, proporciona el modelo más avanzado de su época: sus maridos han de respetar sus capacidades intelectuales y darles instrucción privada. Sin embargo, él quiere que dejen de interrumpir el periodo de enseñanza durante el servicio de la iglesia, porque hasta que ellas sepan más, están distrayendo a todos y alterando el orden de la iglesia.[57]

También es posible (si no probable) que los hombres se sentaran a un lado de la habitación (o edificio) y las mujeres en el otro, como es todavía común en ciertas culturas y religiones; por lo tanto, las mujeres gritando y haciéndoles preguntas a sus maridos durante la reunión sería tanto más perturbador. Así que lo que parece extremo para nosotros hoy difícilmente habría sido extremo en aquel entonces.[58]

Entonces, resumiendo la evidencia, si bien está claro que no había igualdad social total entre hombres y mujeres en los días bíblicos, incluso durante el tiempo del Nuevo Testamento, está igualmente claro que las mujeres podían ser levantadas por Dios como líderes, que las mujeres debían ser muy respetadas y consideradas por sus maridos, que las mujeres jugaron un papel prominente en el ministerio de Jesús y la iglesia primitiva, y que el mensaje mismo del evangelio es liberador para las mujeres. Así que, sólo por un mal uso de las Escrituras podría la iglesia oprimir a las mujeres y tratarlas como ciudadanos de segunda clase.[59]

Esto está en marcado contraste con la descripción que hace la Biblia de la práctica de la homosexualidad que, como vamos a aprender, siempre es vista como contraria al orden establecido por Dios, mientras que la práctica heterosexual y las uniones entre hombres y mujeres son la única opción. Y mientras que la liberación de la esclavitud es señalada como un ideal positivo en las Escrituras, y mientras que la Palabra tiene mucho positivo que decir sobre las mujeres, no hay una sola declaración positiva sobre la homosexualidad en la Biblia. De hecho, cada vez que se menciona, es condenada en los términos más claros.

UNA PALABRA PARA MIS LECTORES GAYS Y LESBIANAS

No obstante, a esta altura me doy cuenta de que algunos de ustedes que leen esto se identifican como gays y están a punto de lanzar el libro a un lado, con la sensación de que he abierto viejas heridas que han llevado desde hace años, como si *ustedes* fueran una abominación o como si Dios les odiara y hubiera predeterminado condenarles. Nada podría estar más lejos de la verdad. De hecho, personalmente creo que el Padre tiene una ternura especial en su corazón por los que han luchado con la atracción hacia el mismo sexo (o que tienen problemas de identidad de género), entendiendo el tormento interno (e incluso externo) que muchos de ustedes han vivido. Y las Escrituras nos aseguran que Jesús, nuestro Sumo Sacerdote, ¡entiende eso![60]

Yo simplemente le animo a darse cuenta de que usted es más que sus atracciones románticas y deseos sexuales, que hay una gran diferencia entre tener un deseo y actuar en función de él,[61] y si usted se entrega por completo al Señor, sin retener nada de Él, Él no retendrá nada de usted.

Hay un lugar de libertad y plenitud en Cristo, sea que usted experimente un cambio en sus atracciones y deseos o no. ¿Cree que el Señor es lo suficientemente grande y lo suficientemente bueno para ser su todo en todo? El profesor Lucas Johnson declaró que:

> Apelamos explícitamente al peso de nuestra propia experiencia y la experiencia de la que miles de personas han sido testigos, que nos dicen que afirmar nuestra propia orientación sexual es, de hecho, aceptar la forma en que Dios nos ha creado. Al hacerlo, también rechazamos así explícitamente las premisas de las declaraciones bíblicas que condenan la homosexualidad, concretamente, que se trata de un vicio libremente elegido, un síntoma de la corrupción humana y la desobediencia al orden creado por Dios.[62]

Pero las Escrituras nos advierten repetidamente sobre la naturaleza engañosa de nuestro propio corazón—nuestra experiencia también lo confirma—y es extremadamente peligroso rechazar lo que la Palabra dice claramente acerca de la práctica homosexual porque tengamos un dulce niño, un amigo cercano o un ministro solícito que se identifica como gay o lesbiana. Nada de eso cambia lo que la Palabra de Dios dice claramente, y nada de eso cambia el engaño del pecado, que es la razón por la que la Palabra a menudo advierte que no nos dejemos engañar ni nos engañemos a nosotros mismos.[63] Como dijo alguien una vez: ¡El problema con el engaño es que es muy engañoso!

Contraste el penetrante poder revelador de la verdad de la Palabra de Dios con la naturaleza engañosa de nuestro corazón:

> Porque la palabra de Dios es viva y eficaz, y más cortante que toda espada de dos filos; y penetra hasta partir el alma y el espíritu, las coyunturas y los tuétanos, y discierne los pensamientos y las intenciones del corazón. Y no hay cosa creada que no sea manifiesta en su presencia; antes bien todas las cosas están desnudas y abiertas a los ojos de aquel a quien tenemos que dar cuenta.
> —Hebreos 4:12-13

> Engañoso es el corazón más que todas las cosas, y perverso; ¿quién lo conocerá?
> —Jeremías 17:9

¿Qué va usted a seguir? ¿Su corazón o la Palabra de Dios?

La realidad es que todos hemos sido creados a la imagen de Dios y todos nosotros, por naturaleza, hemos caído y estamos rotos, en necesidad de redención y perdón. La homosexualidad es simplemente una de las muchas manifestaciones de nuestra naturaleza caída, cualesquiera que sean sus causas y orígenes.[64] Y así, en lugar de verse a usted mismo como maldito o condenado de una manera singular porque se siente atraído hacia personas del mismo sexo, ¿por qué no se ve a sí mismo simplemente como un pecador que necesita misericordia y transformación? ¿Por qué no verse a sí mismo como candidato a la gracia de Dios?

Para estar seguros, hay estudiosos bíblicos y teólogos, homosexuales y heterosexuales, que afirman que en realidad no podemos asegurar cómo Moisés, Jesús y Pablo se sentirían con respecto a las relaciones homosexuales monógamas, comprometidas, mientras que otros afirman que podemos estar bastante seguros de que lo aprobarían y aceptarían. Pero el día que usted esté de pie ante Dios para rendir cuentas, lo hará solo, sin esos eruditos, pastores, teólogos y amigos.

¿Qué parte de su vida está usted dispuesto a dejar a la especulación? Y dada la importancia de este tema, ¿dejaría un Dios amoroso a muchos de ustedes colgando de un hilo por la incertidumbre, las conjeturas y las suposiciones? ¿Inspiraría Él (o, al menos, permitiría) a sus siervos hacer tantas declaraciones categóricas contra la práctica homosexual en la Biblia, reconociendo que nadie entendería correctamente la supuesta intención amigable de esos versículos hacia los gays sino hasta finales del siglo XX (o que nadie entendería la "orientación sexual" sino hasta este momento)?

Esto, como hemos visto, está en completo contraste con los textos bíblicos con respecto a la esclavitud y las mujeres, especialmente a la luz del Nuevo Testamento. Sin embargo, es el Nuevo Testamento el que hace la desaprobación de Dios de la práctica homosexual aun más clara.

Y si la experiencia ha de ser nuestra guía, ¿qué le decimos a las personas con orientaciones sexuales distintas a la heterosexualidad o la homosexualidad? ¿Qué les decimos cuando explican que hasta lo profundo de su ser ellos tienen atracciones y deseos que la Palabra de Dios prohíbe claramente? ¿Qué les decimos cuando insisten en que nacieron de esa manera y no pueden cambiar?[65] ¿Reescribimos la Biblia para ellos también? ¿Y negamos las historias de aquellos que dicen que el Señor ha cambiado realmente su orientación de gay a heterosexual? ¿Negamos sus experiencias y les llamamos mentirosos?[66]

El profesor Richard Hays tiene algunas palabras sabias para nosotros:

> En vista de la considerable incertidumbre que rodea a la evidencia científica y experimental, en vista del actual remolino de confusión de nuestra cultura acerca de los roles de género, en vista de nuestra propensión al autoengaño, creo que es prudente y necesario dejar que el testimonio uniforme de la Escritura y la tradición cristiana ordenen la vida de la iglesia en este asunto dolorosamente controversial.
>
> Debemos afirmar que el Nuevo Testamento nos dice la verdad acerca de nosotros mismos como pecadores y como criaturas sexuales de Dios: El matrimonio entre el hombre y la mujer es la forma normativa para la satisfacción sexual humana, y la homosexualidad es uno de los muchos signos trágicos de que somos un pueblo roto, marginados del propósito amoroso de Dios.[67]

Y así llegamos de nuevo al tema de este capítulo: ¿Estamos usando la Biblia para sancionar el prejuicio contra los homosexuales? Las conclusiones del profesor William J. Webb son relevantes. Él escribe que "estamos haciendo las preguntas en cuanto a qué aspectos del texto [bíblico] debemos continuar practicando y qué aspectos debemos suspender o modificar debido a las diferencias entre las culturas".[68]

Él reconoce la importancia de la cultura contemporánea:

> Por supuesto, debo agradecer a nuestra cultura moderna por plantear las cuestiones que se abordan en este libro. Pero nuestra cultura sólo plantea los problemas para mí; no los resuelve. Cuando se trata de evaluación cultural, ¡poco importa dónde esté nuestra cultura en alguno de los temas tratados en este libro! La Escritura, en vez de la cultura contemporánea, siempre tiene que establecer el curso de nuestra reflexión crítica.[69]

Y así, después de un análisis detallado, sensible y muy largo, Webb afirma:

> Si nuestra cultura moderna fuera en algún momento en el futuro a aceptar la esclavitud, no influirían mis conclusiones en lo más mínimo. Yo seguiría siendo abolicionista. Si nuestra cultura moderna fuese a abrazar más adelante una forma extremadamente fuerte del patriarcado, eso no iba a cambiar mi forma de pensar

en absoluto. Yo continuaría afirmando ya sea el patriarcado ultra suave o el igualitarismo complementario (mi preferencia es este último).

Si nuestra cultura acepta, finalmente, estilos de vida homosexuales con su bendición completa y sin reservas, tal posición no cambiaría mis conclusiones. Yo continuaría abogando por una posición solamente heterosexual como ética sexual cristiana. No quiero alentar una actitud insensible hacia nuestra cultura. Mi punto es simplemente que nuestra cultura moderna no debe determinar el resultado de cualquier análisis cultural de la Escritura.[70]

Él resume su posición sobre la esclavitud en la Biblia de la siguiente manera:

Nuestro análisis de los textos de la esclavitud ha dado lugar a una conclusión bastante firme de que la estructura sociológica de la esclavitud, junto con gran parte de la legislación relacionada con los esclavos sean vistas como relativas a la cultura... Aunque la Escritura tiene una influencia positiva en su tiempo, hoy debemos tomar ese espíritu redentor y movernos a una mejor ética, más plenamente realizada... La abolición de la esclavitud y sus muchas injusticias relacionadas deben ser un valor apasionado de los cristianos modernos.[71]

En cuanto a la Biblia y las mujeres, Webb escribe:

Es razonable decir que gran parte del retrato del patriarcado dentro de la Escritura contiene componentes vinculados culturalmente y no es de naturaleza transcultural uniforme... Al igual que el tema de la esclavitud, tenemos que volver a aplicar el espíritu del texto [bíblico] y tratar de hacer las cosas más justas y más equitativas para las mujeres... Nuestra ética tiene que acoger el espíritu renovador del texto original (en su entorno social) y pasar a un tratamiento aun más equitativo y justo de las mujeres en el día de hoy.[72]

En cuanto a la homosexualidad y la Biblia, él escribe:

Los mismos cánones de análisis cultural—que muestran una tendencia liberalizadora o menos restrictiva en los textos sobre la esclavitud y la mujer en relación con la cultura de origen—demuestran una tendencia más restrictiva en los textos sobre la homosexualidad en relación con la cultura de origen. Por otra parte, los textos bíblicos no sólo tienen una aversión a las funciones asociativas (a saber, violación, pederastia), sino que parecen expresar una preocupación por el asunto más básico o que está en el centro de los actos sexuales mismos entre personas del mismo sexo (a saber, hombres con hombres; mujeres con mujeres).

Una vez que este factor se combina con la búsqueda de un movimiento más restrictivo en la Escritura en comparación con las culturas circundantes, el argumento homosexual de compromiso deja de ser persuasivo. Prácticamente la totalidad de los criterios aplicables al asunto sugieren en mayor o menor grado que las prohibiciones bíblicas respecto a la homosexualidad, incluso dentro de una forma de compromiso, se deben mantener en la actualidad. No existe una disonancia significativa dentro de la información bíblica.

Una comparación de la homosexualidad con otras prohibiciones de relaciones sexuales en la Escritura revela que la falta de compromiso o la falta de condición de pareja en equidad simplemente no es una cuestión de fondo...

Aunque no es una postura popular hoy, sólo mediante la retención de la heterosexualidad como normativa y la homosexualidad como aberrante podemos perpetuar el espíritu redentor de ese texto, como fue invocado en el marco original.[73]

Y así, concluye: "El resultado comparativo es el siguiente: los textos relacionados con la homosexualidad están en una categoría diferente de los que tienen que ver con las mujeres y la esclavitud. Los primeros son casi en su totalidad transculturales en naturaleza, mientras que los segundos están fuertemente vinculados por la cultura".[74]

Las observaciones del profesor Willard M. Swartley son similares. Él ha escrito un libro fascinante titulado *Slavery, Sabbath, War, and Women: Case Issues in Biblical Interpretation* [Esclavitud, Sabbat, guerra y mujeres: "Asuntos de caso en la interpretación bíblica], en el que aborda el hecho de que "La Biblia parece dar señales mixtas e incluso contradictorias sobre [estos] cuatro casos".[75] Luego, Swartley escribió el volumen *La homosexualidad: Interpretación bíblica y discernimiento moral*, y explicó el contraste en el tema:

> En tres cuestiones—la esclavitud, la guerra y el papel de la mujer—la acusación de los defensores del status quo es que aquellos que se consideran progresivos quieren "establecer para [ellos mismos] una ley superior a la Biblia". El nuevo camino, sostenido por abolicionistas, pacifistas y feministas, emerge de la acción redentora, la gracia y la justicia del reino de Dios. Contrasta con las prácticas en esa cultura en las que la esclavitud, la guerra y las estructuras jerárquicas de género prevalecían.
>
> El camino de Dios es diferente, liberador y amoroso, sustituye el dominio y la actitud de autodefensa con la reciprocidad y la confianza. Por el contrario, la práctica homosexual no está relacionada con el comportamiento vigorizado de la gracia, ni en un solo texto. Tampoco es la práctica regulada por la impregnación o yuxtaposición con una ética calificadora del evangelio. Por ejemplo, la jerarquía entre marido y mujer es prácticamente transformada por la ética cristiana de la sumisión mutua y el amor de autoentrega del marido arraigado cristológicamente en Efesios 5:21-33.[76]

Para explicar esto un poco más, señala que:

> ...la práctica homosexual en la superficie de los textos bíblicos...siempre aparece en un lenguaje prohibitivo. Se trata de una desviación del modelo de adaptación de la vida a la comunidad de Dios. La liberación de los esclavos, rehusar la guerra y celebrar la unidad así como la interdependencia entre hombres y mujeres son posibilidades de la gracia, a través de los valores inconformistas a las prácticas culturales del mundo de la época.
>
> Por tanto, la Escritura se mueve en una trayectoria redentora en esas cuestiones cuando son comparadas con las culturas del medio ambiente hebreo y el de los primeros cristianos. Pero sobre la homosexualidad, la Escritura asume un fuerte punto de vista negativo o aun más fuerte, y de manera congruente, que lo hace la cultura de su entorno.[77]

Mantengámonos con Dios y su Palabra; confrontemos la cultura de su amor redentor en lugar de tratar de conformar a Dios y su Palabra a la cultura. Este es siempre el camino de la sabiduría y de la vida.

Capítulo 4

La BIBLIA ES un
LIBRO HETEROSEXUAL

El argumento del "cristiano gay": Aunque muchos cristianos ponen un gran énfasis en el pecado de la homosexualidad, sólo hay un puñado de pasajes en la Biblia que tocan el tema, lo que significa que difícilmente era algo importante para los autores bíblicos.

La respuesta bíblica: En realidad, es porque la Biblia dice explícitamente que la heterosexualidad es la norma prevista por Dios para la raza humana—y la única forma de unión aceptable para Dios en el matrimonio—, que los autores bíblicos no hablaron más sobre la práctica homosexual. Lo poco que dijeron era más que suficiente dado el hecho de que la Biblia, de principio a fin, es un libro heterosexual.

LOS "CRISTIANOS GAYS" a menudo hacen referencia a los llamados "pasajes golpeadores" en las Escrituras, con lo cual se refieren a los versículos principales que la iglesia ha utilizado para darles una paliza en la cabeza con la Biblia.[1] Ellos plantean dos argumentos principales en contra del uso de esos versículos. En primer lugar, afirman que se han traducido mal, mal interpretado o mal utilizado y por eso, en realidad, esas escrituras no prohíben las relaciones homosexuales comprometidas, monógamas. En los capítulos correspondientes en este libro vamos a ver esos pasajes clave en profundidad.

En segundo lugar, y quizás más relevante, señalan que de los más de treinta y un mil versos en la Biblia, hay entre seis y ocho "pasajes golpeadores" que constan de un total de menos de veinticinco versículos. En otras palabras, de decenas de miles de versículos en las Escrituras, menos de uno en un mil tratan con el tema de la homosexualidad. ¿Qué tan importante puede ser en realidad? ¿A qué viene que la iglesia haga una gran cosa de algo que la Palabra de Dios casi ni aborda? ¿No es esta la evidencia de las actitudes homofóbicas en la iglesia más que una representación cuidadosa de la voluntad de Dios expresada en su Palabra?

Para considerar este segundo argumento con más detalle, aunque estemos de acuerdo en que las referencias a la homosexualidad en la Biblia son negativas, los defensores del "cristianismo gay" apuntan al hecho de que sólo hay una referencia a la práctica de la homosexualidad en Génesis, ninguna en Éxodo, dos en Levítico, ninguna en Números y una en Deuteronomio, lo que significa que hay sólo un puñado de referencias negativas en todo el Pentateuco, también conocido como la Torá. Sin embargo, la impresión de la mayoría que los cristianos tienen es que la ley de Moisés condena la práctica homosexual una y otra vez. Ese parece no ser el caso.

En los libros históricos, es decir, desde Josué hasta Ester, un total de doce libros, las referencias a la práctica homosexual se encuentran en sólo tres libros (Jueces 19:16-24; 1 Reyes 14:24; 15:12; 2 Reyes 23:7), mientras que en los libros proféticos, es decir, desde Isaías a Malaquías, un total de diecisiete libros, no hay ni una sola referencia a la práctica homosexual, ni tampoco se encontrarán en todos los libros de poesía y sabiduría, un total de cinco, incluyendo los Salmos, Proverbios y Job.

Pasando al Nuevo Testamento, a menudo se señala que Jesús nunca mencionó explícitamente la homosexualidad (ni tampoco los autores de los evangelios), y que Pablo sólo la menciona tres veces en sus cartas, y dos de esas veces se disputa el significado de la palabra principal que utilizó para describir la práctica homosexual. Por lo demás, el argumento va, que la homosexualidad nunca se menciona de manera clara y directa en todo el resto del Nuevo Testamento. (Una vez más, revisaremos todos estos argumentos más adelante en el libro).

Entonces, ¿se puede decir honestamente que la práctica homosexual era un asunto trascendental para los autores humanos de la Biblia? Más importante aun, ¿se puede decir con justicia que la práctica homosexual era un asunto trascendental para el Autor divino que los inspiró a ellos?

¿Por qué tantos predicadores de extrema derecha tienen, entonces, que hacer gran cosa acerca de la homosexualidad, cuando Dios aparentemente no lo hizo?

Esos son sin duda preguntas justas, pero la realidad es que la evidencia va en la dirección exactamente opuesta. En otras palabras, sin ninguna duda, la Biblia es un libro heterosexual. Desde Génesis hasta Apocalipsis, presenta de forma explícita y presupone la heterosexualidad como la norma divinamente planeada. De hecho, en lugar de acusar a la Iglesia de hacer que las personas LGBT se sientan incómodas, sería más correcto acusar a la Biblia como un todo de hacer que se sientan así.

Ahora, antes de que yo sea mal entendido (¡y mal citado!), quiero aclarar que una lectura franca de la Biblia deja en claro que todos hemos pecado y no cumplimos con las normas de Dios; que todos nosotros estamos en necesidad de un Salvador, que todos estamos rotos de una manera u otra, y que sin la misericordia de Dios todos estamos perdidos. La Palabra de Dios también deja en claro que Jesús murió por todos los seres humanos por igual y que constantemente se acercó a los marginados y privados de sus derechos, que hoy incluyen especialmente aquellos que se identifican como LGBT.

Dicho eso, la Biblia presenta claramente la heterosexualidad como el modelo previsto por Dios para la raza humana, sancionando los actos sexuales sólo dentro del contexto del matrimonio heterosexual. Pero antes de ampliar esto, permítanme contarles una ilustración útil empleada por mi amigo Larry Tomczak.[2]

Digamos que usted compra un nuevo libro de cocina con recetas de postres saludables, ninguna de las cuales utiliza azúcar. En la introducción del libro la autora explica sus razones para evitar los productos con azúcar, diciéndole que usted encontrará recetas suntuosas de postres dulces, pero todo sin azúcar. Y así, a todo lo largo del libro, la palabra *azúcar* no se encuentra ni una sola vez, ¡ni siquiera una! ¿Sería correcto concluir que evitar el azúcar no era importante para la autora? Por el contrario, era tan importante que cada receta individual en el libro no hace mención del azúcar.

Es exactamente lo mismo cuando se trata de la Biblia y la homosexualidad. Hay algunas referencias muy fuertes, muy claras a la práctica homosexual—cada una de ellas decididamente negativa—y después no hay ni una sola referencia a la práctica de la homosexualidad en todo el resto de la Biblia. ¿Fue porque evitar la práctica homosexual no era relevante para los autores de las Escrituras? Por el contrario, las únicas relaciones que eran aceptables a los ojos de Dios, o que se consideraban normales para la sociedad eran las relaciones heterosexuales, por lo que la práctica homosexual era o irrelevante (porque no tenía nada que ver con las relaciones ordenadas por Dios del matrimonio y la familia y la sociedad), o, si la mencionaban, condenada explícitamente.

UN MENSAJE COHERENTE

Hagamos un breve repaso de los contenidos de las Escrituras desde el principio hasta el final y veamos lo que la Palabra tiene que decir.

En Génesis 1, Dios crea a la humanidad (*'adam* en hebreo) a su propia imagen; los crea varón y hembra y los bendice con estas palabras: "Fructificad y multiplicaos; llenad la tierra..." (v. 28). Esto es muy significativo ya que, si bien es cierto que hay hombres impotentes y mujeres estériles, sólo un hombre y una mujer pueden concebir. Y así, desde el principio, cuando los seres humanos fueron creados a imagen de Dios y bendecidos por Él, fuimos creados heterosexuales, bendecidos con un propósito divino que sólo los heterosexuales pueden cumplir.

Por supuesto, estoy plenamente consciente del argumento gay de que los heterosexuales han hecho un buen trabajo al procrear y llenar la tierra y que: (1) no es necesario que las parejas homosexuales procreen, y (2) las parejas homosexuales no impedirán que las parejas heterosexuales procreen. Simplemente estoy diciendo que cuando Dios nos creó a su imagen, nos creó hombre y mujer, y la bendición que habló respecto de nosotros desde el principio fue una bendición heterosexual. Así que, desde el primer capítulo del primer libro de la Biblia, una pareja gay que lea Génesis 1 podría fácilmente sentirse excluida, ya que la singular creación de Dios de nuestra raza presupone la heterosexualidad, o más específicamente, deja claro que Dios nos creó heterosexuales desde el principio.

> Entonces Jehová Dios hizo caer sueño profundo sobre Adán, y mientras éste dormía, tomó una de sus costillas, y cerró la carne en su lugar. Y de la costilla que Jehová Dios tomó del hombre, hizo una mujer, y la trajo al hombre.
>
> —GÉNESIS 2:21-22

Por lo tanto, fue de Adán que Dios forma a Eva, los dos se complementan de modo exclusivo entre sí hasta el punto de que cuando Adán ve a su ayudante y contraparte, exclama: "Esto es ahora hueso de mis huesos y carne de mi carne; ésta será llamada Varona [hebreo *'ishah*], porque del varón [*'ish*] fue tomada" (v. 23). Como señala el estudioso del Antiguo Testamento Gordon Wenham: "En éxtasis, el hombre irrumpe en poesía cuando conoce a su perfecta compañera".[3]

Y esto es lo que no podemos errar en ver: es porque la mujer fue sacada del hombre que el siguiente versículo dice esto: "Por tanto, dejará el hombre a su padre y a su madre, y se unirá a su mujer, y serán una sola carne" (v. 24). El autor del Génesis nos está explicando que *debido a que* la mujer fue sacada del hombre, los dos están ahora unidos de nuevo juntos como uno en la unión matrimonial, cada uno complementando de forma única el otro. Y fíjense: no hay ni una palabra aquí sobre la reproducción o procreación, simplemente de unión (incluso si la procreación es el resultado presupuesto).

Como A. B. Simpson explica:

> El hombre fue creado varón y hembra. Eso no significa, como parecería en un principio por el lenguaje usado, que creó al hombre y la mujer al mismo tiempo, sino que creó varón y hembra en una sola persona. La mujer estaba incluida en el hombre física y psíquicamente, después fue sacada del hombre y constituida en su propia individualidad.[4]

Sólo un hombre y una mujer pueden unirse (¡reunirse!) en esta manera. Un hombre más un hombre, o una mujer más una mujer no pueden posiblemente compartir la misma unión que un hombre y una mujer, ya que no comparten lo esencial de la igualdad y la diferencia fundamental. Parafraseando la famosa frase de John Gray, a saber, que los hombres son de Marte y las mujeres son de Venus, Marte + Marte o Venus + Venus no puede nunca ser igual a Marte + Venus.

El hecho es que no importa lo mucho que dos hombres gays o dos mujeres lesbianas puedan sentir que se aman, no pueden formar una pareja complementaria a la manera que Dios planeó, ni pueden formar la pareja biológica que Dios planeó. Sí, el diseño divino del cuerpo masculino y femenino también le dice a usted algo en cuanto a su máxima intención y plan.[5]

Ahora, usted pudiera pensar que estoy haciendo demasiado con Génesis 1–2, pero hay dos puntos que vale la pena señalar aquí: En primer lugar, Dios creó a los primeros seres humanos heterosexuales, y todo lo relacionado con la manera en que los formó biológica y emocionalmente era para complementarse uno al otro. La pareja hombre-mujer es la única permitida aquí, así que es imposible que un "cristiano gay" lea estos capítulos fundamentales y se relacione con ellos de la forma en que un cristiano heterosexual lo haría, y nadie más que el autor (y en última instancia el Autor) de Génesis puede ser culpado por eso. (En otras palabras, esto no tiene nada que ver con una presunta interpretación "homofóbica"). En segundo lugar, las uniones heterosexuales (maritalmente y por lo tanto sexualmente) son las únicas uniones a lo largo de toda la Biblia bendecidas por Dios, sancionadas por Dios o referenciadas en cualquier manera explícita o positiva por cualquier autor en toda la Biblia. Eso dice algo.[6]

En efecto, los activistas gays a menudo argumentan en contra de la opinión de que Dios estableció el matrimonio como sólo la unión entre un hombre y una mujer señalando a los matrimonios polígamos en la Biblia, así como varias otras variedades inusuales. Incluso hay un video viral de YouTube con un famoso ejemplo que destaca este punto:

Matrimonio=

1) Hombre + Mujer (núcleo familiar) Gén. 2:24

-Esposas subordínense a sus esposos
-Estaban prohibidos los matrimonios entre distintas religiones
-Los matrimonios eran generalmente concertados, no basados en amor romántico
-La novia que no podía comprobar su virginidad era apedreada

2) Hombre + Viuda del hermano Gén. 38:6-10

-La viuda que no había tenido un hijo varón, tenía que casarse con su cuñado
-Tenía que someterse sexualmente a su nuevo esposo

3) Hombre + Esposas + Concubinas

Abraham (2 concubinas)
Gedeón (1) Jacob (1)
Belsasar (>1) Caleb (2)
Elifaz (1) Manasés (1)
Gedeón (≥1) Nacor (1)
Salomón (300)

4) Violador + Su víctima Dt. 22:28-29

-Una virgen que era violada tenía que casarse con el violador
-El violador tenía que pagarle al padre de la víctima 50 séqueles de plata por la propiedad perdida

5) Hombre + Esposa + Propiedad de la esposa

-El hombre adquiría la propiedad de su esposa incluyendo sus esclavos

6) Soldado + Prisionero de guerra Núm. 31:1-18; Dt. 21:11-14

-Bajo el mandato de Moisés los israelitas mataban cada hombre, mujer y niño madianita, con excepción de las vírgenes a las cuales tomaban como botín de guerra
-Las esposas tenían que someterse sexualmente a sus nuevos esposos

7) Hombre + Mujer + Mujer (Poligamia)

Lamec (2 esposas) Esaú (3)
Jacob (2) Gedeón (muchas)
Elcana (2) David (muchas)
Salomón (700) Abías (14)
Roboam (3) Joás (2)

8) Esclavo + Esclava Éxodo 21:4

-El dueño de los esclavos podía asignar esclavas a sus esclavos
-Las esclavas tenían que someterse sexualmente a sus nuevos esposos

Por supuesto, muchas de esas relaciones estaban lejos del ideal de Dios,[7] pero la ironía de esta ilustración es simple: ¡todas estas relaciones son heterosexuales! No se encuentran "matrimonios" homosexuales en ninguna parte en esta lista, ya que no existían en la Biblia, y jamás fueron sancionados por Dios en cualquier figura, tamaño o forma. Así que, de una manera extraña, este popular gráfico es uno de los mejores ejemplos de que la Biblia es un libro heterosexual.

A medida que continuamos leyendo el libro de Génesis (y el resto de la Biblia), vemos hombres y mujeres que se casan y tienen hijos, y vemos promesas de bendición y reproducción sobre parejas que no podían tener hijos, pero cada relación es heterosexual. Y cuando llegamos a las secciones legales del Pentateuco, en Éxodo, Levítico, Números y Deuteronomio, hay muchas leyes y reglamentos referentes a las relaciones de pareja y la pureza sexual y, una vez más, cada ley y cada regulación solo presupone la heterosexualidad. Incluso los Diez Mandamientos la presuponen con las famosas palabras: "Honra a tu padre y a tu madre".

Usted podría decir: "Pero, ¿qué prueba eso? Todo era heterosexual y las relaciones homosexuales no fueron sancionadas".

Exacto. La Biblia es un libro heterosexual, es por eso que no necesita hablar constantemente contra la práctica homosexual. Es heterosexual de principio a fin, por lo que mi corazón realmente está con los "cristianos gays" que tratan de leer la Biblia como "su libro". Para ellos no se puede leer como se debe, sino que debe ser ajustada, adaptada y cambiada para que encaje con las parejas y las familias homosexuales. En resumen, al leer, los "cristianos gays" deben introducir la homosexualidad aprobada por Dios en el texto bíblico, ya que simplemente no existe allí.

Y este es el patrón a lo largo de toda la Biblia, un libro tras otro.

- Cada referencia al matrimonio en toda la Biblia habla de uniones heterosexuales, sin excepción, hasta el punto de que un modismo hebreo para el matrimonio es para un hombre "tomar esposa".[8]

- Cada advertencia a los hombres acerca de la pureza sexual presupone la heterosexualidad, siendo el hombre casado advertido a menudo que no codicie a otra mujer.[9]

- Toda discusión sobre el orden y la estructura de la familia habla explícitamente en términos heterosexuales, en referencia a los esposos y esposas, padres y madres.[10]

- Toda ley o instrucción dada a los niños presupone la heterosexualidad, al instar a los niños a escuchar u obedecer o seguir el consejo o el ejemplo de su padre y su madre.[11]

- Cada parábola, ilustración o metáfora que tiene que ver con el matrimonio, se presenta en términos exclusivamente heterosexuales.[12]

- En el Antiguo Testamento Dios representa su relación con Israel como la de un novio y una novia; en el Nuevo Testamento, la imagen se desplaza hacia la unión matrimonial

entre el marido y la mujer como imagen de Cristo y la
Iglesia.[13]

+ Ya que no había tal cosa como la fertilización in vitro y
otras similares, en los tiempos bíblicos, los únicos padres
eran heterosexuales (que todavía toma de un hombre y
una mujer para producir un hijo), y no hay ninguna pista
de parejas homosexuales adoptando niños.

La Biblia es un libro heterosexual y eso es un hecho simple, penetrante,
innegable que no se puede evitar y, para repetir, esta observación no tiene
nada que ver con un pasaje, un versículo o una palabra en disputa. Es
un hecho universal, generalizado, completamente transparente. Por eso,
cuando una pareja gay lee la Palabra—dos hombres o dos mujeres—y
llegan a las palabras de Pablo en Efesios 5:22, 25—"Las casadas estén sujetas a sus propios maridos, como al Señor…Maridos, amad a vuestras
mujeres, así como Cristo amó a la iglesia, y se entregó a sí mismo por
ella"—, no es posible que se puedan relacionar con esas palabras de la manera en que una pareja heterosexual lo haría.

¿Cuál es el marido y cuál la mujer? ¿O son los dos esposos o dos esposas? Y, ¿cuál sigue el ejemplo de Jesús? ¿Cuál se relaciona con la imagen
de la iglesia?

Estoy seguro de que una pareja "cristiana gay" diría: "En realidad, los
dos tomamos ambos papeles y nos entregamos el uno al otro y nos some-
temos el uno al otro", pero eso sólo demuestra el punto que estoy planteando. No pueden simplemente aplicar estas palabras a sus vidas como
Dios lo planeó, porque Él nunca tuvo la intención de que un hombre se
"casara" con un hombre o una mujer se "casara" con una mujer.

De la misma manera que una pareja "cristiana gay" no puede decirle
a su hijo: "Recuerda que Dios te ha mandado a honrar a tu padre y a tu
madre", ya que el niño no está conectado a su padre y a su madre, por lo
que el versículo debe ser citado de forma genérica ("Honra a tus padres")[14]
o esencialmente cambiado a: "Honra a tus madres (o padres)".

Una vez más, no estoy diciendo que las parejas homosexuales no se
amen entre sí o que no amen a los niños que crían. Simplemente estoy diciendo que cada vez que leen las Escrituras en relación con el matrimonio,
la familia y la crianza de los hijos como Dios lo planeó, no es posible que
se relacionen con las historias, instrucciones, parábolas y ejemplos de la

manera en que una pareja heterosexual puede hacerlo ya que la Biblia es un libro heterosexual. Como lo resumiera el erudito del Nuevo Testamento Robert Gagnon: "Ciertamente, toda narración, ley, proverbio, exhortación, poesía y metáfora en las páginas de la Escritura que tenga algo que ver con las relaciones sexuales presupone un prerrequisito hombre-mujer para las relaciones sexuales y el matrimonio".[15]

Como señalé en un artículo en julio de 2013 titulado: "Es una avalancha, no es una pendiente resbaladiza":

"A medida que Inglaterra se mueve hacia la redefinición del matrimonio", informa el *Daily Telegraph*, "el Gobierno ha decidido que la palabra 'marido' en el futuro se aplicará a mujeres y la palabra "esposa" se referirá a hombres". Según John Bingham, "los funcionarios públicos han revocado el *Diccionario Inglés de Oxford* y cientos de años de uso común, aboliendo efectivamente el significado tradicional de las palabras para identificar a los cónyuges".

En las directrices propuestas por el gobierno, "'esposo' aquí incluirá un hombre o una mujer en un **matrimonio entre personas del mismo sexo**, así como un hombre casado con una mujer. De manera similar, 'esposa' incluirá una mujer casada con otra mujer o un hombre casado con un hombre".

Así que, un hombre podría ser esposa si está casado con otro hombre (o no), mientras que una mujer podría ser marido si está casada con otra mujer (o no), todo lo cual lleva a la pregunta: ¿Para qué usar palabras en lo absoluto si han perdido totalmente su significado? Es como decir que arriba es abajo (o arriba) y abajo es arriba (o abajo), mientras que norte es sur (o norte) y sur es norte (o sur).

Pero esto es lo que sucede cuando se redefine el matrimonio.[16]

INTERPRETACIÓN ERRÓNEA DE LAS ESCRITURAS

La naturaleza heterosexual de la Biblia es acentuada cuando los eruditos gays "pasean" por las Escrituras en busca de presuntos ejemplos de actividad del mismo sexo (en particular, supuestamente con la aprobación divina), dando lugar a malas y horribles interpretaciones de texto. Considere estas interpretaciones por el pastor gay y estudioso del Antiguo Testamento Timothy Koch.

Como la Biblia describe al profeta Elías como un hombre velloso, que llevaba un cinturón de cuero (2 Reyes 1:8), de acuerdo con el Dr. Koch eso significa que él es "el hombre velloso con cuero",[17] deduciendo también, a través de una lectura extraña del hebreo, que Elías no sólo puede ser pensado como un hombre velloso, sino también como "el señor de las cabras". El Dr. Koch escribe:

> En este punto de mi paseo por las Escrituras, sentí de repente como si sonaran campanas y silbatos por todas partes. ¿Elías como un dios cabra, envuelto en pieles de cabra? Judy Grahn, en *Another Mother Tongue: Gay Words, Gay Worlds* [Otra lengua madre: Palabras gays, mundos gays], dedica una *sección entera* a detallar a homosexuales santos que, a través de la historia, vestían con pieles de cabra, canalizando [o representando] a dioses cabra (deidades que a menudo eran dioses del trueno también).[18]

Así que el profeta Elías, una de las figuras más extraordinarias de la tradición judía y cristiana, ¡se convierte ahora en un hombre de cuero gay, tal vez incluso ataviado con pieles de cabra y canalizando dioses cabra!

Koch hace otros "descubrimientos" notables como: Jehú, el celoso rey de Israel que masacró a los adoradores de ídolos, era un "antiguo Lawrence de Arabia" (famoso, por supuesto, por su homosexualidad). Koch basa esto en 2 Reyes 10:12-17 (usted se sorprenderá de sus deducciones al leer los versículos), donde Jehú tomó la mano de un hombre llamado Jonadab y le ayudó a subir a su carro después de cuestionar su lealtad y devoción. A través del método interpretativo de Koch, la pregunta de Jehú a Jonadab se convierte: "'¿Estás pensando lo que estoy pensando?' La respuesta es ¡SÍ! y de repente estos hombres están agarrados de la mano y viajando juntos en el carro".[19]

Más extraña es su lectura de Jueces 3:12-26, donde Ehud, un israelita zurdo, escondió una espada de cuarenta y cinco centímetros en su muslo derecho y luego obtuvo una audiencia privada con el rey moabita Eglón, antes de hundir todo el cuchillo en el estómago del obeso rey. Para Koch, es significativo que Ehud era zurdo (ya que muchos hombres gays son zurdos), mientras que el cuchillo de cuarenta y cinco centímetros "sin duda, sería una medida impresionante para *cualquier cosa* que se encontrara serpenteando hacia abajo (está bien, está bien, 'amarrada') del muslo derecho de un hombre joven".[20] (¿Dije ya que el autor de estas palabras es un pastor?) Y habiendo obtenido una audiencia privada con el rey, Koch comenta, "¿Qué, si puedo preguntar, piensa usted en realidad que el rey cree que Ehud está sacando en ese momento de los pliegues de su vestido, de un codo a lo largo de su muslo?"[21]

Él concluye: "Hay docenas [sic] de estas joyas esparcidas y enterradas en las páginas de la Biblia".[22] ¿Gemas? ¿Qué clase de interpretación bíblica es esto? ¿Un cuchillo largo en el muslo de un hombre—utilizado para matar a su enemigo—se convierte en un falo de cuarenta y cinco centímetros, y esto es una joya de interpretación?[23] (Para el registro, el Dr. Koch era un pastor ordenado de las Iglesias de la Comunidad Metropolitana, la mayor denominación gay del mundo).

Estoy seguro de que muchos lectores que se identifican como "cristianos gays" están tan ofendidos como yo cuando leen estas "interpretaciones", y esto no representa la forma en que ellos ven las Escrituras. Pero es la forma en que muchos teólogos gays las ven (ver capítulo 9; ver también capítulo 6), y *sí* ilustra hasta qué punto el texto bíblico debe ser reescrito radicalmente para "encontrar" los presuntos ejemplos positivos de las uniones homosexuales o actividad homosexual en las Escrituras.

Algunos intérpretes gays apuntan a Rut y Noemí, alegando que tenían una relación lesbiana a pesar de que el texto las presenta de manera explícita como heterosexuales, ambas estaban casadas y luego Rut se volvió a casar después de que su esposo murió. ¿Cuántas miles de veces una nuera se ha vuelto muy unida a su suegra y quedado como parte muy estrecha de la familia después de la muerte de su marido (que fue lo que pasó con Rut y Noemí)? ¿Por qué se debe leer el lesbianismo en un lazo familiar explícitamente heterosexual?

El mejor argumento que los teólogos gays pueden dar es que, cuando Noemí regresa a su país natal e insta a Rut, que era extranjera, a quedarse con su gente en su tierra natal, Rut le dice a su suegra: "No me ruegues que te deje, y me aparte de ti; porque a dondequiera que tú fueres, iré yo, y dondequiera que vivieres, viviré. Tu pueblo será mi pueblo, y tu Dios mi Dios. Donde tú murieres, moriré yo, y allí seré sepultada; así me haga Jehová, y aun me añada, que sólo la muerte hará separación entre nosotras dos" (Rut 1:16-17).

Usted puede preguntar: "Pero, ¿qué tiene eso que ver con una relación lesbiana?". Obviamente nada, pero se argumenta que debido a que esas palabras son usadas a menudo por parejas cristianas cuando se casan, eso significa que las palabras deben haber tenido un significado similar entonces. ¡No estoy bromeando!

Por lo tanto, debido a que una nuera heterosexual cuyo marido murió se siente estrechamente unida a su suegra cuyo marido también murió (ella también se siente cerca de la fe de su suegra; Noemí era israelita; Rut venía de un contexto pagano), y debido a que tres mil años después algunos cristianos usan sus palabras en una ceremonia de matrimonio, ¡entonces Rut y su suegra tienen que haber sido lesbianas! (Y para repetir: después de que Rut acompaña a Noemí de vuelta a Israel, ella se casa con un hombre llamado Booz y tienen hijos juntos).

Convertirlas en lesbianas no es simplemente una cuestión de defensa especial. Es una cuestión de fabricación completa, creando algo de la nada, proporcionando así otro indicio de lo mucho que la Biblia es un libro heterosexual, hasta el punto de que las supuestas relaciones lésbicas como esta tienen que ser creadas de la nada ya que la Biblia nunca dice ni una sola palabra acerca de una relación lesbiana que no sea para condenar los actos sexuales de lesbianas como una violación del orden planeado por Dios. (Para más detalles, ver el capítulo 6).

Y así, el profesor Daniel A. Helminiak, que tiene dos doctorados, establece que: "Por desgracia, tenemos muy poca evidencia sobre Rut y Noemí, así que es imposible decir si compartían una relación sexual o no. Sin embargo, dado lo que sabemos sobre el mundo de las mujeres en la antigüedad, la posibilidad de una relación de este tipo es buena".[24] ¡Tonterías![25]

Lo que es peor, Helminiak cita Daniel 1:9: "Y puso Dios a Daniel en gracia y en buena voluntad con el jefe de los eunucos" diciendo: "Este texto también podría ser traducido para leer que Daniel recibió el 'amor devoto'",[26] que también es un completo disparate. El hebreo no dice tal cosa. Sin embargo, partiendo de esta base falsa, Helminiak sugiere que el jefe de los eunucos no era en realidad eunuco (es decir, un hombre castrado), sino más bien un hombre con atracción por el mismo sexo, y por eso, "algunas personas sugieren que el papel de Daniel en la corte de Nabucodonosor incluyó un enlace homosexual con el maestro del palacio".[27] No estoy bromeando. Él incluso hace la afirmación de que "la conexión romántica explicaría en parte por qué la carrera de Daniel en la corte avanzó tan favorablemente".[28]

Honestamente, no estoy inventando esto para hacer lucir mal al profesor Helminiak, pero a decir verdad, está creando cosas de la nada, está haciendo que el hebreo diga lo que no dice, haciendo caso omiso de lo que el texto hebreo sí dice, y está encontrando relaciones homosexuales en donde no existen. Sin embargo, su libro *What the Bible Really Says About Homosexuality* [Lo que la biblia realmente dice sobre la homosexualidad] es ampliamente citado entre los "cristianos gays", lo cual es trágico. Lo que él escribe es pura (o, más exactamente, impura) ficción, y me recuerda el chiste acerca de un agresor sexual encarcelado que estaba siendo entrevistado por el psiquiatra de la prisión.

El psiquiatra le mostró una foto de un círculo y le preguntó qué veía, y el delincuente sexual le dio una respuesta profana, sexual. Lo mismo ocurrió cuando le mostró un dibujo de un cuadrado, un triángulo y una línea recta.

El psiquiatra le dijo entonces: "Señor, ¡debo decirle que tiene una mente sucia!".

El prisionero respondió: "¡Pero usted es el que me está mostrando todas las fotos sucias!".

Aunque *no* estoy comparando a Helminiak con un agresor sexual encarcelado (¡ese *no* es mi punto!), *sí* estoy diciendo que esta lectura gay de las Escrituras es un perfecto ejemplo de la proyección de los propios pensamientos y deseos en el texto, de la misma manera que el agresor sexual en el chiste veía cosas que no estaban allí, proyectando lo que había en su corazón.

Para un ejemplo más evidente de esta tendencia, algunos han argumentado que cuando Jesús sanó al siervo del soldado romano, en realidad estaba corroborando su presunta relación con el mismo sexo, ya que era común que los soldados romanos tuvieran esclavos que eran juguetes sexuales, y este era sin duda uno de ellos. Aun cuando "interpretaciones" como esa sean impensables, cada vez son más comunes en los círculos "cristianos gays", y nosotros de hecho vamos a dedicar el siguiente capítulo para analizar y refutar esta reescritura del texto.

Otros apuntan a María, Marta y Lázaro, dos hermanas y su hermano, asegurándonos que deben haber sido gays ya que eran todos adultos solteros viviendo en una misma casa, cuando se esperaría que se hubieran casado en base a la práctica judía del día. (Esto no es para dar a entender que estaban involucrados sexualmente unos con otros, sino más bien, que no estaban casados, lo cual plantea interrogantes en cuanto a por qué).

Esta teoría no sólo está creando gays y lesbianas del aire (aire muy delgado, por cierto), sino que también plantea la pregunta de por qué estos hermanos supuestamente homosexuales no vivían con sus amantes homosexuales. ¿Por qué en su lugar estaban todos viviendo en la misma casa familiar? ¿Y qué tan común es que tres hermanos de una familia sean gays?

Más al punto: (1) No hay ninguna evidencia del mundo judío del siglo primero que indique que todos los hombres y mujeres jóvenes se casaban automáticamente, al igual que Jesús nunca se casó (y puede ser que Pablo nunca haya estado casado), y no se le da ninguna atención especial a ello. (2) Es posible que uno o más de los hermanos (hermano y hermanas) ya fuera viudo o divorciado. (3) El texto bíblico no dice explícitamente que Lázaro no estaba casado. (4) Puede que haya habido alguna situación familiar que requiriera que ellos retrasaran el matrimonio o que vivieran juntos después de que uno o más quedaran viudos o se divorciaran. Con todo, no es gran cosa y nada excepcional en lo más mínimo.

De hecho, el argumento de que "deben haber sido gays" es tan forzado y absurdo que los estudiosos de toda la vida del Nuevo Testamento se asombran cuando lo escuchan por primera vez. Nunca les pasó a ellos por la cabeza ni por una fracción de segundo, y una de las razones es que la literatura judía antigua describe libremente los pecados del pueblo judío— como la prostitución, la fornicación y el adulterio—pero casi nunca habla de las relaciones homosexuales, ya sea porque eran tan tabú que no se practicaban o porque estaban completamente fuera de los límites de la cultura judía; eran consideradas un vicio gentil. Así, aparte de la inexistencia de pruebas de que los tres hermanos—María, Marta y Lázaro—eran homosexuales, es completamente ridículo pensar que los autores de los evangelios, que escriben en ese contexto judío del siglo primero, simplemente pinten casualmente un retrato de ese encantador trío gay. De nuevo, la idea de esto es completamente absurda, y no hay un punto de evidencia para apoyarla.

¿Y qué de Jonatán y David? ¿Los presenta la Biblia como amantes gays, *en* una manera positiva, profundamente conmovedora?

El Rev. James D. Cunningham dedica un capítulo a su historia en su libro *Gay Christian Survivors* [Sobrevivientes Cristianos Gays], titulando el capítulo, "Un matrimonio gay bíblico: ¿La Iglesia simplemente erró al verlo o lo ignoraron intencionalmente?".[29] Es muy común que los teólogos gays señalen la narrativa de Jonatán y David como evidencia clara de una relación del mismo sexo aprobada bíblicamente. En realidad, como veremos, la evidencia está decididamente en contra de esa interpretación.

Sin embargo, vayamos por un momento con la lectura gay del texto y preguntemos: "¿Qué podemos concluir de esto?" (De nuevo, no acepto ni por un momento que las Escrituras enseñen que Jonatán y David eran gays. Sólo estoy siguiendo esto para hacer un simple punto). Cuando mucho, indicaría que eran hombres bisexuales que tuvieron una relación sexual y romántica, una que fue consideraba reprochable por el padre de Jonatán, y una que nunca estuvo conectada con David una vez que llegó a ser rey. En otras palabras, incluso si la interpretación gay estuviera en lo cierto, señalaría a David, que era claramente heterosexual, teniendo una aventura bisexual con Jonatán cuando era un joven y nada más.

La narrativa no diría nada acerca de que ellos fueran "gays" en algún sentido exclusivo, y diría aun menos acerca de un "matrimonio gay bíblico". A lo sumo, habría señalado una relación bisexual entre dos jóvenes, y aun eso iría mucho más allá de lo que dice la Biblia.

Antes de presentar los argumentos a favor de los gays, vamos a repasar lo que sabemos acerca de estos dos hombres.

1. Sabemos que Jonatán se casó más adelante y tuvo hijos. (Ver 2 Samuel 9, que hace referencia al hijo de Jonatán).

2. Sabemos que a David le gustaban las mujeres; la Biblia registra los nombres de *ocho mujeres* con las que se casó (Mical, Ahinoam, Abigail, Maaca, Haggith, Abital, Egla, Betsabé), señalando también que, "tomó David más concubinas y mujeres de Jerusalén, después que vino de Hebrón, y le nacieron más hijos e hijas" (2 Samuel 5:13), lo que podría apuntar a esposas adicionales. Está claro que tenía un fuerte apetito heterosexual.

3. La lujuria heterosexual de David lo metió en problemas más adelante cuando vio a una hermosa mujer casada llamada Betsabé bañándose. La deseó tanto que tuvo relaciones sexuales con ella y luego, cuando se enteró de que estaba embarazada, hizo que su marido fuera asesinado (2 Samuel 11).

¡David difícilmente encaja en una descripción de gay! Sin embargo, ¿es posible que por lo menos una vez en su vida haya tenido una relación homosexual con Jonatán? Aquí está la evidencia presentada por J. D.

Cunningham, que hace su caso como si estuviera presentándolo en un tribunal de justicia:

1. De acuerdo a 1 Samuel 18:1, "El alma de Jonatán quedó ligada con la de David, y lo amó Jonatán como a sí mismo", y "Sólo los amantes tienen sus almas 'ligadas en amor'. Redefinir de repente estas palabras sería derrocar todo nuestro idioma".[30]

2. De acuerdo a 1 Samuel 18:2 Saúl, el padre de Jonatán, "le tomó [a David] aquel día y no le dejó volver a casa de su padre", lo que prueba que "David fue llevado a la casa real porque el hijo del rey había entrado en un pacto de matrimonio con él".[31]

3. Basado en el lenguaje explícito de 1 Samuel 18:3-4, que dice de Jonatán que era el heredero real, amando a David como a sí mismo y luego quitándose el manto y dándoselo a David, junto con su espada y arco, está claro que "ellos entraron en un pacto matrimonial con el otorgamiento a David incluso de la propia vestidura real y la espada, así como todo lo demás que estaba sobre su persona real".[32]

4. De acuerdo a 1 Samuel 20:30, el rey Saúl "sabía de la relación romántica y sexual de David y Jonatán".[33]

5. Cuando David tuvo que huir para salvar su vida de Saúl, David y Jonatán "besándose el uno al otro, lloraron el uno con el otro; y David lloró más" (1 Samuel 20:41; por alguna razón, Cunningham no cita este texto en la presentación de su argumento ante el juez).

6. David adoptó al hijo huérfano de Jonatán después de que este muriera en batalla.

7. Después de la muerte de Jonatán, David compuso un poema para él, diciendo: "Angustia tengo por ti, hermano mío Jonatán, que me fuiste muy dulce. Más maravilloso me fue tu amor que el amor de las mujeres" (2 Samuel 1:26).

Ahora, algunos de ustedes que leen estos argumentos están sacudiendo la cabeza diciendo: "Ciertamente, ese autor no puede estar hablando en serio.

¡Nadie que lea la Biblia por su cuenta pensaría alguna vez que Jonatán y David eran amantes homosexuales!". Otros, sin embargo, están diciendo: "Sí, ¡está tan claro! ¿Cómo podría alguien argumentar en contra de eso?".

Bueno, vamos a dar un paso atrás y miremos los versículos relevantes de nuevo, señalando que:

1. En realidad no hay ni una sola referencia de ellos cometiendo un acto sexual juntos; de haber querido el autor bíblico retratar su relación como sexual, había un montón de palabras para utilizar, pero ninguna de ellas fueron incluidas.

2. Usted tendría que voltear el texto al revés para afirmar que Saúl los animó a ser amantes y usted tendría que reescribirlo por completo para afirmar que Saúl les ayudó a entrar en un matrimonio homosexual. Usted podría francamente hacer un mejor caso diciendo que todos ellos eran invasores marcianos.

3. El Rev. Cunningham reconoce que "Nadie está argumentando" que David y Jonatán no eran 'grandes amigos' y 'hermanos piadosos en el Señor'", eso es todo que se requiere realmente para dar sentido a esa hermosa sección de la Escritura que habla de la profunda amistad y el pacto de amor entre dos varones (¡heterosexuales!) amigos.[34]

Tenemos que recordar en primer lugar que David ya era una persona importante en la vida de Saúl, tocando el arpa para él cuando caía bajo la influencia de un espíritu demoníaco (1 Samuel 16:14-23) y luego derrotando a Goliat en la batalla; por eso es que estaba en la casa de Saúl. Fue en ese contexto que conoció a Jonatán:

> Aconteció que cuando él hubo acabado de hablar con Saúl, el alma de Jonatán quedó ligada con la de David, y lo amó Jonatán como a sí mismo. Y Saúl le tomó aquel día, y no le dejó volver a casa de su padre. E hicieron pacto Jonatán y David, porque él le amaba como a sí mismo. Y Jonatán se quitó el manto que llevaba, y se lo dio a David, y otras ropas suyas, hasta su espada, su arco y su talabarte.
>
> —1 Samuel 18:1-4

¿Hay algo sexual aquí? Sólo si se lee a través de una lente hipersexualizada puesto que, primero, contrario a lo que dice Cunningham, las palabras hebreas "el alma de X quedó ligada al alma de Y" no son utilizadas *ni una vez* en el Antiguo Testamento con respecto a una relación sexual o romántica.[35] En segundo lugar, el pacto que Jonatán hizo con David no fue sexual—obviamente—y las prendas que le dio bien pueden haber implicado su reconocimiento de que David, no él, iba a ser el próximo rey, algo que absolutamente enfurecería a su padre Saúl. Como señaló un equipo de estudiosos del Antiguo Testamento:

> La palabra para el manto que Jonatán le dio a David a menudo significa manto real. Los textos ugaríticos se refieren a un manto especial usado por el príncipe heredero. [Ugarit fue una antigua ciudad situada en lo que hoy es Siria]. Si Israel tenía la misma costumbre, al darle a David ese manto Jonatán estaría renunciando a su derecho al trono. También le dio la ropa diaria de guerrero y el arco…Los regalos de Jonatán a David pueden muy bien representar su disposición a renunciar y ceder su posición particular como heredero al trono de Israel. Él estaba, por lo tanto, expresando la lealtad y, posiblemente, la sumisión a David.[36]

Esto es confirmado aun más por 1 Samuel 20:16: "Así hizo Jonatán pacto *con la casa de David*", como si David ya tuviera una dinastía, diciendo: "Requiéralo Jehová de la mano de los enemigos de David" (es decir, en el futuro).

En tercer lugar, el tema del "amor" por David ocurre a lo largo de esta porción de la Escritura: "Y él [Saúl] le amó mucho, y le hizo su paje de armas" (1 Samuel 16:21); Jonatán amó a David (de nuevo, 1 Samuel 18:1, 3), "todo Israel y Judá amaba a David" (1 Samuel 18:16), "Mical la otra hija de Saúl amaba a David" (1 Samuel 18:20; ver también el versículo 28); Saúl instruye a sus mensajeros a decirle a David, "todos sus siervos [es decir , de Saúl] te quieren bien" (1 Samuel 18:22). Por lo tanto, en este contexto, Jonatán es sólo uno de un número de jugadores que "amaban" a David, incluyendo a su padre, el rey Saúl; Mical la hija de Saúl; todo el pueblo y, supuestamente, todos los siervos del rey. Leer algo sexual y romántico en el "amor" expresado aquí es ridículo, excepto en el caso de Mical que, en efecto, se convierte en la esposa de David.

¿Estuvo Jonatán especialmente unido a David (1 Samuel 20:17)? Sí, eran almas gemelas y lucharon las batallas del Señor juntos, arriesgando sus vidas por su pueblo y, francamente, tener ese tipo de relaciones estrechamente unidas difícilmente es algo inusual entre los heterosexuales. Hable con personas que han jugado el deporte profesional juntos durante un período de varios años en el mismo equipo; hable con personas que lucharon en las trincheras y vivieron juntos durante la guerra; hable con grandes amigos de toda la vida que comparten muchos recuerdos en común. Por desgracia, esos académicos gays tienen dificultad para reconocer que relaciones heterosexuales tan íntimas, amorosas, devotas pueden y de hecho existen, y tanto Jonatán como David son un gran ejemplo de ello. (¿Puede cualquier lector gay relacionarse con relaciones amorosas súper estrechas no románticas y no sexuales con gente del sexo opuesto? Yo creo que sí).

LA VERDAD SOBRE DAVID Y JONATÁN

Saúl, por su parte, se estaba volviendo cada vez más neurótico e inseguro, especialmente cuando escuchó a la gente cantar: "Saúl hirió a sus miles, y David a sus diez miles". Como resultado de ello, el texto bíblico nos dice que "se enojó Saúl en gran manera, y le desagradó este dicho, y dijo: A David dieron diez miles, y a mí miles; no le falta más que el reino. Y desde aquel día Saúl no miró con buenos ojos a David" (1 Samuel 18:7-9).

Es en ese contexto que se puede ver por qué Saúl estaba tan molesto por la estrecha relación de Jonatán y David. No sólo estaba su hijo del lado de su enemigo—de nuevo, Saúl veía a David como su enemigo por la gran popularidad de este, siendo amado por toda la gente—sino también su hijo parecía estar dispuesto a cederle el trono a David, renunciando a su derecho a ser el próximo rey porque reconoció que David fue escogido por Dios para ese papel. Y es por eso que Saúl—un hombre inestable, incluso antes de eso—trató de matar a David. (Ver 1 Samuel 18:11; 19:1 para ver los primeros intentos).

Fíjense bien en estas palabras que hablan de la última vez que David y Jonatán se vieron, cuando este fue a reunirse con él cuando estaba huyendo por su vida de Saúl:

> Viendo, pues, David que Saúl había salido en busca de su vida, se estuvo en Hores, en el desierto de Zif. Entonces se levantó Jonatán hijo de Saúl y vino a David a Hores, y fortaleció su mano en Dios. Y le dijo: No temas, pues no te hallará la mano de Saúl

mi padre, y tú reinarás sobre Israel, y yo seré segundo después de ti; y aun Saúl mi padre así lo sabe. Y ambos hicieron pacto delante de Jehová; y David se quedó en Hores, y Jonatán se volvió a su casa.

—1 Samuel 23:15-18

Una vez más, el tema era que David fue elegido por Dios para tomar el trono de Saúl—que debería haber ido a Jonatán—y el pacto que hicieron fue en reconocimiento de ello, prometiendo su lealtad mutua. (Por favor, ¡no me diga que usted piensa que su pacto significaba que Jonatán estaba prometiendo sentarse junto a David como su reina!)

En última instancia, cuando Saúl planeaba matar a David y se dio cuenta de que Jonatán estaba aliado con David y que se lo advirtió, las cosas llegaron a un punto de ebullición:

> Entonces se encendió la ira de Saúl contra Jonatán, y le dijo: Hijo de la perversa y rebelde, ¿acaso no sé yo que tú has elegido al hijo de Isaí para confusión tuya, y para confusión de la vergüenza de tu madre? Porque todo el tiempo que el hijo de Isaí viviere sobre la tierra, ni tú estarás firme, ni tu reino. Envía pues, ahora, y tráemelo, porque ha de morir.
>
> —1 Samuel 20:30-31

Los teólogos gays comúnmente apuntan a este pasaje como uno que hace explícitamente claro que Saúl sabía que Jonatán y David estaban involucrados sexualmente, basados en algunas de las expresiones hebreas específicas utilizadas. Por supuesto, si ese fuera el caso, eso sólo indicaría que tal conducta era considerada absolutamente vergonzosa e incorrecta. Pero en realidad, eso no es lo que dice el texto en absoluto.

Como lo explicara el erudito en Antiguo Testamento Ralph W. Klein:

> El rey llamó a su esposa (¿Ahinoam?) una mujer rebelde, ¡y su hijo mayor era como su madre (cf. Judit 16:12)![37] Jonatán fue acusado de abandonar a su padre a quien, como hijo y súbdito, le debía lealtad. Aun cuando Jonatán se había referido en varias ocasiones a Saúl como "mi padre", Saúl no se refirió a él ni como "mi hijo", ni por su nombre. Saúl acusó a Jonatán de ser compañero o aliado de David, una amistad que debería ser vergonzosa para él como era vergonzosa para la desnudez, o los genitales, de su madre. ¡Saúl trataba a Jonatán como si hubiera sido un error

desde el principio! Por su amistad con David, Jonatán estaba destruyendo tontamente su oportunidad para continuar la dinastía... El temor de Saúl en cuanto al poder de David anticipa lo que informa Jonatán en 23:17: "Tú [David] reinarás sobre Israel... y aun Saúl mi padre así lo sabe".[38]

En cuanto a la expresión "para confusión de la vergüenza de tu madre", R. D. Bergen, comentarista del libro de Samuel, explica que "Saúl señaló que las acciones de Jonatán también estaban trayendo vergüenza a 'la madre que te parió' (literalmente, 'la vergüenza de la desnudez de tu madre'), es decir, Ahinoam (cf. 14:50), que él mismo acababa de avergonzar por llamarla 'perversa y rebelde'".[39] Así, un manual de traductor de la Biblia para el libro de Samuel señala que la Biblia en el inglés revisado traduce esta expresión como "trae deshonra a su madre", mientras que la versión del inglés contemporáneo lo traduce con "tu propia madre debería estar avergonzada de que hayas nacido".[40] ¿Por qué? Porque la amistad de Jonatán con David fue percibida como una traición directa a su línea familiar, avergonzando así su propia madre.

Pero fíjese bien: no hay nada en el lenguaje que conecte algo sexual con Jonatán. Eso no es lo que las palabras significan en absoluto. En resumen, "Saúl ahora acusaba a su heredero dinástico de estar aliado con el mismo a quien Saúl creía destruiría la dinastía de la familia".[41] Como otro comentario del libro de Samuel explica:

Saúl observa que Jonatán está del lado de David, a quien desea destruir como aspirante tras el trono y, por lo tanto, un rebelde. Y, así, él ve a Jonatán también como un rebelde... David está haciendo un intento rebelde por el trono real, y Jonatán, obligado a él por la amistad íntima, es, por lo tanto, un rebelde. Él llama a esta rebelión "perversidad", porque "todo el tiempo que el hijo de Isaí viviere sobre la tierra, ni tú (Jonatán) estarás firme, ni tu reino". Por tanto, es el propósito determinado y permanente de Saúl matar a David como un rebelde.[42]

Y en una extensa nota de traducción en la Nueva Traducción Inglesa [traducción libre], la fuerza de este idioma en cuestión se explica:

Heb "hijo de una mujer perversa y rebelde". Pero tal traducción excesivamente literal y adaptada de la expresión hebrea no logra captar la fuerza de la reacción desenfrenada de Saúl. Saúl, ahora indignado y enfurecido por el enlace de Jonatán con David, en realidad está lanzando palabras muy ásperas y cargadas emocionalmente a su hijo. La traducción de esta frase sugerida por Koehler y Baumgartner [un léxico hebreo bíblico estándar] es "bastardo de la mujer ajena"…pero esta no es una expresión de uso común en inglés. Una mejor aproximación anglosajona de los sentimientos expresados aquí por la frase en hebreo sería "Tú, estúpido [censurado]". Sin embargo, la sensibilidad a los diversos formatos públicos en los que se lee la Biblia en voz alta ha llevado a una traducción al inglés menos sorprendente que se centra en el valor semántico de la expresión de Saúl (es decir, el comportamiento de su propio hijo Jonatán, que él ve como una traición tanto personal como política [= "traidor "]). Pero esa concesión no debe ocultar el hecho de que Saúl está lleno de amargura y frustración. Que se dirigiera a su hijo Jonatán con ese tipo de lenguaje, por no hablar de su aparente disposición incluso a matar a su propio hijo por su amistad con David (v. 33), indica algo de la extrema profundidad de los celos y el odio de Saúl por David.[43]

Sí, Saúl se enfureció tanto que ahora trató de matar a Jonatán, que entonces se dirigió a David, que estaba en la clandestinidad y en espera del reporte de Jonatán. Y cuando vio a Jonatán, "se levantó David del lado del sur, y se inclinó tres veces postrándose hasta la tierra; y besándose el uno al otro, lloraron el uno con el otro; y David lloró más" (1 Samuel 20:41).

¿Debemos elaborar en cuanto a que se besaron? ¡Por supuesto que no! En el mundo bíblico el acto de besarse (a diferencia de "besuquearse") era una manera común de decir hola o adiós, como lo es en muchas culturas hasta hoy. De hecho, es tan común en las Escrituras que si todos los besos que la Biblia registró fueran interpretados en términos sexuales, entonces Isaac habría estado eróticamente involucrado con su propio hijo (Génesis 27:26: "Y le dijo Isaac su padre: Acércate ahora, y bésame, hijo mío"), Labán habría estado eróticamente involucrado con su sobrino Jacob (Génesis 29:13: "[Labán] corrió a recibirlo, y lo abrazó, lo besó, y lo trajo a su casa"), Labán habría estado eróticamente involucrado con sus nietos e hijas (Génesis 31:55: "Y se levantó Labán de mañana, y besó sus hijos y sus hijas, y los bendijo"), Esaú hubiera estado eróticamente involucrado con su hermano Jacob (Génesis 33:4: "Pero Esaú corrió a su encuentro y le abrazó, y se echó sobre su cuello, y le besó; y lloraron"), José habría estado eróticamente involucrado con todos sus hermanos (Génesis 45:15: "Y besó a todos sus hermanos, y lloró sobre ellos"), Jacob habría estado eróticamente involucrado con sus nietos (Génesis 48:10: "[José] les [sus hijos] hizo, pues, acercarse a él [Jacob], y él les besó y les abrazó"), y José habría estado eróticamente involucrado con su padre recién fallecido, Jacob (Génesis 50:1; "Entonces se echó José sobre el rostro de su padre, y lloró sobre él, y lo besó"); ¡y estos son sólo algunos ejemplos del primer libro de la Biblia, el Génesis! Obviamente todos esos besos en público ¡no eran en lo más mínimo algo sexual!

En el próximo libro de la Biblia, Éxodo, vemos a Moisés que besa a su hermano Aarón, y a su suegro, Jetro (Éxodo 4:27; 18:7). Para algunos ejemplos de personas no emparentadas que se besan, vemos al profeta Samuel besando a Saúl (1 Samuel 10:1), David besando a Jonatán (1 Samuel 20:41), el príncipe Absalón besando a todos los que se le acercaban para pedirle que fallara a favor de ellos (2 Samuel 15:5), el rey David besando el anciano Barzilai (2 Samuel 19:39), y Joab besando a Amasa (2 Samuel 20:9).

Besar como forma de saludo era tan habitual en los tiempos del Nuevo Testamento que Pablo y Pedro les enseñan a los creyentes: "Salúdense unos a otros con un beso santo" (Romanos 16:16, NVI. Ver también 1 Corintios 16:20; 2 Corintios 13:12; 1 Tesalonicenses 5:26; 1 Pedro 5:14, todos los versículos en NVI); es el equivalente antiguo a un apretón de manos y, presumiblemente, era hombres con hombres y mujeres con mujeres. Tenga en cuenta también que cuando la Biblia quería hablar de un beso sensual, ciertamente sabía cómo hacerlo, como en las palabras de la novia de Cantares 1:2; "¡Oh, si él me besara con besos de su boca! Porque mejores son tus amores que el vino", o como se ve en el contexto de Proverbios 7:13 (¡leer todo el capítulo!). Y puesto que no se utiliza ni un solo término erótico con respecto a la relación de David y Jonatán, y dado que los términos de "amor" y "beso" se utilizan en toda la Biblia de maneras no sexuales, ya que ambos al final se casaron con mujeres y David se metió en problemas a causa de su lujuria heterosexual, y dado que todo lo que sabemos acerca de la cultura hebrea antigua indica que una relación homosexual no habría sido tolerada y mucho menos celebrada—recuerde, David *amaba* la Torá que llama abominación al sexo varón-varón[44]—es completamente inconcebible hacer de David y Jonatán amantes gays.

Y así, si leemos en términos heterosexuales el lamento de David por Jonatán después de que muriera en la batalla, tiene perfecto sentido y es coherente con el resto de la Biblia: "¡Cómo han caído los valientes en medio de la batalla! ¡Jonatán, muerto en tus alturas! Angustia tengo por ti, hermano mío Jonatán, que me fuiste muy dulce. Más maravilloso me fue tu amor que el amor de las mujeres." (2 Samuel 1:25-26), que significa: "He estado involucrado con un número de mujeres, sexual y románticamente, pero el amor que teníamos entre nosotros, el vínculo de alianza que existía entre nosotros, la profundidad de la lealtad y la amistad, era más extraordinaria que cualquier cosa que haya disfrutado con una mujer".

El Rev. Cunningham plantea la pregunta: "Entonces, ¿eran amantes, o sólo 'amigos cercanos'? Asegúrese de tomar la decisión basado en hechos bíblicos, no en sentimientos personales".[45] Sólo hay una respuesta posible: Eran amigos fervorosos, no hay duda de ello.

Y eso nos lleva al punto de partida de este capítulo. El problema no es la interpretación de los llamados "pasajes golpeadores" que, como parte sagrada de la sacra Palabra de Dios, son en realidad versículos de liberación, ya que aceptar la verdad de Dios nos hace libres. El asunto es el testimonio de toda la Biblia, de principio a fin y, sin lugar a dudas, es un libro heterosexual—como comentó un psicólogo: "Nuestros cuerpos nos dicen quiénes somos, que la humanidad fue diseñada y creada para la heterosexualidad"[46]—razón por la cual los modelos de matrimonio y familia en la Palabra son exclusivamente heterosexuales.

Así que cuando la Biblia Reina Santiago editada por gays hizo algunos cambios completamente injustificados a algunos versículos de la Biblia, fracasó en dos aspectos: en primer lugar, masacró los versículos que alteró;[47] y, en segundo lugar, para tener éxito, ¡habría tenido que cambiar toda la Biblia!

La buena noticia es que los brazos de Dios están abiertos a todos los seres humanos en el planeta, no importa como usted o yo nos identifiquemos, y hay una nueva vida a través de Jesús para todos. Mas como no tenemos el poder para cambiarnos a nosotros mismos de pecadores a santos y, para repetir un tema común de las Escrituras, todos hemos pecado y estamos destituidos de la gloria de Dios (Romanos 3:23), hay una sola manera en que cualquiera de nosotros puede venir al Señor, y es tal como somos, pidiéndole misericordia, gracia, perdón y vida nueva.

Todos comenzamos como extranjeros, independientemente de nuestro origen étnico, color de piel, estado social o incluso la naturaleza de nuestro pecado. Todos llegamos como gente perdida que necesita un Salvador. Y Jesús es el Salvador que todos necesitamos. No deje que sus deseos sexuales, atracciones románticas o problemas de identidad de género le impidan venir a Él hoy.

Como dijo una ex lesbiana cierta vez en una reunión a la que asistí: "Dios nunca dijo: 'Sed heterosexuales, porque yo, Jehová vuestro Dios, soy heterosexual'. Él dijo: 'Sed santos, porque yo Jehová vuestro Dios, soy santo'".

Así que, si bien es cierto que Dios nos diseñó para la heterosexualidad, nos llama ante todo a la santidad, y esa debe ser nuestra primera prioridad y objetivo.

Capítulo 5

LEYES LEVITAS y el SIGNIFICADO de *TO'EVAH* (ABOMINACIÓN)

El argumento del "cristiano gay": La prohibición de la práctica de la homosexualidad en el antiguo Israel era parte de la ley levítica ceremonial, que también prohíbe cosas como comer mariscos y carne de cerdo o el uso de una prenda hecha de dos tipos de tejidos. Obviamente, esas leyes ya no se aplican a nosotros hoy. Además, la palabra **abominación** en el hebreo simplemente habla de la profanación ritual, no del pecado moral.

La respuesta bíblica: Hubo algunas leyes que Dios dio a Israel para mantenerlos separados de las naciones, como las leyes dietéticas; mientras que otras se basaban en prohibiciones morales universales que se aplicaban a todas las personas, como las leyes contra el asesinato, el adulterio y la práctica homosexual. Esas prohibiciones morales universales, obviamente, se aplican a todos los creyentes de hoy, mientras que las leyes dietéticas no. En cuanto a la palabra **abominación**, a menudo se refiere a lo que es moralmente detestable delante de Dios.

S I ALGUNA VEZ ha estado en una celebración del orgullo gay, probablemente haya visto algunos cristianos con carteles grandes que muestran un versículo en particular, normalmente citado en la versión Reina Valera: "No te echarás con varón como con mujer; es abominación" (Levítico 18:22). También podría ver carteles con otro versículo de Levítico: "Si alguno se ayuntare con varón como con mujer, abominación hicieron; ambos han de ser muertos; sobre ellos será su sangre" (Levítico 20:13).

Así que ahí lo tienen en blanco y negro. La práctica homosexual es una "abominación" a los ojos de Dios, y los que la practican deben ser condenados a muerte en virtud de la ley de Moisés. Sencillo, ¿no?

No tan rápido. Según Levítico también está prohibido comer camarón y langosta (11:9-12), plantar dos tipos diferentes de semillas en el campo de uno (Levítico 19:19), llevar vestidos con mezcla de hilos (v. 19 de nuevo), o para un hombre recortar la punta de la barba (v. 27). También está prohibido que un hombre tenga relaciones sexuales con su esposa durante su período menstrual (Levítico 18:19; 20:18). En cuanto a la pena de muerte, no sólo homosexuales practicantes debían ser muertos, también los hijos que maldicen a sus padres: "Todo hombre que maldijere a su padre o a su madre, de cierto morirá; a su padre o a su madre maldijo; su sangre será sobre él" (Levítico 20:9).

¿Por qué, entonces, debemos hacer una algarabía en cuanto a la práctica homosexual, mientras ignoramos o minimizamos estas otras prohibiciones levíticas? ¿No es eso el colmo de la hipocresía?

En el año 2000, un autor anónimo (más tarde identificado como J. Kent Ashcraft)[1] escribió una carta muy ingeniosa a la locutora de radio, conservadora, Dra. Laura Schlessinger, pidiendo su ayuda para solucionar algunos problemas de interpretación bíblica:

> Estimada Dra. Laura:
> Gracias por dedicar tantos esfuerzos para educar a la gente respecto a la ley de Dios. He aprendido mucho de usted, trato de compartir ese conocimiento con tanta gente como pueda. Cuando alguien trata de defender la homosexualidad, por ejemplo, me limito a recordarle que Levítico 18:22 dice claramente que es una abominación. Fin del debate.
> Sin embargo, necesito un consejo de usted en relación con

algunas de las otras leyes en Levítico y Éxodo y cómo seguirlas de la mejor manera.

1. Cuando quemo un toro en el altar como sacrificio, sé que crea un aroma agradable para el Señor (Levítico 1:9). El problema son mis vecinos. Afirman que el olor no es agradable para ellos. ¿Cómo debo lidiar con eso?

2. Me gustaría vender a mi hija por sierva, como dice Éxodo 21:7. En los tiempos que corren, ¿cuál cree que sería un precio justo por ella?

3. Sé que no se me permite tener contacto con ninguna mujer mientras esté en su período de impureza menstrual (Levítico 15:19-24). El problema es, ¿cómo puedo saberlo? He intentado preguntar, pero la mayoría de las mujeres se ofenden.

4. Levítico 25:44, establece que puedo comprar esclavos de los pueblos que están a nuestro alrededor. Un amigo mío asegura que eso es aplicable a los mexicanos, pero no a los canadienses. ¿Me podría aclarar?

5. Tengo un vecino que insiste en trabajar en Sábado. Éxodo 35:2 claramente establece que ha de ser muerto. ¿Estoy moralmente obligado a matarlo yo mismo?

6. Un amigo mío dice que aunque comer mariscos es una abominación (Levítico 11:10), es una abominación menor que la homosexualidad. No estoy de acuerdo. ¿Puede resolver eso?

7. Levítico 20:20 declara que uno no puede acercarse al altar de Dios si tiene un defecto en la vista. Tengo que admitir que uso gafas para leer. ¿Mi visión tiene que ser 20/20 o hay un margen de tolerancia aquí?

Sé que usted ha estudiado estos asuntos con gran profundidad, así que confío en que me puede ayudar. Gracias de nuevo por recordarnos que la Palabra de Dios es eterna e inmutable.[2]

Para ser sincero, la mayoría de los cristianos conservadores estarían perplejos por esta carta, probablemente responderían algo como: "Bueno, puede ser ingenioso, pero nunca me convencerá de que la homosexualidad es correcta delante de Dios. Después de todo, ¡la Biblia dice que es una abominación!" ¿Podemos hacer algo mejor que eso?

Las cosas se ponen aun peor para el lado cristiano conservador cuando se argumenta que la palabra *abominación* (*to'evah* en hebreo) no significa algo "moralmente detestable", sino más bien algo "ritualmente no apto" o "contrario a la costumbre". Y así, se argumenta que incluso si tomamos Levítico 18:22 en su valor nominal, simplemente significa que un hombre teniendo relaciones sexuales con otro hombre era un asunto de impureza ritual bajo la ley del Antiguo Testamento, nada más. Otros argumentarían que, de acuerdo con el contexto inmediato de Levítico 18:22, la prohibición va en contra de los actos homosexuales realizados en conjunción con la idolatría (en otras palabras, como parte de un acto de prostitución sagrada), no en contra de dos hombres que participan en un acto amoroso, de mutuo consentimiento (y monógamo).

El antropólogo gay Patrick Chapman resume los argumentos más comunes a favor de la homosexualidad:

> William Countryman cree que el objetivo de la prohibición de las relaciones sexuales entre hombres no es una cuestión ética o moral, sino parte de las normas de pureza hebreas, diseñada para ayudar a mantener la identidad judía fuerte. Daniel Helminiak compara la prohibición religiosa a una que se encuentra en la Iglesia Católica:
>
>> Solía haber una ley eclesiástica que prohibía a los católicos romanos comer carne los viernes...Esa ley eclesiástica fue considerada tan seria que la violación era un pecado mortal, supuestamente castigado con el infierno. Sin embargo, nadie cree que el consumo de carne era algo malo en sí mismo. El delito era contra una responsabilidad religiosa: uno debía actuar como católico.
>
> Esto es evidente en tanto que la misma palabra hebrea que se usa para describir el comportamiento en los pasajes de Levítico como una "abominación" o "acto detestable", *to'evah*, se utiliza para describir diversos alimentos como ritualmente impuros, tal como comer camellos, conejos y cerdos. Esta palabra se utiliza muy poco en el contexto de la conducta sexual que es intrínsecamente inmoral, aunque se usa para condenar la prostitución masculina del templo. *Zimmah* se suele utilizar para tratar la inmoralidad sexual [con referencia a Levítico 18:17; Job 31:11; Ezequiel 16:27; 22:9, 11]. Además, mientras que otros comportamientos sexuales que se consideran inherentemente

inmorales se mencionan en otras partes del Antiguo Testamento, la homosexualidad masculina no lo es. Dado que la atención se centra exclusivamente en la impureza ritual y social, Helminiak argumenta que la prohibición de la homosexualidad masculina ya no es importante. La tradición cristiana ha visto las preocupaciones y regulaciones de la pureza en Levítico como irrelevante.[3]

Pero, hay más:

> John Boswell critica a los que utilizan los pasajes de Levítico para condenar a los homosexuales, ya que Levítico condena también muchas cosas que no son consideradas malas por los evangélicos, incluyendo tatuajes, llevar vestidos hechos de dos tipos de hilos y comer carne de cerdo. Como señala Boswell:

>> Su selectividad extrema al abordar el enorme cuerpo de la ley levítica es una clara evidencia de que no era su respeto por la ley lo que creó su hostilidad hacia la homosexualidad, sino que fue su hostilidad hacia la homosexualidad lo que los llevó a mantener unos pasajes de un código de la ley en gran parte descartado.[4]

El Dr. Chapman concluye con lo siguiente: "Si bien los pasajes en Levítico pueden haber condenado aspectos del comportamiento homosexual masculino, no hay ninguna indicación de que condenen a toda la homosexualidad, o que la condena tenía alguna implicación moral. La condena levítica era más bien una respuesta a los problemas de la antigua cultura y a la identidad israelita".[5]

Según el Dr. Jay Michaelson (y otros) la prohibición establecida en Levítico 18:22 se refiere al "sexo anal, y sólo eso".[6] Él continúa su argumento con una de las discusiones más matizadas de la palabra *abominación* que se encuentran en los escritos prohomosexuales:

> La última palabra clave del versículo es, en mi opinión, la más importante: *toevah*. Como ya he dado conferencias y enseñado en todo el país, he quedado sorprendido por cómo todo el mundo piensa que saben el significado de esta oscura palabra hebrea: Abominación, ¿verdad? ¿No es eso lo que dice en la Biblia? No. Lo que sea que signifique *toevah*, definitivamente no quiere decir "abominación". Coloquialmente, las abominaciones son cosas

que no deberían existir sobre la faz de la tierra: pez de tres ojos, océanos ahogados con aceite, y tal vez Cheez Whiz. La palabra "abominación" se encuentra en la versión inglesa de la King James en Levítico 18:22 [y en la versión castellana RVR60]…Sin embargo, esta es una interpretación errónea de la palabra *toevah*, que en realidad significa algo permitido a un grupo y prohibido a otro. A pesar de que (probablemente) no existe ninguna relación etimológica, *toevah* significa tabú.[7]

Michaelson argumenta, además, que:

El término *toevah* (y su plural, *toevot*) aparece 103 veces en la Biblia hebrea, y casi siempre tiene la connotación de una práctica no israelita de culto… *Toevah* es también relativo culturalmente. Por ejemplo, hay cosas que son *toevah* para los egipcios, pero perfectamente aceptables para los israelitas [con referencia a Génesis 43:32, 34; Éxodo 8:22]…Así que, si (1) *toevah* es un tabú culturalmente relativo en relación con el límite entre el israelita y el extranjero, y (2) el sexo anal masculino se llama específicamente un *toevah*, a diferencia de otras prohibiciones (por ejemplo, el incesto), entonces: (3) el sexo anal masculino es un tabú cultural relativo en relación con el límite entre el israelita y el extranjero. Esto no se trata de abominación o naturaleza, o inclusive moralidad; se trata de una ley de pureza ritual que distingue a los israelitas de los extranjeros.[8]

¿Están estos autores en lo cierto? En realidad, es muy fácil ver que: (1) la palabra *abominación* a menudo tiene connotaciones morales en las Escrituras hebreas y constantemente se refiere a las cosas que el pueblo de Dios debe aborrecer, y (2), aun cuando había muchas leyes que Dios dio al pueblo de Israel para mantenerlos separados de las naciones, las leyes contra la práctica homosexual son universales en su alcance e intención, en otras palabras, no sólo para Israel, sino para todas las naciones.[9]

Vamos a desglosar las cosas punto por punto, primero demostrando que la prohibición de la práctica de la homosexualidad era universal, para todas las personas, y no fue dada exclusivamente a Israel, posteriormente demostrando que *to'evah* simplemente significa "cosa detestable", y demostrando luego que la prohibición contra la práctica homosexual no estaba vinculada específicamente a la idolatría.

Antes de entrar en la esencia de nuestra discusión, permítanme decir que como alguien que se ha ganado un doctorado en lenguas y literaturas del Cercano Oriente en la Universidad de Nueva York, he pasado décadas ahondando en el texto original hebreo de la Biblia y tratando de leerla en su contexto del Cercano Oriente antiguo.[10] Y así, a veces, no sé si reír o llorar cuando escucho el último argumento de los "cristianos gays", afirmando que la Biblia no habla en contra de la práctica homosexual.

Pero es aun peor cuando esos autores hacen una copia de argumentos falsos con escolaridad de internet completamente de pacotilla, por lo cual quiero decir que citan un extracto de un libro que leen en línea—un extracto que tergiversa el punto de vista del autor—y luego repiten el material mal interpretado como si hubieran leído la obra original del autor y conocieran la posición del mismo. Y luego otros autores "cristianos gays" citan el mismo material tergiversándolo una y otra vez.

No es sorprendente que eso mismo ocurriera con el tema que estamos discutiendo ahora, es decir, la interpretación de Levítico 18:22. En primer lugar, me llamó la atención al leer el libro de Justin Lee, *Torn* [Rasgado], en el que cita al profesor Robert Gagnon, que podría decirse es la principal autoridad mundial sobre la Biblia y la homosexualidad. Lee describe a Gagnon como un profesor "que ha pasado gran parte de su carrera estudiando y escribiendo en cuanto a condenación de la homosexualidad";[11] sin embargo, cita a Gagnon para apoyar su propia lectura progay del texto. (Es la única vez que cita a Gagnon en todo su libro).

Cuando leí eso, me dije a mí mismo: "Esto no es simplemente extraño. De hecho, es deshonesto, ya que cualquiera que lea toda la discusión de Gagnon sobre este punto sabría que Lee lo tergiversó aquí".

No mucho después, el profesor Gagnon, al darse cuenta de eso, escribió una carta abierta a Justin Lee en la página web Patheos, declarando: "En su libro *Torn*, usted hace un gran total de una referencia a mi trabajo sobre la Biblia y la práctica homosexual (por desgracia ignorando todos los otros argumentos y pruebas que presento). En esa única referencia, creo que usted ha sido engañoso ya que no refleja la realidad".[12] Gagnon mostró entonces su caso en detalles devastadores, señalando que cualquiera que leyera "el siguiente conjunto de oraciones (del mismo párrafo, parece increíble)" que Lee no mencionó a sus lectores, junto con las oraciones que precedieron a la sección citada por el mismo Lee que, de nuevo, falló al mencionar a sus lectores, junto con varios otros argumentos fuertes que

Gagnon hizo, los cuales Lee también pasó por alto, vería inmediatamente que Gagnon había sido tergiversado.

¿Por qué Justin Lee haría eso? Aunque estoy en total desacuerdo con algunas de las conclusiones de su libro, no pensé que engañara intencionadamente. ¿Por qué entonces tergiversó a Gagnon tan pobremente?

Lee escribió un blog en respuesta a la carta abierta de Gagnon (para ser sinceros, una respuesta más bien débil);[13] luego Gagnon escribió una respuesta aun más devastadora,[14] y algún tiempo después, mientras investigaba para este libro, me encontré con la idéntica cita engañosa de la misma página del libro de Gagnon citada por otro autor "cristiano gay", y ahí es cuando la luz se encendió.

Le envié ese correo electrónico al profesor Gagnon:

> Me topé con una discusión en una de mis páginas web con un pobre homosexual "cristiano" que está luchando con los problemas y creyendo todos los argumentos equivocados, y él también lo citó a usted erróneamente, al igual que Justin Lee (p. 130) en su libro.
>
> Cuando hice una búsqueda rápida, me di cuenta de lo que ocurrió (probablemente usted ya se dio cuenta de ello también). Justin nunca sacó eso de su libro; él lo obtuvo de artículos "cristianos gays" que lo citan a usted en conformidad, como en este caso: http://www.gaychristian101.com/what-does-you-shall-not-lie-with-un-hombre-como-con-una-mujer-mean.html [qué-significa-no-te-echarás-con-varón-como-con-mujer] citado de nuevo aquí http://homosexualescristianos.wordpress.com/, y aquí http://wakeupgeneration.wordpress.com/2012/10/17/142/ y así sucesivamente.

En otras palabras, a pesar de que Justin Lee luchaba desde hacía años con los temas de lo que habla la Biblia acerca de la homosexualidad, y pese al hecho de que afirma que leyó todo lo que pudo tener en sus manos tocante a esos temas—temas que, comprensiblemente, consumían toda su vida ya que trataba de agradar al Señor y aceptar su sexualidad al mismo tiempo—al parecer pasó por alto el libro más completo y erudito que se ha escrito sobre la Biblia y la práctica homosexual, contando con una cita engañosa en la internet. Por desgracia, ese tipo de cosas sucede todo el tiempo—no sólo en los círculos "cristianos gays" y casi de la noche a la mañana, los mitos y tergiversaciones de la internet se hacen realidad para millones de personas en todo el mundo.

Así que, profundicemos un poco más aquí para ver los propios textos bíblicos, en los idiomas originales, y vamos a separar los hechos de la ficción. Después de todo, si amamos a Dios y le hemos entregado nuestras vidas, entonces nunca tenemos que temer la verdad, ¿cierto? Y con cuestiones tan importantes ante nosotros, no nos atrevemos a confiar en "investigaciones" de pacotilla.

LA PROHIBICIÓN DE LA HOMOSEXUALIDAD ERA UNIVERSAL

Incluso una persona que lea la Biblia por primera vez reconocerá que Dios hizo un pacto especial con el pueblo de Israel en los tiempos antiguos, dándoles leyes especiales que cumplir y costumbres a observar. Incluidas en esta categoría se encuentran las leyes dietéticas, las leyes en cuanto a pureza ritual y las leyes relativas a la observación de fiestas especiales. De acuerdo con ello, en Levítico 11, cuando Dios comunica a los israelitas cuáles animales no se les permitía comer, Él les dijo: "De la carne de ellos no comeréis, ni tocaréis su cuerpo muerto; *los tendréis por inmundos*" (Levítico 11:8; ver también 11:26-27; Deuteronomio 14:7). Por el contrario, las leyes relativas a asesinatos son universales, para todas las personas, no sólo para Israel.

¿Cómo sabemos eso? Es muy sencillo. La Biblia nos dice "sólo por poner un ejemplo" que Dios juzgó a Israel por comer animales inmundos, pero nunca nos dice que Dios juzgó a las naciones del mundo por comer animales inmundos. ¿Por qué? Porque no era intrínsecamente pecaminoso comer cerdo en lugar de vaca (aunque en el mundo antiguo, en particular, podría haber sido mucho menos saludable comer cerdo), pero era intrínsecamente pecaminoso cometer otros pecados, como asesinar a otro ser humano.

Es por eso que las leyes contra el asesinato fueron establecidas por Dios para toda la humanidad después del diluvio de Noé, según Génesis 9:6, mientras que permitió que la raza humana tuviera a todos los animales para alimento (v. 3), siempre y cuando la sangre fuera drenada. De la misma manera, el Señor reprendió a las naciones extranjeras por los pecados de unos contra otros—los actos de asesinato y violencia—porque eran malos para todas las personas pero, como se dijo, Él no los reprendió por comer animales que eran considerados impuros para los israelitas. Eso también se traslada al Nuevo Testamento, donde los autores reiteran el código moral universal de Dios—leyes contra el asesinato y el adulterio, por ejemplo—mientras que dejan claro que la comida en sí misma no nos contamina ni nos hace santos.[15]

Así que, para repetir y resumir: hubo leyes que Dios dio solo a Israel, y hubo leyes que Dios le dio a toda la gente, incluyendo a Israel, y en su mayor parte, usando toda la Biblia como nuestra guía, es fácil ver cuál es cuál.

¿Dónde exactamente encaja la prohibición de la homosexualidad? ¿Fue una ley dada solo a Israel o para todas las personas? Levítico 18 aclara que se trataba de una ley para todas las personas, lo que significa que el que un hombre tenga relaciones sexuales con otro hombre es abominación a sus ojos.

Vamos a dejar que las Escrituras hablen por sí mismas.

> Habló Jehová a Moisés, diciendo: Habla a los hijos de Israel, y diles: Yo soy Jehová vuestro Dios. No haréis como hacen en la tierra de Egipto, en la cual morasteis; ni haréis como hacen en la tierra de Canaán, a la cual yo os conduzco, ni andaréis en sus estatutos. Mis ordenanzas pondréis por obra, y mis estatutos guardaréis, andando en ellos. Yo Jehová vuestro Dios. Por tanto, guardaréis mis estatutos y mis ordenanzas, los cuales haciendo el hombre, vivirá en ellos. Yo Jehová.
>
> —Levítico 18:1-5

Vemos aquí que las leyes a continuación prohíben a los israelitas hacer lo que hicieron las naciones paganas vecinas, pero eso no significa necesariamente que era malo para las naciones paganas. ¿Tal vez las leyes a continuación eran para Israel solamente, al igual que las leyes dietéticas? ¿Tal vez la carta sarcástica a la Dra. Laura tenía razón? Sigamos leyendo.

Los versículos 6 a 18 de Levítico 18 tratan con diversas formas de incesto; el versículo 19 prohíbe que un hombre tenga relaciones sexuales con una mujer durante su periodo menstrual; el versículo 20 prohíbe el adulterio; el versículo 21 prohíbe ofrecer a los niños como sacrificio al dios Moloch; el versículo 22, como ya hemos señalado, prohíbe a un hombre que tenga relaciones sexuales con otro hombre;[16] y finalmente, el versículo 23, prohíbe la bestialidad. Y algunos de los delitos se describen adicionalmente con otras palabras: *depravación* (v. 17, que habla de un hombre que tiene relaciones sexuales con una mujer y su hija o nieta);[17] *abominación* (v. 22, que habla de dos hombres teniendo sexo);[18] y *perversión* [RVR, depravación; NVI, acto perverso] (v. 23, hablando de la bestialidad).[19]

Y tenga en cuenta cuidadosamente lo que sigue a continuación:

En ninguna de estas cosas os amancillaréis; pues en todas estas cosas se han corrompido las naciones que yo echo de delante de vosotros, y la tierra fue contaminada; y yo visité su maldad sobre ella, y la tierra vomitó sus moradores. Guardad, pues, vosotros mis estatutos y mis ordenanzas, y no hagáis ninguna de estas abominaciones, ni el natural ni el extranjero que mora entre vosotros (porque todas estas abominaciones hicieron los hombres de aquella tierra que fueron antes de vosotros, y la tierra fue contaminada); no sea que la tierra os vomite por haberla contaminado, como vomitó a la nación que la habitó antes de vosotros. Porque cualquiera que hiciere alguna de todas estas abominaciones [*to'evot*], las personas que las hicieren serán cortadas de entre su pueblo. Guardad, pues, mi ordenanza, no haciendo las costumbres abominables que practicaron antes de vosotros, y no os contaminéis en ellas. Yo Jehová vuestro Dios.

—LEVÍTICO 18:24-30

¿Vio eso? Dios dijo claramente que juzgó a los egipcios y a los cananeos—paganos adoradores de ídolos, de acuerdo con la Biblia—por la comisión de esos mismos pecados, aun afirmando que por ellos cometer esos pecados, la tierra fue contaminada y los vomitó. ¡Este es un lenguaje fuerte! Y es por eso que Dios le dice al pueblo de Israel que no cometa esos pecados, de lo contrario ellos también contaminarán la tierra y la tierra los vomitará.[20]

Por el contrario, Dios nunca dijo que juzgó a las naciones del mundo por comer animales inmundos o sembrar sus campos con dos tipos diferentes de semillas o por usar prendas con hilos mezclados.[21] Tampoco dijo que la tierra los vomitó por hacer esas cosas. Pero dijo eso de los pecados enumerados en Levítico 18, incluyendo la práctica homosexual.[22]

Y hay más aun: todos esos pecados juntos se describen como *to'evot*, abominaciones, cosas detestables, dejando en claro que Dios incluyó en esta categoría el incesto, el bestialismo, la práctica de la homosexualidad, el adulterio y sacrificar niños a Moloc. (Para la pregunta en cuanto a dónde encaja el sexo con una mujer menstruando, siga leyendo). Todos ellos son "detestables" delante de sus ojos, y juntos tienen terribles consecuencias para las naciones que los practican. Pero sólo la práctica homosexual masculina es señalada en Levítico 18 como *to'evah*, abominación, cosa detestable, lo que significa que es un *to'evah* entre *to'evot*, una abominación entre abominaciones.

De hecho, en el libro de Levítico, la práctica homosexual es el único pecado específico señalado como "abominación", lo que sin duda ya es decir algo. Además, es uno de los pocos pecados enumerados en Levítico que requiere la pena de muerte, junto con sacrificar los propios hijos a Moloc, maldecir al padre o a la madre, y cometer adulterio, bestialidad o incesto (Levítico 20:1-16); ¡difícilmente una lista de simples infracciones ceremoniales!

Para ser perfectamente claro, no estoy abogando por la pena de muerte para la práctica homosexual como tampoco abogo por ella para el adulterio o por maldecir a los padres.[23] Simplemente estoy destacando la intensidad con que Dios se expresó en su Palabra con respecto a esto y, repito, no era sólo un pecado ante sus ojos para el antiguo Israel. Era un pecado para las naciones paganas también. *Y si era pecado para los egipcios y cananeos adoradores de ídolos en aquel entonces, mejor es que crea que es pecado para el pueblo santo y escogido de Dios hoy.*[24]

Así que vemos que Dios le dio a Israel ciertas leyes para mantenerlos separados de las naciones; en particular, las concernientes a los alimentos, ya que si usted no puede comer con otras personas, es mucho más difícil mezclarse con ellos y compartir la vida juntos. Pero les dio otras leyes porque se aplicaban a todas las personas. Si algo era pecado para las naciones del mundo, sin duda lo era para Israel, una nación que fue elegida por Dios para vivir a un nivel particularmente alto (fracasando a menudo en el proceso, por supuesto).

Entonces, la prohibición de la práctica de la homosexualidad se le dio a Israel porque dicha práctica estaba mal para todas las personas de todas las generaciones, lo que significa que es intrínsecamente pecaminoso. ¿Por qué? Una razón principal es que Dios diseñó a los hombres para las mujeres y a las mujeres para los hombres, y unir a un hombre con un hombre o una mujer con otra mujer es pecar de una manera fundamental en contra de su diseño y propósito. ¿No es de extrañar, entonces, que a medida que se eleva el activismo gay en la sociedad, ello provoque tantos cambios radicales, incluyendo la redefinición del matrimonio, la decadencia del género, la reeducación de los niños y mucho más?[25] ¿Y no es de extrañar que una lectura de las Escrituras que afirme la práctica homosexual lleva a muchas otras lecturas abusivas del texto sagrado? (Ver los capítulos 7 y 9 para más información sobre esto).

TO'EVAH SIGNIFICA "ABORRECIBLE", NO SIMPLEMENTE "TABÚ"

Lo que es comúnmente obviado en los tratamientos de la palabra *to'evah* por parte de los "cristianos gays" es que hay un verbo *ta'av*, derivado de la misma raíz hebrea y estrechamente relacionados en significado, al igual que las palabras "conducir" y "conductor" o "gobernar" y "gobernante" están estrechamente relacionadas en significado en español. ¿Qué significa entonces *ta'av*? ¿Significa "ser ritualmente impuro"? ¿Tiene algo que ver con algo que es "tabú"? En lo más mínimo. Más bien, como es de esperar, el verbo significa "detestar, aborrecer; actuar aborreciblemente", y es utilizada veintidós veces en el Antiguo Testamento en versículos como estos (he colocado en cursiva la palabra donde aparece):

> No *aborrecerás* al edomita, porque es tu hermano; no *aborrecerás* al egipcio, porque forastero fuiste en su tierra.
>
> —DEUTERONOMIO 23:7

> Todos mis íntimos amigos me *aborrecieron*, y los que yo amaba se volvieron contra mí.
>
> —JOB 19:19

> Me *abominan*, se alejan de mí, y aun de mi rostro no detuvieron su saliva.
>
> —JOB 30:10

> Destruirás a los que hablan mentira; al hombre sanguinario y engañador *abominará* Jehová.
>
> —SALMOS 5:6

> Dice el necio en su corazón: No hay Dios. Se han corrompido, *hacen obras abominables*; no hay quien haga el bien.
>
> —SALMOS 14:1

> La mentira *aborrezco* y abomino; tu ley amo.
>
> —SALMOS 119:163

> Oíd ahora esto, jefes de la casa de Jacob, y capitanes de la casa de Israel, que *abomináis* el juicio, y pervertís todo el derecho.
>
> —MIQUEAS 3:9

Lo que hace que este uso aun más interesante es que muchos estudiosos semitas creen que el sustantivo *to'evah* vino primero y el verbo se desarrolló a partir del sustantivo, al igual que el sustantivo "pintura" fue primero, y a partir de él se derivó el verbo "pintar". Por lo tanto, el verbo *ta'av*, "detestar, aborrecer; actuar aborreciblemente", viene del sustantivo *to'evah*, "algo detestable; aborrecible", dando más apoyo al hecho de que *to'evah* no significa algo impuro sino más bien algo detestable.

Y es *por eso* que podría ser utilizado para describir algo impuro o tabú, ya que en ciertas culturas y en ciertos pueblos, algo considerado tabú o impuro ritualmente *es* aborrecible para ellos, como la carne de cerdo para un judío religioso o un musulmán. (Para un buen ejemplo de esto, vea Génesis 46:34, que dice que "todos los pastores son *abominación* para los egipcios"). Pero eso no cambia el significado de *to'evah*, como si la palabra misma sólo significara "algo impuro ritualmente o tabú". Eso sería como decir: "Bueno, yo estaba leyendo en un libro de hacer dieta que es detestable ser obeso, por lo que ahora entiendo que la palabra detestable se refiere a tener sobrepeso, así que cuando leo en la Biblia que la práctica homosexual es 'detestable', debe significar que los hombres gays tienen sobrepeso". ¿Ve cuán retorcida es tal "lógica"?

Vamos, entonces, a centrarnos en el uso del sustantivo *to'evah* en el Antiguo Testamento. De acuerdo con el acreditado *Lexicón Hebreo y Arameo del Antiguo Testamento* de Koehler-Baumgartner, en Levítico 18, la frase "las costumbres abominables" (חֻקּוֹת הַתּוֹעֵבֹת) se refiere a "las costumbres abominables de los cananeos (Levítico 18:30), por lo que se entiende en particular, la perversidad sexual".[26] Eso ciertamente habla de violaciones morales, y no sólo tabúes rituales.

En Deuteronomio 12:31 *to'evah* se refiere al sacrificio de niños; en Deuteronomio 7:26 a la idolatría; y en Deuteronomio 25:15-16 a los pesos y medidas deshonestas. Así que, sólo en esos tres versículos, vemos graves infracciones morales, desde la práctica idólatra del sacrificio de niños hasta adorar a dioses extranjeros en general y las prácticas comerciales poco éticas. Todos ellos encajan en la categoría de *to'evah*, algo aborrecible, detestable (y note en Deuteronomio 25:16 que cualquier persona que es culpable de las prácticas comerciales poco éticas es *to'evah*, alguien aborrecible, detestable).

En Ezequiel 16:50, el profeta declara que las personas que vivían en Sodoma hicieron *to'evah*, que o bien se remite a las palabras anteriores en los versículos 49-50 ("He aquí que esta fue la maldad de Sodoma tu hermana: soberbia, saciedad de pan, y abundancia de ociosidad tuvieron ella y sus hijas; y no fortaleció la mano del afligido y del menesteroso. Y se llenaron de soberbia, e hicieron abominación delante de mí, y cuando lo vi las quité"), en cuyo caso *to'evah* se refiere claramente a estas violaciones éticas. O bien *to'evah* se refiere a la promiscuidad homosexual desenfrenada reflejada en Génesis 19, cuando los hombres de la ciudad trataron de violar en pandillas a los dos hombres que estaban visitando a Lot,[27] en cuyo caso el profeta describe eso como la atrocidad final, la gota que derramó el vaso, la culminación de los pecados de Sodoma. De esa manera describe la práctica homosexual generalizada como algo abominable y detestable, debido a que Dios dice: "Cuando lo vi las quité" (Ezequiel 16:50).[28] De cualquier manera, esto no presagia nada bueno para el intento "cristiano gay" de restar importancia al significado de *to'evah*.

Y note cuidadosamente Proverbios 6:16-19: "Hay seis cosas que el SEÑOR aborrece, y siete que le son detestables [*to'evah*]: los ojos que se enaltecen, la lengua que miente, las manos que derraman sangre inocente, el corazón que hace planes perversos, los pies que corren a hacer lo malo, el falso testigo que esparce mentiras, y el que siembra discordia entre hermanos" (NVI).

Estos pecados difícilmente entran en la categoría de tabúes rituales; en lugar de eso, hablan de violaciones morales, éticas y espirituales del orden más alto, cosas que son intrínsecamente pecaminosas, cosas que el Señor "aborrece", y están agrupadas bajo el título de *to'evah*.

Allí queda el argumento de que *to'evah* sólo (o aun principalmente) se refiere a cosas que no son intrínsecamente pecaminosas, sino más bien que están prohibidas debido a los tabúes culturales o rituales.

LA PROHIBICIÓN DE LEVÍTICO NO SE LIMITA A LA IDOLATRÍA

La prohibición de la práctica homosexual en Levítico 18 y 20 no se limita a los ritos homosexuales realizados en el contexto de la idolatría. Fue esa cuestión, a saber, la conexión entre los actos homosexuales prohibidos y la adoración a los ídolos, la que Justin Lee tenía toda equivocada cuando citó selectivamente al profesor Robert Gagnon, diciendo: "En Levítico, Gagnon escribe: 'No me cabe duda de que los círculos de los cuales fue producido Levítico 18:22 tenían en vista la prostitución homosexual religiosa o sagrada [dedicada a las deidades paganas], al menos en parte. La prostitución homosexual sagrada parece haber sido la forma principal en que se practicaba el coito homosexual en Israel'".[29] Entonces Lee declaró: "Así que los estudiosos de ambos lados de la discusión están de acuerdo en que eso probablemente tuvo algo que ver con la prostitución sagrada. Eso tenía sentido para mí".[30]

Sin embargo, de hecho, como señaló Gagnon, antes de las líneas que Lee citó, él había escrito:

> *Hoy en día pocos dan a este argumento* [a saber, que las prohibiciones levíticas de las relaciones hombre-varón estaban prohibiendo únicamente las formas de culto o idólatras de la práctica homosexual masculina] *mucho crédito y por una buena razón. La repetición de la prohibición de las relaciones homosexuales en 20:13 no sigue inmediatamente después de las referencias a los sacrificios de niños en 20:2-5, sino que se intercala entre las prohibiciones de adulterio e incesto (20:10-12) y las prohibiciones del incesto y la bestialidad (20:14-16).* El vínculo con el sacrificio de niños en Levítico 18:21 probablemente involucra nada más que las amenazas a la santidad de la familia israelita.[31]

Gagnon también menciona que, inmediatamente después de las líneas que Lee citó, él escribió:

> *Sin embargo, la prostitución homosexual sagrada no fue el único contexto en el que las relaciones homosexuales se manifestaron en el antiguo Cercano Oriente en general. Fue simplemente el más aceptable para la relación sexual homosexual que se practicaba en Mesopotamia,* sin duda para los que jugaron el papel de la pareja receptora. En nuestro propio contexto cultural, pensamos que la prohibición de la prostitución masculina ritual no toma en cuenta las relaciones consensuales, que no son rituales, relaciones amorosas de homosexuales. En el contexto cultural del antiguo Cercano Oriente, el razonamiento tiene que ser invertido: prohibir la prostitución ritual homosexual era prohibir toda relación sexual homosexual. En cualquier caso, los autores de Levítico 18:22 podrían haber formulado la ley con mayor precisión, haciendo referencia específica a los *qedeshim* [= 'los consagrados", una referencia irónica a estas figuras de culto] (como en Deuteronomio 23:17-18), si su intención hubiera sido limitar la aplicación de la ley. El que ellos no lo hicieran sugiere que pensaban en una aplicación más amplia. Por otra parte, el rechazo levítico a la relación sexual entre personas del mismo sexo depende de las prácticas cananeas para

su validez casi tanto como el rechazo al incesto, el adulterio y la bestialidad.[32]

Gagnon también señala que "En otra parte del libro dejé claro que *en la historia interpretativa de estas prohibiciones levíticas nunca son interpretadas como acusando sólo los actos homosexuales en el contexto de la prostitución de culto*".[33]

Usted puede ver, entonces, cuán erróneamente ha sido representado en la internet el trabajo del profesor Gagnon, y es lamentable que algunos hayan utilizado su libro de manera selectiva y engañosa, y para aquellos que saben que eso no se hace—presumiblemente la persona que primero lo citó de esta manera—es francamente deshonesto.

Gagnon, entonces, está planteando una serie de puntos importantes:

1. La razón por la que las prohibiciones contra el adulterio y la homosexualidad intercalan la prohibición de los sacrificios de niños es porque esas tres violaciones graves son "amenazas a la santidad de la familia israelita".

2. Es obvio que la práctica homosexual no está vinculada específicamente con las prácticas idólatras ya que la prohibición de la práctica homosexual en Levítico 20:13 se intercala entre mandamientos contra el adulterio y el incesto.

3. Puesto que Dios le dijo a Israel que no debían seguir los caminos de las naciones paganas, y luego les enumeró los diversos pecados sexuales de estas naciones, usted no puede decir que la práctica homosexual sólo era mala porque los cananeos lo hacían más de lo que puede decir que el adulterio o incesto era malo porque los cananeos lo hacían.

Todo esto se vuelve muy claro al mirar con atención los textos pertinentes, donde vemos que la prohibición de sacrificar niños a Moloc en Levítico 18:21 es seguido por la prohibición de sostener relaciones sexuales entre hombres en el versículo 22, y la prohibición de la bestialidad en el versículo 23. Y así, si usted quiere argumentar que los actos homosexuales sólo fueron prohibidos en conjunción con la idolatría, tendrá que hacer el mismo caso para la bestialidad. ¿Alguien quiere hacer ese argumento? De la misma manera, puesto que la prohibición del adulterio se da en Levítico 18:20, un versículo antes de la prohibición de los sacrificios idólatras de niños en el versículo 21, alguien podría argumentar que el adulterio sólo está prohibido en conjunción con la idolatría. ¿Quién iba a querer hacer ese argumento? Y, para repetir el argumento del profesor Gagnon, ¿qué hacemos con el hecho de que la prohibición de actos homosexuales en Levítico 20:13 está rodeada de diversas prohibiciones contra el incesto y el adulterio, sin conexión con la adoración de ídolos en absoluto?

Todo esto significa que la práctica homosexual *no* era considerada pecaminosa porque se encontraba en el contexto de la idolatría pagana (o, dicho de otra manera, *no* se consideraba pecaminosa sólo si ocurría en relación con el culto a los ídolos). Más bien, lo contrario es cierto: según el Antiguo Testamento, porque los paganos adoradores de ídolos eran muy degradados en sus prácticas sexuales, hasta se incluían actos homosexuales en sus rituales del templo.

Es triste decirlo, pero el pastor R. D. Weekly llegó a una conclusión totalmente errónea y contraria, cuando escribió con referencia a Levítico 18:22 y 20:13:

> El contexto de estos versículos vincula claramente el comportamiento sexual a la idolatría de Egipto y Canaán. Debido a la conexión con la idolatría, los propios actos no deben ser considerados inherentemente pecaminosos, al igual que la plantación de semillas mezcladas en el mismo campo, trabajar con animales de dos tipos, comer carne de cerdo o mariscos, o el uso de hilos mixtos no son inherentemente pecaminosos... Es más, incluso si estos versículos *eran* una condenación de toda actividad sexual del mismo sexo—que **no** lo eran—no se aplican a los cristianos.[34]

Si esto fuera béisbol, el pastor Weekly se habría ponchado en sólo este párrafo ya que: En primer lugar, la prohibición de la actividad sexual entre personas del mismo sexo no era sólo en el contexto de la idolatría, como se ha visto en Levítico 20:13. En segundo lugar, la prohibición de la actividad sexual entre personas del mismo sexo no era una de las leyes particulares destinadas a mantener a Israel separado de las naciones, ya que se dio como una prohibición moral universal, como hemos señalado con referencia a Levítico 18. Y en tercer lugar, por cuanto Dios consideró que era una conducta pecaminosa tanto para Israel como para las naciones paganas vecinas, está absolutamente prohibido para los cristianos de hoy. Con mi corazón insto al pastor Weekly a que vuelva a Dios y a su Palabra en cuanto a estas cuestiones críticas, sobre todo porque él actúa como clérigo y cree que está llamado a brindar liderazgo y orientación a otros. Enfocándose en el libro de Levítico, el estudioso semita Richard S. Hess escribe:

> Esta preocupación, así como la designación particular de la homosexualidad como "detestable" entre todas las leyes en Levítico, y la asociación de este versículo con el versículo 21 y la clara asociación allí con la adoración a otras deidades, sugieren que la práctica de la homosexualidad era parte de la adoración a deidades extranjeras y la capitulación ante las costumbres prohibidas y contaminantes de otros pueblos.
>
> Para el cristiano, la representación particular de esa práctica con la condena más enérgica en Levítico y su asociación con grupos rechazados por Dios y expulsados de la tierra, proporciona a Pablo un antecedente para seleccionarlo como ejemplo de la degeneración moral provocada entre los que se alejan de la verdadera adoración a Dios (Romanos 1:26-28).[35]

Y así, para repetir, en una lista de actos "detestables" (*to'evot*), sólo la práctica homosexual es señalada como "detestable" entre ellos—lo que la hace especialmente atroz—y es el único acto pecaminoso así designado que también conlleva la pena de muerte en Levítico. (Ver Levítico 20:13). Por lo tanto, aunque no estamos en absoluto pidiendo la pena de muerte para la práctica homosexual (o el adulterio o la brujería)—¡Dios no lo quiera!—debemos reconocer cuán "detestables" fueron (y son) esas acciones a los ojos de Dios.

¿Qué hay de Levítico 18:19 y 20:18, que hablan en contra de un hombre que tiene relaciones sexuales con su esposa durante su período menstrual? Bueno, ese acto no era considerado digno de la pena de muerte, por lo que se ve con menos severidad que los actos homosexuales, y no se menciona en ninguna lista de pecados en el Nuevo Testamento. Aun así, el Antiguo Testamento es claro en cuanto a que Dios no se complace con eso por lo sagrado de la sangre. (Ver también Ezequiel 18:6). Muchos cristianos han llegado a la misma conclusión, incluso sin el testimonio de la Escritura. Así que, sí, creo que está mal para una pareja casada tener relaciones sexuales durante el período menstrual de la mujer, pero está claro que no debe ser considerado como algo esencialmente malo y ofensivo ante los ojos de Dios como la práctica homosexual.[36]

La conclusión es la siguiente: (1) La Torá califica los actos homosexuales en la misma clase que el adulterio, el incesto, la bestialidad, la idolatría y el sacrificio de los niños a los ídolos, censurándolos en los términos más enérgicos posibles. (2) Según Levítico 18:24-30, Dios juzgó a las naciones paganas por esos pecados. (3) De acuerdo a Levítico 20:13, Dios aborrecía las naciones paganas por la comisión de esos actos sexuales. (4) El Nuevo Testamento, como veremos, refuerza la gravedad de tales actos y, por lo tanto, para aquellos que toman las Escrituras en serio, estas son cuestiones de peso a considerar.

Incluso la organización de Mel White, *Soulforce* [Fuerza del alma], reconoció el principio de las leyes morales universales, indicando: "A través de los siglos el Espíritu Santo nos ha enseñado que ciertos versículos de la Biblia no deben entenderse como la ley de Dios para todos los períodos. Algunos versículos son específicos en cuanto a cultura y tiempo en que fueron escritos, y ya no son vistos como apropiados, sabios o justos".[37] Sin embargo, una lectura correcta de los versículos relevantes de la Torá, indica claramente que la prohibición de la práctica de la homosexualidad es un ejemplo de "la ley de Dios para todos los períodos", como es claramente reforzado por el testimonio del Nuevo Testamento.

REFLEXIONES DE LOS TEÓLOGOS GAYS

Escribiendo en el *Comentario de la Biblia Queer*, el erudito del antiguo Cercano Oriente David Tabb Stewart señaló que la palabra *to'evah*, "abominación", "se usa 144 veces en la Biblia hebrea y abarca una serie de delitos, entre ellos los pesos y medidas injustas. Una lectura imparcial de Levítico debe reconocer que, *aun si Levítico 18:22 y 20:13 contenían una condenación general de la homosexualidad masculina, ese no es el foco de los capítulos 18 y 20*".[38]

Pero eso, por supuesto, no demuestra nada, ya que la bestialidad tampoco era el foco de esos capítulos, a pesar de que fue condenada profundamente en los dos, junto con la práctica homosexual. Entonces, ¿qué prueba esto? Simplemente que esos pecados sexuales eran lo suficientemente graves como para ser incluidos entre los actos detestables que hicieron que Dios juzgara a las naciones vecinas, por las cuales ciertamente Él tanto más juzgaría a Israel.

Escribiendo en el volumen de autoría judía *Torah Queeries* [Rarezas de la Torá], el rabino Elliot N. Dorff, que ayudó en la lucha por aceptar la homosexualidad por parte del judaísmo conservador, reconoció que todo lo que Levítico 18:22 significaba originalmente es "jurídicamente irrelevante porque la tradición judía se basa en la forma en que los rabinos clásicos de la Mishná y el Talmud [del siglo primero al sexto, D.C.] y luego los rabinos a través de los siglos hasta nuestra época han interpretado la Torá (en contraste con la forma en que otros judíos, cristianos, musulmanes y eruditos bíblicos modernos lo hacen)".[39] Y la prohibición de la práctica de la homosexualidad en la ley judía ha sido clara y coherente durante milenios.

Esto presentó un problema para el rabino Dorff y sus colegas, ya que "A medida que los rabinos comprometidos a defender y promover la ley y la tradición judía…[nosotros] ciertamente no abordamos la posibilidad de anular dos mil años de precedente rabínico a la ligera".[40] ¿En base a qué, entonces, concluyeron que podrían, de hecho, anular lo que la Escritura y la tradición claramente enseñaban? "En primer lugar, ahora sabemos científicamente acerca de la orientación sexual…la ciencia ha demostrado también que la discriminación contra los gays y las lesbianas en nuestra sociedad ha producido tasas mucho más altas de suicidio, tabaquismo y depresión, junto con muchas otras amenazas a la integridad física y psicológica de los gays y lesbianas".[41] (Tenga en cuenta que el rabino Dorff se especializa en ética médica).

Por último, él explica que "los valores judíos nos motivaron. En concreto, el Talmud declara que el honor de los demás seres humanos es un valor tan grande para nosotros los judíos que puede reemplazar a la legislación rabínica que socava ese honor". Y por eso, porque es "claramente una deshonra para gays y lesbianas el afirmar que sus actos sexuales son una 'abominación'…también es cruel y degradante dictaminar que ellos nunca podrán involucrarse en ninguna expresión sexual".[42]

¡Cuán esclarecedor! En primer lugar, este rabino, a quien claramente le importan los judíos identificados como LGBT, reconoce que la erudición hebrea ha interpretado sistemáticamente Levítico 18:22 como que prohíbe el sexo anal entre varones y, por extensión rabínica, "todas las otras formas de actos homosexuales".[43] Esto, se da cuenta, no puede discutirse; de lo contrario, habría estado en la primera línea de esa controversia.[44]

En segundo lugar, él apela a nuestra comprensión actual de la "orientación sexual", que es un concepto muy reciente y ambiguo, como si este descubrimiento socavara las prohibiciones bíblicas y rabínicas; en otras palabras, como si los antiguos rabinos hubieran dicho: "Oh, ahora que entendemos que naciste de esta manera y este es el verdadero tú, el verdadero núcleo de lo que eres, ¡no tenemos ningún problema con el sexo anal entre varones!"; y como si los rabinos a través de los siglos nunca se hubieran enfrentado a hombres judíos (o gentiles) que afirmaban ser atraídos exclusivamente por el mismo sexo. También es altamente cuestionable que las categorías fijas de la "orientación sexual" sean del todo exactas, ya que hay un sinnúmero de ejemplos de hombres y mujeres que descubren su homosexualidad más tarde en la vida, superándola, o alternando entre "orientaciones" heterosexuales y homosexuales.[45] Y, ¿es que es incluso correcto basar la identidad total de uno en las inclinaciones sexuales y románticas de uno? ¿Realmente define eso quiénes somos?

Más relevante aun, algunos científicos hablan ahora de una orientación pedófila, mientras que otros hablan de GSA (atracción sexual genética— por sus siglas en inglés—, es decir, la atracción genética entre hermanos) como una orientación sexual. Seguramente el rabino Dorff no diría que las leyes relativas a incesto o relaciones hombre-niño "consensuales" se deben cambiar basándose en esto.[46]

Y, ¿qué hay de la idea de la inspiración divina? ¿Acaso Dios no supervisa su Palabra (y, desde un punto de vista tradicional de los judíos, la tradición judía) para no infligir tanto dolor y sufrimiento a los hombres gays a través de los siglos por dichas leyes pobremente escritas? Y si bien se demuestra fácilmente que sólo un mal uso de la Escritura permite cosas como la industria de la trata de esclavos, la única conclusión justa que un lector judío o cristiano de la Biblia podría haber llegado a través de los siglos es que la práctica homosexual de cualquier tipo estaba prohibida. Y es por eso que la lectura prohomosexual de la Biblia es algo prácticamente inédito hasta después de la revolución sexual de la década de 1960.[47]

En tercer lugar, la apelación del rabino Dorff a la homofobia como la causa de muchos problemas de salud entre los homosexuales es errónea también, ya que bien se podría apuntar a las tasas más altas de enfermedades de transmisión sexual entre hombres homosexuales y bisexuales (y, según algunos estudios, las lesbianas también),[48] por no hablar de otras consecuencias negativas para la salud de las personas LGBT.[49] Tampoco hay evidencia clara de que la falta de "homofobia" reduce, en última instancia, las tasas de fumar, beber, la depresión y el suicidio entre los gays y las lesbianas.[50] Y aun si se pudiera demostrar, ¿no sería eso igualmente cierto para otras conductas prohibidas? En otras palabras, si otras prácticas sexuales o relaciones que actualmente están prohibidas por la ley o mal vistas por las masas fueran ahora aprobadas por la sociedad, ¿no reduciría, en teoría, el suicidio, la depresión y el consumo de drogas en esos grupos también? Una vez más, ¿qué probaría eso en cuanto a la moralidad de los actos o relaciones involucradas?

En cuarto lugar, el honrar a los demás seres humanos es sin duda un valor que todas las religiones afirmarían, pero ¿"honrar" requiere aprobación? ¿No requiere a veces la represión y la corrección? Y el amor verdadero, ¿no dice la verdad, incluso cuando es costoso? De hecho, el versículo inmediatamente antes de Levítico 19:18, que termina con la famosa frase "Ama a tu prójimo como a ti mismo", declara lo siguiente: "No alimentes odios secretos contra tu hermano, sino reprende con franqueza a tu prójimo para que no sufras las consecuencias de su pecado" (Levítico 19:17, NVI). Es por eso que Proverbios 28:23 dice: "El que reprende al hombre, hallará después mayor gracia que el que lisonjea con la lengua".

Así que, si realmente honro a alguien, entonces—con amor, compasión y humildad—voy a decirle la verdad. En el caso de la homosexualidad, eso significa decirle a mi "prójimo", al cual tengo que amar como a mí mismo, que Dios no planeó que él (o ella) tuviera relaciones sexuales y románticas con el mismo sexo, y que Él sin duda tiene un mejor camino para cada uno de ellos, ya sea celibato consumado o transformación a la heterosexualidad.

De cualquier manera, resulta que Levítico 18:22 significa exactamente lo que dice, y se aplica a todos los pueblos en todos los tiempos. ¿Aceptaremos las palabras de nuestro Dios?

Capítulo 6

¿QUÉ DIJO JESÚS ACERCA
de la HOMOSEXUALIDAD?

El argumento del "cristiano gay": Aunque Jesús habló en contra del divorcio y el adulterio, nunca dijo una palabra acerca de la práctica homosexual, aun cuando en su enseñanza sobre los eunucos indicó que algunas personas nacen **gay** y deben ser plenamente aceptadas por la iglesia sin que se espere que cambien.

La respuesta bíblica: Es peligroso utilizar como argumento el silencio, pero en realidad, Jesús reafirmó y profundizó la moral sexual de la ley. Afirmó que todos los actos sexuales fuera del matrimonio nos contaminan y declaró enfáticamente que el matrimonio como Dios lo planeó se refiere a la unión de por vida entre un hombre y una mujer. En cuanto a los eunucos—por nacimiento, por elección o por las acciones de otros—se refería a los que se abstenían de tener relaciones sexuales y del matrimonio (o que no pudieron participar en actividad sexual).

¿PUEDO HACERLE UNA pregunta franca? Si usted mantiene el punto de vista dicho aquí en el comienzo de este capítulo, ¿está dispuesto a cambiar su perspectiva si le demuestro que su posición acerca de Jesús es errónea y que Él, de hecho, rechazó categóricamente la práctica homosexual? Más importante aun, ¿está dispuesto a *someterse* a lo que Jesús enseñó?

La razón por la que hago esta pregunta es porque la gente suele discutir conmigo sobre lo que dijeron Jesús o Pablo o, más ampliamente, van a desafiar mi entendimiento de las Escrituras. Y cuando les pregunto: "Si yo te puedo dar una respuesta clara de la Palabra, ¿la aceptarás?" Ellos responden: "No, ni siquiera creo en Dios".

Si ese es su caso, entonces hay problemas más profundos que debatir y otros libros que serían más útiles para usted.[1] Si, por el contrario, acepta las Escrituras como la Palabra de Dios y lo que Jesús dice realmente le importa, entonces usted está leyendo el libro adecuado. Simplemente le animo a orar por valor para seguir la verdad de Dios dondequiera que dirija, sin importar el costo o consecuencia.

¿Cuál es, entonces, del argumento de que Jesús nunca abordó el tema de la práctica homosexual y, si hubiera sido tan relevante, lo habría abordado con claridad? Bueno, ya hemos visto que la razón por la que la Biblia no habla mucho acerca de la homosexualidad es porque es un libro heterosexual de principio a fin, y sólo las relaciones heterosexuales son aprobadas por Dios y sólo el matrimonio heterosexual es ordenado por Él.

Es lo mismo con la enseñanza de Jesús. Él era un rabino judío del siglo primero enseñando a sus compañeros hebreos,[2] y en la cultura judía del siglo primero la práctica homosexual era explícitamente excluida y prohibida. De hecho, los antiguos textos judíos de los últimos siglos antes de Cristo y los primeros siglos después de Cristo tienen algunas cosas *muy negativas* que decir acerca de la práctica homosexual y *ni una sola cosa positiva*.[3] Por lo tanto, el hecho de que Jesús no pasara mucho tiempo enseñando en contra de la práctica homosexual no debería sorprendernos en absoluto, ni demuestra nada.

Sería como el argumento siguiente: "Es claro que el presidente Reagan pensó que los marcianos no eran una amenaza real para Estados Unidos, ya que nunca los mencionó, pero sí habló mucho acerca de la Unión Soviética". Eso es verdad en parte, pero la razón por la que Reagan nunca habló de marcianos era porque no creía en ellos, por lo que una invasión desde Marte no era una amenaza. La verdadera amenaza venía de la Unión Soviética, y ahí es donde puso su énfasis. Por lo tanto, sería absurdo decir: "Ronald Reagan pensó que los marcianos eran amigables".

Es lo mismo con Jesús y la práctica homosexual. Él no tuvo que condenarla como tampoco tuvo que condenar pecados como la bestialidad, ya que cada judío temeroso de Dios sabía que esas cosas estaban mal según la sagrada Torá de Dios (enseñanza/ley). Por el contrario, el divorcio—específicamente, la cuestión de lo que constituye una justificación válida para el divorcio—era un tema candente entre los judíos contemporáneos de Yeshúa, razón por la cual Él lo abordó en varias ocasiones.

Y es por eso que es peligroso argumentar con el silencio. Jesús no dijo una palabra sobre la bestialidad. ¿Quiere eso decir que está bien? Él no dijo nada específico acerca de una violación o un incesto, o muchos otros pecados. ¿Significa eso que todos están bien? ¡Dios no lo quiera!

Así que el argumento de que Jesús nunca dijo nada específico acerca de la homosexualidad aunque abordaba otras cuestiones como el divorcio, no prueba nada, a menos que usted quiera estar de acuerdo con el profesor William Countryman, que escribió que "el evangelio no permite ninguna regla en contra de lo siguiente, intrínsecamente:...bestialidad, poligamia, actos homosexuales...o pornografía", o (aparentemente) uniones incestuosas de adultos, con base en lo que Countryman afirmó de que no somos libres para "imponer nuestros códigos en los demás".[4] ¿Es ahí donde usted quiere ir?

¿Significa eso, entonces, que estoy de acuerdo con que Jesús no tenía nada que decir sobre la práctica homosexual? Por supuesto que no. De hecho, Él se ocupa de la cuestión, al menos en tres maneras diferentes. Yo simplemente estoy explicando por qué no se convierte en un foco importante de su enseñanza: porque no era un problema relevante en su época.

Recuerde, no sólo era la práctica homosexual completamente condenada en el antiguo mundo judío y claramente prohibida por la Torá y la ley judía, sino que tampoco había tal cosa como el activismo gay en el tiempo de Jesús—no había desfiles del orgullo gay, ni modelos abiertamente gays para la juventud judía, ni ninguna campaña agresiva para "matrimonios" entre personas del mismo sexo, y cosas similares—lo que significa, más todavía, que no era un tema preocupante en su tiempo. Usted también podría, entonces, sugerir que Jesús estaba debatiendo con los fariseos sobre si los teléfonos inteligentes *Android* eran mejores que el *iPhone* de *Apple* como sugerir que las cuestiones homosexuales eran una preocupación importante para Jesús y sus discípulos.[5]

¿Cómo entonces se refirió Jesús a la cuestión de la práctica de la homosexualidad? En primer lugar, en Mateo 5:17-20, parte del Sermón del Monte, aclara que no vino a "abrogar la ley o los profetas...sino para cumplir", y como se lee el resto de las enseñanzas de Jesús aquí, vemos que lleva la moral sexual de la Torá (la ley) a un nivel más profundo. Por ejemplo:

> "Oísteis que fue dicho: No cometerás adulterio. Pero yo os digo que cualquiera que mira a una mujer para codiciarla, ya adulteró con ella en su corazón. Por tanto, si tu ojo derecho te es ocasión de caer, sácalo, y échalo de ti; pues mejor te es que se pierda uno de tus miembros, y no que todo tu cuerpo sea echado al infierno. Y si tu mano derecha te es ocasión de caer, córtala, y échala de ti; pues mejor te es que se pierda uno de tus miembros, y no que todo tu cuerpo sea echado al infierno.
>
> —MATEO 5:27-30

Él hace lo mismo con las leyes del divorcio, entre otras, afirmando: "También fue dicho: Cualquiera que repudie a su mujer, dele carta de divorcio. Pero yo os digo que el que repudia a su mujer, a no ser por causa de fornicación, hace que ella adultere; y el que se casa con la repudiada, comete adulterio (Mateo 5:31-32; volveremos a la cuestión del divorcio al final de este capítulo).

Este es el patrón que surge a medida que continuamos estudiando las palabras del Señor que se conservan en los evangelios, además de estudiar el significado de su vida, muerte y resurrección. Vemos que Él *cumplió* las leyes de los sacrificios, el sacerdocio y el templo ofreciéndose a sí mismo como nuestra expiación perfecta, convirtiéndose también en nuestro gran Sumo Sacerdote y convirtiéndonos en un templo espiritual.[6] Por lo tanto, Él tomó esos importantes conceptos espirituales a un nivel más profundo—*los llenó hasta que quedaran llenos*—en vez de eliminarlos.

De la misma manera, tomó las leyes morales de la Torá, que incluían leyes sobre el matrimonio e inmoralidad sexual, y los llevó a un nivel más profundo—el adulterio incluía la lujuria en el corazón; el asesinato incluía el odio en el corazón—en vez de eliminarlos. Y puesto que la práctica homosexual estaba estrictamente prohibida en la Torá, no sólo para el pueblo de Israel, sino para todas las naciones (ver el capítulo 5), cuando Jesús dijo que no estaba anulando la ley o los profetas, sino dándoles cumplimiento, claramente tenía previsto que esa prohibición siguiera en pie también. De hecho, podríamos incluso afirmar que la prohibición se profundiza, al igual que las prohibiciones contra el adulterio y el asesinato.[7]

En segundo lugar, en Mateo 15 y Marcos 7 hay una discusión entre

Jesús y algunos de los otros maestros judíos acerca de la práctica de comer alimentos sin lavarse las manos. Los discípulos del Señor no realizaban los rituales de lavarse las manos antes de comer, pero esos líderes judíos celosos enseñaban que comer alimentos sin lavarse primero las manos ritualmente (presumiblemente recitar ciertas oraciones también) hacía la comida impura. Jesús desmintió toda esa idea, explicando que lo que comemos no entra en nuestros corazones, sino en el estómago y de ahí pasa fuera de nuestro sistema. Así, explicó, "comer con las manos sin lavar no contamina al hombre" (Mateo 15:20).

Entonces, ¿qué nos contamina y nos hace impuros? Según Jesús, no es lo que entra en nuestra boca lo que nos contamina, sino "lo que sale de la boca", ya que "sale de la boca...y esto contamina al hombre. Porque del corazón salen los malos pensamientos, los homicidios, los adulterios, las fornicaciones, los hurtos, los falsos testimonios, las blasfemias. Estas cosas son las que contaminan al hombre; pero el comer con las manos sin lavar no contamina al hombre" (vv. 18-20). Y observe esto con cuidado: en Mateo 15:19 y Marcos 7:21 la palabra griega para "fornicación" [inmoralidad sexual, en NVI), *porneia*, aparece en plural; es literalmente "fornicaciones", que se encuentra en esta forma plural sólo en estos dos versículos en todo el Nuevo Testamento. Esto se refiere ampliamente a todos los actos sexuales fuera del matrimonio que, como sabemos, consistía sólo en la unión de un hombre y una mujer en la ley bíblica judía en los tiempos de Jesús. De hecho, como estamos a punto de ver, Jesús hizo la declaración más fuerte en la Biblia acerca del matrimonio heterosexual.

Entonces, ¿qué podemos aprender de esta enseñanza? Jesús, el Mesías— el Señor de la gloria y el Hijo de Dios, la imagen misma del Padre, el que dijo: "El que me ha visto, ha visto al Padre" (Juan 14:9)—enseñó explícitamente que todos los actos sexuales fuera del matrimonio nos hicieron impuros. Sí, fornicación heterosexual, actos homosexuales, bestialidad, actos incestuosos; todos estos son incluidos por Jesús en la categoría de "inmoralidad sexual", y todos ellos nos contaminan y nos hacen impuros. Y noten los demás pecados que enumera aquí: malos pensamientos, homicidios, adulterios (que se refiere a los actos inmorales cometidos por una persona casada), robos, falsos testimonios y calumnias. ¿Nos atreveríamos a justificar alguno de estos?

Jesús habló muy claramente, no sólo en la reafirmación de las normas de la moralidad sexual que se enseñan en la Torá, sino también en la afirmación de manera contundente de que todos los actos sexuales fuera del matrimonio son profanos y pecaminosos, que se enumeran al lado de los malos pensamientos, los homicidios, los robos, los falsos testimonios y la calumnia, entre otros. (Marcos 7:21-22 enumera "los malos pensamientos, la inmoralidad sexual [de nuevo, esta es plural en el griego], los robos, los homicidios, los adulterios, la avaricia, la maldad, el engaño, el libertinaje, la envidia, la calumnia, la arrogancia y la necedad").

Y para aquellos que piensan que mi argumento es circular aquí (a saber, Jesús enseñó que la inmoralidad sexual estaba mal, los judíos en su día creían que la práctica homosexual era inmoral; por lo tanto, Jesús enseñó en contra de la práctica homosexual), como he dicho anteriormente, cada referencia a la práctica de la homosexualidad en el antiguo mundo judío es cien por ciento negativa—a veces en los términos más enérgicos—y no se encuentra una sola referencia positiva.[8] Los actos homosexuales eran considerados inmorales, incluso detestables, y estaban absolutamente incluidos en la categoría de "inmoralidad sexual" de la que habla Jesús.

En tercer lugar, Jesús hizo una declaración definitiva sobre la intención de Dios en el matrimonio cuando los líderes religiosos le preguntaron acerca de su punto de vista sobre el divorcio. Antes de explicar que Dios sólo dio las leyes de divorcio de Israel a causa de la dureza de los corazones de la gente—es decir, el divorcio nunca fue el ideal de Dios—, Jesús sentó las bases para el matrimonio en las Escrituras:

> ¿No habéis leído que el que los hizo al principio, varón y hembra los hizo, y dijo: Por esto el hombre dejará padre y madre, y se unirá a su mujer, y los dos serán una sola carne [citando Génesis 2:24]? Así que no son ya más dos, sino una sola carne; por tanto, lo que Dios juntó, no lo separe el hombre.
> —Mateo 19:4-6

En el capítulo anterior vimos la importancia de esta misma narrativa en Génesis, cuando Dios estableció el matrimonio como la unión de un hombre y una mujer (nótese que Jesús no habla aquí de dos, tres o más, sino que habla de *dos*). Jesús reitera eso aquí, diciendo que esa era la intención de Dios "desde el principio", haciendo hincapié en la unión única que viene cuando se unen un hombre y una mujer—ellos son ahora "una sola carne", como sólo un hombre casado y una mujer pueden ser—y afirma que en la unión marital Dios mismo los une. Es por eso que el divorcio no era parte de su diseño original.

A la luz de ello, es inconcebible imaginar que Jesús aprobara uniones hombre-hombre o mujer-mujer, ya que entre otras cosas violan fundamentalmente el diseño e intención de Dios "en el principio".[9] Ni que Jesús estuviera de acuerdo con los esfuerzos dedicados a "erradicar el género o multiplicarlo exponencialmente",[10] ni tampoco que aprobara la enseñanza de conceptos tales como *"genderqueer"* (se identifica con ambos sexos) para niños.[11] Tampoco hubiera estado de acuerdo con que el "género binario" (es decir, hombre o mujer) es restrictivo.[12] Para Jesús, las distinciones hombre-mujer expresaban aspectos de la imagen de Dios y eran el fundamento del orden de Dios y la base para el matrimonio.

Entonces, en resumen, incluido en las enseñanzas de Jesús estaba:

1. La confirmación de los principios morales universales de la Torá, que incluían una prohibición estricta contra la práctica homosexual.

2. La afirmación de que todas las uniones sexuales fuera del matrimonio eran profanas, que procedían de la impureza del corazón humano

3. La afirmación explícita del orden del matrimonio divinamente establecido entre mujer-hombre

¡Parece que Jesús realmente tenía algunas cosas de peso que decir sobre la práctica homosexual!

¿QUÉ ERA LO QUE JESÚS REALMENTE DECÍA ACERCA DE LOS EUNUCOS?

Sin embargo, hay un texto más que los teólogos gays están señalando ahora (aparte de la mala y disparatada aplicación de la narrativa en la que Jesús sana al siervo del centurión, la cual abordaremos en el próximo capítulo), y que a primera vista parece ser el peor texto posible a utilizar para afirmar su argumento. Estoy hablando de Mateo 19:12, que continúa la discusión que Jesús tuvo con sus discípulos después de enseñar sobre el matrimonio y el divorcio.

Cuando se enteraron de cuán estrictas eran sus opiniones concernientes al divorcio, los discípulos dijeron: "Si así es la condición del hombre con su mujer, no conviene casarse" (Mateo 19:10), a lo que Jesús respondió:

No todos son capaces de recibir esto, sino aquellos a quienes es dado. Pues hay eunucos que nacieron así del vientre de su madre, y hay eunucos que son hechos eunucos por los hombres, y hay eunucos que a sí mismos se hicieron eunucos por causa del reino de los cielos. El que sea capaz de recibir esto, que lo reciba.

—Mateo 19:11-12

¿Por qué digo que este es el peor texto posible que los "cristianos gays" pueden utilizar para soportar su punto de vista? En primer lugar, se produce en el contexto inmediato a la discusión del matrimonio que, como acabamos de ver, Jesús enseñó explícitamente que Dios ordenó el matrimonio como la unión de por vida entre un hombre y una mujer, desde el principio. En segundo lugar, esta enseñanza de Jesús tiene que ver con las personas que *no se casaban o no tenían relaciones sexuales*; sin embargo, los teólogos gays lo utilizan para afirmar la homosexualidad.

¿Cómo hacen eso? Afirman que Jesús está reconociendo que la gente nace gay y, si nacen de esa manera, entonces se deduce que Jesús avala lo que son y lo que hacen. Sé que esto suena absolutamente extraño, pero es creído tan fuertemente que Rick Brentlinger declaró enfáticamente en su libro *Gay cristiano 101* que "Jesús sí abordó el tema de la homosexualidad",[13] mientras que Sandra Turnbull hace referencia al (los) "eunuco(s)" *cien veces* en su libro *God's Gay Agenda* [La agenda gay de Dios]![14]

Con su pasión típica, M. W. Sphero emitió una advertencia acerca de aquellos que enseñan que *eunucos* aquí en Mateo 19 quería decir en realidad *eunucos*: "No deje que le mientan. Confíe en lo que Cristo ha dicho, y deje a aquellos que no son más que fanáticos religiosos que se desgasten en su propia suciedad intencionalmente engañosa".[15] Sí, "los que afirman esto [a saber, que la castración o un defecto de nacimiento impidieron a algunas personas casarse], si bien están conscientes de la antigua Grecia, están de nuevo diciendo una total falsedad con base en suposiciones infundadas para tratar de engañar a muchos para sus propias agendas homofóbicas".[16]

De acuerdo con Sphero (y muchos otros "cristianos gays"):

La palabra "eunuco" se refería no sólo a las personas castradas, sino también a los homosexuales, en lo que Cristo incluyó a ambos en Mateo 19:12. Además, es un hecho histórico que lo que la gente

comúnmente conocía como "eunucos" en aquellos tiempos eran
[*sic*] individuos completamente sanos sin absolutamente ninguna
"parte" faltante de ningún tipo. Los oyentes de Cristo no tenían
ninguna duda sobre lo que estaba hablando, y comprendieron por
sus comentarios que la gente gay no están destinados a casarse
en el sentido convencional de la palabra, sino que deben ser aceptados por lo que son—y lo mismo deberían aceptar su homosexualidad como algo que le ha sido dado a ellos por Dios desde su
nacimiento—como en el versículo 11 del mismo.[17]

¿Hay siquiera un ápice de verdad en estas afirmaciones? Ni en sueños.

En primer lugar, permítanme decir las cosas en términos simples y con-
cisos antes de respaldar cada palabra con erudición. El término *eunuco* se
refirió inicialmente a un hombre que había sido castrado. Eso es lo que
Jesús estaba describiendo cuando habló de los eunucos que fueron "hechos
eunucos por los hombres". Cuando Jesús habló de eunucos que "nacieron
así", estaba refiriéndose a los hombres que, al igual que un hombre que
había sido castrado, nació sin "capacidad sexual".[18] Cuando habló acerca
de las personas "que a sí mismos se hicieron eunucos por causa del reino
de los cielos", se estaba refiriendo a los que renunciaron al matrimonio (y,
por tanto, el sexo también) por el bien del evangelio. En resumen, Jesús se
estaba refiriendo a los hombres que eran sexualmente impotentes (de nacimiento), castrados (por acciones de otros), o célibes (por elección).

¿Es cierto que el término *eunuco* en hebreo (*saris*) y griego (*eunuchos*)
también podría referirse a un oficial de la corte real que no había sido castrado? Por supuesto, ya que los hombres que al principio eran castrados
cumplían ciertos roles en la corte del rey y, luego, con el tiempo, las personas que cumplían esas funciones se llaman simplemente *saris* o *eunuchos*, incluso si no eran hombres castrados.[19] Pero eso *no* es a lo que Jesús
se está refiriendo aquí, ya que habla de los hombres que eran "eunucos de
nacimiento" (hablando, de nuevo, de la falta de capacidad sexual, ¡no de
oficiales de la corte!), junto con aquellos fueron "hechos eunucos por los
hombres" (hablando, obviamente, de los hombres que fueron castrados).

Recordemos también que la única razón por la que este tema surgió
fue porque Jesús estaba hablando a sus discípulos acerca de no casarse—y,
por tanto, no tener relaciones sexuales la vida—y estaba diciendo que no
todos son capaces de recibir eso. Algunos que nacen sin la capacidad sexual no tienen problema con ello; otros, que han sido castrados, no tienen

problema al respecto; aun otros, con el don dado por Dios del celibato, pueden renunciar al matrimonio (y al sexo) de por vida, por elección.

Leer cualquier cosa en esta enseñanza que afirme de alguna manera la práctica homosexual o argumentar que "los oyentes de Cristo no tenían ninguna duda sobre lo que estaba hablando, y comprendieron por sus comentarios que las personas gays no están destinadas a casarse en el sentido convencional de la palabra, sino que deben ser aceptados por lo que son", es ser culpable de la forma más barata de eiségesis imaginable. (*Eiségesis* se refiere a leer en el texto lo que uno quiere que diga; *exégesis* se refiere a leer en el texto lo que el autor quiso decir. De nuevo, la explicación de Sphero es un ejemplo dolorosamente evidente de leer en el texto bíblico lo que él quiere que diga).

¿Qué pasa con el argumento de que, porque un hombre judío atraído por el mismo sexo podía elegir permanecer célibe en lugar de casarse, pudiera estar incluido en la categoría de "eunuco de nacimiento"? Es *posible* que algunas personas célibes atraídas por el mismo sexo estuvieran incluidas en esta categoría—no es *probable*, como a menudo argumentan los activistas gays[20]—pero, de nuevo, fue sólo porque tales personas no se casaban y no eran sexualmente activos (ya que los únicos actos sexuales aprobados por la Torá eran los de un hombre casado con una mujer). Así pues, a lo sumo, es *posible* que Jesús estuviera incluyendo hombres homosexuales en sus enseñanzas, pero incluso *si* lo estaba haciendo, estaba poniéndolos en la categoría de aquellos que eran sexualmente inactivos. Eso es lo que los caracterizaba como "eunucos de nacimiento", es decir, que carecían de la capacidad de tener relaciones sexuales con mujeres. Punto.

Pero ¿no significa eso que Jesús todavía estaba diciendo que algunas personas habían nacido gay, como muchos teólogos gays afirman?[21] Difícilmente. En primer lugar, no había una categoría de "homosexual" en el mundo antiguo—y mucho menos una categoría "gay"—así que Jesús no pudo haber estado diciendo: "Oigan, ¡estoy mandando un saludo secreto a todos los hombres homosexuales aquí! Quiero reconocer que ustedes nacieron de esa manera" (Para que quede claro, los actos homosexuales eran conocidos, reconocidos—y despreciados—y había gente destacada, atraída por el mismo sexo en el mundo antiguo; ver el capítulo 8 para más información al respecto. Yo estoy simplemente diciendo que no existía la categoría de "homosexual", así que nadie pensaba que la gente nace "de esa manera").

En segundo lugar, es sólo porque los hombres con atracción por el mismo sexo *parecían* no tener la capacidad sexual (porque no estaban interesados en las mujeres) que pudieron haber sido incluidos en la categoría de "eunucos" de nacimiento. Y así, *si* Jesús hubiera incluido a esos hombres en esta categoría, habría sido accidental—simplemente debido a su comportamiento—y no intencional, y Él no hubiera intentado nada por ello.

Según Jay Michaelson:

> Llama la atención que Jesús reconozca específicamente, y no juzgue, la presencia de la diversidad sexual entre las personas. Algunas personas son eunucos, del tipo que sea, y son capaces de abstenerse del matrimonio. Otras no lo son, y se les permite casarse, aunque todavía es mejor que no lo hicieran: "El que sea capaz de recibir esto [celibato], que lo reciba" (Mateo 19:12). Como en la historia del eunuco etíope en Hechos 8:26-40, el emisario de Dios no retiene el evangelio de la persona variante de género que desee escucharlo.[22]

Pero, para repetir, si aplicamos las palabras de Jesús a una persona con orientación homosexual, entonces Él habría estado diciéndole a tal persona: "Dios te ha llamado a que te abstengas de matrimonio y de sexo, y debes recibir esto como un regalo de mi Padre". Esta es lo último en que piensa Michaelson cuando afirma que Jesús se dirigía a las personas de la "diversidad de género". Y si bien es muy cierto que Jesús, fiel a su estilo, se acercaba a los marginados por la sociedad (para conocer un precursor de esto en el Antiguo Testamento, ver Isaías 56:3-4) y "no retuvo el evangelio" de ellos, en realidad no hay evidencia bíblica en absoluto de que Jesús estaba incluyendo a los hombres atraídos por el mismo sexo en su enseñanza sobre los eunucos, ya que no hay un solo versículo en la Biblia en que una persona atraída por el mismo sexo fuera identificada como eunuco. El argumento, entonces, de que "en la Biblia, el término eunuco incluye a los hombres gay" es una exageración desproporcionada por parte de los teólogos gays.[23]

Más relevante aun, el argumento del que "nació gay" es rebatido categóricamente por el contexto, el cual, repito, nos habla de hombres que desde su nacimiento no tenían capacidad sexual—de la misma manera que si fueran castrados más tarde en la vida—por lo cual nunca se casaron ni tuvieron relaciones sexuales. ¿Qué rayos tiene esto que ver con los hombres gays? ¿Es que no tienen capacidad sexual? ¿Están de acuerdo en que ellos no pueden y no deberían casarse?

De hecho, aun si alguien pudiera probar que Jesús estaba incluyendo hombres gays en sus enseñanzas—que, repito una vez más, es increíblemente inverosímil—lo que estaba afirmando (si no es que estaba dando por sentado) es que todos ellos practicarían el celibato de por vida, es decir, no casarse nunca y no tener relaciones sexuales nunca. ¿Quieren realmente los "cristianos gays" citar a Jesús en este sentido? ¿Quieren argumentar que Jesús estaba diciendo: "Algunos de ustedes han nacido gay, así que su suerte en la vida es mantener el celibato de por vida, sin casarse nunca ni tener relaciones sexuales"? Esa es la única conclusión posible que se puede extraer de la afirmación de que Jesús incluyó a los homosexuales en la categoría de hombres que nacieron eunucos. Argumentar, como hacen algunos teólogos gays, que este texto apoya el matrimonio gay (!) es ser culpable de abuso de espiritual en general: abuso de la Biblia y abuso, en particular, de las palabras de Jesús.[24]

Incluso las declaraciones en la antigua literatura rabínica citada en algunos libros de "cristianos gays" destacan el hecho de que todos los "eunucos" a los que se hace referencia en esa literatura eran o bien completamente célibes (y sin sexo) o bien casados con mujeres (pero incapaces de funcionar sexualmente).[25] En otras palabras, no hay ni una sílaba en el vasto corpus de la literatura rabínica—tan vasto que se describe como el "mar del Talmud"—que hable de los eunucos de otra forma que no sea como heterosexuales impotentes.

LA EVIDENCIA ES CLARA

Por supuesto, estoy consciente de que muchos lectores no tienen la capacidad de trabajar a través de toda la evidencia en hebreo, en griego y en otras lenguas antiguas. Por tanto, aunque el contexto es totalmente claro, como ya he dicho aquí en varias ocasiones, quiero reforzar esto refiriendo a la mejor erudición lingüística y textual disponible.

El *United Bible Society's Handbook to Matthew* [Manual de la Sociedad Bíblica Unida en cuanto a Mateo], que está escrito para ayudar a los traductores a transmitir el significado del griego a personas de diferentes culturas, dice esto:

Algunos han tomado *a sí mismos se hicieron eunucos* para referirse a la automutilación, y otros entienden esto como que simplemente significa que esos hombres renunciaron a la actividad sexual. Esto último es probablemente mejor, pero una traducción como [Barclay, "Hay algunos que han hecho el matrimonio voluntariamente imposible para ellos mismos por el bien del reino de los cielos"] deja abiertas ambas interpretaciones. "Han tratado de forma voluntaria sus cuerpos como si fueran incapaces de participar en la actividad sexual" es otra posibilidad.[26]

El *Léxico griego del Nuevo Testamento* compilado por Bauer, Arndt, Gingrich y Danker, reconocido universalmente como el diccionario número uno del griego del Nuevo Testamento, afirma esto bajo la entrada para *eunuchos* (he eliminado algunas de las extensas citas de la literatura antigua que apoyan su punto, ya que para el lector promedio las abreviaturas no tienen sentido, mientras que el estudioso probablemente tiene el léxico a la mano):

1. **un varón castrado,** *eunuco*. **Mt 19:12b.** Los eunucos servían, esp. en el oriente, como guardianes de un harén (Est. 2:14) y no infrec. se elevaban a posiciones altas en el estado...

2. **un varón humano que, sin una operación física, es por naturaleza incapaz de engendrar hijos,** *impotente masculino* (Wsd 3:14) εὐ. ἐκ κοιλίας μητρός **Mt 19:12a.**

3. **un varón humano que se abstiene del matrimonio, sin ser impotente, un** *célibe* **Mt 19:12c...**[27]

Una vez más, no hay ambigüedad aquí en absoluto en términos de los tres significados de *eunuco* en Mateo 19.

Otro diccionario griego exegético importante tiene esto que decir acerca de Mateo 19:12: "El texto nombra tres tipos de *eunucos*: a) los mutilados de forma natural, b) los mutilados por la acción humana, y c) los que se han mutilado a sí mismos por causa del reino de los cielos. La comprensión del último de ellos se disputa", lo que significa que podría referirse a la autocastración (literalmente), o podría referirse a castración metafórica—sin sexo y sin matrimonio—señalando que, un "entendimiento figurativo del texto, incluso si es en esencia débil, apunta en la misma dirección".[28] (En otras palabras, si la persona se castró físicamente a sí misma o, simplemente, renunció al matrimonio y al sexo, el resultado global sería el mismo. En cuanto a los que nacieron eunucos, el diccionario explica que significa "los mutilados de forma natural", es decir, al momento del nacimiento).

Según el estudioso del Nuevo Testamento Donald Hagner en su comentario de Mateo:

> Tres grupos de "eunucos" (εὐνοῦχοι; la palabra aparece sólo aquí y en Hechos 8) se mencionan aquí, dos literal y uno metafórico. Entre los eunucos literales están los que nacen de este modo (el impotente) y aquellos hechos de este modo por otros (los castrados para determinados altos cargos en una corte real; cf. el eunuco etíope de Hechos 8:27). Tales eunucos literales no estaban permitidos en la asamblea del pueblo de acuerdo a Deuteronomio 23:1 (cf. m Yebam. 8:4-6 y 6:6). Un tercer grupo de "eunucos" son los que en sentido figurado se dice que "a sí mismos se hicieron eunucos" (εὐνούχισαν ἑαυτούς; el verbo ocurre solamente en este versículo en el Nuevo Testamento) "por causa del reino de los cielos" (διὰ τὴν βασιλείαν τῶν οὐρανῶν; para esta expresión ver *Comentario* en 3:21). Esta última frase debe entenderse en el sentido de los que han renunciado al matrimonio (como Juan el Bautista y Jesús mismo) para dar prioridad a la obra del reino (cf. 1 Corintios 7:32-34)…El reino, por lo tanto, puede tener prioridad sobre la interpretación de Génesis 1:28 como la obligación de casarse y tener hijos. Si Jesús, así como Juan el Bautista y Pablo (cf. 1 Corintios 7:29, 31), esperaban el inminente fin de los tiempos, la idea del celibato tomaría un aspecto menos objetable. ὁ δυνάμενος χωρεῖν, "el que sea capaz de aceptar(lo)", es aquel a quien Dios concede (v. 11) la capacidad de aceptar el estado de no matrimonio.[29]

Craig Blomberg, otro máximo estudioso del Nuevo Testamento, explica que los "*Eunucos* ('los que han renunciado al matrimonio') 'por causa del reino de los cielos' aceptan voluntariamente un estilo de vida célibe, a fin de estar en mejores condiciones de dedicar toda su vida a la obra de Dios (cf. 1 Corintios 7:25-38)".[30] W. D. Davies y Dale C. Allison en su comentario exhaustivo sobre Mateo señalan que:

El verbo εὐνουχίζω [*eunouxizō*] aparece dos veces en este versículo, traducido por primera vez como "eunucos hechos" y la segunda vez como "se hicieron eunucos". El término se refiere literalmente a la castración. No obstante, la segunda aparición de la palabra en este versículo es, muy probablemente, en sentido figurativo, refiriéndose a aquellos que están dispuestos a mantener una vida de celibato para el avance del reino.[31]

No hay realmente duda en absoluto acerca del significado de las palabras de Jesús, y, sin lugar a duda, Él está hablando en cada caso de los que no tienen la capacidad sexual o de aquellos que renuncian al matrimonio y al sexo por el bien del Reino de Dios.

De acuerdo con el masivo *Diccionario Teológico del Nuevo Testamento* de varios volúmenes:

> Jesús trasciende el punto de vista rabínico al diferenciar tres grupos de eunucos (Mateo 19:12): los que son así de nacimiento, los que son castrados y los que se castran a sí mismos por el bien del reino. En este último caso, el sentido es obviamente figurativo; la referencia es a los que renuncian al sexo con el fin de centrarse en el objetivo más importante del reino, como lo hace el mismo Jesús. El evangelio afirma el orden natural, pero puede requerir su negación por el bien del orden nuevo y superior.[32]

Sí, Jesús habla de aquellos "que renuncian al sexo con el fin de enfocarse en el objetivo más importante del reino", mientras que "los que son así de nacimiento" no tienen la capacidad sexual para renunciar. Para empezar, ¡ellos no la tienen! De nuevo, esto es lo contrario de la utilización que los "cristianos gays" hacen de este pasaje.

El erudito del Nuevo Testamento Leon Morris explica lo que Jesús quiso decir con eunucos en su comentario sobre Mateo:

> Pertenecer a ese grupo de personas no se considera normalmente como muy deseable (entre los eunucos judíos no podían ser sacerdotes, Levítico 21:20; ellos ni siquiera podían entrar en la congregación, Deuteronomio 23:1), pero Jesús señala que hay algunos que *del vientre de su madre* han estado en ese estado, que nunca han tenido la capacidad sexual. Eso no necesariamente se refiere a los eunucos literales, los hombres que han sido castrados

físicamente, sino a los que tienen un defecto genético. La segunda categoría se refiere a la castración. En el mundo del primer siglo un buen número de hombres habían sido castrados por la gente en los lugares altos. Eso podría hacerse como un castigo, o para proporcionar a personas seguras para trabajar en los harenes y similares. Fue un hecho en el siglo primero. Jesús pasa a señalar que hay algunos que *a sí mismos se hicieron eunucos por causa del reino de los cielos.* A través de los siglos siempre ha habido algunos que han renunciado a los placeres del matrimonio con el fin de que puedan cumplir tareas específicas para *el reino de los cielos.* El mismo Jesús no se casó, ni tampoco Juan el Bautista. No muchos han tomado esas palabras literalmente, como Orígenes cuando se castró a sí mismo. Pero a través de los siglos, muchos han dado la espalda a todo lo que significa el matrimonio, porque sólo así podían seguir su vocación particular en el servicio a Dios. Jesús no está diciendo que este es un llamado superior a otros o que todos sus seguidores deben tratar de servir de esta manera, eso sería una contradicción de su apelación a Génesis 1—2. Él simplemente está diciendo que las demandas del reino anulan las otras demandas, y que algunos son llamados a servir en el camino del celibato (al igual que otros son llamados a servir en el matrimonio). No hay un camino de servicio, pero cualquiera que sea el llamado de una persona, se le dará la gracia para que ese llamado se cumpla. Y en este contexto significa que la gracia se les dará a los llamados a servir a Dios en el estado matrimonial de modo que puedan cumplir con su llamado. Él invita a sus oyentes a *aceptar* la enseñanza, ya que tienen la capacidad (su palabra para *aceptar* es la misma que se traduce como "tener la capacidad" en el versículo 11).[33]

Observe de nuevo la explicación de que "eunucos de nacimiento" se referiría a los que "nunca han tenido la capacidad sexual" debido a un "defecto genético",[34] que decididamente *no* es la descripción de una persona con deseos y atracciones por el mismo sexo. Sin embargo, lo que sí se aplica a los "cristianos gays" es el hecho de que, según Jesús, "las demandas del reino anulan todas las otras demandas y…algunos son llamados a servir en el camino del celibato".

Así que, por difícil que esta palabra pueda parecer, si usted es un seguidor de Jesús que se siente atraído por personas de su mismo sexo, está llamado a ponerlo a Él en primer lugar y abstenerse de matrimonio y de actividad sexual a menos que pueda encontrar un compañero del sexo opuesto que se una a usted en matrimonio, incluso si sus atracciones no cambian, o que Dios cambie sus deseos a heterosexuales, lo cual le ha sucedido a muchos.[35]

Pero aquí está la conclusión: no es más difícil para una persona con orientación homosexual seguir a Jesús de lo que lo es para una persona orientada heterosexualmente a seguirle, puesto que Él requiere todo de todo aquel que decide seguirle como Señor. Él dijo repetidamente: "Si alguno quiere venir en pos de mí, niéguese a sí mismo, tome su cruz cada día, y sígame" (Lucas 9:23).

Usted podría decir: "Eso es fácil de decir para ti que eres heterosexual y has estado casado durante casi cuarenta años". Es cierto, pero eso no cambia el hecho de que Jesús exige lo mismo de todos nosotros y, repito, Él lo requiere todo. Según lo expresado por Sam Allberry, un pastor británico que sigue siendo atraído por el mismo sexo pero está viviendo una vida santa célibe:

> Debo negarme a mí mismo, tomar mi cruz y seguirle. Todo cristiano está llamado a un sacrificio costoso. Negarse a sí mismo no significa ajustar su comportamiento aquí y allá. Es decir "*no*" a su sentido más profundo de lo que usted es, por la causa de Cristo. Tomar la cruz es declarar su vida (como la ha conocido) como perdida. Es rendir su vida por la sencilla razón de que su vida, resulta que no es suya para nada. Pertenece a Jesús. Él la hizo. Y a través de su muerte Él la ha comprado.[36]

Pero ¿no es más difícil para alguien que es gay? El pastor Allberry escribe:

> Puesto que he sido franco en cuanto a mi propia experiencia con la homosexualidad, un número de cristianos me han dicho algo como esto: "El evangelio debe ser más difícil para usted que para mí", como si yo tuviera que renunciar a más de lo que ellos renuncian. Pero [el] hecho es que el evangelio exige *todo* de *todos nosotros*. Si alguien piensa que el evangelio ha encajado de alguna manera en su vida con bastante facilidad, sin que se produjeran cambios importantes en su estilo de vida o sus aspiraciones, es probable que en realidad no haya comenzado a seguir a Jesús.

Y así como el costo es el mismo para todos nosotros, también lo son las bendiciones.[37]

Jesús murió por todo nuestro ser—espíritu, alma y cuerpo, pasado, presente y futuro—y ahora vivimos una nueva vida en Él. Al encontrarlo, independientemente de nuestra orientación sexual, hallamos todo lo que necesitamos, como centenares de millones de creyentes pueden dar fe, provenientes de todos los orígenes, estilos de vida y orientación.

¿Y qué acerca de la acusación de que muchos cristianos han sido culpables de hipocresía, minimizando o ignorando las fuertes enseñanzas de Jesús sobre el divorcio y las segundas nupcias y, sin embargo, hacen un gran caso con la homosexualidad? Esos cargos son ciertos, yo he dicho lo mismo muchas veces. De hecho, en muchos contextos diferentes, como en la televisión y radio cristianas nacionales, y en las reuniones en las que me dirigía a la comunidad LGBT, he dicho que el divorcio heterosexual no contencioso en la iglesia ha hecho más por socavar y destruir el matrimonio que todos los activistas gays combinados. Por favor, ¡cítenme diciendo eso!

En mi libro de 1993 *It's Time to Rock the Boat* [Es hora de mecer el bote] conté esta historia, relatada por Jonathan Goforth, misionero en China y Manchuria: "Un hombre que tenía esposa y un hijo en We Ju [Corea] los dejó y se hizo rico en otra ciudad. Allí se casó con otra mujer y tuvo dos hijas con ella. Cuando su alma fue revivida hizo arreglos para el soporte de esa mujer y sus hijas, y volvió a We Ju y se reconcilió con su esposa legítima".[38]

Yo continué:

> Cuando Goforth contó ese ejemplo en 1936 en una reunión en Ontario, Canadá, agregó un comentario sorprendente: "Si el tipo de avivamiento de Corea llega alguna vez a algunas tierras cristianas, donde el divorcio prevalece, habrá algunos trastornos sociales alarmantes". ¡La mente da vueltas ante el pensamiento de las convulsiones sociales que se producirían por un verdadero "avivamiento del Espíritu Santo" en los Estados Unidos de hoy plagado de divorcio! Y con una tasa de divorcio por las nubes en la Iglesia, ¿cómo podemos clamar ningún tipo de visitación profunda del Espíritu Santo en esta hora?[39]

Muchos otros líderes cristianos que conozco comparten estos puntos de vista, y mi amigo Eric Metaxas, autor de superventas del *New York*

Times, se refiere, con razón, al "escándalo del silencio evangélico sobre el divorcio".[40]

Pero una vez más esto refuta completamente el argumento del "cristiano gay", ya que nuestra rendición en el área del divorcio y el nuevo casamiento no se resuelve mediante una capitulación más extensa al activismo gay. Eso sería como que un fumador empedernido le diga a una persona con sobrepeso severo: "¡Su glotonería y su obesidad mórbida me da el derecho de destruir mis pulmones con cigarrillos!" O, más al punto, sería como el glotón diciendo: "Puesto que he sido un glotón tal, ¡también podría comenzar a fumar en gran medida!". Eso no difiere mucho de lo que un activista gay dice a los cristianos evangélicos: "Porque han hecho un lío tal del matrimonio a través del divorcio no contencioso, ahora deberían redefinirlo por completo para incluir parejas del mismo sexo".

Ambos son terriblemente malos—con consecuencias trágicas para la familia y la sociedad en su conjunto—y ambos deben ser objeto de renuncia. Y con eso, doy vuelta a las mesas y les digo a mis amigos "cristianos gays": Únanse a mí en la defensa de las normas del matrimonio renunciando al divorcio no contencioso, al nuevo casamiento sin bases bíblicas y a todas las formas de práctica homosexual.

¿Podemos estar juntos en esto? ¿Podemos estar con Cristo?

Capítulo 7

La CURACIÓN del SIERVO del CENTURIÓN

El argumento del "cristiano gay": Cuando Jesús sanó al siervo del soldado romano, es claro que estaba afirmando su relación homosexual, ya que las palabras griegas usadas indican notoriamente que el siervo era amante del soldado.

La respuesta bíblica: Nada podría estar más lejos de la verdad. No hay nada en el texto griego que apoye eso; es más, se contradice con el claro testimonio del resto del Nuevo Testamento. Lo que eso revela es cómo algunos "cristianos gays" tuercen el significado de la Biblia para ajustarla a su estilo de vida y sus creencias, creando un Jesús a su propia imagen.

UNA COSA ES afirmar que la Biblia no prohíbe la práctica homosexual. Otra es decir que Jesús la aprobó o, aun más extremo, que la alentó activamente o, peor todavía, que usó su poder sanador para capacitar a un hombre de modo que siguiera participando en actividades sexuales con su joven esclavo.

Tan horrible como es esta noción, ahora es común y corriente en la literatura "cristiana gay" y es proclamado francamente en vallas publicitarias "cristianas gays" que anuncian que "Jesús afirmó a una pareja gay".[1]

Si hay algo que debe levantarse como una señal de advertencia para las personas LGBT sinceras que desean encontrar en la Biblia apoyo para su sexualidad, es esta *reescritura* profana de las sagradas Escrituras; en realidad, es una blasfema *recreación* de Jesús como facilitador de una relación amo-esclavo del mismo sexo (posiblemente incluso pederasta). ¿Dónde hallaron los "cristianos gays" esta idea?

Debido a que esa mala interpretación "cristiana gay" de un pasaje bíblico es tan reveladora, dedicaremos este capítulo entero a observar el texto en cuestión, el cual parece ser bastante sencillo. Se encuentra en Mateo 8:5-13 (y Lucas 7:1-10), donde Jesús sana al siervo paralítico de un soldado romano:

> Entrando Jesús en Capernaum, vino a él un centurión, rogándole, y diciendo: Señor, mi criado está postrado en casa, paralítico, gravemente atormentado. Y Jesús le dijo: Yo iré y le sanaré.
>
> Respondió el centurión y dijo: Señor, no soy digno de que entres bajo mi techo; solamente di la palabra, y mi criado sanará. Porque también yo soy hombre bajo autoridad, y tengo bajo mis órdenes soldados; y digo a éste: Ve, y va; y al otro: Ven, y viene; y a mi siervo: Haz esto, y lo hace.
>
> Al oírlo Jesús, se maravilló, y dijo a los que le seguían: De cierto os digo, que ni aun en Israel he hallado tanta fe. Y os digo que vendrán muchos del oriente y del occidente, y se sentarán con Abraham e Isaac y Jacob en el reino de los cielos; mas los hijos del reino serán echados a las tinieblas de afuera; allí será el lloro y el crujir de dientes.
>
> Entonces Jesús dijo al centurión: Ve, y como creíste, te sea hecho. Y su criado fue sanado en aquella misma hora.
>
> —MATEO 8:5-13

No hay nada misterioso en esta narrativa, y no se puede encontrar en ninguna parte de ella alguna referencia al sexo en general, mucho menos a la práctica homosexual. Tanto más sorprendente es, entonces, encontrar esta narrativa siendo utilizada por autores gays. Aun más asombroso—¿o deberíamos decir chocante?—es que Jay Michaelson afirme que hay "un inconfundible subtexto homosexual en esta historia".[2] ¿Inconfundible?

Lo siguiente es lo que la pareja gay del Rev. Jeff Miner y John Tyler Connoley tienen que decir acerca de esta narrativa:

> Sólo otra historia milagrosa, ¿verdad? ¡Absolutamente no!
>
> En el lenguaje original, la importancia de esta historia para los cristianos gays, lesbianas y bisexuales es mucho más clara.

La palabra griega que se usa en el relato de Mateo para referirse al siervo del centurión es *pais*. En el lenguaje de la época, *pais* tenía tres significados posibles, dependiendo del contexto en el que se utilizara. Podría significar "hijo o niño"; podría significar "siervo" o podría significar un tipo particular de siervo: uno que era "amante masculino de su amo". A menudo, esos amantes eran más jóvenes que sus amos, incluso adolescentes.

...En esa cultura, si usted era un hombre gay que quería un "cónyuge" varón, usted lo lograba, al igual que sus contrapartes heterosexuales, a través de una transacción comercial, comprando a alguien para que sirviera a ese propósito.[3]

Los autores proceden a "comprobar" que, en este contexto, la palabra *pais* debe significar un joven amante del centurión comprado, diciendo: "Para los observadores objetivos, la conclusión es ineludible: En esta historia Jesús sanó al amante masculino de un hombre. Cuando se entiende de esta manera, la historia cobra una nueva dimensión".[4]

¿En serio? ¿Es esta la conclusión "ineludible" para los "observadores objetivos"? ¿O, para citar nuevamente a Michaelson, es el "subtexto homosexual en esta historia" algo "inconfundible"? Miner y Connoley responden con un rotundo sí, afirmando que "toda la evidencia textual y circunstancial en los evangelios apuntan en una dirección".[5] ¿En serio?

Entonces, ¿por qué ni un solo comentarista o intérprete de los evangelios desde el siglo I hasta el siglo XX—entre los cuales ha habido muchos miles—inventó esa interpretación descabellada antes del nacimiento del movimiento de liberación gay? Estudiosos gay como John Boswell han argumentado que durante gran parte de la historia de la Iglesia, se aprobaron algunas relaciones del mismo sexo, una teoría que ha sido totalmente refutada por historiadores.[6] Se puede hallar más objeción mediante la revisión de la interpretación de Mateo y Lucas a lo largo de los siglos. Boswell afirmó que había a menudo una actitud positiva hacia las relaciones "santificadas" entre personas del mismo sexo y, sin embargo, ni un solo intérprete reconoció las supuestas dimensiones del mismo sexo de este relato del evangelio. ¡Eso se debe a que esas dimensiones simplemente no están allí!

Y es por eso que, en toda la investigación lexicográfica que se ha dedicado a cada palabra del Nuevo Testamento, con brillantes eruditos de diversas confesiones de fe (y no fe) examinando el vocabulario griego meticulosa y detalladamente—ni un diccionario bíblico individual o enciclopedia—sugirió las implicaciones del mismo sexo que son supuestamente tan evidentes en este pasaje.[7] A la luz de esa notoria ausencia, el líder "cristiano gay" Rick Brentlinger señaló: "Curiosamente, uno de los significados antiguos más importantes de *pais, amado o amante del mismo sexo,* ¿no aparece en muchos léxicos regulares".[8] ¡Me pregunto por qué!

Michaelson resumió la interpretación estándar "cristiano gay" del pasaje con su dogmatismo típico:

> El siervo por quien el centurión suplica es algo más que un sirviente ordinario; uno no esperaría que un centurión romano interceda—mucho menos "ruegue" (*parakaloon*)—a favor de un simple cocinero o empleado de casa. Más bien, *como cualquier lector contemporáneo sabría* [énfasis mío], la relación entre un centurión y su siervo favorito se supone que sea romántica. El siervo del centurión es un *pais,* un muchacho de compañía, no un *doulos,* un simple esclavo. Y era una práctica común para los centuriones romanos tener sirvientes más jóvenes que actuaban como concubinas también...En otras palabras, a Jesús no sólo se le está pidiendo que sane al siervo del centurión, sino a su amante.[9]

Sí, basados en esta perversión del texto, a Jesús se le pide que capacite a un propietario de esclavos (posiblemente un pederasta, por cierto) para continuar teniendo relaciones sexuales con su joven esclavo. Y repito: se trata de una interpretación ampliamente aceptada en los círculos "cristianos gays".[10]

Los responsables de la campaña en vallas publicitarias mencionadas al principio de este capítulo indicaron que: "En esta historia, Jesús restaura una relación gay con un milagro de sanidad y luego levanta a un hombre gay como ejemplo de fe para que todos lo sigan". Supuestamente, Jesús hizo eso a pesar del hecho de que *"para nuestras mentes modernas, la idea de comprar un amante adolescente parezca repugnante".*[11] Sin embargo, esos "cristianos gays" todavía se sienten obligados a ofrecer esta nueva redacción gratuita del texto bíblico.

Una vez más digo con verdadero amor y preocupación: esto solo debería demostrar que los "cristianos gays" están leyendo (e incluso reescribiendo) la Biblia a través del lente de su sexualidad en vez de someter la misma a la Palabra de Dios. Que cada lector LGBT preste atención.

Sorprendentemente, Brentlinger llega a la conclusión opuesta, afirmando que "Jesús no reprendió a la sexualidad ni a la esclavitud implícita en esa relación. Lo que aprendemos de este pasaje, más allá de su lección de fe, es que *nuestra visión moderna de las relaciones del mismo sexo está informada más por la cultura del siglo XXI que por las Escrituras*".[12] ¡Él tiene esto completamente al revés!

Y Brentlinger no es el único. Para muchos lectores gays, el significado sexual del texto está claro de manera innegable, como señaló Michaelson: "Ahora, el texto no registra la naturaleza de esta relación, por lo que está sujeta a interpretación. Sin embargo, considere por un momento cuán *cristalina* debió haber sido esa relación para alguien que escuchara la historia en el siglo primero, o fuera testigo de primera mano".[13]

Sí, estaba tan "cristalina" que nadie soñó con esa interpretación del texto hasta después del surgimiento de un "cristianismo gay" descarado y orgulloso. ¡Qué revelador! No obstante, Brentlinger puede afirmar, sin ninguna prueba, lingüística, textual, cultural o contextual que "*Cada lector griego del siglo primero del Evangelio de Mateo* habría detectado la referencia a *pais* que casi todos los lectores del siglo XXI yerran en ver. *Pais* y *paidika* fueron utilizados por los escritores de la antigüedad para referirse a un amante en una relación homosexual".[14]

Una declaración exacta habría sido la siguiente: "En algunos textos antiguos aparte de la Biblia, se utilizaron *pais* y *paidika* para referirse a un amante en una relación homosexual. Sin embargo, no hay una sola instancia de ello en toda la Biblia, donde la palabra siempre significa hijo, niño o sirviente, sin ninguna implicación sexual de cualquier tipo. Eso habría sido totalmente claro para cualquier lector de los evangelios del siglo primero". (Para más información sobre el uso bíblico de la palabra *pais*, siga leyendo).

Sin embargo, hay más de Michaelson, una vez más, resumiendo una lectura "cristiana gay" muy conocida del texto y demostrando (sin saberlo) cómo esta misma lectura se refuta a sí misma:

> Y tengan en cuenta, también, el acto radical de la curación del siervo/amante del centurión: Jesús extiende su mano no sólo al centurión, sino a su pareja también. Además del silencio de Jesús sobre la homosexualidad en general, el que no dudara en sanar al probable amante del mismo sexo del romano dice mucho. Al igual que su disposición a incluir a ex prostitutas en su círculo cercano, el compromiso de Jesús con aquellos cuya conducta pudiera

ofender las costumbres sexuales aun hoy es una declaración de inclusión radical y de sus prioridades para la vida espiritual.[15]

Sí, Jesús incluyó "exprostitutas en su círculo cercano", pero no prostitutas practicantes. Y después de perdonar a la mujer sorprendida en adulterio, Jesús le dijo: "Vete, y no peques más" (ver Juan 8:1-11).[16] Pero cuando se trataba de sexo homosexual entre un soldado romano y su esclavo amante del mismo sexo, Jesús no sólo no los reprendió, ¡sino que también les fortaleció! Esto es realmente una blasfema perversión de la naturaleza de nuestro Señor y Salvador.

UNA INVENCIÓN PURA Y SIMPLE

Todo eso, sin embargo, no impide que Miner y Connoley ofrezcan una invención pura y simple de la narración del evangelio:

> ...El centurión se acerca a Jesús y se inclina ante él. "Maestro, mi...", la palabra queda atrapada en su garganta. Este es el momento, el momento de la verdad. O Jesús dará la espalda con disgusto o algo maravilloso va a suceder. Así que, el centurión se aclara la garganta y habla de nuevo: "Maestro, mi *país*—sí, mi *país*—se encuentra en casa enfermo de muerte". Entonces hace una pausa y espera por un segundo que debió haberle parecido una eternidad. La multitud de gente buena y temerosa de Dios rodeando a Jesús se puso tensa. Era un hombre gay pidiéndole a un teleevangelista que sanara a su amante. ¿Qué haría Jesús?
>
> Sin dudarlo, Jesús dice: "Entonces iré y le sanaré".
>
> ¡Es así de simple! Jesús no dijo: "¿Estás bromeando? Yo no voy a sanar a tu *país* para que puedan seguir viviendo en pecado". Tampoco dijo: "Bueno, no hay que extrañarse de que tu *país* esté enfermo. Es el juicio de Dios con la relación de ustedes".
>
> En cambio, las palabras de Jesús son simples, claras y liberadoras para todos los que se han preocupado por lo que Dios piensa de las relaciones homosexuales. "Yo iré y le sanaré".[17]

¡Eso sí que es reescribir la Biblia! Eso sí que es leer las ideas propias en el texto y entender la Biblia basados en la homosexualidad más que en entender la homosexualidad basada en la Biblia. Esto es absolutamente clásico, y es realmente muy triste.

Así pues, a partir de esta simple narrativa sobre una sanidad, y basándose en una interpretación inexcusablemente gratuita de la palabra *pais* (después de todo, ¡en el Evangelio de Mateo Jesús es llamado el *pais* de Dios, su Padre), ahora "sabemos" que: (1) el soldado romano era gay, (2) su siervo actuaba como su amante gay (más específicamente, un amante adolescente comprado), (3) Jesús sabía todo eso, y (4) en lugar de reprenderlo o negarse a sanar al siervo del siervo-amante, obró un milagro y lo sanó.

Por lo tanto, de acuerdo con tal "interpretación", Jesús dio un ejemplo al aceptar a los homosexuales sin condenarlos y aprobando totalmente tal práctica. Y, como ya se ha dicho, llama la atención que el mismo Jesús que perdonó a la mujer sorprendida en adulterio pero le dijo: "Vete, y no peques más" (Juan 8:11), no le dijera tal cosa al soldado romano y a su joven juguete sexual (comprado y de su propiedad). En cambio, según la versión gay de la historia, Él básicamente dijo: "¡Sé sano y continúen la fiesta de amor (pederasta?)!" (Recordemos que Jesús nunca le pregunta cuántos años tiene el siervo, por lo que bien podría haber sido un chico bastante joven si su función principal era el de concubino, según lo alegado por estos intérpretes gays).

Parecería entonces que, de acuerdo con la interpretación bíblica gay, Jesús desaprobó el adulterio, pero sancionó la práctica de comprar un esclavo joven para tener relaciones sexuales entre personas del mismo sexo. ¿Pueden evaluaciones morales como esta ser llamadas nada menos que raras, en el sentido más negativo de la palabra?

Tratando de suavizar la fuerza de esto, Brentlinger afirma que "...*pais* en el contexto de Mateo 8 y Lucas 7, no indica amor ilícito entre un hombre adulto y un niño. Ninguna persona decente aprobaría tal comportamiento y ni Mateo ni Jesús apoyaban el abuso de menores en estos pasajes".[18] Al contrario, Mateo y Jesús supuestamente otorgaron poder a la actividad homosexual entre un soldado romano y su (probablemente) esclavo concubino adolescente. También esto es nada menos que una perversión de la Biblia y del Salvador.[19] (Y vuelvo a inquirir, ya que Jesús no pregunta en cuanto a la edad del *pais*, ¿cómo sabía que no era "amor ilícito entre un hombre adulto y un niño"?)

Toda esa interpretación es en realidad tan sin fundamento que no es siquiera mencionada en el estudio del *Nuevo Testamento para lesbianas, gays, bisexuales y transgénero*.[20] Y, repito, la palabra griega *pais* se encuentra en las Escrituras griegas (la Septuaginta y el Nuevo Testamento) aproximadamente noventa veces, y *ni una sola vez* tiene alguna connotación sexual, en contraste con su uso en algunos contextos no bíblicos. En cada uno de los casos, simplemente significa "hijo" o "sirviente", y por lo tanto, ni un solo léxico griego académico reconoce un significado sexual de *pais* en la Biblia en absoluto.

AL LEER DE NUEVO LAS ESCRITURAS

Al escribir el libro *Religion Is a Queer Thing* [La religión es una cosa rara], John McMahon cita un artículo de 1991 escrito por un pastor gay, Rev. Dr. Robin H. Gorsline. En el artículo "Bendigamos a nuestros ángeles: Una opinión sobre Sodoma desde una perspectiva liberadora feminista gay", Gorsline declaró:

> La liberación gay tiene profundas sospechas de los intentos, por muy bien intencionados, de tratar el tema de la homosexualidad en la Biblia. El problema no es la homosexualidad y si la Biblia la sostiene, condena o es neutral al respecto. Ni el testimonio canónico [es decir, ni el Antiguo Testamento ni el Nuevo Testamento] lleva alguna autoridad para la liberación gay en el tema de la homosexualidad. *La liberación gay interpreta la Escritura, no lo contrario.*[21]

Que cada "cristiano gay" sincero se detenga por un momento y vuelva a leer este comentario revelador: "La liberación gay interpreta la Escritura, no lo contrario". Y eso es exactamente lo que ha sucedido aquí, en este relato bíblico.

Lo que significa es esto: si abraza a este nuevo "Jesús"—que aprueba relaciones del mismo sexo, que es probable que hubiera incluso autorizado la pederastia, pero que por lo menos, facultó la utilización de un esclavo como concubino del mismo sexo—, usted está rechazando al Jesús de la Biblia. Dicho de otra manera, está rechazando al Señor. Aun así, por el bien de aquellos lectores que están realmente confundidos con el pasaje, vamos a tomar unos minutos más para revisar los detalles de la narración, la cual hace totalmente claro que la interpretación del amo-esclavo, concubino del mismo sexo es insostenible.

El profesor Robert Gagnon, máxima autoridad académica en cuanto a la Biblia y la práctica homosexual, hizo algunas observaciones notables sobre el texto. En primer lugar, señaló que *"El sexo con esclavos varones no [era] un fenómeno universal.* No todo funcionario provincial o romano tenía relaciones sexuales con su esclavo, así que Jesús no podía haber asumido que ese comportamiento estaba ocurriendo. Esto es especialmente cierto en la versión de Lucas, en la que el centurión es retratado como un paradigmático 'temeroso de Dios'".[22]

¡Exactamente! Es totalmente arbitrario suponer que ese soldado romano en particular, estaba participando en actos sexuales con su siervo más joven e incluso más arbitrario es pensar que Jesús simplemente supuso que el soldado y su criado estaban involucrados sexualmente. ¿Por qué iba a hacerlo? Y como veremos en breve, no hay nada que sugiera que estaba sucediendo una actividad sexual.

Piense en un pastor que viene a Jesús y le dice: "Señor, mi secretaria está muy enferma y al borde de la muerte. Ella es muy especial para mi ministerio, ha servido a nuestra iglesia por muchos años, por lo que te pido que vengas y la sanes".

¿Debería Jesús suponer que, como algunos pastores han tenido relaciones con sus secretarias, este en particular tiene una aventura con su secretaria y que le está pidiendo que la sane para seguir viviendo en adulterio? Sería lo mismo en el caso que estamos examinando, ya que no había ninguna razón para que Jesús supusiera que había actividad sexual entre el soldado romano y su criado.

"Pero", algunos pueden protestar que, "era mucho más común que los soldados romanos tuvieran sexo con sus criados varones más jóvenes, que lo que era que un pastor lo tuviera con su secretaria. Además, en la versión de la historia expresada por Lucas, el soldado dijo que ese siervo era *entimos* a él, es decir especialmente valioso. ¡Obviamente, tenían una tremenda relación andando!"

¿En serio? ¿No hay otra razón por la que el centurión pudiese estar tan preocupado por su siervo? ¿No es esa una manera de pensar muy obsesionada con el sexo? Además, según lo observado por uno de los mejores estudiosos de Lucas en el mundo, la palabra *entimos* "aquí significa 'honrado, respetado' ([Lucas] 14:8 ; Filipenses 2:29), en vez de 'precioso, valioso' (1 Pedro 2:4, 5), e indica por qué el centurión estaba tan preocupado por él; tal vez la propia preocupación de Lucas por los miembros inferiores de la sociedad también sea reflejada".[23] Él era un excelente sirviente, muy respetado por su amo, más que un juguete sexual ardiente.

Más relevante aun, como observó Gagnon: "El centurión es retratado como un paradigmático 'temeroso de Dios'",[24] también era conocido como un gentil justo. Es por eso que era capaz de enviar ancianos judíos a Jesús para interceder a su favor ya que, en sus propias palabras, "este hombre merece que le concedas lo que te pide: aprecia tanto a nuestra nación, que nos ha construido una sinagoga" (Lucas 7:4-5, NVI). Es un hombre de bien, decían ellos, un hombre que teme al Dios de Israel, y "merece que le concedas lo que te pide". ¡Esto no luce como un hombre que estaba violando regularmente a su esclavo más joven!

Por el contrario, de acuerdo con la reescritura gay del texto, los líderes judíos ruegan a Jesús a favor del centurión, diciéndole: "Por favor, este es un buen hombre que en realidad construyó una sinagoga para nosotros, así que por favor sana a su juguete sexual para que pueda continuar dándose gusto". ¿Puede cualquier lector objetivo tomar esto en serio? Como señala Gagnon:

> *Los ancianos judíos en Lucas 7 no podrían haber apoyado una relación homosexual.* Lucas añade el motivo por el que los ancianos intercedieron a favor del centurión (7:3-5). ¿Debemos argumentar que esos ancianos no tenían ningún problema con la relación sexual entre personas del mismo sexo, cuando cada una de las pruebas que tenemos sobre las opiniones judías acerca de tales relaciones en el período del segundo templo y más allá era incesantemente hostil a ese tipo de comportamiento (*The Bible and Homosexual Practice* [La Biblia y la práctica homosexual], pp. 159-183)?[25]

Además, Gagnon escribe:

> *Jesús habría tenido que haber respaldado la violación en ese caso.* Sabemos que la forma que gran parte de la relación homoerótica amo-esclavo tomó en el mundo grecorromano incluía no sólo la actividad sexual obligada, sino también la feminización forzada, incluyendo aun la castración. Por el razonamiento de los que le dan un giro prohomosexual a la historia, tendríamos que concluir que Jesús no tenía ningún problema con esa forma particular de explotación de las relaciones sexuales entre personas del mismo sexo en la medida en que no le dijo explícitamente al centurión que dejara de hacerlo.[26]

Estos argumentos son bastante concluyentes para todos, menos para los que tienen una agenda personal que dirige su interpretación. "Pero, ¿y qué de esa palabra *pais*?", pueden cuestionar algunos. "¿No prueba eso que la relación era sexual?"

Por supuesto que no. Aparte de esas narraciones en Mateo y Lucas, la palabra se utiliza un total de diecinueve veces en el Nuevo Testamento y, en todos los casos, *pais* simplemente significa "siervo", "hijo" o "niño", nada más. Aquí están los datos para que pueda ver por sí mismo:

+ Mateo 2:16—*pais* se refiere a los niños varones que Herodes mató en Belén.

+ Mateo 12:18—el Padre llama a Jesús "mi siervo" (*pais*).

+ Mateo 14:2—*pais* se refiere a los sirvientes del rey Herodes.

+ Mateo 17:18, Lucas 9:42—*pais* se refiere al hijo de un hombre que fue sanado por Jesús.

+ Mateo 21:15—*pais* se refiere a los niños alabando a Dios en el templo.

+ Lucas 1:54—Israel es llamado siervo de Dios (*pais*).

+ Lucas 1:69—David es llamado siervo de Dios (*pais*).

+ Lucas 8:51, 54—*pais* se refiere a la hija de Jairo, a quien Jesús resucitó de entre los muertos.

+ Lucas 12:45—*pais* se refiere a los criados de la casa de un hombre.

+ Lucas 15:26—*pais* refiere al siervo de un hombre judío.

+ Juan 4:51—*pais* se refiere al hijo de un noble romano, a quien Jesús sanó.[27]

+ Hechos 3:13, 26—Jesús es el *pais* de Dios (es decir, ya sea siervo o Hijo).

+ Hechos 4:25—David de nuevo es llamado siervo de Dios (*pais*).

+ Hechos 4:27, 30—Jesús se llama el siervo de Dios (*pais*).

+ Hechos 20:12—*pais* se refiere a un hombre joven a quien Pablo resucitó de entre los muertos.

Ni uno solo de estos contextos tiene la más mínima insinuación de cualquier connotación sexual, y este uso no sexual es típico para *pais* en toda la Septuaginta, la traducción griega del Antiguo Testamento. (La Septuaginta incluye los libros apócrifos que se encuentran hoy en las Biblias católicas).

En resumen, *ni una sola vez en toda la Biblia* el término *pais* se refiere a un siervo con alguna connotación sexual, y es utilizado aproximadamente noventa veces en los escritos de la Septuaginta y el Nuevo Testamento. Es por eso que nunca se le ocurrió ni a un solo comentarista o lexicógrafo en toda la historia de la Iglesia—lo que quiere decir, durante casi dos mil años—pensar que Jesús estuviera permitiendo a un soldado romano que continuara teniendo relaciones sexuales con su joven esclavo varón. Debo repetir: esto es una perversión de la Palabra de Dios y del Dios de la Palabra.

Sólo necesito establecer un punto más. Algunos comentaristas han sugerido que la palabra *pais* debe ser traducida como "niño", utilizada como un término cariñoso por un amo preocupado, destacando también la juventud del criado, pero sin implicar nada sexual. Sin embargo, en base en lo torcido de la lectura del texto—"Jesús, por favor sana a mi chico juguete"—, proclamado en vallas de activistas gays y en púlpitos que aprueban las relaciones del mismo sexo, esto sugeriría que la relación era probablemente pederasta por naturaleza.[28]

Dios no permita que contemplemos semejante blasfemia ni siquiera por un segundo. Dios nos libre de que cualquiera de nosotros permitamos que nuestra sexualidad degrade al hermoso y glorioso Salvador en términos tan horribles. La idolatría puede ser definida como la creación de un Dios a nuestra imagen. Eso es exactamente lo que ha sucedido aquí.

Capítulo 8

PABLO y la HOMOSEXUALIDAD

El argumento "cristiano gay": Cuando Pablo condenó la práctica homosexual en Romanos 1, hablaba de los actos sensuales que ocurrieron en los templos idólatras, y es posible que hasta se refiriera a la adoración a los ídolos, aquellos heterosexuales ardientes sexualmente a quienes Dios entregó a la homosexualidad. Además, las palabras griegas que utilizó en 1 Corintios 6 y 1 Timoteo 1 no tienen nada que ver con relaciones amorosas monógamas entre personas del mismo sexo.

La respuesta bíblica: Pablo vio la práctica homosexual como consecuencia directa del rechazo de la humanidad a Dios, algo contrario a su orden creado, por eso la enumera junto con muchas otras prácticas pecaminosas. Y si bien puede haber debate sobre el significado preciso de las palabras griegas que utilizó en 1 Corintios y 1 Timoteo, no hay absolutamente ninguna duda de que estaba condenando la práctica homosexual. La buena noticia es que declaró que la sangre de Cristo puede salvar a la gente del pecado homosexual.

PARECERÍA QUE LA opinión de Pablo sobre la práctica homosexual es muy clara; y claramente muy negativa. Después de todo, en 1 Corintios 6:9, explicó que ni los "homosexuales pasivos" [afeminados, en la RVR60] ni los "homosexuales practicantes" [que se echan con varones, en la RVR60] heredarán el reino de Dios, mientras que en Romanos 1, explicó cómo entregó Dios a la gente pecadora "a pasiones vergonzosas; pues aun sus mujeres cambiaron el uso natural por el que es contra naturaleza, y de igual modo también los hombres, dejando el uso natural de la mujer, se encendieron en su lascivia unos con otros, cometiendo hechos vergonzosos hombres con hombres, y recibiendo en sí mismos la retribución debida a su extravío" (vv. 26-27). ¡Esto parece bastante claro!

¿Cómo responden los teólogos gays? En primer lugar, nos dicen que las palabras que acabo de citar—en 1 Corintios 6:9—se refieren a prostitutas y pederastas homosexuales, por lo que Pablo no está abordando las relaciones gays monógamas (o sexo gay consensual, comprometido). En efecto, se nos dice que las dos palabras griegas traducidas por la Nueva Traducción Inglesa como "parejas homosexuales pasivas" y "homosexuales practicantes" no podrían incluso no estar relacionadas con actos homosexuales de ningún tipo, ya que existe un amplio debate acerca de lo que las palabras en cuestión significan.

En segundo lugar, los teólogos gays argumentan que el pasaje de Romanos 1, que parece ser tan claro, relaciona la práctica homosexual con la idolatría, lo que significa que son los actos sexuales envilecidos que ocurrían en los templos paganos los que Pablo menciona, no habla de dos hombres o mujeres cristianos que aman a Dios, se aman uno al otro y se unen sexualmente. Algunos incluso argumentan que Pablo está realmente hablando de heterosexuales encendidos sexualmente a quienes Dios entregó a la homosexualidad, *en contra de su naturaleza heterosexual*.

¿Hay algo de verdad en estas interpretaciones de "cristianos gays"? Antes de responder a esa pregunta, déjeme hacerle otras a cuenta mía, especialmente a aquellos que sí creen que la lectura "cristiana gay" de estos textos es correcta.

1. ¿Cree usted que es significativo que ningún comentarista saliera con algunas de las lecturas "cristianas gays" de Romanos 1 hasta después de la revolución sexual en la década de 1960 y el surgimiento del movimiento de liberación gay, a pesar de que había miles de libros escritos sobre Pablo por una amplia variedad de académicos, muchos de los cuales eran cualquier otra cosa menos fundamentalistas?

2. ¿Cree usted que es relevante que todos los diccionarios
   importantes del Nuevo Testamento Griego o griego clásico
   entendieron el vocabulario clave de Pablo (en particular, la
   palabra *arsenokoitēs*) para referirse a los hombres que man-
   tenían relaciones homosexuales, a pesar de que muchos de
   estos lexicógrafos eran cualquier otra cosa menos fundamentalistas y eran simplemente expertos en griego?

3. ¿Cree usted que es significativo que algunos eruditos líderes gays reconocen que Pablo rechazó categóricamente
   la práctica homosexual?

Vamos a pensar en cada uno de esos puntos por un momento, reconociendo que los escritos de Pablo—a lo sumo, trece cartas, o incluso
catorce, si escribió Hebreos—han sido objeto de escrutinio académico intenso durante muchos siglos, y los que estudian sus escritos varían devotos
seguidores de Cristo a escépticos y burladores. El rango de las diferencias
interpretativas entre esos estudiosos a menudo ha sido grande y algunas
de las interpretaciones que han ofrecido han sido absolutamente absurdas.
Sin embargo, antes de la revolución sexual y el aumento del activismo gay,
ninguno de esos estudiosos salió con esta lectura progay de sus escritos.

Algunos podrían decir: "Eso es porque Pablo no sabía nada acerca de relaciones homosexuales monógamas, ni tenía ningún concepto de la orientación homosexual. Lo mismo puede decirse de todos los intérpretes de
Pablo que vivieron antes de que nos enteramos de asuntos concernientes a
la orientación sexual en los pasados cuarenta o cincuenta años".

Pero, entonces, ¿no significaría eso que Pablo no estaba inspirado en
lo que escribió? ¿No significaría eso que él era culpable de condenar a los
inocentes con sus palabras?

Maestros religiosos gays probablemente dirían: "No, en absoluto. Él
sólo estaba condenando los actos homosexuales que sucedieron en situaciones de abuso o inmorales, como la pederastia y la prostitución, o la
que tuvo lugar en el contexto de la adoración a los ídolos en los templos
paganos. Los intérpretes de Pablo ante el movimiento de liberación gay
no captaron eso. Sólo vieron la homosexualidad a través de la lente de su
limitado entendimiento, y no tenían el concepto de las relaciones amorosas, comprometidas, a largo plazo entre personas que han nacido gay.

Por lo tanto, simplemente no se pueden aplicar las palabras de Pablo a las relaciones amorosas gays hoy en día".

Como expresa Robin Scroggs, profesor de Union Seminary (hablando de la Biblia como un todo, pero incluyendo los escritos de Pablo): *"Las sentencias bíblicas contra la homosexualidad no son relevantes para el debate de hoy*. No deben ser utilizadas más... no porque la Biblia no sea fidedigna, sino simplemente porque no se ocupa de los asuntos involucrados... Ni un solo autor del Nuevo Testamento considera [la homosexualidad] lo suficientemente importante como para escribir su propia oración sobre ella".[1]

Pero estas objeciones son muy débiles y, en realidad, están fatalmente viciadas, ya que se puede demostrar con facilidad que Pablo *sí* sabía de gente en su día (o en la literatura griega clásica que habría aprendido como ciudadano griego educado),[2] que estaba involucrada en relaciones sexuales duraderas entre el mismo sexo. Más importante aun, su condena a los actos homosexuales—tanto hombres como mujeres—es tan completa, que bajo ninguna circunstancia podría alguien imaginar que él iba a tolerar tales actos (o relaciones) en algún entorno, incluso si reconociera algo así como "identidad gay". Es por eso que un número de líderes gays y estudiosos simpatizantes de los gays coinciden en que Pablo condenó la práctica homosexual, punto; lo que nos lleva de nuevo a la pregunta: ¿No es curioso que nadie pensara en estas nuevas interpretaciones prohomosexuales de Pablo antes de la revolución sexual?

Recordemos que John Boswell, profesor de historia de la Universidad de Yale, antes de su muerte a causa del SIDA—a la edad de cuarenta y siete años—, sostuvo que durante gran parte de la historia de la Iglesia, las relaciones homosexuales fueron aceptadas e incluso bendecidas por esa institución, lo que significaría que hubo muchos "cristianos gays" prominentes a través de los siglos.[3] ¿Por qué entonces no se le ocurrió a ninguno de ellos que Pablo no estaba en contra de la práctica homosexual?

La respuesta, por supuesto, es que las afirmaciones de Boswell son totalmente falsas—de hecho, otros estudiosos han demolido sus afirmaciones[4]—razón por la cual ningún erudito de renombre pensó en negar que Pablo condenara la práctica homosexual antes del movimiento de liberación gay. Y así, estas nuevas lecturas no surgen del texto bíblico, sino que han sido leídas de nuevo en el texto por los teólogos gays en el contexto del deterioro moral de nuestra sociedad.

Cuando se trata de lexicógrafos, los estudiosos que compilan los diccionarios, ellos basan su trabajo en décadas de minucioso estudio de los textos y las palabras, tratando de evitar debates teológicos y haciendo su mejor esfuerzo simplemente para explicar el significado de las palabras en sus contextos específicos. Es trabajo detallado, laborioso. Mi tesis doctoral se centró en una raíz hebrea en su contexto antiguo del Cercano Oriente, y he escrito una serie de artículos de estudio de textos de los principales diccionarios teológicos. Por eso, mi respeto a esos destacados lexicógrafos es enorme. Se necesita un montón de trabajo arduo para hacer lo que hacen, y a menudo dedican una buena parte de su vida a completar sus proyectos léxicos.

Ellos no pueden tener intereses creados, no más que un profesor de matemáticas puede tener un interés personal en la enseñanza de los estudiantes de las tablas de multiplicar. Y si bien es cierto que hay textos a menudo en disputa y palabras difíciles de traducir, cuando se ven a todos los grandes diccionarios concordar sobre el significado de una palabra específica, eso es debido a que el significado de esa palabra es clara (¡en lugar de ser el resultado de alguna conspiración lexicográfica!). Cuando se trata del vocabulario de Pablo acerca de la homosexualidad, en particular la palabra *arsenokoitēs*, hay un acuerdo fundamental sobre el sentido de la palabra. Esto es también muy significativo.

Pero aquí está el truco (y tiene que ser desalentador para aquellos que quieren argumentar que Dios, en las Escrituras, bendice las relaciones homosexuales monógamas): algunos de los destacados estudiosos gays y simpatizantes de los gays en el mundo reconocen que Pablo rechaza categóricamente la práctica de la homosexualidad, lo que sería como un abogado de la defensa en un tribunal de justicia volviéndose hacia el juez y el jurado, diciendo: "Mi cliente se declara inocente, pero estoy aquí para decir que es culpable". Usted sabe que está en problemas.

Como lo señalara Pim Pronk, biólogo gay, teólogo y filósofo (y otra vez, hablando de las Escrituras como un todo, incluyendo los escritos de Pablo):

> En resumen: siempre que la relación sexual homosexual se menciona en las Escrituras, es condenada. Con referencia a ella el Nuevo Testamento no añade argumentos a los del Antiguo. El rechazo es una conclusión inevitable: la evaluación de la misma para nada constituye un problema. Obviamente, tiene que ser repetido de vez en cuando, pero el fenómeno, como tal, en ninguna parte se convierte en el foco de atención moral. Nunca se

condena en forma aislada, sino siempre en asociación con otros pecados principales: la falta de castidad, la violencia, la corrupción moral y la idolatría.[5]

Bernadette Brooten es una feminista lesbiana y una instruida profesora autora de un importante trabajo sobre el lesbianismo en el mundo antiguo titulado *Love Between Women: Early Christian Responses to Female Homoeroticism* [El amor entre mujeres: Respuestas paleocristianas al homoerotismo femenino]. Ella escribió en ese libro: "Veo a Pablo como condenando todas las formas de homoerotismo".[6]

Louis Crompton fue un "notable erudito de la literatura británica del siglo XIX y uno de los pioneros de los estudios gays".[7] En su libro *Homosexuality and Civilization* [Homosexualidad y civilización], escribió:

> De acuerdo con [una] interpretación, las palabras de Pablo no estaban dirigidas a los homosexuales "de buena fe" que tenían relaciones comprometidas. Pero tal interpretación, por muy bien intencionada que sea, parece tensa e históricamente inexacta. En ninguna parte Pablo ni cualquier otro escritor judío de ese período implica la menor aceptación de las relaciones homosexuales bajo ninguna circunstancia. La idea de que los homosexuales puedan ser redimidos por la devoción mutua habría sido totalmente ajena a Pablo o a cualquier otro judío o cristiano primitivo.[8]

Walter Wink era un erudito bíblico y teólogo activo en "cristianismo progresivo", famoso por sus puntos de vista liberales progays y contra la guerra. En el *Christian Century Review* [Análisis del siglo cristiano], escribió: "La Biblia es negativa respecto al comportamiento entre el mismo sexo, y no hay que darle más vueltas...Pablo no aceptaría una relación [homosexual no explotadora] ni por un minuto".[9]

Incluso el profesor Dan Vía, en un debate con el profesor Robert Gagnon (quien, como se recordará, es a menudo considerado como el máximo erudito bíblico "antigay" por teólogos gays), declaró: "El profesor Gagnon y yo estamos en un acuerdo sustancial en cuanto a que los textos bíblicos que tienen que ver específicamente con la práctica homosexual la condenan tajantemente. Sin embargo, en cuanto a la cuestión de lo que la iglesia podría o debería hacer con eso, diferimos notablemente".[10]

¡Esto no se ve bien para la posición "cristiana gay"!

Pero se pone aun peor para aquellos que afirman que, basado en una lectura justa y honesta de las Escrituras, Dios no está en contra de las relaciones comprometidas entre el mismo sexo. Incluso la enciclopedia GLBTQ en línea, que se anuncia como "la mayor enciclopedia del mundo de los gays, lesbianas, bisexuales y la cultura *queer* [rara]", y que abarca totalmente posiciones activistas gays estándar, afirma:

> La mala noticia de la Biblia cristiana es que condena el deseo por el mismo sexo y los actos del mismo sexo sin calificación de edad, género, rol, posición social, consentimiento o pertenencia a una comunidad étnica.
>
> Esto puede parecer menos drástico cuando recordamos que Pablo ilegalizó todo sexo, excepto aquel entre parejas casadas y prefirió para sí mismo el celibato al matrimonio.[11]

¿Entiende ahora por qué expuse la analogía sobre el abogado de la defensa diciendo al juez y al jurado que su cliente es realmente culpable de los cargos? ¡Esto es casi idéntico!

EL MENSAJE DE PABLO FUE CLARO

Al hablar sobre los escritos de Pablo, esta enciclopedia en línea de GLBTQ declara: "Los versículos de dos de las epístolas de Pablo son importantes para los hombres gays y las lesbianas. Desde los primeros días de la nueva religión, ellos dieron forma a las actitudes de los cristianos hacia la homosexualidad masculina y femenina. Sería difícil exagerar la importancia y la influencia de estos textos".[12]

Con respecto a Romanos 1:26-27, el artículo señala que:

> Al escribir en el 58 E.C. a los cristianos de Roma, Pablo amplió las prohibiciones de la Biblia hebrea para incluir actos del mismo sexo entre mujeres... Que Pablo quería condenar la homosexualidad femenina junto con la masculina es confirmado por el primer comentarista latino, un autor aún sin identificar que escribió alrededor del 370 y que era conocido como Ambrosiater o pseudo Ambrose.[13]

Sí, esta enciclopedia gay declara: "El lenguaje de Pablo reverberará, directa o indirectamente, en casi todas las referencias cristianas posteriores al eros del mismo sexo masculino y femenino".[14] Y con razón.

Y ¿qué decir de las palabras griegas en disputa en 1 Corintios 6:9-10?

Note cuidadosamente lo que explica el artículo sobre Pablo, y tengo que felicitar al autor de este artículo por su franqueza:

> Los significados de estos sustantivos griegos han sido objeto de un vivo debate, en gran parte provocado por autores gays deseosos de demostrar que Pablo y la iglesia primitiva no tenían la intención de condenar la homosexualidad tan fuertemente como se ha supuesto tradicionalmente, sino sólo un tipo degradado de pederastia asociada con la prostitución y el abuso infantil.
>
> Estudios recientes han demostrado de forma concluyente que los significados tradicionales asignados a estas palabras se mantienen. Lo mismo ocurre con las traducciones tradicionales: la traducción latina "de uso común en la iglesia" y, por lo tanto, conocida como la Vulgata, y la Versión del Rey Santiago [*King James*] en inglés (KJV).[15]

Algo de eso vale la pena repetirlo: El debate sobre el significado de estas palabras (que, como se señaló anteriormente, difícilmente fueron disputadas en los principales diccionarios griegos) fue "en gran parte provocado por autores gays deseosos de demostrar que Pablo y la iglesia primitiva no tenían la intención de condenar la homosexualidad tan fuertemente como se ha supuesto tradicionalmente". Por desgracia para ellos, "estudios recientes han demostrado de forma concluyente que los significados tradicionales asignados a estas palabras se mantienen".

Estimado lector, por favor, no deje que nadie lo engañe con la creencia de que Pablo no estaba hablando en contra de la práctica homosexual en general. Incluso la enciclopedia GLBTQ, la más grande del mundo en línea, dice que sí lo estaba, según lo confirmado por destacados estudiosos gays y simpatizantes de los gays, como se ve inmediatamente arriba.

Pero para eliminar toda duda, echemos un vistazo a los textos fundamentales en mayor profundidad, comenzando con 1 Corintios 6:9-11, que citaré aquí en la versión Palabra de Dios para Todos (PDT):

> ¿O acaso no saben que los que hacen el mal no van a tener parte en el reino de Dios? No se engañen a ustedes mismos. Ni los que practican el pecado sexual, ni los adoradores de ídolos, ni los que cometen adulterio, ni los hombres que se dejan usar para tener sexo con otros hombres [*malakoi*], ni los hombres que tienen sexo con ellos [*arsenokoitai*], tampoco los ladrones, ni los avaros, ni los

borrachos, ni los tramposos, ni los que maltratan a los demás con sus palabras, tendrán parte en el reino de Dios. Muchos de ustedes hacían eso, pero ahora han sido lavados y purificados. Ahora Dios los ha aprobado en el nombre del Señor Jesucristo y por el Espíritu de nuestro Dios.

Algunas traducciones, como la Versión Estándar en Inglés [*English Standard Version*], unen estas dos palabras griegas, *malakoi* y *arsenokoitai*, entendiendo que significan "hombres que practican la homosexualidad" (del mismo modo, la edición más reciente de la Nueva Versión Internacional 2011 en inglés traducen las dos palabras juntas como "hombres que tienen sexo con hombres"), pero la mayoría de las traducciones traducen cada palabra por separado. He aquí una muestra representativa:

+ Reina-Valera 1960: ni los afeminados, ni los que se echan con varones.
+ Reina Valera 1977: ni los afeminados, ni los homosexuales
+ Traducción en Lenguaje Actual: a los afeminados, a los hombres que tienen relaciones sexuales con otros hombres
+ Nueva Versión Internacional: ni los sodomitas, ni los pervertidos sexuales
+ Nueva Traducción Viviente: o son prostitutos o practican la homosexualidad.

Volviendo al período del segundo al tercer siglo d. C., la versión Peshitta, que es la traducción más antigua del Nuevo Testamento griego al arameo, traduce las palabras "[los] corruptos" y "hombres que se echan con varones", la Vulgata Latina, que data del siglo IV de nuestra era, traduce *molles* (técnicamente, la pareja receptiva en el coito anal) y *masculorum concubitores*, "hombres que se acuestan con varones".

Es totalmente claro, pues, que si bien puede haber diferencias de menor importancia en la traducción de estas palabras griegas, no hay absolutamente ninguna duda de que ellas hablan de forma categórica en contra de la práctica homosexual, a pesar de lo que afirman algunos teólogos gays. Pablo dice que los que practican esas cosas no heredarán el reino de Dios, hay que recordar que él ya había mencionado a los fornicarios (hablando de toda inmoralidad sexual fuera del matrimonio) y a los adúlteros (hablando de la inmoralidad sexual cometida por personas casadas) en su lista en 1 Corintios 6:9; así que, no habría necesidad de mencionar dos categorías más de pecadores sexuales a menos que fueran a distinguirse de estas dos primeras clases.

En resumen, la primera palabra *malakos* (plural, *malakoi*) significa literalmente "suave", y se usa en ese sentido en los versículos como Proverbios 25:15 (la blanda respuesta, en la Septuaginta) y Mateo 11:8 (vestiduras delicadas). Sin embargo, en otras partes de la antigua Grecia, el término se utiliza comúnmente para la pareja receptiva en el sexo homosexual, así como para los hombres que se vestían y actuaban como mujeres (de ahí la traducción "afeminados" en la versión Reina Valera, pero claramente no significaba un hombre que simplemente tenía algunos rasgos afeminados no intencionales).

La segunda palabra, *arsenokoitēs* (plural, *arsenokoitai*), se compone de dos vocablos griegos que significan "varón que se echa con varón", y es muy probable que se derivara de la Septuaginta, la traducción griega de las Escrituras hebreas (Antiguo Testamento) completada casi dos siglos antes de la época de Jesús. Allí, la traducción griega de la palabra hebrea para "echarse con varón" en Levítico 18:22 y 20:13 incluye las palabras *arsen* (varón) y *koites* (cama), lo que lleva a la palabra compuesta *arsenokoitēs*, varón que se echa con varón.

Significativamente, cuando las dos palabras *malakos* y *arsenokoitēs* se utilizan una al lado de la otra, las connotaciones sexuales son innegables, razón por la cual existe un acuerdo casi unánime en los principales diccionarios y traducciones, a pesar de haber algunas diferencias de menor importancia en los matices exactos de las palabras. Y esa es una de las razones por las que los estudiosos gays, como la profesora Brooten, citada anteriormente, podía decir: "Veo a Pablo como condenando todas las formas de homoerotismo". Para Brooten, ¡la conclusión lógica era rechazar la autoridad de Pablo en cuanto a la iglesia![16]

Ahora, podría citar todos los debates en los principales diccionarios para respaldar estos puntos en detalle, pero voy a permitir que la enciclopedia en línea GLBTQ hable por sí misma:

> *Malakoi* (Vulgata Latina: *molles*) no debería haber causado ningún problema. Existe amplia evidencia de que en los contextos sexuales, tanto en la época clásica como postclásica, *malakos* designaba a la pareja receptiva en un acto homosexual masculino,

un significado decisivo reconfirmado en la antigüedad tardía por el médico Celio Aureliano cuando nos dice que los griegos llamaban varones *malakoi* a quienes los latinos llamaban varones *molles* o *subacti*, es decir, que desempeñaban el papel receptivo en el coito anal.

Podemos decir con certeza que los malakoi de Pablo son varones— niños, jóvenes o adultos—que han consentido, ya sea por dinero o por placer, percibido por algunos como ventaja o como un acto de generosidad afectuosa, ser penetrados por hombres [énfasis añadido].

Arsenokoitai

La palabra es un sustantivo verbal, y su primera atestación se encuentra en este versículo de Pablo. Es un compuesto de *arsen* = "masculino" y *koités* = "un varón que se echa con (o camas)". Y tenemos, entonces, describiendo a Edipo, *metrokoités*, "un varón que se echa con su madre", *doulokoités*, "un varón que se echa con siervas o esclavas", *polykoités*, "un varón que se echa con muchos", y *onokoités*, "un varón que se acuesta con los burros", dicho de los cristianos en un grafito de Cartago del año 195, aproximadamente.

Arsenokoitai son, por lo tanto, "varones que se echan con varones", y *concubitores masculorum* (donde *masculorum* es un genitivo objetivo) de la Vulgata, traduce al griego exactamente para significar "varones que se echan con varones", "varones que duermen con varones", "varones que tienen relaciones sexuales con varones".

...La dependencia de los *arsenokoitai* de Pablo de las *arsenos koitén* levitas [Levítico 18:22] demuestra inequívocamente su fuente y confirma su significado. La palabra fue casi seguramente acuñada por los judíos de habla griega.[17]

Esta parte del artículo concluye diciendo: "Entendido en el contexto de lo que sabemos acerca del papel que juega en la mayoría de las relaciones antiguas del mismo sexo, *malakoi* son las partes receptivas y *arsenokoitai* los introductores en el coito anal entre varones".[18] Y esto, de nuevo, es de una obra de referencia de la GLBTQ, lo que nos recuerda lo inútil que es sugerir que Pablo habría estado de acuerdo con los hombres que tienen relaciones sexuales con hombres, siempre y cuando fuera en el contexto de una relación amorosa y comprometida. ¡Ni en sueños! Tales actos son contrarios a las intenciones de Dios para su creación, especialmente para los que querían servirle y agradarle.

Curiosamente, el *Study New Testament for Lesbians, Gays, Bi, and Transgender: with extensive notes on Greek word meaning and context* [Estudio del Nuevo Testamento para Lesbianas, Gays, Bi y Transexuales: con extensas notas sobre el significado y el contexto de palabras griegas], compilado por la lingüista Dra. A. Nyland, no traduce estas palabras griegas, traduce la primera con *cinaedi* y deja *arsenokoitēs* sin traducir.[19] Esto plantea la pregunta: Si las palabras claramente *no* se refieren a la práctica homosexual, ¿por qué no dejar eso en claro en la traducción? Ella explica, entonces, el significado de las palabras en las notas, escribiendo primero sobre "El Cinaedi" y dice: "*malakos*, 'hombre homosexual receptivo travesti promiscuo' o 'cobarde', por lo general considerado en este contexto con el significado del primero [*malakos*] debido a su proximidad a la siguiente palabra *arsenokoitēs*".[20]

En cuanto a *arsenokoitēs*, la Dra. Nyland explica: "La palabra no significa 'homosexual', sino más bien su alcance semántico incluye uno que penetra analmente a otro (femenino o masculino), violador, asesino o extorsionador. Cuando se utiliza en el sentido de 'penetrador anal', no se aplica exclusivamente a los hombres como los receptores, ya que también fue utilizado para receptores femeninos".[21]

Lo que esto significa es que, incluso en un estudio bíblico escrito y editado específicamente para los lectores de la comunidad LGBT y con sesgos obviamente progays en las notas, la traductora no puede escapar del hecho de que *malakos*, cuando se encuentra junto a *arsenokoitēs*, muy probablemente signifique "varón receptivo", "homosexual" o "travesti promiscuo", mientras *arsenokoitēs* en sí se refiere a "el que penetra analmente a otro" (o a un "violador, asesino o extorsionador", significados que han sido correctamente desechados aquí por casi todas las principales traducciones, antiguas y modernas, así como los principales diccionarios griegos).[22]

Nyquist incluso señala en su discusión de *malakoi* que "Tales hombres (y los *cinaedi* eran hombres maduros, no niños) eran retratados como travestis afeminados, muchos representados con ojalillos, joyería de mujeres y cosméticos; con gustos de mujeres en general".[23] Esto suena casi como una condenación de aquellos que se identifican como transgénero hoy en día, vistiéndose y actuando como lo opuesto a su sexo biológico, y sale directamente de las notas de un estudio GLBT del Nuevo Testamento.

El *Queer Bible Commentary* sostiene que la lista de Pablo de "injustos" en 1 Corintios 6:9-10, que también incluye a los fornicarios, adúlteros, borrachos, idólatras y estafadores, "no es *específicamente* descriptiva ni está dirigida a la actividad homosexual, ni tampoco, de hecho, a la actividad sexual en general".[24] Pero ello es claramente aferrarse desesperadamente a una esperanza en base a presuposiciones gays más que a una escolaridad desapasionada, imparcial. La evidencia lingüística y exegética está completamente en contra de ello.[25]

¿Y qué acerca del argumento de que es un buen salto del Corinto del siglo primero al mundo contemporáneo, especialmente en términos de nuestra comprensión de la sexualidad? El profesor Anthony Thiselton, uno de los principales estudiosos de Corinto en el mundo y autor de un comentario de 1492 páginas del texto griego de 1 Corintios, pone fin a esa noción:

> Los reclamos hechos a menudo de que "el tema de la 'homosexualidad'—orientación psicosexual—simplemente no era una cuestión bíblica" son confusos. Pablo se dirige a toda forma de "deseo", ya sea heterosexual o materialista, y distingue entre el anhelo apasionado y la acción (cf. [1 Cor.] 7:9). Es cierto que la "orientación homosexual" no figura como un fenómeno para el comentario explícito, pero desestimar el paralelo, por ejemplo, entre el deseo heterosexual y una relación heterosexual habitual ilícita es en sí mismo aislar las relaciones del mismo sexo de otros asuntos éticos de una manera que escritores [simpatizantes de gays y lesbianas] tales como Furnish, Scroggs, Boswell y Nelson con razón deploran. Muchos también afirman que la pederastia abusiva era la forma estándar en la que Pablo encontraba la intimidad masculina. Pero Wolff muestra que eso está lejos de ser el caso. Pablo presenciaba a su alrededor tanto las relaciones abusivas de poder o dinero *como* los ejemplos de "amor verdadero" entre hombres. No hay que malinterpretar el conocimiento "mundano" de Pablo.[26]

Thiselton luego concluye:

> Basados en la distancia entre el primer y vigésimo siglos, muchos se preguntan: "¿Es la situación abordada por el escritor bíblico realmente comparable a la nuestra?". Cuanto más de cerca examinan los escritores la sociedad grecorromana y el pluralismo de sus tradiciones éticas, más parece resonar la situación de Corinto con la nuestra.[27]

Como señaló Amy Orr Ewing, y hablando acerca de la Biblia como un todo:

> Aunque tanto el Antiguo como el Nuevo Testamento fueron dados en épocas que encontraban la actividad homosexual cultural y moralmente aceptable, los textos son contraculturales y exigen un estándar moral entre los creyentes diferente del estándar del mundo que los rodea. Sin dejar de reconocer que lo que la Biblia dice acerca de la práctica homosexual puede parecer controversial e impopular, es importante recordar que *también habría parecido controversial e impopular en el tiempo en que fue escrita.*
>
> Así que aunque la Biblia puede parecer "anticuada", la cultura en la que se escribió no era tan diferente de la nuestra.[28]

¡Este es un punto importante! La enseñanza de Pablo iba en contra de las normas culturales de su época también, sobre todo en el antiguo mundo grecorromano, que fue testigo de relaciones duraderas del mismo sexo y una homosexualidad masculina desenfrenada. Según lo explicado por la profesora Eva Cantarella en su libro *Bisexuality in the Ancient World* [La bisexualidad en el mundo antiguo]:

> En cuanto a Grecia, todo lo que hemos visto confirma que para un hombre griego, desde los tiempos más antiguos que las fuentes nos permiten examinar, las relaciones homosexuales eran parte de una experiencia de vida regulada por una serie de normas sociales que establecían las escalas de tiempo y la etiqueta de esas relaciones, y su alternancia con las relaciones heterosexuales.[29]

Y señaló: "Al igual que los griegos, los romanos también sentían que era normal que un hombre tuviera relaciones sexuales con otros hombres y así como con las mujeres".[30] Fue en ese contexto que Pablo presentó esta nueva y elevada ética de vida en el Espíritu para los seguidores de Jesús.

Por último, volviendo al significado de *malakoi* y *arsenokoitai*, el profesor Thiselton, en medio de un debate muy profundo acerca de los asuntos relevantes en su artículo "¿Puede la hermenéutica aliviar el desacuerdo?" (en el volumen cuidadoso y compasivo, *The Way Forward? Christian Voices on Homosexuality and the Church* [¿El Camino a seguir? Voces cristianas sobre la homosexualidad y la Iglesia]), reconoció que "La traducción de las palabras griegas *malakoi* y *arsenokoitai* se ha vuelto notoriamente controversial",[31] pero la controversia, por supuesto, ha sido impulsada por las preocupaciones de los teólogos gays y sus aliados. La realidad, sin embargo, es simple:

> Ninguna cantidad de manipulación lexicográfica sobre *malakoi* puede evitar el significado claro de *arsenokoitai* como la actividad de los varones (*arsen*) que tienen relaciones sexuales, duermen con (*koitês*) otros varones.
>
> [También] la opinión de que una o ambas palabras griegas se refieren sólo a la pederastia o a la prostitución masculina por pago, tan defendida por Kenneth Dover, Robin Scroggs y otros, no puede soportar la batería de argumentos lingüísticos detallados presentados en su contra por un número de especialistas en lingüística e historia. Además, ciertamente viola el tema del contexto que ha surgido de un agarrar general más allá de los límites ordenados frente a lo que Dios asigna como el deber del yo que caracteriza a cada otro acto habitual en la lista, culminando con el rechazo de Pablo a la consigna de Corinto dentro de la iglesia: "Yo tengo el derecho de hacer cualquier cosa" o "todo me es lícito".[32]

Así que, parece que muy poco ha cambiado. Lo que Pablo escribió fue claro y directo tanto entonces como ahora; sin embargo, cristianos profesantes hoy en día, al igual que en los días de Pablo, responden con: "¡Yo soy libre en Jesús! ¡No estoy bajo la ley! ¡Tengo el derecho de hacer cualquier cosa!". Volveremos a este tema en el último capítulo del libro.

LA PRÁCTICA HOMOSEXUAL Y ROMANOS 1

A medida que nos dirigimos a Romanos 1, parecería que la condena de Pablo a la práctica homosexual es aun más clara, ya que a diferencia de las palabras individuales enumeradas en 1 Corintios 6:9-10, la discusión de Pablo en Romanos 1 en realidad describe los actos homosexuales, tanto entre hombres como entre mujeres, como contrarios a la naturaleza, depravados sexualmente, y el resultado del juicio de Dios. Para dar un contexto más amplio, vemos que Pablo comienza esta sección en Romanos 1:18, donde declara que "la ira de Dios se revela desde el cielo contra toda impiedad e injusticia de los hombres que detienen con injusticia la verdad". Observe con cuidado que está hablando aquí de la raza humana como un todo (en vez de enfocarse en los adoradores de ídolos en la ciudad de Roma).

Pablo entonces explica que la revelación de Dios en la naturaleza es tan clara que la gente que lo niega no tiene excusa (vv. 19-20) y, por lo tanto, a pesar de conocer la realidad de Dios, ellos lo niegan neciamente, adorando a la creación antes que al Creador (vv. 21-23). "Por lo cual", escribe Pablo, "también Dios los entregó a la inmundicia, en las concupiscencias de sus corazones, de modo que deshonraron entre sí sus propios cuerpos, ya que cambiaron la verdad de Dios por la mentira, honrando y dando culto a las criaturas antes que al Creador, el cual es bendito por los siglos. Amén" (vv. 24-25). Una vez más, Pablo no está hablando de exmonoteístas en Roma que se apartaron de Dios para adorar a los ídolos, y que como resultado de ello Dios los entregó a la impureza sexual entre ellos. Él está hablando del descenso de la raza humana al pecado.

Continúa Pablo escribiendo: "Por esto Dios los entregó a pasiones vergonzosas; pues aun sus mujeres cambiaron el uso natural por el que es contra naturaleza, y de igual modo también los hombres, dejando el uso natural de la mujer, se encendieron en su lascivia unos con otros, cometiendo hechos vergonzosos hombres con hombres, y recibiendo en sí mismos la retribución debida a su extravío" (vv. 26-27). Esta parece ser la condena más directa y completa de la práctica homosexual en la Biblia, la que ha preocupado a los "cristianos gays" a través de los años.

En respuesta, los teólogos gays dirían: primero, estos versículos deben ser interpretados en el contexto de la adoración a los ídolos y nosotros claramente no somos adoradores de ídolos. En segundo lugar, no seguimos esta pauta de descenso a la depravación, comenzando con la idolatría, a continuación, la lujuria heterosexual, degenerándose aun más en la lujuria homosexual. Siempre hemos estado atraídos románticamente por el mismo sexo, y el amor mutuo que nos tenemos no es diferente del que dos cristianos heterosexuales se tienen uno al otro. En tercer lugar, no es contrario a nuestra naturaleza el ser homosexual, pero sería contrario a la naturaleza para un heterosexual participar en actos homosexuales, y eso es obviamente lo que Pablo estaba hablando.

Según lo expresado por Matthew Vines, un "cristiano gay" profesante de un poco más de veinte años de edad, cuyo vídeo enseñando sobre este tema se ha difundido como virus:

> Tanto los hombres como las mujeres comenzaron con la heterosexualidad—ellos estaban naturalmente inclinados a ella, tal y como estaban naturalmente propensos al conocimiento de

Dios—pero rechazaron sus inclinaciones naturales originales, por aquellas que eran antinaturales: para ellos, fue el comportamiento homosexual. El argumento de Pablo acerca de la idolatría requiere que haya un intercambio; la razón, dice él, de que los idólatras sean culpables se debe a que primero conocieron a Dios, pero luego se apartaron de Él, lo intercambiaron por los ídolos. La referencia de Pablo al comportamiento homosexual está destinada a ilustrar el pecado más grande de idolatría. Pero para que esa analogía tenga alguna fuerza, para que tenga sentido dentro de este argumento, la gente que él está describiendo deben comenzar de forma natural con las relaciones heterosexuales y luego abandonarlas. Y así es exactamente como lo describe.

Sin embargo, eso no es de lo que estamos hablando. La gente gay tiene una orientación natural y permanente hacia los del mismo sexo, no es algo que ellos elijan, no es algo que ellos puedan cambiar. No están abandonando ni rechazando la heterosexualidad; para empezar, eso nunca es una opción para ellos. Y si se aplica a las personas gays, el argumento de Pablo aquí en realidad debería funcionar en la otra dirección: Si el punto de este pasaje es reprender a aquellos que han despreciado su verdadera naturaleza, ya sea religiosa cuando se trata de la idolatría o sexual, entonces, al igual que los que son naturalmente heterosexuales no deberían estar con los de su mismo sexo, así también, los que tienen una orientación natural hacia el mismo sexo no deberían estar con los del sexo opuesto. Para ellos, eso sería intercambiar "lo natural para lo antinatural" en la misma forma. Tenemos diferentes naturalezas cuando se trata de orientación sexual.[33]

¿Cómo podemos responder justa y sinceramente a estas objeciones? Sigamos leyendo Romanos 1 antes de volver a estas preguntas. Pablo concluye el capítulo con estas palabras:

> Y como ellos no aprobaron tener en cuenta a Dios, Dios los entregó a una mente reprobada, para hacer cosas que no convienen; estando atestados de toda injusticia, fornicación, perversidad, avaricia, maldad; llenos de envidia, homicidios, contiendas, engaños y malignidades; murmuradores, detractores, aborrecedores de Dios, injuriosos, soberbios, altivos, inventores de males, desobedientes a los padres, necios, desleales, sin afecto natural, implacables, sin

misericordia; quienes habiendo entendido el juicio de Dios, que los que practican tales cosas son dignos de muerte, no sólo las hacen, sino que también se complacen con los que las practican.

—ROMANOS 1:28-32

Ahora, una cosa es evidente de inmediato y confirma lo que ya he señalado. Pablo no se está simplemente refiriendo a los pecados que la gente comete en el contexto de la adoración a los ídolos en un templo pagano. Se refiere a los pecados de la raza humana en su conjunto, aquellos que—él explica—son el resultado de nuestro rechazo al único Dios verdadero que en consecuencia, nos entregó a los pecados de la carne y los pecados del corazón. Deténgase un momento y vuelva a leer los versículos que acabamos de citar. ¿Hay alguna duda de que Pablo estaba hablando de la universalidad del pecado humano? Y, ¿hay algo en esta lista—de promiscuidad heterosexual hasta actos homosexuales (hombres y mujeres) a "perversidad, avaricia, maldad" y "envidia, homicidios, contiendas, engaños y malignidades", hasta personas que son "murmuradores, detractores, aborrecedores de Dios, injuriosos, soberbios, altivos, inventores de males, desobedientes a los padres, necios, desleales, sin afecto natural, implacables, sin misericordia"— que aparezca aquí que *no* es pecado dondequiera que se encuentre, ya sea en el contexto de la idolatría o en el de la vida cotidiana? Obviamente no.

La derivación de esto es clara: Pablo no estaba hablando específicamente sobre los actos homosexuales que sucedían en los templos paganos cuando la gente adoraba ídolos y participaban en la promiscuidad sexual.[34] Él hablaba de manera general sobre los actos homosexuales, tanto de hombres como mujeres, acusándolos de pecaminosos en los términos más enérgicos posibles. Esto también significa que no estaba afirmando que todas las personas que se dedicaban a esos actos lo hicieran porque estaban encendidos en su lujuria y depravación. Más bien, él estaba explicando cómo esas cosas se volvieron parte de la raza humana: Son resultado de que Dios nos entrega a nuestros propios caminos, caminos que nunca son los mejores.

Una analogía similar puede hacerse respecto a la enfermedad y la dolencia, que siempre son, en sí mismas, condiciones negativas, no positivas.[35] La enfermedad entró en nuestro mundo a causa del pecado humano, y a veces nos afecta a los individuos como resultado directo de decisiones pecaminosas que tomamos. Pero muchas veces la enfermedad y la dolencia no están relacionadas con decisiones que tomamos (piense en un bebé discapacitado nacido de padres piadosos que viven estilos de vida saludables).

Y así, si bien es correcto decir que la enfermedad está en el mundo a causa del pecado, sería un error decir que toda enfermedad es resultado de un pecado específico. A la vez, todavía reconocemos la enfermedad como mala e intentamos tratarla y evitarla en lugar de celebrarla.

De la misma manera, si no fuera por el pecado humano y la caída de Adán, no habría deseos homosexuales en el mundo, a pesar de que la gran mayoría de las personas que experimentan atracción por el mismo sexo no eligieron eso conscientes (o cometieron pecados específicos) para tener esas atracciones. De manera similar, si no fuera por el pecado humano y la caída de Adán, no tendríamos una propensión natural a la pereza, la gula, a dormir demasiado o al egoísmo, ni el hombre promedio, heterosexual felizmente casado tendría que ejercer disciplina para no codiciar otras mujeres. El resultado final, de nuevo, es que los actos homosexuales son contrarios al orden y diseño de Dios; y sólo están en el mundo a causa de nuestra naturaleza caída y rota.

Esto se hace aun más evidente cuando analizamos los dos versículos clave en este capítulo, comenzando con el 26: "Por esto Dios los entregó a pasiones vergonzosas; pues aun sus mujeres cambiaron el uso natural por el que es contra naturaleza". El profesor James D. G. Dunn, uno de los estudiosos paulinos más importantes del mundo y autor de un comentario importante sobre el libro de Romanos, explica que la segunda mitad de este versículo quiere decir: "Pues sus mujeres cambiaron la función natural por lo que es contrario a la naturaleza". A continuación, él explica, "Tanto θήλειαι y ἄρσενες (v. 27), 'hembras, varones', se utilizan presumiblemente debido a que Pablo piensa, en particular, en la relación sexual de ellos y, ciertamente, en su compatibilidad sexual (cf. Marcos 10:6 //Mateo 19:4; Génesis 1:27; Gálatas 3:28)".[36]

¿Entiende el significado de esto? Pablo *no* está diciendo que las mujeres heterosexuales se involucraron en sexo lésbico contrario a su naturaleza heterosexual, un concepto que no sólo es contrario al uso griego y al contexto (como demostraremos), sino que también se basa en concepciones contemporáneas acerca de la orientación sexual, las cuales habrían sido ajenas a Pablo. Después de todo, son los teólogos gays los que constantemente nos recuerdan que Pablo no sabía nada sobre "orientación sexual" o acerca de gente que es "nacida gay"; aunque, como hemos señalado anteriormente, sin duda sabía de parejas del mismo sexo que sostenían relaciones de largo término.[37] No, el griego está hablando de mujeres que abandonaron la función natural de sus cuerpos—hechos para hombres y no para mujeres—un pensamiento que Pablo continúa en el versículo siguiente. Según la traducción de Dunn, "De la misma manera, también los varones abandonaron la función natural de la hembra" (Romanos 1:27).[38] ¡El punto de Pablo es muy claro!

El hecho es que, no hace falta tomar un grado avanzado en biología para reconocer que Dios diseñó cuidadosamente a los hombres para las mujeres y a las mujeres para los hombres (ver también el capítulo 4), que sólo un hombre y una mujer pueden reunirse en la intimidad sexual, cara a cara, y consumar su relación sexual; que sólo un hombre y una mujer pueden producir un hijo; y que sólo una mujer puede llevar en ella a ese bebé, y alimentar de una manera singular al bebé cuando nace.

Como señalé en mi debate con el activista "cristiano gay" Harry Knox: "Hay un no sé qué en cuanto a mirar a su cónyuge en un abrazo de amor, fusionándose en la unión sexual, y luego experimentar el milagro de un niño que combina de una forma única esas dos vidas. Una pareja homosexual no podrá experimentar esto y, para mí, esta es una causa de dolor, no de acción de gracias".[39]

A continuación, ofrecí esta ilustración para respaldar el punto que estaba haciendo:

El periódico *LA Times* informó en diciembre del año 2007 acerca de dos hombres homosexuales que desesperadamente querían tener un hijo. Su intento "para traer un niño al mundo involucró a una mujer que apenas conocían. Después de la fertilización de sus óvulos *in vitro* usando el esperma de ambos hombres, otra mujer llevaría los embriones resultantes a término. No tenían ni idea de quién sería el ADN ganador. [El nacimiento de su hijo Jansen] marcó el final de un proceso de cuatro años que involucró tres accesos para retirar huevos, 65 huevos, siete intentos de fertilización, tres madres sustitutas y más de 200.000 dólares en gastos".

...El periódico *Times* informó que cuando finalmente tuvieron éxito y produjeron un bebé varón, "En cuanto a la identidad del padre biológico, ellos prefieren no saber...

"Mientras que la nueva familia se instala en su casa en Atlanta, la madre sustituta continúa bombeando y congelando la leche materna para Jansen. Cada semana ella envía botellas de Massachusetts a Georgia empacada en hielo seco".

No me cabe duda de que esos dos hombres son padres cariñosos, pero toda la historia pone claramente de manifiesto que Dios no bendice a su creación humana con la homosexualidad. ¿Y qué pasa con aquellos que no pueden pagar 200.000 dólares para producir un niño? ¿Y qué decir del hecho de que un niño ha sido traído al mundo por elección humana, al que se le garantiza que no tendrá una madre o incluso que no sabrá con certeza quién es su padre? ¿Es esto una bendición? ¿No puede ver la belleza, la sabiduría y la sencillez de la complementariedad hombre-mujer?[40]

Una vez vi un documental de televisión con una pareja gay que ya tenía un hijo y quería un segundo bebé. Parecían muy buenos chicos y ciertamente parecían amar al niño que estaban criando. Ahora era el momento para el bebé número dos.

Así que, los dos hombres se encontraron con una pareja de lesbianas, y los cuatro se sentaron en la mesa a hablar de su plan: uno de los hombres proporcionaría su semen para fecundar artificialmente a una de las mujeres, que entonces llevaría al bebé y se lo daría a los hombres gays para su adopción al momento del nacimiento. (Que conste, la pareja de lesbianas parecía muy dulce también). Así que hablaron en detalle de todo el plan (ligeramente incómodo, por lo que recuerdo), y luego discutieron cuál sería el precio—¿la madre quería algo así como setenta mil dólares?— y acordaron proseguir.

Mientras observaba ese programa con mi esposa, Nancy, le dije (con dolor): "¡Esta obviamente no es la intención de Dios!".

Después de todo, lo normal es que el hombre se case con la mujer que ama, tenga relaciones sexuales con ella y produzca un niño que es el fruto singular de su unión sexual y de sus dos vidas unidas entre sí, en vez de que un hombre se siente a la mesa frente una mujer que va a ser la madre biológica de su hijo (sólo para que esa mujer no tenga ninguna relación con ese niño por el resto de su vida) y que ella sea embarazada a través de un procedimiento médico (a pesar de que ambos estén perfectamente sanos y físicamente capaces de producir un bebé entre ellos a través de medios naturales), y además pagar una gran suma de dinero para que ella lleve el bebé.[41] Repito: eso no es lo que Dios quiso para su creación hombre-mujer.

Pablo enfatiza eso usando las palabras griegas para "varón" y "hembra" en vez de los términos más comunes de "hombre" y "mujer". De hecho, Pablo sólo utiliza los términos "hombre" y "mujer" en Romanos 1:26-27 y luego en Gálatas 3:28,[42] mientras que a menudo utiliza los nombres griegos de "varón" y "hembra" en sus escritos.[43] Y note esto con cuidado: la primera vez que los términos "varón" y "hembra" aparecen en la Biblia griega se encuentran en Génesis 1:27: "Y creó Dios al hombre a su imagen, a imagen de Dios lo creó; varón y hembra los creó".

Sí, Pablo está hablando del orden creado por Dios, acerca de las funciones naturales de los hombres y las mujeres, no sobre la gente que hace de forma individual lo que era (supuestamente) contrario a sus atracciones sexuales normales, como argumentan algunos teólogos gays. (Una vez más, a nadie en la historia jamás se le ocurrió esta idea descabellada y totalmente falsa hasta después de la revolución sexual de la década de 1960).

Pero hay más: la otra vez en el Nuevo Testamento que se encuentran las palabras griegas para "varón" y "hembra" es en los labios de Jesús cuando afirmó la intención de su Padre en cuanto al matrimonio, es decir, un hombre y una mujer unidos juntos de por vida, donde citó Génesis 1:27, que acabo de citar. (Ver Mateo 19:4, Marcos 10:6). Y así, sin lugar a dudas, cuando Pablo habla de mujeres y hombres que hacen lo que era contrario a la naturaleza y el abandono de su función natural, él estaba diciendo que *los actos homosexuales son contrarios al orden creado por Dios.*

Como se explica en el *New International Dictionary of New Testament Theology* [Nuevo Diccionario Internacional de Teología del Nuevo Testamento], "la *physis* [naturaleza] destaca mucho más por el orden normal de la naturaleza, la cual determina la diferencia entre los sexos. Dios ha entregado a los idólatras, por lo que ellos han intercambiado la relación sexual natural (*physiken*) entre el hombre y la mujer por la no natural (*para physin*, Romanos 1:26)".[44] Para citar Romanos 1:26-27 de nuevo (pero esta vez aclarando estas palabras griegas clave entre corchetes), "Dios los entregó a pasiones vergonzosas. En efecto, las *mujeres* [hembras] cambiaron las relaciones naturales por las que van contra la naturaleza. Así mismo los *hombres* [varones] dejaron las relaciones naturales con la *mujer* [hembra] y se encendieron en pasiones lujuriosas los unos con los otros. *Hombres* [varones] con *hombres* [varones] cometieron actos indecentes, y en sí mismos recibieron el castigo que merecía su perversión" (NVI). Para decirlo una vez más: Pablo está enseñando que las *hembras* "cambiaron las relaciones naturales por las que van contra la naturaleza"; no heterosexuales cambiaron las relaciones naturales por las que van contra la naturaleza. "Así mismo", escribe, "los *varones* dejaron las relaciones naturales con la *hembra*".

Pero hay una cosa más que Pablo dice para enfatizar este punto. Comenzando unos pocos versículos antes, en Romanos 1:20, Pablo apunta de nuevo a la creación: "Porque desde la creación del mundo las cualidades invisibles de Dios, es decir, su eterno poder y su naturaleza divina, se perciben claramente a través de lo que él creó, de modo que nadie tiene excusa" (NVI). Entonces, como fuera señalado por el profesor Gagnon, existe una relación inequívoca entre Romanos 1:23 y Génesis 1:26 (en la Septuaginta). Basta con mirar estos dos versículos, uno al lado del otro.

* Romanos 1:23: "Y cambiaron la gloria del Dios inmortal por la semejanza [*homoiomati*] de la imagen [*eikonos*] de un humano mortal [*anthropou*] y de las aves [*peteinon*] y de animales cuadrúpedos [*tetrapodon*] y de reptiles [*herpeton*]" (traducción de Robert A. J. Gagnon).

* Génesis 1:26 (en la Septuaginta): "Hagamos un ser humano [*anthropon*] de acuerdo con nuestra imagen [*eikona*] y conforme a nuestra semejanza [*homoiosin*]; que tenga dominio sobre los peces del mar, y las aves [*peteinon*] del aire, y el ganado [*ktenon*], y sobre toda la tierra, y sobre todos los reptiles [*herpeton*] que se arrastran sobre la tierra".[45]

La superposición en el vocabulario es innegable, continuando con el uso de *arsen* (varón) y *thelus* (hembra) en Génesis 1:27 y Romanos 1:26-27, lo que consolida la conexión entre Génesis 1 y Romanos 1 haciendo absolutamente claro que Pablo está diciendo que los actos homosexuales (ya sean de varones o hembras) son contrarios al orden natural planeado por Dios para su creación; y eso se aplica ya sea que ellos sean promiscuos o monógamos. Esos actos están mal a los ojos de Dios en cualquier manera, en cualquier situación y entorno.[46]

En las palabras del teólogo (no fundamentalista) alemán Ernst Käsemann, "la perversión moral es el resultado de la ira de Dios, no la razón de ello".[47] O, como lo expresa otro teólogo (no fundamentalista) alemán, Wolfhart Pannenberg: "Las evaluaciones bíblicas de la práctica homosexual son inequívocas en su rechazo". Y "todo el testimonio bíblico incluye, sin excepción, la práctica de la homosexualidad entre los tipos de comportamiento que dan una expresión particularmente llamativa al alejamiento de la humanidad de Dios".[48]

ENCENDIDOS EN PASIONES

¿No es mejor tragar esta píldora difícil e ir al Padre por ayuda y gracia en vez de vivir en la negación y torcer las Escrituras? Tal vez alguno de ustedes que leen este libro ha estado tratando de convencerse de que las interpretaciones gays de Romanos 1 eran correctas, pero en el fondo tenía preguntas que no podía resolver. ¡Ahora ya sabe por qué! Pero no se desespere. Nuestro Padre celestial está esperando para tomarle en sus brazos, derramar su amor por usted y, por medio de su hijo Jesús, usted encontrará todo lo que necesita.

Y ya que estoy siendo tan sincero y directo como me es posible—aunque oro que sea con misericordia, gracia y compasión—, necesito traer a colación un tema más difícil. ¿Podemos seguir juntos en este viaje?

Estoy plenamente consciente de que hay un pecado sexual grande, pervertido, fuera de control *entre los heterosexuales*, y por eso a través de las décadas, como heterosexual, he predicado contra la lujuria heterosexual, el adulterio, la pornografía y el divorcio no contencioso, usando muchos ejemplos de la Escritura, la historia y la sociedad contemporánea, que se consiguen muy fácilmente. Y estoy plenamente consciente de que existen constantes escándalos que involucran maestras de escuela y sus estudiantes varones; de hecho, tenemos una epidemia de estas uniones heterosexuales pecaminosas en Estados Unidos hoy. Así que, para ser perfectamente claro, los homosexuales no tienen el monopolio del pecado sexual, y no tengo ninguna duda de que hay parejas homosexuales que tratan de vivir moralmente (creyendo que las relaciones homosexuales monógamas y comprometidas son bendecidas por Dios), y hay parejas heterosexuales que viven de manera bastante inmoral.

Pero también es innegable (y bien documentado) que los hombres homosexuales y bisexuales son, en promedio, mucho más promiscuos que sus contrapartes heterosexuales (y mucho más propensos a participar en encuentros sexuales anónimos, algunos incluso apuntando a esa "libertad" sexual como algo positivo), mientras que incluso las lesbianas son, en promedio, más promiscuas que sus contrapartes heterosexuales.[49]

Cuando escribí mi libro *A Queer Thing Happened to America*, hice algunas preguntas para ayudar a explicar por qué esto es así:[50]

En primer lugar, ¿es cierto que los hombres, en general, están más enfocados en el sexo que las mujeres? Creo que hay un acuerdo generalizado de que esto es verdad.[51] En segundo lugar, ¿tienen las mujeres un efecto sosegador, amansador, en los hombres cuando sostienen una relación comprometida? Una vez más, creo que esto también es generalmente reconocido como verdadero.[52] Como pregunta el apologista cristiano Frank Turek: "¿Cuántos hombres casados conoce usted que vagan por los vecindarios en pandillas?"[53] Por lo tanto, combinando estas dos preguntas, si los hombres están más excesivamente enfocados en el sexo que las mujeres, y si los hombres gays no experimentan los efectos atenuantes de una relación comprometida duradera con una mujer, ¿no es probable que los hombres gays sean especialmente promiscuos? Esto no es debido a que son especialmente malos, es simplemente un corolario lógico de ser un hombre gay, como ha sido señalado con jactancia por el columnista de sexo gay Dan Savage: "La gente gay sabe más de sexo que los heterosexuales, tienen más relaciones sexuales que los heterosexuales, y son mejores en eso que los heterosexuales".[54]

Llevemos esto un poco más allá. El sexo heterosexual es inherentemente procreativo por naturaleza, aun cuando todos los casos de relaciones sexuales no den lugar a niños, así que hay una gran parte de procreación con el sexo para los heterosexuales, además del lado íntimo y sensual. Por el contrario, la dimensión procreativa del sexo está inherentemente ausente en las relaciones homosexuales, en todos los casos, sin excepción. Así, junto con el lado íntimo de una relación sexual y romántica, el sexo mismo puede fácilmente tomar un papel más dominante en las relaciones gays. ¿No sería este aspecto de la sexualidad en las relaciones homosexuales, naturalmente, el que llevaría a más promiscuidad y a un mayor énfasis en el sexo mismo?

Y en cuanto a los hombres gays se refiere, no tienen compañeros que tengan que hacer frente a los diversos aspectos de la feminidad y de la maternidad, los cuales también tienen un efecto atenuante en las relaciones matrimoniales heterosexuales. Esto también pone el énfasis más directamente en el sexo mismo, como fue explicado por el activista y autor gay Michael Bronski, que señaló con aprobación que "la homosexualidad ofrece una visión del placer sexual completamente divorciada de la carga de la reproducción: el sexo por sí mismo, una destilación del principio del placer".[55]

Un amplio estudio de 1987 sobre SIDA, realizado por el *Multicenter AIDS Cohort Study* indicó que más de las tres cuartas partes de los casi 5.000 hombres gays entrevistados "reportaron tener cincuenta o más parejas sexuales en su vida, y más del ochenta por ciento se habían involucrado en el coito anal receptivo con al menos algunas de sus parejas en los dos años anteriores".[56] Una encuesta en 1997 de 2.583 hombres homosexuales sexualmente activos en Australia—y por lo tanto casi veinte años después de que el SIDA fuera reconocido—reveló que "Sólo el quince por ciento de los hombres reportaron haber tenido menos de once parejas sexuales hasta esa fecha, mientras que en el otro extremo del espectro, el quince por ciento tenía más de 1000 parejas sexuales. Un asombroso ochenta y dos por ciento tienen más de cincuenta parejas y casi el cincuenta por ciento tienen más de cien".[57]

Un importante estudio titulado *"Sexo en los Estados Unidos"* indicó que los gays y las lesbianas, combinados como un solo grupo, tenían doce veces más parejas sexuales que los heterosexuales y *siete veces* más parejas sexuales en los doce meses anteriores al estudio. Aun más sorprendente era el hecho de que las parejas heterosexuales eran *cuarenta y una veces* más propensos a ser monógamos que las parejas homosexuales.[58] De hecho, en el volumen *The Male Couple* [La pareja de hombres] de 1984 escrito por D. McWhirter y A. Mattison, los autores, una pareja gay, encontraron que:

> ...de 156 parejas estudiadas, sólo siete han mantenido la fidelidad sexual; de las cien parejas que habían estado juntas por más de cinco años, ninguno había sido capaz de mantener la fidelidad sexual. Los autores señalaron que "la expectativa de actividad sexual fuera de la pareja era la regla para las parejas de hombres y la excepción para los heterosexuales".[59]

Sin duda, algunos activistas gays han criticado este estudio, calificándolo de obsoleto e incorrecto, pero los estudios y artículos más recientes han confirmado esa tendencia,[60] algunos de ellos incluyendo francas admisiones de que las parejas homosexuales—sobre todo varones—juegan con un conjunto de reglas diferente. Típico es el estudio realizado en 2003 que encontró que tres cuartas partes de los hombres gays de Canadá cuyas relaciones han durado más de un año no son monógamos. Barry Adam, un investigador y profesor gay de la Universidad de Windsor en Canadá, el año pasado entrevistó a 70 hombres gays que formaban parte de 60 parejas. Encontró que los que eran monógamos eran más propensos a ser más jóvenes, que han estado en relaciones de menos de tres años.

"Una de las razones por las que creo que los más jóvenes tienden a comenzar con la visión de la monogamia es porque vienen con un guión heterosexual en su cabeza y lo aplican a las relaciones con los hombres", dijo Adam. "Lo que no ven es que la comunidad gay tiene su propio orden y sus maneras propias que parecen funcionar mejor".[61]

Sí, la comunidad gay tiene su propio orden y sus propias maneras, incluyendo una nueva definición de la monogamia, que encierra cosas como: "Nosotros somos monógamos. Sólo tenemos triadas y nunca estamos sexualmente envueltos con otras personas, aparte de nosotros mismos".[62] Otros, como Dan Savage, abogan ser "medio monógamos", argumentando que la verdadera monogamia es realmente perjudicial para la gran mayoría de las parejas, ya sean homosexuales o heterosexuales.[63] Todo esto se confirma en un artículo del 2009 en la *Revista Internacional de ETS y SIDA* [International Journal of STD and AIDS], basado en encuestas a 5168 hombres en el Reino Unido de 1999 a 2001, informando que: "Para los cinco años anteriores la mediana del número de parejas para heterosexuales, bisexuales y exclusivamente homosexuales era 2, 7 y 10, respectivamente. Así, los bisexuales y los exclusivamente homosexuales tenían 3,5 y 5 veces, respectivamente, más parejas que los hombres heterosexuales".[64]

Todo esto significa que las palabras de Pablo en Romanos 1:27 tienen una relevancia perdurable, ya que afirmó que "los hombres dejaron las relaciones naturales con la mujer y se encendieron en pasiones lujuriosas los unos con los otros. Hombres con hombres cometieron actos indecentes, y en sí mismos recibieron el castigo que merecía su perversión" (NVI).

Esto también ayuda a explicar por qué los hombres gay y bisexuales de hoy representan un porcentaje generalmente desproporcionado de enfermedades de transmisión sexual [ETS], en general, y la infección por el VIH en particular. (Para ser franco, *no* es homofóbico reportar esto—realmente, incluso pensar que esto sea "homofóbico" es indignante—no más de lo que es obesofóbico informar que la gordura no es saludable y lleva a muchas a consecuencias graves para la salud). Más recientemente (y continuando una tendencia común), el Centro para el Control y la Prevención de Enfermedades (CDC, por sus siglas en inglés) informó que desde 2008 hasta 2011 aproximadamente de noventa y cuatro a noventa y cinco por ciento de los casos de VIH entre niños y hombres jóvenes de trece a veinticuatro años estaban relacionados con el sexo homosexual, a pesar de que esos niños y hombres jóvenes representan sólo el tres por ciento de la población.[65] Dios simplemente no diseñó a los hombres para estar con hombres, y esta es una de las tristes consecuencias.[66] Hay indicios incluso de que existen consecuencias negativas para la salud de las lesbianas a diferencia de las mujeres heterosexuales, una razón es que la mayoría de ellas nunca quedarán embarazadas y, en realidad, hay beneficios sanitarios para el embarazo a lo largo de toda la vida.[67]

Estoy seguro de que muchos "cristianos gays" tratan de llevar una vida santa delante del Señor según su opinión de que pueden ser "homosexuales santos"—para usar el título del libro del pastor gay Mike Piazza[68]—y yo ciertamente no estoy diciendo que el SIDA sea un juicio divino para los homosexuales.[69] (Estadísticamente, sobre todo en África, mucho más heterosexuales han muerto de SIDA que homosexuales, aunque en África también, el porcentaje per cápita de homosexuales con ETS es enormemente mayor que el de heterosexuales con ETS.[70])

Lo que estoy diciendo es que Dios diseñó a los hombres y a las mujeres para que tuvieran sexo vaginal, no anal (aun más, no diseñó a los hombres para que tuvieran relaciones sexuales anales con otros hombres), lo cual es una razón por la que hay más riesgos para la salud asociados con esos actos. Después de todo, el ano es parte del sistema digestivo y eliminatorio del cuerpo, no un sistema reproductivo, y está diseñado para expulsar las heces no para aceptar penetración, y mucho menos jugar un papel en la reproducción. Esto contrasta fuertemente con los órganos sexuales de la mujer, que están diseñados para el coito y la reproducción.[71]

Además del aspecto de la intención divina en nuestro diseño físico, también hay una química única entre un hombre y una mujer que no se puede duplicar cuando las personas del mismo sexo se unen en relaciones comprometidas. (Ver el capítulo 4 para más información sobre esto).

En suma, pues, en Romanos 1 Pablo está perfilando el descenso progresivo general de la raza humana en la historia antigua: idolatría, inmoralidad heterosexual, actos homosexuales y luego "toda injusticia, fornicación, perversidad, avaricia, maldad". Todos ellos aspectos de nuestra naturaleza caída, el resultado de adorar a las criaturas antes que al Creador; y Pablo no está diciendo que todos los actos homosexuales sean resultado de una tendencia pecadora en descenso en la vida de cada individuo, sino más bien la evidencia de la condición caída de la raza humana. Por eso no hay manera posible de imaginar que Pablo aprobara ningún tipo de acto del mismo sexo, ya sea en una relación comprometida o en un encuentro sexual casual. Tales actos son contrarios al orden creado por Dios, y los caminos de Dios son los mejores.[72]

Esto nos lleva a un punto muy importante, uno que hay que abordar con sensibilidad real. Al dirigirnos a las palabras de Pablo en Romanos 1, hemos visto que los teólogos gays dicen constantemente: "Pero Pablo está hablando en contra de los actos homosexuales que ocurrieron en el contexto de la idolatría, y nosotros no somos adoradores de ídolos. De hecho, amamos a Dios y creemos en Jesucristo".

Sin duda, en este capítulo hemos expuesto la falacia de esta interpretación, pero hay algo importante que hay que decir, ya que sé que es mucho mejor ser sincero, aun cuando la verdad duele, que poner en peligro la verdad en aras de la popularidad y la aceptación. En resumen, *hay* una idolatría a la que muchos "cristianos gays" se dedican, y en cierto sentido es la idolatría máxima, la idolatría del yo, y dice así: "He luchado con lo que dice la Biblia acerca de la práctica homosexual, y no estoy ciento por ciento seguro de qué hacer con eso. Pero estoy absolutamente seguro de que soy gay—eso es lo que soy hasta la médula de mi ser—y, por lo tanto, voy a interpretar la Palabra a través de mi lente, de la lente de lo que soy".

Sí, esto también es idolatría, poniéndonos a nosotros mismos y a nuestros deseos y nuestras necesidades en el lugar de Dios, interpretando la Palabra basados en lo que somos en lugar de interpretar lo que somos basados en la Palabra. Este es un camino infalible hacia el engaño. En marcado contraste con esto, seguir a Jesús significa darse cuenta de que no nos pertenecemos a nosotros mismos, que hemos sido comprados por precio, que debemos negarnos a nosotros mismos, tomar la cruz y seguirle (ver el capítulo 5), y que vivimos para otro Dios y Señor; al hacer esto, nos encontramos con la vida abundante.[73]

Como lo expresa en términos un tanto académicos el profesor Thiselton, mirando a ambos pasajes que hemos estado discutiendo (a saber, 1 Corintios 6:9 y Romanos 1:26-27): "Lo que está claro a partir de la conexión entre 1 Corintios 6:9, Romanos 1:26-29 y sus antecedentes del Antiguo

Testamento, es el aval de Pablo a la opinión de que la idolatría, es decir, la colocación de la autonomía humana para construir sus propios valores por encima de los compromisos de pacto con Dios, conduce a un colapso de los valores morales en una especie de efecto dominó".[74]

Entonces, ¿cuál será? ¿La voluntad de usted o la de Él? ¿Exaltar su yo o rendirlo? ¿Autonomía humana o regla divina? Uno lleva a la muerte, el otro a la vida. ¿Cuál será?

Capítulo 9

TODO SE REPRODUCE SEGÚN SU ESPECIE

El argumento de "cristiano gay": "El cristianismo gay" produce un fruto santo, maravilloso, comparable al mejor fruto santo producido por los creyentes heterosexuales, y aparte de que reciben a las parejas del mismo sexo, los "cristianos gays" leen la Biblia al igual que el resto de la iglesia.

La respuesta bíblica: Dios ha ordenado que todo se reproduzca según su especie y, puesto que la raíz del "cristianismo gay" no es pura, ella produce una lectura impura de las Escrituras y unos valores impuros.

DE ACUERDO CON el relato de la creación en Génesis 1, Dios hizo la vida vegetal y animal para reproducirse según su especie: "Después dijo Dios: Produzca la tierra hierba verde, hierba que dé semilla; árbol de fruto que dé fruto según su género, que su semilla esté en él, sobre la tierra. Y fue así. Produjo, pues, la tierra hierba verde, hierba que da semilla según su naturaleza, y árbol que da fruto, cuya semilla está en él, según su género. Y vio Dios que era bueno" (Génesis 1:11-12).

Fue lo mismo para el reino animal: Dios hizo todo para que se reprodujera según su especie. Y así, las vacas reproducen vacas, los elefantes reproducen los elefantes, los búhos reproducen búhos y así sucesivamente. Esto se debe a que la semilla para la reproducción se encuentra dentro de las especies mismas, y así sólo puede reproducir lo que es.

Lo mismo se aplica al reino espiritual: complacencia reproduce complacencia, carnalidad reproduce carnalidad, miedo reproduce miedo. Por el contrario, pureza reproduce pureza, piedad reproduce piedad, compasión reproduce compasión. Para usar el lenguaje de las Escrituras, siempre vamos a cosechar lo que sembramos.[1] Este es un principio que se encuentra en toda la Biblia.[2]

Ahora, los defensores del "cristianismo gay" argumentarán que la enseñanza tradicional de la Iglesia sobre la homosexualidad produce temor y esclavitud, opresión y depresión, e incluso suicidio, mientras que el nuevo mensaje que apoya al gay produce libertad, alegría, libertad y espiritualidad. En parte, estoy de acuerdo con esa evaluación, aunque mi punto de vista y enfoque son muy diferentes, como lo expresaré en el próximo capítulo. Pero lo que me parece innegable es que hay una trayectoria fuertemente sexual, incluso pervertida, que "el cristianismo gay" toma inevitablemente, que conduce a la destrucción espiritual y al engaño. Esto es lo que, en última instancia, es reproducirse "según su especie".

Algunos críticos de mi libro *A Queer Thing Happened to America* me acusaron de tergiversar groseramente el "cristianismo gay" en el capítulo titulado "Teología rara, una Biblia translesbigay y un Cristo homoerótico". Alegaron que pinté una imagen distorsionada—de hecho, torcida—de lo que los "cristianos gays" realmente creen y que tomé las peores y más extremas citas de los teólogos gays más marginales, haciendo lucir mal a todos los "cristianos gays".

En ese capítulo yo hablé de la "dirección inevitable en la que el 'cristianismo gay' se está desarrollando", señalando que, "Jesús enseñó que podíamos juzgar a un árbol por el fruto que produce". Eso llevó a la pregunta: "¿Qué clase de fruto produce este árbol 'cristiano gay'?" Respondí diciendo: "En algunos aspectos, se asemeja a la fe bíblica tradicional, en otros aspectos, es sorprendente—y reveladoramente—diferente".[3]

Entonces, después de citar algunos de los escritos de un teólogo gay líder, el reverendo Robert E. Goss, tan profanos que dudé citarlos en el libro, señalé: "Por supuesto, hay 'cristianos gays' conservadores que estarían consternados por tales representaciones sexuales; sin embargo, la triste realidad es que la literatura 'cristiana gay' tiene una fuerte fijación sexual que está marcada por referencias extremadamente frecuentes a la orientación sexual y a los asuntos sexuales".[4] ¿Fue esta una evaluación justa?

Estoy plenamente consciente de que muchos conservadores "cristianos gays" renunciarían totalmente a esta basura teológica sexual—de hecho, supongo que muchos nunca han oído hablar de ella—y sin embargo, el punto que yo estaba formulando sigue en pie. Realmente hay una dirección inevitable en la que el "cristianismo gay" se está desarrollando, y es la dirección de la fijación sexual mezclada con la interpretación teológica, lo que lleva a lecturas profanas de la Palabra y representaciones blasfemas del Señor.

El hecho es que, yo no fui en busca de esas interpretaciones sexuales, a menudo perversas (contrariamente a las acusaciones de los críticos). Las encontré en todas partes que miré en los escritos de líderes "cristianos gays" cuando comencé a investigar la literatura y a escuchar los mensajes. Esos textos me encontraron más que yo a ellos. (Para un ejemplo de ello, vea en el capítulo 7, "La curación del siervo del centurión").

Por tanto, la razón por la que cité a Robert Goss (ahora con el nombre de Robert Shore-Goss) fue porque era un líder muy respetado en la mayor denominación "cristiana gay", Metropolitan Community Churches (MCC) [Iglesias de la Comunidad Metropolitana], y porque sus escritos eran a menudo citados en la literatura "cristiana gay". Para mi asombro, Goss escribió cosas que sólo podrían ser llamadas sexualmente perversas, ¡y lo hizo mientras hablaba de Jesús![5]

Y cuando consulté en línea [*online*] para ver el programa de la conferencia bianual de Metropolitan Community Churches, me sorprendió encontrar temas como estos (junto a seminarios sobre plantación de iglesias y otras cuestiones prácticas del ministerio):

+ Edifique clósets o abra puertas (Poliamor)

+ Encuentre a Dios en su experiencia erótica

+ Nuestra mirada gay: Use sus ojos en formas totalmente nuevas para conseguir lo que quiere (parte de la propaganda para este seminario, decía: "Ya sea que usted esté en busca de sexo, intimidad o espíritu, esta íntima sesión experiencial le abrirá los ojos en cuanto a cómo usar su mirada para conseguir lo que más necesita. Nunca más verá a los hombres gay de la misma manera").[6]

¿Estos seminarios en una *conferencia eclesiástica*?

No es sorprendente que esta misma mentalidad impulsada por el sexo estuviera presente en la reunión anual "Conferencia sobre la creación de cambio", realizada por el Comando Nacional Gay y Lesbiano [NGLTF, por sus siglas en inglés], uno de los eventos más importantes de activistas gays de todo el año. El tema de la conferencia de 2010, celebrada en Dallas, Texas, fue: "Vive exageradamente. PIENSA EN GRANDE". Sin embargo, la portada del libro del programa de la conferencia incluía dos títulos importantes: "La ACCIÓN es ARDIENTE" y "El poder es sexy".[7] ¿Cuán común es esto para una conferencia sobre derechos civiles e igualdad?[8]

Una carta de bienvenida del alcalde de Dallas, Tom Leppert (fechada el 3 de febrero de 2010) indica que "la Conferencia sobre la creación de cambio tiene una larga historia nutriendo habilidades políticas y liderazgo dentro de la comunidad LGBT, y nos complace que hayan elegido a Dallas para el evento de este año".[9] Sin embargo, esa conferencia dedicada a "nutrir habilidades políticas y liderazgo dentro de la comunidad LGBT" tiene algunos elementos muy peculiares.

Realmente, ¿cuántas conferencias político activistas distribuyen impresos con advertencias contra el acoso sexual para los asistentes al evento? La NGLTF consideró necesario hacer eso, enumerando estos ejemplos específicos de "conducta no deseada de naturaleza sexual" en el libro del programa:[10]

+ Tocar a alguien sin su permiso (roces, abrazos, caricias)

+ Proposiciones sexuales

+ Imágenes sexualmente ofensivas, revistas, notas, calendarios, caricaturas o chistes

+ Flirteos o avances no deseados

+ Comentarios gráficos sobre el cuerpo o vestimenta de una persona

+ Abuso verbal (incluyendo insultos sexuales y ofensas)

+ Presión o solicitudes repetidas de actividades sexuales

+ Recompensas por concesión de favores sexuales o retención de recompensas por negarse a conceder favores sexuales

Y recuerde: esta es una de los principales conferencias político activistas gay; sin embargo, se entiende que la conducta sexual no deseada podría muy bien ser un problema también. Después de todo, esto *es* sobre sexo y sexualidad, por lo menos en algún nivel inevitable. (En un nivel más leve, tenga en cuenta que con el fin de reconocer las necesidades de las personas transexuales, todos los baños son designados como "género neutro", el libro del programa explica que "Independientemente de en qué baño usted se encuentre, por favor, que todo el mundo haga pis en paz").[11]

¿Cuántas otras conferencias de activistas políticos celebran con un "baile de máscaras gay" un sábado por la noche?[12] ¿Cuántas ofrecen catorce talleres diferentes bajo el título de "Libertad sexual"? Algunos de los talleres que se ofrecen son:[13]

+ Cómo crear comunidades de resistencia y cambio a través de organizaciones y empresas de sexo innovador

+ Liberación sexual como un marco para el cambio

+ Joven y poli

+ Cómo rastrear su deseo

+ Vicio, raza y clase

+ Nuestra causa común, un lugar para las comunidades poliamor/polígamas en el movimiento LGBTIQA

+ Asamblea de poliamor y poligamia

+ Asamblea de trabajadores del sexo

+ Asamblea de cuero

Y sin embargo, se nos dice que los asuntos LGBT son simplemente cuestiones de justicia social y *no* asuntos enfocados sexualmente (o, a menudo, aberrantes sexualmente). Esto simplemente no es cierto, como lo demuestra el tema de este taller (un taller, les recuerdo, que *no* se está ofreciendo en una feria de sexo gay en alguna parte, sino más bien en quizás la conferencia político activista más prestigiosa en toda el movimiento LGBT). Tenga bien en cuenta el tema y, a continuación, observe quién está presentándolo:

Caucus de cuero: Libertad sexual

Sea cual sea tu vicio—ven a conocer a tus compañeros—fetichistas de todas las tendencias, los insuperables, los traseros atrevidos, los dominantes masculinos y femeninos, la *bois* [lesbiana en el rol masculino], las altas *femmes*, los que dan y los que toman, los amantes del dolor y el placer. Todos estaremos aquí, raros y fabulosos.

Ponentes: Jaime M. Grant, Director del Instituto de Políticas, Comando National de *Gays* and Lesbianas, Washington DC.[14]

Grant es obviamente un jugador dominante en la corriente principal (de hecho, corriente insignia) de la organización política de la LGBT, y en esta conferencia estaba dando una presentación sobre las prácticas sexuales extrañas, incluyendo el sadomasoquismo, pero se nos dice que ¡no se trata de sexo!

La conferencia sobre la creación de cambio incluso tiene un Premio Anual de Liderazgo de cuero, concedido en 2010 a Hardy Haberman, "un miembro de muchas organizaciones BDSM/Fetiches incluyendo la Sociedad Rosa de Cuero, la Asociación Nacional de Cuero en Dallas, Disciplina del Cuerpo y miembro fundador de la Inquisición-Dallas".[15] (Recuerde que BDSM es sinónimo de "*bondage* [en español cadenas], disciplina, sadismo, masoquismo". En cuanto a la Inquisición-Dallas, se anuncia como "citas exclusivas para adultos para la comunidad BDSM, bondage, vicio y fetiche"). ¿Esto es lo que la NGLT premia y celebra?

Sí, entiendo que esta es una organización política, no una ministerial, pero el punto que estoy planteando es claro: el activismo gay y "el cristianismo gay" *son*, a menudo, en gran medida sobre sexo y, en última instancia, algo de lo que impulsa el "cristianismo gay" es el deseo de tener sexo aprobado por Dios y bendecido por Él con personas de su mismo género.[16]

Volviendo a mis estudios de teología gay y la erudición bíblica gay, con verdadero interés, compré el *Queer Bible Commentary*, la única obra de su tipo hasta la fecha y los esfuerzos combinados de algunos de los eruditos LGBT más importantes del mundo. Allí también encontré interpretaciones de las Escrituras que eran sexualmente perversas, junto con extrañas [malignas] proposiciones teológicas como esta de Robert Goss, hablando del papel de Dios en el nacimiento virginal: "Dios es más afín a los gays…, a los forajidos sexuales que violan los códigos culturales de la decencia y a las restricciones sexuales. Dios es un 'maric…' porque buscó creativamente la concepción de Jesús fuera de los límites de la religiosidad de vainilla. Pero María es 'rara' también…"[17]

Algunos de los principales pensadores judíos, la mayoría de ellos LGBT, escribieron una serie de ensayos en las porciones semanales de la Torá (es decir, las lecturas semanales de la sinagoga que cubren los cinco libros de Moisés en un año). Compré el libro titulado *Torah Queeries* [Rarezas de la Torá], tan pronto como salió a la venta y, para mi sorpresa, una vez más encontré lecturas sexualmente perversas de la Palabra de Dios, incluyendo la idea de que cuando el fuego de Dios quemó a los dos hijos de Aarón— Nadab y Abiú—en Levítico 10, fue un acto de pasión sexual:

> Dios acepta a los hombres, los lleva a su santuario más interno y los consume en un acto de pasión ardiente… Este texto ofrece un ejemplo de la atracción homoerótica entre varones humanos y el Dios varón de la Biblia. Cada uno desea acercarse al otro. Nadav y Avihu se despojan literalmente y en sentido figurado— se despojan de sus ropas, de sus expectativas sociales, de las reglas restrictivas—y dan la cara. Dios se encuentra con ellos en una pasión de fuego, tomándolos por completo.[18]

Las palabras no pueden describir una lectura tan horrible de la sagrada Escritura y, sin embargo, es el reflejo de algunos de los principales eruditos judíos gays. ¿Necesitamos preguntar por qué?

LECTURAS REPUGNANTES DE LAS ESCRITURAS

Antes de adquirir este volumen, compré una colección de ensayos sobre temas del Antiguo Testamento escritos por respetados académicos gays, sólo para encontrar material tan grotesco que sólo pude citarlo en forma abreviada en *A Queer Thing Happened to America*, lo que no repetiré aquí.[19]

Así es como he recopilado el material del capítulo, material tan ofensivo y doloroso que, literalmente, rompí en llanto al hablar con mi esposa, Nancy, después de terminar el capítulo. Sin embargo, el material era un reflejo de lo que se encuentra comúnmente en la interpretación bíblica gay. No fue algo selectivo para hacer lucir mal a los "cristianos gays". Lo he hallado en una obra tras otra que he leído e investigado.

En el último par de años empecé a notar el nombre de Patrick Cheng a través de sus columnas en el *Huffington Post online*. Es un exabogado, ahora teólogo, que tiene un doctorado en teología Sistemática del Union Theological Seminary de Nueva York y es profesor asociado de teología histórica y sistemática en la Escuela de Divinidad Episcopal en Cambridge, Massachusetts. Es abiertamente orgulloso de ser gay y ministro licenciado de las Metropolitan Community Churches.[20]

En agosto de 2012, Cheng participó en el Instituto de Verano para Estudios Religiosos y Teológicos de la Campaña de los Derechos Humanos (CDH), donde habló a "quince afortunados estudiantes, teólogos líderes, académicos y activistas" y sirvió como "mentor residente y erudito fomentando y apoyando las próximas generaciones de estudiantes para que lleven sus ideas acerca de la sexualidad, la religión, la teología, la raza y la identidad a un terreno más amplio".[21] (Para aquellos no familiarizados con la CDH, que es la organización activista gay más grande del mundo, tan influyente, que el presidente Obama ha hablado en algunas de sus cenas para recaudación de fondos en Washington DC).

Sharon Groves, directora del Programa de Religión y Fe de la CDH, elogió a Cheng como "un destacado estudioso sobre temas LGBT y fe", también colmó de elogios su libro del 2012, *From Sin to Amazing Grace: Discovering the Queer Christ* [Del pecado a la sublime gracia: El descubrimiento del Cristo gay].[22] Al hablar de su volumen de 2011 *Radical Love: An Introduction to Queer Theology* [Amor radical: Una introducción a la teología gay], James H. Cone, distinguido profesor de la cátedra Charles Augustus Briggs de Teología Sistemática en Union Theological Seminary, afirmó: "*Amor radical*, de Patrick Cheng, no sólo es una excelente introducción a la teología LGBT sino una contribución importante a la disciplina de la teología y la vida de la iglesia. Es una lectura obligada para cualquier persona que se preocupa por la salud de la iglesia y la teología de hoy".[23]

¿Califica Patrick Cheng como un respetado líder "cristiano gay"? He aquí algunos extractos representativos de *Amor radical*.[24] (Si usted es fácilmente alterado cuando las cosas del Señor son manipuladas y abusadas, puede que desee omitir el resto de este capítulo. Para aquellos que continúen leyendo, prepárense para tener su corazón roto y sus sensibilidades alteradas. Fue muy doloroso para mí escribir estas palabras, tuve que pedirle al Señor que me limpiara de la suciedad de ellas cuando las escribía).

Al describir cómo Jesús supuestamente cruzó "las fronteras del género", Cheng escribió:

> Kittredge Cherry, una escritora lesbiana y ministra de la Iglesia Metropolitana, ha retratado a Jesucristo como una persona bisexual-transexual que tiene relaciones sexuales con el apóstol Juan, María Magdalena, así como un Espíritu Santo "pangenérico, omnierótico". En su novela, *Jesús enamorado*, Jesús habla en primera persona acerca de sus múltiples identidades sexuales: "Mi naturaleza tampoco puede ser captada en los confines del lenguaje humano. Yo cambio entre ser gay, heterosexual, lesbiana, bisexual, trisexual... Si usted desea ser técnico acerca de mi vida

amorosa, en masturbación tanto como en incesto, ya que todos somos realmente un Ser. Pero ninguna de las etiquetas se ajusta realmente". Para Cherry, este Cristo bisexual-transexual es "demasiado raro [*queer, gay*] para la mayoría de las iglesias, pero demasiado cristiano para la mayoría de los raros [*queers, gays*]".[25]

¿Le asusta leer semejante blasfemia? Proviene de la pluma de uno de los más destacados teólogos jóvenes gays en la escena actual.

Hablando de la obra del Espíritu, él escribe:

> [La] conexión fundamental entre el Espíritu Santo, el deseo de Dios y la pasión sexual es ilustrada por una historia humorística que Robert Williams cuenta acerca de su amigo, otro ministro abiertamente gay quien, en el momento de un orgasmo particularmente intenso durante un anónimo encuentro sexual en una playa, comenzó inexplicablemente a practicar la glosolalia, o la práctica carismática de hablar en lenguas…Como lo explicó el amigo de Williams: "Ya no podía distinguir entre la experiencia sexual y mi vida de oración…". De hecho, ¿quién no ha invocado—u oído—el nombre divino durante un orgasmo particularmente intenso o una experiencia sexual?[26]

Para mí, como cristiano carismático, lo que significa que yo también hablo en lenguas como un lenguaje de oración y alabanza, me es difícil imaginar nada que se burle más de Dios que un ministro gay hablando en lenguas en el clímax de su encuentro sexual anónimo con otro hombre en una playa. ¿Quién puede encontrar palabras para describir tal profanación de las cosas sagradas del Espíritu Santo?

De alguna manera Cheng se las arregla incluso para pervertir el concepto mismo de la santidad que, según él, es la "segunda marca de la iglesia". (La primera marca la delineó como la "unidad"). Él cita a la teóloga lesbiana Elizabeth Stuart, que describe la santidad como:

> …donde lo divino se encuentra con lo humano o donde la gracia de Dios se manifiesta en la tierra. Para Stuart, lo santo se produce cada vez que intentamos devolver a Dios lo que Él ha hecho por nosotros. Específicamente, lo que Dios ha hecho por nosotros se caracteriza por el gran don de la gracia, que sólo puede ser "repagado" en nuestra propia generosidad y hospitalidad

radical con los demás. Por lo tanto, una comunidad marcada por la santidad es la que exhibe la generosidad y la hospitalidad radical con los otros.[27]

Sin duda, esta es una definición limitada de la santidad, pero eso no es lo preocupante. Más bien, la ilustración de la hospitalidad como santidad es lo que es lamentable. Cheng continúa:

> Kathy Rudy ha escrito acerca de la manera en que los encuentros sexuales anónimos pueden ser, en realidad, una forma de hospitalidad y bienvenida a los demás. Lo que Rudy propone es una ética de la hospitalidad, que es esencialmente lo inversa de la narración de Sodoma y Gomorra. De hecho, la iglesia cristiana primitiva se caracterizaba por su generosidad dando la bienvenida a los que estaban afuera. Como tal, esta ética de la hospitalidad debería ser la norma primordial para todas las cuestiones, incluyendo la sexualidad. Como resultado, ciertos actos sexuales—incluyendo el sexo anónimo o colectivo—no sería prohibidos de por sí, sino más bien medido por el grado en que las acciones son acogedoras y hospitalarias.[28]

¿Qué? ¿Cheng afirma que "los encuentros sexuales anónimos en realidad pueden ser una forma de hospitalidad y bienvenida a los demás" y, por lo tanto, una expresión de la santidad, que es una marca de la iglesia? Eso sí que es llamar a lo malo bueno y a lo bueno malo.

Pero Cheng no sólo es teólogo. Es un maestro práctico, con ganas de explicar exactamente cómo funciona esto por sí solo:

> Como resultado de esta ética, de acuerdo con Rudy, "todos los géneros se derrumban en el cristiano y todos los cristianos abordan esta obra perfecta de Dios". La única distinción que en última instancia importa es si uno está "trabajando en pro de la nueva creación" (es decir, la "iglesia") o no (es decir, "el mundo"). Así, la extrapolación de la ética de Rudy de la hospitalidad, la gente queer—de hecho, todas las personas—podrían encontrar muy bien santidad eclesial en una variedad de lugares poco ortodoxos como un partido especial, una reunión para masajes eróticos desnudos en la Escuela del Cuerpo Eléctrico o en una fiesta sexual. Esto, de hecho, sería una manifestación de amor radical de la iglesia.[29]

Sí, en este mundo teológico retorcido—para usar la palabra de Cheng, este mundo "*queer*"—nosotros "podría[mos] encontrar muy bien santidad eclesial en…un partido especial [donde miles de hombres gays se reúnen para pasar una noche y un día de baile, drogas y sexo], una reunión para masajes eróticos desnudos en la Escuela del Cuerpo Eléctrico o una fiesta sexual". Para citar las palabras de Jesús otra vez: ¡juzgue al árbol por su fruto!

¿Y qué acerca del libro de Cheng de 2012, *From Sin to Amazing Grace*, tan recomendado por el brazo de la fe de la CDH?[30] La segunda parte del libro se llama "El descubrimiento del Cristo gay", con el primer capítulo titulado "Primer modelo: El Cristo erótico". Una vez más cita a Kittredge Cherry:

> Kittredge Cherry, una ministra lesbiana de Metropolitan Community Churches, también ha escrito extensamente acerca del Cristo erótico. Cherry publicó un libro, *Art That Dares* [Arte atrevido], en el que reproduce imágenes de arte contemporáneo que representan al Cristo erótico. Por ejemplo, algunas de esas imágenes incluyen una interpretación extraña de las Estaciones de la Cruz por el pintor de la ciudad de Nueva York Douglas Blanchard en la que un Jesucristo gay es arrestado, torturado y ejecutado. Otras imágenes incluyen "El beso de Judas" de Becki Jayne Harrelson, que representa a un Jesús casi desnudo y Judas en un apasionado abrazo. Muchas de esas imágenes—y otras obras—se pueden encontrar en el sitio web y el blog de Cherry, "Jesus in Love".[31]

Pero, por supuesto, hay más basura que revuelve el estómago:

> Teólogos gays varones—especialmente aquellos que crecieron siendo católicos romanos—también han escrito sobre el Cristo erótico, más comúnmente en términos de Jesucristo como objeto de deseo erótico. Por ejemplo, Donald Boisvert, un profesor gay de religión en la Concordia University, escribió un capítulo sobre el Cristo erótico en su libro *Sanctity and Male Desire* [La santidad y el deseo masculino]. En ese capítulo, Boisvert habla de su propio "embeleso especial" desde una edad temprana con el corpus de Jesucristo crucificado. Para Boisvert, el "cuerpo hermosamente glorioso de Jesús [que] cuelga de la cruz" crea un espacio en el que él y otros hombres gays podrían "entrar en un acto de intimidad erótica y espiritual con su señor".[32]

¿Puede esto ser descrito como algo menos que perverso?

Me criticaron por citar al ya mencionado Robert Goss (ahora Shore-Goss) en un contexto similar, pero Cheng hace referencia a él también en ese contexto idéntico:

> Como sacerdote jesuita, Shore-Goss se imaginaba a Jesús como amante. Shore-Goss escribe que muchas veces cuando se masturbaba tenía "relaciones sexuales con Jesús", lo que lo llevó gradualmente (a Shore-Goss) a evolucionar como "amante de Jesús" y a "enamorarse de Él como hombre". Más tarde, cuando Shore-Goss tuvo relaciones sexuales con su primer amante, Frank, experimentó hacer el amor como acto de sagrada comunión. Él escribe: "Yo veía el rostro de Cristo en el de Frank mientras lo penetraba en el coito" y cuando era penetrado, me sentía penetrado por Frank y por Cristo".[33]

Sinceramente pido disculpas por tener que dar a conocer estas cosas, pero una de las funciones de la luz es exponer la oscuridad y hacer todas las cosas visibles (Efesios 5:11-13), aun con todo lo desagradable y asqueroso que es.

En el capítulo titulado "El Cristo revelado", Cheng cita a otros teólogos gays que sugieren que Jesús era gay o bisexual e incluso que tuvo una relación homosexual con Lázaro (y otros hombres). Del mismo modo, al escribir sobre "El Cristo transgresor", Cheng se refiere a una amplia gama de literatura "cristiana gay" que sostiene que "el Cristo transgresor puede ser visto en cristologías bisexuales, transexuales e intersexuales que respectivamente desafían al pensamiento binario con respecto a la sexualidad, la identidad de género y el sexo biológico". Señala, además, que "los teólogos transgéneros como Justin Tanis han escrito acerca de un Cristo transexual que desafía los géneros binarios masculino y femenino".[34] Y así sucesivamente.

Para citar sólo un ejemplo más de los muchos que se podrían mencionar, en el capítulo sobre "El Cristo que se ama a sí mismo", Cheng señala que el erudito "'cristiano gay' Mark Jordan ha escrito acerca de cómo un corpus plenamente encarnado [es decir, el cuerpo físico] de Jesucristo, completo con los genitales reales, podría ser una forma en la que las personas LGBT pueden encontrar el Cristo que se ama a sí mismo".[35] Desde luego, podemos juzgar al árbol de la "teología gay" por su fruto.

Usted podría decir: "Pero Patrick Cheng es un ejemplo de la teología gay liberal, no de la teología gay conservadora".

Estoy plenamente consciente de ello. Pero el hecho es que: (1) Cheng es un líder respetado en la mayor denominación "cristiana gay", la MCC; (2) es reconocido como un teólogo gay líder en la mayor organización activista gay, la CDH; (3) es un colaborador habitual de la división de "Voces Gays" de la sección de religión del *Huffington Post*; (4) a lo largo de sus escritos cita a muchos otros líderes "cristianos gays"; (5) respalda todos los argumentos estándar del "cristianismo gay"; (6) es sólo en la literatura "cristiana gay" que tales escritos blasfemos se encuentran comúnmente; y (7) los "cristianos gays" no están renunciando a estas interpretaciones blasfemas y llamando a la censura de los que las están presentando. Por el contrario, elogian a esos teólogos.

Repito: No tuve que ir en busca de esos escritos. Los encontré una y otra vez al leer las obras de respetados teólogos, pastores y líderes gays.

LA SEXUALIDAD PRIMERO

También es innegable que muchos "cristianos gays" conservadores se aferran a algunas interpretaciones inexcusablemente sexuales de las Escrituras, como la afirmación de que Jesús sanó al joven amante de un soldado romano para que pudieran continuar su relación sexual. (Ver el capítulo 7). Otros alegan que Jesús tuvo una relación sexual con el apóstol Juan o que los personajes bíblicos Rut y Noemí tuvieron una relación lésbica.[36] Esta es la trayectoria inevitable del "cristianismo gay", si se les da tiempo suficiente.

¿Por qué es este el caso? Se debe a que la sexualidad es lo primero y la Biblia lo segundo o, dicho de otra manera, los "cristianos gays" empiezan con la perspectiva de "Yo estoy ciento por ciento seguro de que soy gay (o bisexual o transgénero), pero no estoy seguro de lo que dicen las Escrituras acerca de la homosexualidad (o bisexualidad o transexualidad). Esto es todo lo que sé: no puedo negar lo que soy y debo ser fiel a mí mismo. Así que ahora voy a leer la Biblia a través de la lente de mi identidad sexual".

Y así, en vez de comenzar con el fundamento seguro de que Dios y su Palabra son inmutablemente verdaderos mientras que todo lo demás— incluyendo nuestra sexualidad—debe ser interpretado por las normas de Dios, los "cristianos gays" interpretan a Dios y su Palabra a través de su sexualidad, ya sea consciente o inconscientemente. Una vez hecho esto, no importa cuán sincero pueda ser el "cristiano gay", el engaño es inevitable. Y como dijo alguien una vez: ¡El problema con el engaño es que es muy engañoso! Es por eso que Jesús, Pablo, Santiago y otros en la Palabra a menudo advirtieron a sus oyentes y lectores sobre el peligro de ser engañados.[37]

En última instancia, la Biblia termina siendo sometida a la identidad homosexual (o bisexual o transgénero) antes que la identidad homosexual (o bisexual o transgénero) sea sometida a la Biblia. Y debido a que hay un enfoque excesivo en la identidad sexual entre los "cristianos gays", la Biblia es leída a menudo con un énfasis desproporcionado en las cuestiones sexuales. No es de extrañar, entonces, que los teólogos gays "descubran" referencias sexuales en decenas de lugares en los que ciertamente no existen.[38]

Por último, debido a la potencia del impulso sexual, combinado con el profundo deseo humano de la intimidad, ser "fiel a ti mismo" y satisfacer sus deseos sexuales y románticos se convierte en un acto espiritual, algo a lo que de alguna manera Dios sonríe, aun cuando signifique participar en perversión sexual. En palabras del teólogo transgénero Justin Tanis, citado por Cheng: "Nosotros, que somos desviados sexuales—de manera desafiante y gratamente diferentes de los vecinos—necesitamos la libertad de ser lo que somos".[39]

¿Quién es Justin Tanis? Tanis nació siendo mujer y luego se sometió a una operación de cambio de sexo, convirtiéndose subsecuentemente en ministro ordenado de la MCC y ganando títulos avanzados en la Escuela de Divinidad de Harvard y el San Francisco Theological Seminary. Tanis también ha participado activamente—y con orgullo—en los círculos de BDSM (que significa *bondage* [cadenas], disciplina, sadismo, masoquismo).

En una página web de BDSM se utiliza esta biografía (que data de 2003) para presentar a Tanis como el autor de *Trans-Gendered: Theology, Ministry, and Communities of Faith* [Transgénero: Teología, ministerio y comunidades de fe]:

> **Justin Tanis** ha estado explorando BDSM desde que terminó de convencer a alguien que lo atara y le hiciera cosas maravillosamente infames hace dieciocho años. Se graduó en la Academia *Journeyman* II (un programa de entrenamiento en cuero de dieciocho meses) en 1997 y actualmente es el editor de *Leather Archives & Museum publication, Leather Times* [publicación de Archivos y Museo de Cuero, Tiempos de Cuero]. Vive en Los Ángeles y espera ansioso a donde lo lleve su próxima aventura.[40]

Y nada de esto se oculta. Cuando busqué en Google a "Justin Tanis", tratando de averiguar cuál era su nombre original, este sitio web—que contiene una entrevista con "Sadie Sensual"—, fue el sexto en la lista.

Notablemente, de acuerdo a Tanis, intereses desviados sexualmente como este son comunes entre los miembros de su denominación "cristianos gay":

> **Sadie:** Su iglesia tiene un fuerte contingente de la comunidad de cuero. ¿Qué hay en el cristianismo que le hable a este grupo tan especial?
>
> **Justin:** Gente de cuero entre ustedes [People of Leather Among You] es probablemente el grupo más grande dentro de Metropolitan Community Churches. Nuestro fundador, Troy Perry, fue entrevistado en el programa de la Feria Popular Folsom 2001 y cuenta con un capítulo en el maravilloso libro de Mark Thompson *Leatherfolk* [Gente de cuero] si sus lectores quisieran obtener más antecedentes sobre eso. Hay gente de cuero en las MCC a través de nuestra historia y en muchas de nuestras iglesias. Una de las mayores fortalezas de las MCC es que tenemos gente de muchas perspectivas espirituales diferentes—desde radicales hasta muy conservadores—así que tenemos una amplia gama de personas que tendrán sus propias razones espirituales para ser parte de una iglesia cristiana. Me atrevería a decir que MCC habla a este grupo particular de personas, ya que es en MCC que ellos son libres de buscar una espiritualidad que les caiga bien sin un (o con menos) juicio de lo que experimentarían en otras comunidades de fe y debido a su práctica espiritual personal se fortalece a través de la participación en una comunidad.[41]

Una vez más, yo no fui en busca de esta información, estaba allí para que el mundo vea, con audacia, orgullosamente de pie como un testimonio de la justificación de todo tipo de prácticas y perversiones sexuales en nombre de la espiritualidad gay. Tenga en cuenta que no hay la más mínima vergüenza al mencionar que el pionero "cristiano gay" Troy Perry (mencionado también en el capítulo 10) asistía a la infame Feria Popular Folsom 2001 en San Francisco, donde la desnudez masculina está en todas partes y los actos sexuales se llevan a cabo a plena luz del día en las calles.[42]

Tenga en cuenta también que Tanis explica que la MCC tiene "gente de muchas perspectivas espirituales diferentes: desde radicales hasta muy conservadores". Lo que los une, pues, no es tanto sus convicciones bíblicas como su sexualidad. Ellos son "cristianos GAYS" más que "CRISTIANOS gays", de lo contrario, no podrían formar parte de la misma denominación.[43] ¿Puede usted imaginar cualquier otro entorno en el que uno de los miembros de la iglesia se siente que a fin de agradar a Dios debe permanecer célibe (porque es gay), mientras que otro miembro halla liberación espiritual en los encuentros anónimos entre personas del mismo sexo o participando con orgullo en actos públicos sadomasoquistas?

Sí, todo se reproduce según su especie, y este es el fruto innegable que se produce con orgullo en "el cristianismo gay", ciertamente no entre sus adeptos más conservadores, sino bastante entre muchos adeptos; y, sin la mínima vergüenza. Esta es una trayectoria inevitable una vez que se afirma que Dios hace a la gente gay, que Él no se opone a la práctica homosexual, que las distinciones de género no son esenciales y que Jesús llegó a aprobar la práctica homosexual.

El Señor Jesús nos da el remedio: "Haced el árbol bueno, y su fruto [será] bueno" (ver Mateo 12:33). La pregunta es cómo exactamente vamos a hacerlo. Eso es lo que vamos a hacer en el próximo—y último—capítulo de este libro.

Capítulo 10

El EQUILIBRIO ENTRE
la GRACIA y la VERDAD

El argumento del "cristiano gay": Tanto la Palabra de Dios como nuestras propias experiencias nos dicen que seguir a Jesús y la práctica de la homosexualidad son perfectamente compatibles, siempre y cuando nos encontremos en una relación comprometida.

La respuesta bíblica: Aun cuando es posible sentir atracción hacia el mismo sexo y ser un seguidor consagrado de Cristo llevando una vida santa y no cediendo a esas atracciones ni afirmándolas, es imposible seguir a Jesús y dedicarse a la práctica homosexual al mismo tiempo.

E N EL PRIMER capítulo de este libro, cité un pasaje poderoso del importante volumen del erudito judío Jay Michaelson—*God vs. Gay?*—en el que él, a su vez, citaba las palabras de un estudioso del Nuevo Testamento, quien dijo que "cualquier interpretación de la Escritura que dañe a las personas, oprima a la gente o destruya a la gente no puede ser la interpretación correcta, no importa cuán tradicional, histórica o exegéticamente respetable sea".[1]

Ese estudioso del Nuevo Testamento era el profesor Dale Martin, abiertamente gay. Es importante que veamos el contexto completo de las palabras del profesor Martin, ya que trae un serio desafío. Los animo a leerlo con atención:

Me apoyo en una cita de un testigo impecablemente tradicional, Agustín, que escribió: "El que, por lo tanto, cree que él entiende las Sagradas Escrituras, o cualquier parte de ellas de manera que no se acumule el doble amor a Dios y al prójimo no las entiende en absoluto" (Doctrina Cristiana 1.35.40).

Bajo esta luz, cualquier interpretación de la Escritura que dañe a las personas, oprima a la gente o destruya a la gente no puede ser la interpretación correcta, no importa cuán tradicional, histórica o exegéticamente respetable sea. No puede haber debate sobre el hecho de que la postura de la iglesia con respecto a la homosexualidad ha causado opresión, soledad, autodesprecio, violencia, enfermedad y suicidio a millones de personas. Si la iglesia desea continuar con su interpretación tradicional, debe demostrar, no sólo afirmar, que es más amoroso condenar la homosexualidad que apoyar a los homosexuales. ¿Puede la iglesia demostrar que las relaciones amorosas entre personas del mismo sexo dañan a los que participan en ellas? ¿Puede la iglesia dar razones convincentes para creer que realmente sería mejor para todos los cristianos gays y lesbianas vivir solos, sin la alegría del contacto íntimo, sin escuchar la voz de un amante cuando se van a dormir o despiertan? ¿Es realmente mejor para los adolescentes gays y lesbianas que se desprecien y oren continuamente para que sus propias personalidades sean reconstruidas de manera que puedan experimentar el romance al igual que sus amigos heterosexuales? ¿Es realmente más amoroso que la iglesia continúe su adoración al "cumplimiento heterosexual" (un concepto "no bíblico", por cierto), mientras restringe a miles de sus miembros a una vida de celibato o a interminables manipulaciones psicológicas que se disfrazan de "sanidad"?

La carga de la prueba en los últimos veinte años ha cambiado. Hay muchos de nosotros que no estamos enfermos, ni somos invertidos, ni pervertidos ni incluso "afeminados", sino que tenemos una habilidad para enamorarnos de gente de nuestro propio sexo. Cuando nos han dañado, no se ha debido a nuestra homosexualidad, sino a la de los demás, y a nuestra propia negación de la misma. La carga de la prueba ya no está en nosotros, para mostrar que no estamos enfermos, sino más bien en aquellos que insisten en que nos sería mejor meternos de nuevo en el armario. ¿Qué va a "construir el doble amor a Dios y al prójimo"?[2]

En realidad, puesto que las Escrituras condenan claramente la práctica del mismo sexo como algo pecaminoso, la carga de la prueba se mantiene en las personas como el profesor Martin, sobre todo si tenemos en cuenta que hay miles y miles de creyentes que salieron del estilo de vida homosexual y que hoy son bendecidos y están satisfechos. Es más, muchos de ellos afirman que fue el estar viviendo como hombres y mujeres homosexuales lo que causó tanto dolor a sus vidas.

Un hombre publicó lo siguiente en mi página de *Facebook*:

Cuando yo estaba en ese letal estilo de vida "gay" en los años 80, TAMBIÉN era un firme creyente en—y predicador de—lo que se llama "teología gay". Lleno de agujeros. Lleno de vacíos. Carente de sabiduría. Y falto del verdadero amor a Dios y al prójimo. Pero chico, ¡se SENTÍA bien!, seguro. Fui dirigido (y dirigí otros) a un sistema de dioses falsos y a cantar a coro con Michael Joncas. Pídale a San Agustín que le acompañe en su oración a nuestro Señor Jesús para que envíe su Espíritu Santo para romper sus corazones de piedra.[3]

Uno de mis amigos es pastor en la ciudad de Nueva York, él tiene un tremendo amor por la comunidad LGBT. Hace unos años su iglesia comenzó un nuevo acercamiento a los gays y a las lesbianas, y me dijo con lágrimas cuán rotos y perdidos se encontraban muchos de ellos y cómo odiaban la vida que estaban llevando. Y eso no se debía a algún supuesto odio por sí mismos o a una homofobia social. Se debió al hecho de que la forma en que vivían les causaba un gran dolor. Por dicha muchos le han dado sus vidas al Señor y han experimentado una transformación profunda; ahora desbordan de alegría y esperanza, lo que descubrieron recientemente.

¿Qué le dice Dale Martin a gente como esa? O ¿qué le diría a un hombre que publicó este comentario en una página web en respuesta a uno de mis artículos?

Me utilizaré a mí mismo como un ejemplo de por qué este artículo es correcto. He sentido atracción por el mismo sexo desde que era niño. Empecé a ir a la iglesia cuando era adolescente y me convertí en cristiano. Durante años, he orado (y han orado por mí) para que estas tendencias desaparecieran, pero no lo han hecho. A pesar de eso, me casé hace muchos años y tengo hijos y hasta nietos. Mi esposa conoce mi lucha, aunque como yo sabía que era pecado, nunca he actuado en consonancia con mis sentimientos. ¿Es fácil todo el tiempo? No, aunque con el tiempo se me ha hecho más fácil. Pero he tomado una decisión de ser fiel a Dios y a mi familia. ¿Nací de esta manera? No lo sé, pero eso no importa. Nunca elegiría deshonrar a Dios por cumplir mis deseos. Amo mucho a mi esposa, aunque ella entiende que estoy en conflicto en mi interior, pero no al punto que alguna vez pueda serle infiel. ESO sería "vivir una mentira". ¿Debería yo ser admirado? No. Muchos cristianos deben lidiar con tendencias contrarias a la Palabra de Dios, pero espero ser un estímulo para alguien por ahí que piense que no puede "mantener el rumbo". Por la gracia de Dios, usted puede y debe.[4]

Esto nos lleva de nuevo a la raíz del problema: toda la perspectiva del profesor Martin, con todo lo poderosa que luce y con lo sinceramente motivada que parece ser, se basa en la falsa premisa de que su identidad se define por sus deseos sexuales y atracciones románticas, y que Dios de alguna manera está obligado a afirmar esa identidad. En consecuencia, él considera que las únicas opciones que la iglesia tiene son o bien (y erróneamente) condenar lo que usted es o (con razón) afirmarlo. Todo esto es evidentemente falso, ya que este testimonio [anterior] lo deja claro.

En realidad, fue un amigo judío ortodoxo el que me envió la cita del profesor Martin, un hombre a quien llamaremos Adán. Él ha luchado desde la pubertad con la atracción por el mismo sexo, y fueron sus deseos homosexuales los que lo llevaron a estudiar a fondo todo lo que pudo sobre el tema, queriendo saber si realmente había evidencia científica de que la gente nace gay (no hay tal cosa), ansiando saber si realmente había evidencia de personas que se desplazaran a lo largo del *continuum* de homosexual a heterosexual, de acuerdo con la literatura científica y con el testimonio fiable (hay tal evidencia), y si incluso era razonable suponer basado en los datos científicos que tenemos sobre el desarrollo infantil que la alteración de los propios sentimientos sexuales era teóricamente posible. En otras palabras, él se preguntaba si era descabellado hacer incluso tal afirmación basándose en lo que sabemos sobre el desarrollo infantil y la sexualidad.

Adán sabía, por supuesto, que como judío ortodoxo, la práctica homosexual estaba prohibida, y cuando le confió a diferentes rabinos acerca de sus luchas, se encontró con la compasión y la comprensión. Sin embargo, ha vivido con esos deseos profundos y ha interactuado con aquellos a ambos lados del debate, "exgays" y "exexgays" (en otras palabras, aquellos que trataron de cambiar y luego regresaron a la práctica homosexual), así que le pregunté cómo iba a responder a las palabras de Martin. Me explicó:

> En primer lugar, si usted adopta la versión sociopolítica de la identidad "gay", es prácticamente una profecía cumplida en sí misma de que usted se despreciará a sí mismo, se sentirá oprimido, deprimido, solo, enfermo y lo que sea, y que sentirá que la gente que no aprueba su identidad "gay" lo odia, quiere hacerle daño y destruirlo. Si usted deja a un lado esa identidad y el estatus de víctima, y se abre hacia el amor, la compasión y la comprensión de las personas que usted antes pensaba que lo odiaban y despreciaban hasta el tuétano, abrirá un mundo completamente nuevo que nunca creyó posible y la mitad sus problemas se resolverán. Ser soltero realmente no es la peor cosa en el mundo, aunque sea difícil. Todos tenemos dificultades.
>
> Algunos tienen dificultades impensables que hacen la atracción por el mismo sexo algo pálido en comparación, un montón de gente heterosexual se quedará soltera por el resto de sus vidas. Además, es cierto que algunos han sido mezquinos y crueles, insensibles y cosas por el estilo, y deben parar, pedir disculpas y seriamente cambiar sus caminos, pero eso no es un argumento a favor de la homosexualidad. Es sólo un argumento de que esas personas deben hacer un serio examen de conciencia y ser amables con los demás seres humanos.[5]

¡Exactamente! Así que, en vez de decir: "Soy gay, así que todo lo demás será interpretado a través de ese paradigma de identidad sexual", la persona debe decir: "Soy un hombre (o mujer) que experimenta atracción hacia el mismo sexo", procediendo desde ese punto de partida. Entonces, de acuerdo a mi amigo, que está viviendo esto, "la mitad de sus problemas estará resuelto".

¿Por qué definir toda su identidad en función de sus atracciones románticas y deseos sexuales?[6] ¿Por qué no encontrar su identidad en el Señor y darle su vida incondicionalmente a Él, diciendo: "Padre, te pertenezco, y estoy confiando toda mi vida a ti; así que creo que me ayudarás a encontrar mi camino para tratar con estas atracciones y deseos?" Esta es una mentalidad de esperanza y vida, no de desesperación y muerte.

Adán continuó:

> La idea de no "ser gay" o de participar en los esfuerzos por alterar los sentimientos sexuales en la reconstrucción de la personalidad es una tontería. El único componente objetivo y científicamente medible en cuanto a las atracciones por el mismo sexo son los sentimientos y los actos sexuales. Todo lo demás son adiciones subjetivas sociopolíticas a esos hechos objetivos, adiciones que sólo han existido desde muy recientemente. Es cierto que no todos los bienes humanos pueden ser medidos de modo objetivo, pero ninguna persona gay ha establecido un sólido argumento de que "gay" es, de hecho, "lo que usted es" y una parte definitiva de su identidad si siente atracción por el mismo sexo. Por lo tanto, si se ha tragado todo eso, entonces sí, podría ser un tipo difícil de "reconstrucción".
>
> Lo que quiero decir es que muchas personas que apoyan a los gays dirán que su sexualidad es "lo que ellos son" y que es "esencial para su bienestar" y su "verdadero yo". Afirman todo eso como si se les hubiera dado una verdad obvia y basada en hechos. Yo quería contrarrestar esto diciendo que no hay evidencia objetiva de nada al respecto. Todo es subjetivo. Lo único objetivo es que usted experimenta atracciones, ellas se despiertan en usted, y que usted puede actuar en consecuencia. Ambas cosas pueden ser medidas y probadas por los científicos, de manera objetiva. El resto no se puede. Esto es lo que quise decir.[7]

¿Le parece lógico esto? ¿Está usted siguiendo lo que mi amigo judío está diciendo?

El otro día, un "cristiano gay" me acusó de no entender lo que yo estaba hablando, ya que yo no había vivido a través de lo que él había experimentado. Hasta cierto punto tiene razón, no importa cuán empático trate de ser. Pero él no puede decirle eso a Adán, ni puede decirles eso a mis amigos cristianos que son exgays.

Estos amigos cristianos exgays saben lo que es crecer sintiéndose diferente; darse cuenta de que en realidad les atrae el mismo sexo; aceptar (o abrazar) el hecho de que son gays (para utilizar la comprensión contemporánea); a continuación, salir del armario; luego, después de vivir el estilo de

vida homosexual durante algún tiempo—en algunos casos, por décadas—
tener una experiencia con el Señor que les cambia la vida y darse cuenta
de que ellos no son, de hecho, "gays", sino más bien imperfectos e hijos de
Dios quebrantados, al igual que el resto de nosotros, todos con necesidad
del Gran Médico.

La Palabra de Dios es clara en esto: "Todos nosotros nos descarriamos
como ovejas, cada cual se apartó por su camino; mas Jehová cargó en él el
pecado de todos nosotros" (Isaías 53:6). Como lo explica Pablo, es nuestra
propia naturaleza la que es corrupta, así que, en un sentido real, sin Jesús
todos estamos podridos hasta la médula:

> ...Estabais muertos en vuestros delitos y pecados, en los cuales
> anduvisteis en otro tiempo, siguiendo la corriente de este mundo,
> conforme al príncipe de la potestad del aire, el espíritu que ahora
> opera en los hijos de desobediencia, entre los cuales también
> todos nosotros vivimos en otro tiempo en los deseos de nuestra
> carne, haciendo la voluntad de la carne y de los pensamientos, y
> éramos por naturaleza hijos de ira, lo mismo que los demás.
>
> —Efesios 2:1-3

Es sólo nuestra mentalidad moderna, post revolución sexual, la que
ha definido la totalidad de la personalidad de uno por los deseos homosexuales de la persona. Y es una reminiscencia de la situación caótica que
prevaleció en el Libro de los Jueces, cuando "cada uno hacía lo que bien le
parecía" (Jueces 21:25).

Es por eso que ahora tenemos una lista casi interminable de identidades sexuales (citadas en el capítulo 2), junto con más y más gente como
"Sally [que] se considera un fuera de la ley de género, jugando fuera de
las definiciones tradicionales de hombre y mujer. Sally ejecuta su negocio
como hombre y no ha tenido una cirugía de cambio de sexo, pero se considera a sí mismo mujer".[8]

Y es por eso que tenemos más y más gente como Renata Razza, que
"nació mujer y salió como lesbiana a los quince años de edad", pero unos
años más tarde decidió que quería tomar testosterona. Sin embargo Razza
"no se identifica como varón, ni él [*sic*] quiere vivir la vida como hombre.
En vez de eso, Razza quiere vivir en un espacio entre el varón y la hembra.
¿Su identidad elegida? Género-raro [*gender-queer*]. Si los bisexuales desafían la noción de que una persona pueda ser atraída sólo hacia un género,

los "género-raros" explotan el concepto de que una persona tiene que ser de un género".[9]

O, como un individuo comentó en el sitio web Ex-Gay Watch:

> Por sentirme atraído hacia ambos géneros, buscar un cambio de sexo completo no ha sido una decisión clara para mí. Mi terapeuta me aconsejó que algunas personas en mi situación optan por vivir como "ella-varones", tomando la terapia hormonal, pero sin someterse en realidad a la cirugía. He considerado seriamente esta opción del "tercer sexo"... Me encantaría ser una hembra genética, pero no puedo obligar a que el público me acepte como tal. Y no siento que debo tener que forzarme a encajar en los papeles blanco o negro [que significa hombre o mujer] sólo porque otras personas necesiten categorizarme de esa manera.[10]

¿Qué? ¿Ser un ella-varón? ¿Considerando la opción del "tercer sexo"? ¿O tener múltiples géneros a la vez? En la raíz de este pensamiento está la idea de que si me siento atraído por ambos sexos, entonces eso es lo que soy (como en, "Yo soy bi") y debería dar plena expresión a mis deseos. Incluso hay cristianos que dicen ser creyentes bisexuales, la máxima expresión de la no negación de sí mismo.[11] ¡Mi corazón siente compasión por esa gente!

Dale Martin explica que la gente gay "tenemos una habilidad para enamorarnos de gente de nuestro propio sexo".[12] (¡Qué manera de describir la homosexualidad!) Bueno, también es cierto que muchas personas casadas tienen una habilidad especial para enamorarse de la gente con la que no está casada, y las personas poliamor tienen una habilidad para enamorarse de varias personas al mismo tiempo y, según algunos investigadores, los hermanos que han sido separados de niños pequeños tienen una habilidad especial para enamorarse el uno del otro cuando se encuentran más adelante en la vida debido a lo que se llama atracción sexual genética.[13] ¿Define algo de esto lo que somos o justifica nuestras decisiones? El hecho de que tengamos sentimientos fuertes, incluso abrumadores, ¿quiere decir que es correcto actuar basados en esos sentimientos?

El Rev. Jerry Falwell tuvo algunas cosas conmovedoras que decir en su respuesta al Dr. Mel White. (Si usted recuerda, el Dr. White fue el profesor del Seminario Fuller y escritor fantasma de Jerry Falwell, que se ha convertido en un líder activista "cristiano gay". Y el Dr. White publicó abiertamente su correspondencia con el reverendo Falwell, lo cual condujo a la respuesta pública de este). Jerry Falwell escribió:

> No pongo en duda sus afirmaciones de que ha luchado con las tentaciones de la homosexualidad durante gran parte de su vida.
>
> Cada creyente es retado de manera similar en algún área de su vida, de acuerdo a Hebreos 12:1 "Por tanto... despojémonos de todo peso y del pecado que nos asedia, y corramos con paciencia la carrera que tenemos por delante nosotros".
>
> Cada creyente tiene un pecado en particular que "nos asedia" ya sea la homosexualidad, la deshonestidad, la promiscuidad heterosexual, el egoísmo o diez mil otras transgresiones de la ley de Dios. Aunque no creo que esos pecados (incluyendo la homosexualidad) sean recibidos genéticamente, eso es irrelevante. Heredados o adquiridos, las Escrituras exigen que nos despojemos del pecado.
>
> Usted ha escrito acerca de sus muchos intentos por conquistar sus afectos desordenados temprano en su vida. No dudo de su sinceridad ni el dolor que ha sufrido en el proceso. Pero esto también es irrelevante. "Los espíritus de los profetas están sujetos a los profetas". *El comportamiento moral, como todo comportamiento humano, es una elección.*[14]

Antes de decirme que Falwell era pobre en compasión (que yo personalmente no lo percibo aquí en lo más mínimo), y antes de que me desafíe con: "Así que, ¿usted quiere que un hombre gay se case con su hija heterosexual y pretenda tener un matrimonio de verdad?", ¿puedo hacer una pregunta simple? ¿Lo que el Rev. Falwell escribió es verdadero o falso? ¿Es el comportamiento moral, como toda conducta humana, una elección?

Falwell continuó:

> Millones de personas piadosas y puras han decidido ser solteros y célibes de por vida. Han decidido no tener ninguna relación sexual, heterosexual u homosexual, durante toda la vida. Millones más han enviudado temprano en la vida y han optado por permanecer solteras y castas para el resto de sus vidas. *Debido a que somos seres humanos y no animales, tenemos la capacidad dada por Dios para regir nuestra conducta, independientemente de nuestras pasiones y sentimientos.*
>
> Por lo tanto, Mel, no puede haber ninguna justificación para

permitir que sus pasiones y sentimientos hagan que abandone a su esposa y su familia por un amante masculino, como lo ha hecho. El que su querida esposa sea "comprensiva", y no le odia, de ninguna manera justifica lo que ha hecho con ella. Eso simplemente habla de su carácter y la autenticidad de su relación personal con Cristo...

Conozco personalmente a exhomosexuales que han sido liberados del estilo de vida gay y, con sus esposas e hijos, ahora sirven a Cristo como pastores y obreros cristianos.

Esto no quiere decir que esos exhomosexuales no hayan sido tentados una y otra vez. Algunos, sin duda, han vuelto a veces a la conducta inmoral, se arrepintieron y comenzaron de nuevo. Pero, han reconocido la pecaminosidad de su transgresión y han decidido pasar toda la vida confiando, obedeciendo y sirviendo a Dios de acuerdo a su Palabra. Han decidido no permitir que el pecado "que nos asedia" los destruya y traiga vergüenza a su Señor y a sus familias.[15]

De modo que en vez de decir: "Yo soy gay, y Jesús murió para ayudarme a cumplir mi identidad sexual", que digan: "Yo lucho con el pecado de la homosexualidad, pero por la gracia de Dios no seré definido ni gobernado por ella".

Reitero, cuando hablo de personas que luchan con esas cuestiones, dondequiera que se identifiquen en el espectro LGBT y más allá, no hay una pizca de condena o crítica en mi corazón hacia ellos, sólo siento compasión por ellos en medio de sus desafíos. Pero eso destaca el hecho de que si empezamos con el paradigma de Dale Martin (que comienza con la forma en que la persona se siente acerca de su sexualidad y género), combinada con una falsa concepción de lo que significa la "identidad sexual", y luego definimos la realidad según esas percepciones y reinterpretamos la Biblia basados en ellas, nos encontramos con el mundo trágicamente confuso que he estado describiendo.

Y para que no crea que estoy pintando un cuadro exagerado, dejaré que Mel White hable por sí mismo. Mel escribió:

Si bien a lo largo de [mi libro] *Religion Gone Bad* [La religión descompuesta] utilizo "gay" y "gay y lesbiana" o "lesbiana y gay", quiero dejar en claro desde el principio que no estoy hablando sólo de los hombres gay y las lesbianas, sino—sobre todo—de mis hermanos y hermanas lesbianas, gays, bisexuales, transexuales, intersexuales, *queer* [raros, maric...] que están cuestionando su sexualidad. La opción de sopa de letras "LGBT" es una abreviatura fea para una hermosa comunidad. Deja por fuera otras importantes minorías sexuales y de género.[16]

Sin duda, Jesús entregó su vida por cada persona de la "comunidad" LGBTQ+ que describe el Dr. White, pero Él no nos apoya en nuestra confusión y nuestras luchas, ni muere para que nosotros podamos cumplir con nuestras atracciones sexuales y románticas, como afirmó el profesor Dan Via. Al contrario, Él se entrega a sí mismo para que nosotros podamos experimentar nueva vida y plenitud en Él, y sólo es correcto y justo que escuchemos de los muchos hombres y mujeres de hoy que dicen: "¡Ese era yo! El Dr. White describió lo que yo solía ser, pero en Cristo he encontrado una vida nueva, y es más maravilloso que lo que las palabras puedan expresar". ¡No vamos a silenciar sus testimonios!

UNA OPCIÓN FALSA

Volviendo a la respuesta de mi amigo judío al profesor Martin, Adán hace una excepción a su afirmación de que "Si la iglesia desea continuar con su interpretación tradicional, debe demostrar, no sólo afirmar, que es más amoroso condenar la homosexualidad que aprobar a los homosexuales". Como bien señala Adán: "No hay 'condenación de los gays'. Y lo opuesto a condenación no necesariamente es el elogio. Podríamos fácilmente alterar nuestro tono o cambiar la forma en que tratamos el tema. No hay una única respuesta a este debate: condenar o aprobar. Es una opción falsa. Así que la suposición misma es incorrecta, ¡incluso antes de contestarla!".[17]

Exacto. Permítame ilustrar esto con un mensaje de Facebook de un pastor en California llamado Kris Vallotton:

Crecí en un hogar hispano en el que el afecto del uno por el otro era normal. Todos se abrazaban y se besaban entre sí, los hombres abrazaban y besaban a otros hombres, las mujeres hacían lo mismo. Mi padre se ahogó cuando yo tenía tres años de edad, dejando un enorme vacío en mi corazón de atención y afecto masculino. No agradaba a ninguno de mis dos padrastros (francamente no creo que se agradaran de sí mismos), lo que sólo sirvió para aumentar mi necesidad de sentirme amado y aceptado por los hombres. En realidad, tenía hambre de atención y afecto masculino. Por lo tanto, me sentí atraído por los hombres y me encantaba cuando ponían su brazo a mi alrededor o me daban un abrazo. No tengo idea de lo que habría sucedido en esos años de formación si alguien me hubiera enseñado que esos deseos podrían convertirme en homosexual. Pero gracias a Dios eso nunca sucedió; en cambio, me enseñaron que los hombres tienen un afecto especial por otros hombres que era diferente al afecto de una mujer por los hombres (como sucedía también con las mujeres).

(Esta historia se cuenta con el permiso de Jason). Cuando mi hijo menor, Jason, tenía alrededor de ocho años de edad, cometió un acto homosexual con su amigo. Le tomó un rato hablarme al respecto, ya que estaba viviendo con una gran cantidad de vergüenza. Cuando finalmente lo hizo, le dije: "Hijo, tú solo estabas siendo tonto y experimentando como suelen hacer los chicos jóvenes. No te preocupes. Pídele a Dios que te perdone y continúa con tu vida; no es para tanto". No estoy seguro de lo que habría ocurrido si él hubiera estado en un sistema escolar que enseñara que algunas personas nacen como homosexuales, bisexuales y transexuales. Pero, por suerte, nunca fue expuesto a esas opciones y, hasta la fecha, nunca se ha sentido sexualmente atraído por el mismo sexo.

Cuando llegamos a Betel [una iglesia en Redding, California, donde Kris es pastor], yo fui el consejero principal por los tres primeros años. Aunque crecí en las calles, me di cuenta en aquellos años de consejería de que tuve una vida muy protegida. Yo ya había sido expuesto al hecho de que había personas que se sentían atraídas sexualmente hacia su mismo sexo desde que eran niños, así que eso no me sorprendía cuando acudían en busca de ayuda. Mi corazón se quebrantaba por ellos mientras escuchaba sus historias, la vergüenza que tenían y las burlas que tuvieron que soportar. Cuando usted camina en los zapatos de alguien, se ven las cosas desde una perspectiva diferente. Y a pesar de que mis convicciones sobre la homosexualidad nunca han cambiado, mi compasión por las personas que luchan con esos deseos se ha incrementado radicalmente después de muchas sesiones de llanto con ellos en cuanto a su dolor.[18]

En este punto, debo intercalar que la Iglesia Betel es a menudo criticada por poner *demasiado énfasis* en la bondad y la gracia de Dios, por lo que no hay absolutamente ninguna manera de que alguien que los conozca podría llamarlos "condenadores" o "sentenciosos".[19] Sin embargo, esa fue una de las falsas premisas de la posición de Dale Martin, a saber, que la iglesia tiene sólo dos opciones: condenar o aprobar la homosexualidad de alguien. Como señaló mi amigo Adán, eso simplemente no es verdad.

El pastor Kris continúa:

> Pero lo que me sorprendió descubrir durante mis sesiones en Betel es cómo muchas personas tienen atracciones sexuales (muchos desde su juventud) con todo tipo de perversiones extremas. La cantidad de personas que se sienten atraídas sexualmente hacia niños e incluso bebés probablemente choque a la mayoría de la población. Otros se sienten impulsados a la violación, la idea de forzar sexualmente a alguien que se les resiste plaga literalmente a algunas personas. Por el bien de la sensibilidad de mis lectores voy a dejarlo hasta ahí...pero esto ni siquiera comienza a tocar las historias contadas a puerta cerrada. Muchas de esas personas nunca llevaron a cabo tales actos pero fueron, literalmente, atormentados por la tentación de hacer los peores actos sexuales imaginables. Otros, por supuesto, cedieron a estas tentaciones y viven con una tremenda culpa y odio contra sí mismos.
>
> *Estas experiencias me han enseñado que cuando usted se define a sí mismo en base a sus tentaciones o a sus pasiones (en lugar de controlar su apetito y resistir las tentaciones), ¡no hay fondo en ese pozo negro! La verdad es que todos tenemos tentaciones y apetitos que no son saludables y deben ser controlados o vamos a vivir con una profunda sensación de vergüenza, no importa qué valores nuestra cultura intente validar, porque Dios ha escrito sus propios valores en nuestros corazones.*
>
> No tengo ningún deseo de avergonzar a nadie que esté luchando con la tentación, ya sea homosexual o una persona que batalla por cualquier otra cosa. Creo que tengo una percepción singular en cuanto al dolor que pasan porque he llorado con muchos de ellos y hasta el día hoy tengo el privilegio de llamarles mis amigos (algunos de ellos han optado por adoptar ese estilo de vida a pesar de mi ayuda).
>
> Dicho esto, también me preocupa que los jóvenes Krises y

Jasons del mundo estén siendo engañados para que piensen que hay algo mal con ellos debido a sus tentaciones o a su experiencia. Es por eso que voy a seguir haciendo escuchar mi voz arriesgándome a ser considerado enemigo, ¡Dios sabe que no lo soy![20]

Así que volvamos al planteamiento básico de este libro: ¿Puede usted ser gay y cristiano? Si con eso quiere decir que puede estar comprometido con Cristo y servirle fielmente sin dejar de tener atracciones homosexuales—reconociendo esas atracciones como contrarias al diseño de Dios y resistiéndolas como algo pecaminoso—entonces la respuesta es sí, ¡por supuesto! Usted se uniría a las filas de algunos discípulos sensibles, muy comprometidos, dedicados, tanto del pasado como del presente.[21] Y se uniría a cualquier otro verdadero seguidor de Cristo en el mundo, ya que todos tenemos aspectos de nuestra vida, a veces hasta el centro de nuestro ser, que reconocemos como opuestos al diseño de Dios, por lo que los rechazamos como algo pecaminoso. Y, como hemos hablado en varias ocasiones a través de este libro, ser discípulo comienza con negarnos a nosotros mismos y tomar la cruz.

Por otro lado, si por ser gay y cristiano usted quiere decir que puede estar comprometido con Jesús y servirle mientras practica la homosexualidad—abrazando sus atracciones homosexuales como un don de Dios y actuando en consecuencia, afirmando así su identidad "gay"—entonces, la respuesta es absolutamente no. La Palabra de Dios está claramente en contra de ello.[22]

Personalmente, estoy convencido de que si usted le da la Biblia a un millón de personas que nunca la han leído, y si ellos pudieran leer los textos originales en hebreo, arameo y griego; si usted los dejara solos para estudiar la Palabra de Dios por un año, prácticamente ninguno de ellos saldría con la idea de que Dios aprueba las relaciones homosexuales o que alguna vez apoyará los "matrimonios" del mismo sexo. Es sólo cuando se lee la Biblia a través de los ojos de los deseos por el mismo sexo o a través de la comprensión contemporánea de la sexualidad—resultado de la revolución sexual—, que alguien pudiera salir con la idea de que la homosexualidad fue un regalo de Dios o que Él aprueba que hombres con hombres o mujeres con mujeres tuvieran relaciones sexuales. Y es sólo cuando empezamos con el "yo"—lo que yo siento por las cosas, lo que yo percibo que soy, lo que me gusta o no me gusta—que en efecto ponemos el evangelio al revés, como si Jesús estuviera aquí para hacer nuestra voluntad en lugar de que nosotros hagamos la de Él.

Usted podría decir: "Pero, ¿por qué sigue planteando la cuestión del sexo? Ser gay es mucho más que tener sexo con alguien del mismo sexo". Como me escribió un "cristiano gay" cierta vez:

> De alguna manera usted piensa que esto sólo se trata de sexo. ¿Es su sexualidad simplemente un acto sexual? ¿Es eso lo único que su matrimonio es con su esposa? Como dijo su amigo Andrew Marin una vez: "Los cristianos reducen el ser gay a un acto sexual y luego los culpan por ello". Yo conozco parejas gays que tienen relaciones de las que muchas parejas en la iglesia evangélica podrían aprender muchísimo.[23]

Ah, ciertamente entiendo que ser gay no "sólo se trata de sexo", así como ser heterosexual tampoco se trata de sexo solamente (aunque la homosexualidad sigue estando comúnmente más enfocada en cuestiones sexuales, la identidad sexual y, a menudo, el sexo en sí). Y estoy seguro de que hay muchas parejas gays que están profundamente comprometidas mutuamente, y que sus relaciones no están centradas en el sexo. Pero ¿me está diciendo que la actividad sexual *no* está incluida en lo que respecta a ser gay? ¿Que está perfectamente bien con usted separar las relaciones sexuales de la discusión? ¿Qué el tener relaciones sexuales no es una parte normal de estar en una relación íntima? ¿Qué usted estaría perfectamente dispuesto a continuar en una estrecha amistad con su pareja actual (si tiene una) y dejar el sexo fuera de escena? O bien, para llegar a esto desde otro punto de vista, si Dios se opone claramente a las relaciones sexuales entre personas del mismo sexo, ¿está usted dispuesto a perder su relación con Dios por el sexo?

Una de las cosas más inquietantes que he observado en la lectura de las historias de los "cristianos gays" es que la ética sexual parece ser así: "Si es gay, está bien", con esto quiero decir: aun cuando el acto fue claramente inmoral—es decir, si la unión homosexual constituía adulterio para un hombre casado o fornicación para un hombre soltero—todavía se consideraba que estaba bien, porque la persona simplemente estaba siendo fiel a lo que él o ella era.

Por ejemplo, en su autobiografía el difunto Rev. Troy Perry, fundador de Metropolitan Community Churches, la mayor denominación "cristiana gay" del mundo, describe su primer encuentro homosexual con otro muchacho a la edad de nueve años, y lo hace en términos muy radiantes:

> Yo tenía nueve años cuando otro niño y yo fuimos a un lugar llamado "Tallahassee's Bird's Words" para cortar nuestros árboles de Navidad, y allí tuve mi primer encuentro sexual. Los dos nos sentamos en un claro del bosque y jugamos con nuestros miembros hinchándose, algo que nunca había compartido con nadie. La estimulación que disfrutamos fue mágica, un regalo en la primera aparición de la pubertad. No había miedo ni vergüenza; sólo placer, el placer maravilloso y la felicidad de una transgresión inofensiva y menor. Para mí, esos fueron los mejores años, el tiempo en que descubrí lo religioso y lo sexual con cierta ingenuidad.[24]

Cuán reveladora es esa historia, sobre todo cuando usted se da cuenta de que se trata de uno de los líderes "cristianos gay" más prominentes de esta generación. ¿Se imagina un líder cristiano heterosexual describiendo su primer encuentro sexual juvenil con una niña como un "tiempo en que descubrí lo religioso y lo sexual con cierta ingenuidad"?[25]

Más adelante en el libro, Perry describe cómo cuando era evangelista asalariado, viajando, tanto mujeres jóvenes como sus novios y sus hermanos, todos lo querían, "y, de vez en cuando, la atracción masculina llevó a agradables interludios sexuales que nunca fueron más allá del estado de tierna exploración en la que la mayoría de los chicos sanos participan".[26] ¿Qué? ¿Así es como un predicador itinerante que pertenecía a una denominación de santidad describe sus encuentros sexuales con otros hombres jóvenes? Aunque esos actos no llegaran a las relaciones sexuales, su descripción es bastante reveladora, sobre todo cuando lo siguiente que explica es que, en cuanto a las mujeres con las que salía, los "actos de amor que comprometieran eran fácilmente evitados, debido a la fuerte creencia pentecostal de que las relaciones sexuales fuera del matrimonio son un pecado terrible".[27] ¡Qué irónico!

Luego, recién casado con su esposa, Pearl, él tuvo relaciones sexuales con otro hombre, consciente de que eso era lo que quería hacer, pero con "ansiedades persistentes", diciéndose a sí mismo: "Dios, soy un hombre casado ¡y mi esposa está en la habitación de al lado! ¿Qué pasará si ignoro toda una vida de inhibición?".

Aun así, él explica: "Con el tiempo, me di cuenta de que lo que hacíamos parecía adecuado para mí. Nada fue forzado en esa larga noche. Todo era diferente a lo que había conocido. No puedo decir que era amor, pero fue una educación maravillosa".[28] ¿Una "educación maravillosa"? ¿Era lo que "parecía adecuado para mí"? ¿Así es como describe cometer adulterio homosexual, mientras su esposa dormía en la habitación de al lado?

La esposa de Perry trató de perdonarlos y, al final, tuvieron dos hijos (aunque él dice que ella no tenía ningún interés en tener relaciones sexuales con él, lo que lleva aun más a la frustración sexual). Cuando ella por fin se dio cuenta de que él era homosexual, incluso le sugirió que tuvieran un matrimonio platónico en el que él pudiera salir algunas noches con los chicos (¡en serio!). Ella todavía quería arreglar las cosas. Sin embargo, Perry se negó, diciendo: "Ha llegado la hora de que me levante y me encuentre. Tengo que saber quién soy".[29]

Cuán elocuente—e inconsciente—Troy Perry expresó la raíz del problema: "Tengo que levantarme y *encontrarme*. Tengo que saber *quién soy*".[30] Un verdadero discípulo es, en realidad, el que es llamado a hacer exactamente lo contrario: Tengo que *encontrar* a Dios y saber *quién es Él*, y al perderme yo mismo he de encontrarme.

La ruta que tomó Perry—llena de dolor, desafíos y valentía (pero, por desgracia, valentía para hacer lo malo)—, llevaba a una clase incorrecta de satisfacción, una que destruyó un matrimonio, lo separó de sus hijos, y lo llevó a muchos encuentros homosexuales. De modo que, después de que él y Pearl rompieran y él tuviera relaciones sexuales con muchos otros hombres, finalmente fundó MCC, la denominación "cristiana gay".

Sin exagerar, se podría decir que se trata de una denominación "cristiana" fundada en los deseos sexuales, con una teología impulsada por el deseo.[31] De hecho, Perry contribuyó en realidad con un capítulo para el libro *Leatherfolk* en el que habla de su propio "viaje al cuero", lo que por definición incluye el sadomasoquismo. Sí, la revista gay *Frontiers* [Fronteras] (1 de octubre de 1999, p. 51), se refiere a Perry como "¡la gran reina del cuero!"[32] ¿Recuerda algunos de los seminarios ofrecidos en conferencias anteriores de MCC que mencioné en el capítulo anterior, que incluían sesiones dedicadas a poliamor y a la búsqueda de sexo gay? Pero, ¿debemos realmente estar sorprendidos? Eso es lo que quiero decir cuando hablo de una teología que es "impulsada por el deseo".

No tengo ninguna duda de que las iglesias en ese entonces no tenían idea de cómo ayudar a Troy Perry, y aunque habla de enamorarse de su mujer, no estoy diciendo que fue sabio que ellos se casaran. Apruebo absolutamente la idea de que cuando nos rendimos a Dios, muriendo a nuestra voluntad y a nuestros deseos, encontramos lo que realmente somos; y con eso, hallamos una profunda satisfacción. Según lo expresado por Olimpo y el entonces misionero Eric Liddell en la película Carros de fuego: "Creo que Dios me hizo con un propósito, pero también me hizo rápido. Y cuando corro siento su placer".[33]

Pero Liddell se refería a un placer sagrado en cuanto a la aprobación divina más que a un placer carnal tipo: "Esto es lo que yo soy". Uno promueve la gloria de Dios, que conduce a la santidad, el carácter y la disciplina. El otro promueve la carne y es contrario a la santidad, el carácter y la disciplina de Dios.

En un artículo titulado "Por qué la felicidad no es un sentimiento", el profesor de filosofía J. P. Moreland contrastó la comprensión contemporánea de la felicidad con la clásica , ilustrando sus afirmaciones con una gráfica de siete puntos.[34] Citando el primero y el último punto de la gráfica, de acuerdo con el entendimiento contemporáneo, la felicidad es "placer y satisfacción", se "logra a través del narcisismo egocéntrico", por lo que "el éxito produce una celebridad". En contraste, según el entendimiento clásico de la felicidad—en realidad el entendimiento bíblico de la verdadera felicidad—, esta consiste en "virtud y carácter", y se "logra siendo un aprendiz abnegado de Jesús", con lo que "el éxito produce un héroe".[35] ¡Bien dicho!

¿Qué clase de felicidad está buscando? ¿La felicidad egocéntrica que dice: "Dios, por favor, satisface mis deseos" o la que procede de un carácter piadoso, virtuoso y de una vida ligada al Señor, marcada por un "aprendizaje abnegado" de Él?

Moreland, a continuación, explica el significado de las palabras de Jesús en Lucas 9:23-25:

> Y decía a todos: Si alguno quiere venir en pos de mí, niéguese a sí mismo, tome su cruz cada día, y sígame. Porque todo el que quiera salvar su vida, la perderá; y todo el que pierda su vida por causa de mí, éste la salvará. Pues ¿qué aprovecha al hombre, si gana todo el mundo, y se destruye o se pierde a sí mismo?

¿Qué estaba diciendo Jesús? Según Moreland:

La cuestión es encontrarse a uno mismo o perderse a uno mismo. Más específicamente, encontrarse a uno mismo es descubrir cómo se debe vivir la vida y aprender a vivirla de esa manera; es llegar a ser como Jesús, con el carácter que manifiesta el fruto del Espíritu y la naturaleza radical de la vida del reino; es encontrar los propósitos de Dios para su vida y cumplir con ellos de una manera que honre a Cristo.

La vida eterna tal como se define en el Nuevo Testamento no se trata principalmente de vivir para siempre, se trata de tener un nuevo tipo de vida, una nueva calidad de vida tan distinta que aquellos que no la tienen puedan, en un sentido real, llamarse muertos. Es la vida experimentada de la manera en la que fuimos diseñados, una vida de virtud, carácter y bienestar vivida para el Señor Jesús.[36]

Ahí es donde se encuentra la verdadera felicidad, lo que a menudo significa ir contra la corriente de algunos de nuestros deseos más fundamentales, profundamente arraigados. Pero si tomamos el camino de la cruz, también vamos a experimentar la vida nueva de la resurrección. Eso es lo que Pablo quiso decir cuando escribió: "Con Cristo estoy juntamente crucificado, y ya no vivo yo, mas vive Cristo en mí; y lo que ahora vivo en la carne, lo vivo en la fe del Hijo de Dios, el cual me amó y se entregó a sí mismo por mí"(Gálatas 2:20). Comenzar una nueva vida en Cristo significa el fin de la vieja vida, en muchas más maneras de lo que podíamos imaginar cuando pusimos nuestra fe en Él.

Como misionera, Amy Carmichael explicó una vez, que ser muertos al yo y vivos para Dios significa "muertos a todos los planes y esperanzas naturales y terrenales de uno, muertos a todas las voces, aunque sean preciadas, que nos harían sordos a la de Él".[37] ¿Es eso lo que usted desea? ¿Una vida plena en sintonía con Dios y totalmente entregada a Él?

¿QUÉ ES LO INCORRECTO CON QUE DOS HOMBRES SE AMEN?

Una vez cené con una pareja "cristiana gay" y uno de los hombres me dijo: "Si alguien comete adulterio, perjudica a otra persona. O si roba, miente o asesina, le hace daño a otra persona. Pero mi relación con mi pareja no hace daño a nadie".

En respuesta les pregunté a ambos: "¿Y qué de dos hermanos adultos que se enamoran? No le están haciendo daño a nadie y tampoco pueden producir hijos en común, por lo que no puede haber ninguna preocupación acerca de que la relación incestuosa produzca niños no saludables. ¿Sería eso correcto?"

Ellos respondieron: "¡Simplemente, es malo! ¡De ninguna manera es eso correcto! ¡Es simplemente asqueroso!".

Les dije: "Pero ustedes no tienen ninguna base para decir eso, especialmente si hacen caso omiso de las Escrituras. Y, la verdad, no quiero ofenderlos; no los estoy comparando con dos hermanos de sangre, pero para mí, ¡lo que ustedes dos hacen juntos es asqueroso!".

Al final, tuvieron que aceptar la fuerza del argumento, que socava la premisa del de ellos. Más importante aun, si Dios dice que algo está mal, cuando participamos en ello con otra persona, *estamos* perjudicando a esa persona, aunque le amemos y estemos dedicados a ese individuo.

Yo sé que algunos teólogos gays (y hasta mi amigo y colega de debates, el rabino Shmuley Boteach) citan Génesis 2:18, donde el Señor dijo: "No es bueno que el hombre esté solo". Ellos sienten que eso justifica las relaciones homosexuales, ya que es la única manera de que puedan tener compañerismo íntimo. Pero por mucho que sea profundamente sensible a la fuerza emocional del argumento, no queriendo que ninguno sea privado de la intimidad y del amor, también estoy plenamente consciente de que no podemos leer las palabras del Señor en Génesis 2:18 sin completar la segunda mitad del versículo, en el que el Señor dijo: "Le haré ayuda idónea para él", es decir, ¡una mujer!

Así que insto a todo lector que se sienta atraído por el mismo sexo, a que se dirija al Señor y le diga: "Tú entiendes mis luchas y prometiste ayudarme en mis tiempos de mayor necesidad, por lo que te pido que me ayudes a superar todo impulso y deseo que sea contrario a tu voluntad. Y te pido que me proveas de todo lo que necesito a fin de vivir para ti". Él no le fallará. Él le satisfará con su presencia, le proporcionará amigos piadosos y compañeros, o le ayudará a lograr un cambio en sus atracciones, de manera que pueda casarse con un compañero o compañera apropiada de por vida.

Pero de eso puede estar seguro. Él no le dejará huérfano (Juan 14:18), y en Él usted hallará todo lo necesario para la vida y la piedad (2 Pedro 1:3-4).

PERO, ¿NO ESTÁ ESTE MENSAJE SACANDO A LOS HOMOSEXUALES DE LA IGLESIA?

Durante esa misma cena, uno de los hombres me dijo: "Pero cuando ustedes predican lo que proclaman, la gente como nosotros deja sus iglesias; o, si sabemos que ustedes predican esto, nunca pondremos un pie en sus templos. Así que, ¿no sería mejor modificar su mensaje sobre la sexualidad y mantenernos en la iglesia, ya que realmente queremos seguir al Señor?".

Por supuesto, en la medida de lo que entendí, su punto era—en última instancia—muy débil, ya que el mismo razonamiento podría aplicarse a una serie de diversos pecados—si sólo modificamos nuestro mensaje aquí o allí, ¡muchas otras personas se unirían a nosotros!—para no mencionar una serie de otras creencias, como: "¿Por qué ser tan exclusivo en tu fe? Si le dieras la bienvenida a personas de otras religiones y les dijeras que Jesús no es el único camino a Dios, ¡se sentirían mucho más apoyados!". ¿Dónde, pues, trazamos la línea? Obviamente, la trazamos donde Dios la pone en su Palabra, y por eso tenemos que someternos humildemente a lo que Él dice, haciendo nuestro mejor esfuerzo por comprenderla en sus términos, no en los nuestros.

Pero, aunque esas respuestas fuesen buenas, esa no es la principal manera en que respondí. Al contrario, le dije que mi objetivo era que él tuviera un encuentro tan real y radical con Cristo que abandonara gozosamente todo en este mundo sólo por conocerlo. Citando de nuevo Pablo: "Pero cuantas cosas eran para mí ganancia [es decir, la vida que estaba viviendo como líder emergente en la comunidad judía], las he estimado como pérdida por amor de Cristo. Y ciertamente, aun estimo todas las cosas como pérdida por la excelencia del conocimiento de Cristo Jesús, mi Señor, *por amor del cual lo he perdido todo, y lo tengo por basura, para ganar a Cristo*" (Filipenses 3:7-8). En última instancia, él consideraba como nada el perder su propia vida, siempre y cuando pudiera terminar la tarea que el Señor le dio. (Ver Hechos 20:24).

Para mí, como judío, seguir a Jesús significa que muchos de mi propia gente me odien y me llamen apóstata. Y si hubiera sido criado en un hogar judío ultrarreligioso, habría sido excomulgado por mis creencias y mis padres hubiesen hecho un funeral por mí. De cualquier manera, ¡vale la pena todo por el Señor!

Desde 1993 he ido a la India una vez al año para ministrar y he lavado, literalmente, los pies de la viuda de un mártir, una mujer cuyo marido fue asesinado por los hindúes molestos con su ministerio. Y ella sigue sirviendo al Señor con alegría junto a sus hijos, sabiendo que incluso la pérdida de su marido era un pequeño precio a pagar a la luz de la eternidad.

También oré con los hombres que habían sido golpeados hasta casi morir, uno estuvo en estado de coma durante seis días antes de que el Señor milagrosamente lo sanara; y después de su recuperación, fue a predicarles a las mismas personas que intentaron quitarle la vida. Estaba lleno de alegría mientras hablaba de su decisión de seguir trayendo las buenas nuevas a su pueblo, cualquiera que fuera su destino en este mundo.

Más cerca de casa, en el año 2012, un joven cristiano que se graduó de nuestra escuela ministerial fue asesinado por terroristas musulmanes, dejando a su esposa y dos hijos pequeños. Se había mudado a una parte muy peligrosa del mundo para predicar el evangelio, y él con su esposa hablaron de la posibilidad de perder la vida mientras trabajaban en una comunidad musulmana pobre, sirviendo a la gente de allí y tratando de satisfacer sus necesidades. Unos meses después de que fue asesinado brutalmente, hablé con su esposa y le pregunté si tenía algún remordimiento en cuanto a las decisiones que había hecho, como casarse con él y luego ir al campo misionero con su familia. Con una sonrisa vibrante que puedo recordar mientras escribo estas palabras (incluso mientras escribo con lágrimas en los ojos) ella me dijo: "Sin remordimientos". Incluso su propio hermano, un misionero que trabaja en contra de la trata de personas en el extranjero, después de escuchar la impactante noticia de que su hermano y su mejor amigo había muerto, dijo: "Esto es para lo que nos apuntamos", queriendo decir, cualquiera sea el precio, cualquiera sea la consecuencia, vamos a seguir a Jesús.

Y esto, de hecho, es lo que Él requiere de nosotros. Él dijo: "El que ama a padre o madre más que a mí, no es digno de mí; el que ama a hijo o hija más que a mí, no es digno de mí; y el que no toma su cruz y sigue en pos de mí, no es digno de mí. El que halla su vida, la perderá; y el que pierde su vida por causa de mí, la hallará" (Mateo 10:37-39).

Pero no es una especie de acto de servidumbre religiosa, morboso, deprimente lo que Él requiere, como un monje medieval que lleva cilicio debajo de la camisa o que se azota a sí mismo para pagar por sus pecados. Al contrario, es una respuesta de amor y gozo, ya que al encontrarlo a Él hallamos todo lo que necesitamos. Como enseñara Jesús:

Además, el reino de los cielos es semejante a un tesoro escondido en un campo, el cual un hombre halla, y lo esconde de nuevo; y gozoso por ello va y vende todo lo que tiene, y compra aquel campo. También el reino de los cielos es semejante a un mercader que busca buenas perlas, que habiendo hallado una perla preciosa, fue y vendió todo lo que tenía, y la compró.

—MATEO 13:44-46

¿No es eso lo que realmente importa? Cuando reflexionemos en mil millones de años pasados, ¿no vamos a decir que una vida invertida en el servicio al Señor fue bien vivida?

Así que permítame decirlo una vez más: Usted no es definido por sus atracciones, ni es esclavo de sus deseos. Usted puede, incluso, vivir sin sexo o ser soltero (si esa es la voluntad de Dios, aunque Él tiene el poder para cambiar sus deseos), pero usted no puede vivir sin Él. Por eso, en vez de enfocarse en si es gay, bi o trans (o algo más), ¿por qué no centrarse en encontrar esa gloriosa, hermosa perla de gran valor, ese increíble e impresionante tesoro escondido en el campo: Jesús, el Señor y Salvador?

Vale la pena vender todo lo que tenga—para usar el lenguaje de las parábolas de Él—a fin de tener una relación íntima con Cristo. Como misionero, Henry Martyn dijo una vez—después de percatarse de que no se casaría con el amor de su vida y de que daría su vida en el campo misionero para alcanzar a los perdidos—: "Que me aleje para siempre del mundo y de aquí en adelante viva olvidándome de todo menos de Dios. Contigo, oh Dios mío, no hay decepción. Nunca tendré que lamentar que te haya amado demasiado".[38]

Que ese sea su punto de partida: Si usted se lanza a Él con todo su corazón y con toda su alma, dándose por Él de la manera que Él se entregó por usted, Él nunca le decepcionará. En efecto, los demás verán su vida y querrán lo que usted tiene. Como declaró el salmista: "Me mostrarás la senda de la vida; en tu presencia hay plenitud de gozo; delicias a tu diestra para siempre" (Salmos 16:11).

¿No es esto suficiente?

BIBLIOGRAFÍA SELECTA

Aarons, Leroy. *Prayers for Bobby: A Mother's Coming to Terms With the Suicide of Her Gay Son*. San Francisco: Harper One, 1996.

Allberry, Sam. *Is God Anti-Gay? And Other Questions About Homosexuality, the Bible and Same-Sex Attraction*. N.p.: The Good Book Company, 2013.

Althaus-Reid, Marcella. *The Queer God*. New York: Routledge, 2003.

Anderson, Kerby. *A Biblical Point of View on Homosexuality*. Eugene, OR: Harvest House, 2008.

Bahnsen, Greg. *Homosexuality: A Biblical View*. Grand Rapids, MI: Baker, 1978.

Bawer, Bruce. *Stealing Jesus: How Fundamentalism Betrays Christianity*. New York: Three Rivers, 1997.

———, ed. *Beyond Queer: Challenging Gay Left Orthodoxy*. New York: Free Press, 1996.

Besen, Wayne R. *Anything But Straight: Unmasking the Scandals and Lies Behind the Ex-Gay Myth*. New York: Harrington Park Press, 2003.

Bettendorf, Craig. *A Biblical Defense Guide: For Gays, Lesbians and Those Who Love Him*. Victoria, BC: Trafford Publishing, 2005.

Boswell, John. *Christianity, Social Tolerance and Homosexuality*. Chicago: University of Chicago Press, 1980.

Botha, Peet H. *The Empty Testament: Four Arguments Against Gay Theology*. Victoria, BC, Canada: Trafford Publishing, 2008.

———. *Same-Sex Unions in Premodern Europe*. New York: Vintage Books, 1994.

Bradshaw, Timothy, ed. *The Way Forward? Christian Voices on Homosexuality and the Church*. Grand Rapids, MI: Eerdmans, 2004.

Brannum-Harris, Rod. *The Pharisees Amongst Us: How the Anti-Gay Campaign Unmasks the Religious Perpetrators of the Campaign to Be Modern Day Pharisees*. N.p: N.p., 2005.

Brawley, Robert L. *Biblical Ethics and Homosexuality: Listening to Scripture*. Louisville, KY: Westminster John Knox, 1996.

Brentlinger, Rick. *Gay Christian 101: Spiritual Self-Defense for Gay Christians*. Pace, FL: Salient Press, 2007.

Brooten, Bernadette J. *Love Between Women: Early Christian Responses to Homoeroticism*. Chicago: University of Chicago Press, 1996.

Brown, Michael L. *A Queer Thing Happened to America: And What a Long, Strange Trip It's Been*. Concord: EqualTime Books, 2011.

———. *Hyper-Grace: Exposing the Dangers of the Modern Grace Message*. Lake Mary, FL: Charisma House, 2013.

———. *In the Line of Fire: 70 Articles from the Front Lines of the Culture Wars*. Concord, NC: EqualTime Books, 2012.

Brownson, James V. *Bible, Gender, Sexuality: Reframing the Church's Debate on Same-Sex Relationships*. Grand Rapids, MI: Eerdmans, 2013.

Brunson, Hal. *Lesbos, Narcissus, and Paulos: Homosexual Myth and Christian Truth*. New York: iUniverse, 2006.

Budziszewski, Jay. *True Tolerance: Liberalism and the Necessity of Judgment*. Brunswick, NJ: Transaction Publishers, 2000.

Butterfield, Rosaria Champagne. *The Secret Thoughts of an Unlikely Convert: An English Professor's Journey Into Christian Faith*. Pittsburgh: Crown & Covenant, 2012.

Campbell, W. P. *Turning Controversy Into Church Ministry: A Christlike Response to Homosexuality*. Grand Rapids, MI: Zondervan, 2010.

Chambers, Alan, ed. *God's Grace and the Homosexual Next Door: Reaching the Heart of the Gay Men and Women in Your World*. Eugene, OR: Harvest House, 2006.

Chapman, Patrick M. *"Thou Shalt Not Love": What Evangelicals Really Say to Gays*. New York: Haiduk Press, 2008.

Chappelle, Lucia. "Silent Night, Raging Night." *DeColores MCC Hymnal*. Los Angeles: N.p., 1983.

Chellew-Hodge, Candace. *Bulletproof Faith: A Spiritual Survival Guide for Gay and Lesbian Christians*. San Francisco: Jossey-Bass, 2008.

Cheng, Patrick S. *Radical Love: An Introduction to Queer Theology*. New York: Seabury Books, 2011.

———. *From Sin to Amazing Grace: Discovering the Queer Christ*. New York: Seabury Books, 2012.

Chu, Jeff. *Does Jesus Really Love Me? A Gay Christian's Pilgrimage in Search of God in America*. New York: Harper, 2013.

Cohen, Richard. *Coming Out Straight: Understanding and Healing Homosexuality*. Winchester, VA: Oakhill Press, 2000.

Corvino, John. *What's Wrong with Homosexuality?* New York: Oxford University Press, 2013.

Cunningham, James D. *Gay Christian Survivors. Refuting Anti-Gay Views With the Word of God*. N.p.: N.p., 2001.

Dailey, Timothy J. *Dark Obsession: The Tragedy and Threat of the Homosexual Lifestyle*. Nashville: Broadman & Holman, 2003.

Dallas, Joe. *The Gay Gospel? How Pro-Gay Advocates Misread the Bible*. Eugene, OR: Harvest House, 2007 (rev. and expanded edition of *Strong Delusion*).

Dallas, Joe and Nancy Heche, eds. *The Complete Christian Guide to Understanding Homosexuality: A Biblical and Compassionate Response to Same-Sex Attraction*. Eugene, OR: Harvest House, 2010

Davidson, Richard M. *Flame of Yahweh: Sexuality in the Old Testament*. Peabody, MA: Hendrickson, 2007.

Davies, Bob and Lela Gilbert. *Portraits of Freedom: 14 People Who Came Out of Homosexuality*. Downers Grove, IL: InterVarsity Press, 2001.

Dean, Kenda Creasy. *Almost Christian: What the Faith of Our Teenagers Is Telling the American Church*. New York: Oxford University Press, 2010.

De Young, James B. *Homosexuality: Contemporary Claims Examined in Light of the Bible and Other Ancient Literature and Law.* Grand Rapids: Kregel, 2000.

Diamond, Lisa M. *Sexual Fluidity: Understanding Women's Love and Desire.* Cambridge, MA: Harvard University Press, 2009.

Drinkwater, Gregg, Joshua Lesser, and David Shneer. *Torah Queeries.* New York: New York University Press, 2009.

Dunnam, Maxie D. and H. Newton Malony, eds. *Staying the Course: Supporting the Church's Position on Homosexuality.* Nashville: Abingdon, 2003.

Dwyer, John F. *Those 7 References: A Study of the 7 References to Homosexuality in the Bible.* N.p.: N.p., 2007.

Edser, Stuart. *Being Gay and Christian: You Can Be Both.* Wollombi, Australia: Exisle Publishing, 2012.

Eldridge, Erin. *Born That Way? A True Story of Overcoming Same-Sex Attraction With Insights for Friends, Families, and Leaders.* Salt Lake City, UT: Deseret Book Company, 1994.

Emmanuel, Tristan. *Warned: Canada's Revolution Against Faith, Family, and Freedom Threatens America.* Canada: Freedom Press, 2006.

Erzen, Tanya. *Straight to Jesus: Sexual and Christian Conversions in the Ex-Gay Movement.* Berkeley, CA: University of California Press, 2006.

Faris, Donald L. *Trojan Horse: The Homosexual Ideology and the Christian Church.* Burlington, Ontario: Welch Publishing, 1989.

Ferguson, David, Fritz Guy, and David Larson, eds. *Christianity and Homosexuality: Some Seventh-Day Adventist Perspectives.* Roseville, CA: Adventist Forum, 2007.

Fox, E. Earle and David W. Virtue. *Homosexuality: Good and Right in the Eyes of God?* Alexandria, VA: Emmaus Ministries, 2003.

Gagnon, Robert A. J. *The Bible and Homosexual Practice: Texts and Hermeneutics.* Nashville: Abingdon, 2001.

Geis, Sally B. and Donald E. Messer, eds. *Caught in the Crossfire: Helping Christians Debate Homosexuality*. Nashville: Abingdon, 1994.

George, Robert P. and Jean Bethke Elshtain, eds. *The Meaning of Marriage: Family, State, Market, and Morals*. Dallas: Spence Publishing, 2006.

Godfrey, Floyd. *A Young Man's Journey: Healing for Young Men with Unwanted Homosexual Feelings*. N.p.: CreateSpace, 2012.

Goss, Robert E. *Jesus Acted Up: A Gay and Lesbian Manifesto*. San Francisco: HarperSanFrancisco, 1993.

———. *Queering Christ: Beyond Jesus Acted Up*. Cleveland, OH: Pilgrim Press, 2002.

Goss, Robert E. and Mona West, eds. *Take Back the Word: A Queer Reading of the Bible*. Cleveland, OH: Pilgrim Press, 2000.

Gold, Mitchell and Mindy Drucker, eds. *Crisis: 40 Stories Revealing the Personal, Social, and Religious Pain and Trauma of Growing Up Gay in America*. Austin, TX: Greenleaf Book Group Press, 2008.

Goldberg, Arthur. *Light in the Closet: Torah, Homosexuality and the Power to Change*. Beverly Hills, CA: Red Heifer Press, 2008.

Gomes, Peter J. *The Good Book: Reading the Bible With Heart and Mind*. San Francisco: HarperSanFrancisco, 1996.

Greenberg, Steven. *Wrestling With God and Men: Homosexuality in the Jewish Tradition*. Madison, WI: University of Wisconsin Press, 2004.

Gray Temple, *Gay Unions: In the Light of Scripture, Tradition, and Reason* (New York: Church Publishing, 2004).

Grimsrud, Ted and Mark Thiessen Nation. *Reasoning Together: A Conversation on Homosexuality*. Scottdale, PA: Herald Press, 2008.

Guest, Deryn, Robert E. Goss, Mona West, and Thomas Bohache, eds. *The Queer Bible Commentary*. London: SCM Press, 2006.

Haley, Mike. *101 Frequently Asked Questions About Homosexuality*. Eugene, Oregon: Harvest House, 2004.

Haller, Tobias Stanislas. *Reasonable and Holy: Engaging Same-Sexuality.* New York: Seabury Books, 2009.

Hamilton, Julie Harren and Philip J. Henry, eds. *Handbook for Therapy for Unwanted Homosexual Attractions.* N.p.: Xulon Press, 2009.

Harvey, John F. *The Truth About Homosexuality: The Cry of the Faithful.* San Francisco: Ignatius Press, 1996.

Heimbach, Daniel R. *True Sexual Morality: Recovering Biblical Standards for a Culture in Crisis.* Wheaton, IL: Crossway, 2004.

Helmeniak, Daniel. *What the Bible Really Says About Homosexuality.* Updated and expanded edition. New Mexico: Alamo Square Press, 2000.

Heyer, Walt. *Gender, Lies, and Suicide: A Whistleblower Speaks Out.* N.p.: N.p., 2013.

High, Brenda, compiler. *Bullycide in America: Moms Speak Out About the Bullying/Suicide Connection.* Darlington, MD: JBS Publishing, 2007.

Hill, Wesley. *Washed and Waiting: Reflections on Christian Faithfulness and Homosexuality.* Grand Rapids, MI: Zondervan, 2010.

Himbaza, Innocent, Adrien Schenker, and Jean-Baptiste Edart, eds. *The Bible on the Question of Homosexuality.* Eng. trans., Benedict M. Guevin. Washington DC: The Catholic University Press of America, 2011.

Hirshman, Linda. *Victory: The Triumphant Gay Revolution.* New York: Harper, 2012.

Holland, Erik. *The Nature of Homosexuality: Vindication for Homosexual Activists and the Religious Right.* New York: iUniverse, 2004.

Hopko, Thomas. *Christian Faith and Same-Sex Attraction: Eastern Orthodox Reflections.* Ben Lomond, CA: Conciliar Press, 2006.

Jennings, Theodore W., Jr. *Jacob's Wound: Homoerotic Narrative in the Literature of Ancient Israel.* New York: Continuum Press, 2005.

————. *The Man Jesus Loved: Homoerotic Narratives From the New Testament*. Cleveland, OH: Pilgrim Press, 2003.

Jennings, Theodore W., Jr. and Tat-Siong Benny Liew. "Mistaken Identities but Model Faith: Rereading the Centurion, the Chap, and the Christ in Matthew 8:5–13," *Journal of Biblical Literature* 123 (2004): 467–494.

Johnson, Toby. *Gay Spirituality: The Role of Gay Identity in the Transformation of Human Consciousness*. Repr. Maple Shade, NJ: Lethe Press, 2004.

Johnson, William Stacy. *A Time to Embrace: Same-Gender Relationships in Religion, Law, and Politics*. Grand Rapids, MI: Eerdmans, 2006.

Jones, James H. *Alfred C. Kinsey: A Public/Private Life*. New York: W. W. Norton & Co., 1997.

Jones, Stanton L. and Mark A. Yarhouse. *Ex-Gays: A Longitudinal Study of Religiously Mediated Change in Sexual Orientation*. Downers Grove, IL: IVP Academic, 2007.

Jordan, Mark D. *Blessing Same-Sex Unions: The Perils of Queer Romance and the Confusions of Christian Marriage*. Chicago: University of Chicago Press, 2005.

————. *The Invention of Sodomy in Christian Theology*. Chicago: University of Chicago Press, 1997.

Klein, Walter. *God's Word Speaks to Homosexuality*. Enumclaw, WA: Winepress Publishing, 2007.

Konrad, Jeff. *You Don't Have to Be Gay: Hope and Freedom for Males Struggling With Homosexuality or for Those Who Know of Someone Who Is*. Revised edition. Hilo, HI: Pacific Publishing, 1992.

Kundtz, David J. and Bernard S. Schlager. *Ministry Among God's Queer Folk: LGBT Pastoral Care*. Cleveland, OH: Pilgrim Press, 2007.

Langteaux, James Alexander. *Gay Conversations With God: Straight Talk on Fanatics, Fags and the God Who Loves Us All*. Scotland, UK: Findhorn Press, 2012.

Laycock, Douglas, Anthony R. Picarello Jr., and Robin Fretwell Wilson, eds. *Same-Sex Marriage and Religious Liberty: Emerging Conflicts.* Lanham, MD: Rowman & Littlefield, 2008.

Lee, Justin. *Torn: Rescuing the Gospel From the Gays-vs.-Christians Debate.* New York: Jericho Books, 2012.

LeVay, Simon. *Gay, Straight, and the Reason Why: The Science of Sexual Orientation.* New York: Oxford University Press, 2011.

Loader, William. *Making Sense of Sex: Attitudes towards Early Jewish and Christian Literature.* Grand Rapids, MI: Eerdmans, 2013.

Lovelace, Richard F. *Homosexuality: How Should Christians Respond?* Repr. Eugene, OR: Wipf and Stock, 2002.

Marcus, Eric. *Is It a Choice? Answers to 300 of the Most Frequently Asked Questions About Gay and Lesbian People.* San Francisco: Harper-SanFrancisco, 1999.

Marks, Jeremy. *Exchanging the Truth of God for a Lie: One man's spiritual journey to find the truth about homosexuality and same-sex partnerships.* 2nd ed. Glasgow, Scotland: Bell & Bain, 2009.

Magnuson, Roger. *Informed Answers to Gay Rights Questions.* Sisters, OR: Multnomah, 1994.

Marin, Andrew. *Love Is an Orientation.* Downers Grove, IL: IVP Books, 2009.

Martin, Dale B. *Sex and the Single Savior: Gender and Sexuality in Biblical Interpretation.* Louisville, KY: Westminster John Knox Press, 2006.

Matheson, David. *Becoming a Whole Man: Principles and Archetypes.* N.p.: CreateSpace, 2013.

May, William B. *Getting the Marriage Conversation Right: A Guide for Effective Dialogue.* Steubenville, OH: Emmaus Road, 2012.

McGrinn, David. *God, Why Was I Born Gay? Biology, the Bible and the Homosexual Debate.* N.p.: Kudu Publishing, 2012.

Michaelson, Jay. *God vs. Gay? The Religious Case for Equality.* Boston: Beacon Press, 2011;

Miner, Jeff and John Tyler Connoley. *The Children Are Free: Reexamining the Biblical Evidence on Same-Sex Relationships*. Indianapolis: Found Pearl Press, 2002.

Mollenkott, Virginia Ramey. *The Divine Feminine: The Biblical Imagery of God as Female*. New York: Crossroad Publishing, 1984.

————. *Sensuous Spirituality: Out From Fundamentalism*. Revised and expanded version. Cleveland, OH: Pilgrim Press, 2008.

Morgan, Patricia M. *Children as Trophies: Examining the Evidence on Same-Sex Parenting*. Newcastle upon Tyne: The Christian Institute, 2002.

Nichols, Jack. *The Gay Agenda: Talking Back to the Fundamentalists*. New York: Prometheus Books, 1996.

Nicolosi, Joseph J. *Shame and Attachment Loss: The Practical Work of Reparative Therapy*. Downers Grove, IL: IVP Academic, 2009.

————. *Healing Homosexuality: Case Stories of Reparative Therapy*. Northvale, NJ: Aronson,1993.

Nicolosi, Joseph J. and Linda Ames Nicolosi. *A Parent's Guide to Preventing Homosexuality*. Downers Grove, IL: InterVarsity Press, 2002.

Nissinen, Marti. *Homoeroticism in the Biblical World: A Historical Perspective*. Eng. trans. Kirsi Stjerna; Minneapolis, MN: Fortress, 1998.

Nordin, John P. *A Biblical Argument for the Acceptance of Homosexuality by the Christian Church*. N.p.: N.p., 2013.

Nyland. A., trans. with notes. *Study New Testament for Lesbians, Gays, Bi, and Transgender. With Extensive Notes on Greek Word Meaning and Context*. N.p.: N.p., 2007.

O'Leary, Dale. *One Man, One Woman: A Catholic's Guide to Defending Marriage*. Manchester, NH: Sophia Institute Press, 2007.

Olyan, Saul and Martha C. Nussbaum, eds. *Sexual Orientation and Human Rights in American Religious Discourse*. New York: Oxford University Press, 1998.

Orr-Ewing, Amy. *Is the Bible Intolerant? Sexist? Oppressive? Homophobic? Outdated? Irrelevant?* Downers Grove, IL: InterVarsity, 2005.

Paris, Kent A. *Means of Grace: A Primer for the Understanding and Care of Souls Affected by Homosexuality.* Joplin, MS: CP Publishing, 2010.

Patterson, Linda J. *Hate Thy Neighbor: How the Bible Is Misused to Condemn Homosexuality.* West Conshohocken, PA: Infinity Publishing, 2009.

Pearce, C. S. *This We Believe: The Christian Case for Gay Civil Rights.* Claremont, CA: Pomona Press, 2012.

Pennington, Sylvia. *Ex-Gays? There Are None! What It Means to Be a New Creature in Christ.* Hawthorne, CA: Lambda Christian Fellowship, 1986.

Piazza, Michael S. *Gay by God: How to be Lesbian or Gay and Christian.* Dallas: Sources of Hope Publishing, 2008. Updated edition of *Holy Homosexuals: The Truth About Being Gay or Lesbian and Christian.*

Pronk, Pim. *Against Nature? Types of Moral Arguments Regarding Homosexuality.* Grand Rapids, MI:Eerdmans, 1993.

Ramer, Andrew. *Queering the Text: Biblical, Medieval, and Modern Jewish Stories.* Brooklyn: White Crane Books, 2010.

Rapoport, Chaim. *Judaism and Homosexuality: An Authentic Orthodox View.* London: Vallentine Mitchell, 2004.

Rauch, Jonathan. *Gay Marriage: Why It Is Good for Gays, Good for Straights, and Good for America.* New York: Henry Holt, 2004.

Reisman, Judith A. *Sexual Sabotage: How One Mad Scientist Unleashed a Plague of Corruption and Contagion on America.* Nashville: WND Books, 2010.

Reynolds, Jim. *The Lepers Among Us: Homosexuality and the Life of the Church.* N.p.: Xulon Press, 2007.

Rhoads, Steven E. *Taking Sex Differences Seriously.* San Francisco: Encounter Books, 2004.

Richards, Renée and John Ames. *No Way Renée: The Second Half of My Notorious Life*. New York: Simon & Schuster, 2007.

Riley, Mona and Brad Sargent. *Unwanted Harvest?* Nashville: Broadman & Homan, 1995.

Roberts, Perri W. *Dying for Love: The Plain Truth About Homosexuality*. Enumclaw, WA: WinePress Publishing, 2003.

Robinson, Gene. *God Believes in Love: Straight Talk About Gay Marriage*. New York: Alfred A. Knopf, 2012.

Rogers, Jack. *Jesus, the Bible, and Homosexuality: Explode the Myths, Heal the Church*. Revised and expanded edition. Louisville, KY: Westminster John Knox, 2009.

Rudy, Kathy. *Sex and the Church: Gender, Homosexuality, and the Transformation of Ethics*. Boston: Beacon Press, 1997.

Saltzman, Russell E., ed. *Christian Sexuality: Normative and Pastoral Principles*. Minneapolis, MN: Kirk House Publishers; and Delhi, NY: ALPB Books, 2003.

Sanchez, Alex. *The God Box*. New York: Simon & Schuster for Young Readers, 2007.

Schmidt, Thomas E. *Straight and Narrow: Compassion and Clarity in the Homosexuality Debate*. Downers Grove, IL: InterVarsity Press, 1995.

Schneider, Yvette. *Leaving Homosexuality: A Practical Guide for Men and Women Looking for a Way Out*. Eugene, OR: Harvest House, 2009.

Scroggs, Robin. *The New Testament and Homosexuality*. Minneapolis, MN: Augsburg Fortress, 1983.

Seow, Choon-Leong. *Homosexuality and Christian Community*. Louisville, KY: Westminster John Knox, 1996.

Shick, Denise and Jerry Gramckow. *My Daddy's Secret*. N.p.: Xulon, 2008.

Shore, John. *UNFAIR: Christians and the LGBT Question*. N.p.: CreatSpace, 2011.

Siker, Jeffrey S., ed. *Homosexuality in the Church: Both Sides of the Debate*. Louisville, KY: Westminster John Knox, 1994.

Soards, Marion L. *Scripture and Homosexuality: Biblical Authority and the Church Today*. Louisville, KY: Westminster John Knox, 1995.

Sphero, M. W. *The Gay Faith: Christ, Scripture, and Sexuality*. New York: Herms Press, 2012.

Stark, Rodney. *The Rise of Christianity: How the Obscure, Marginal Jesus Movement Became the Dominant Religious Force in the Western World in a Few Centuries*. Princeton, NJ: Princeton University Press, 1996.

Stefanowicz, Dawn. *Out From Under: The Impact of Homosexual Parenting*. Enumclaw WA: Annotation Press, 2007.

Stevens, Michael. *Straight Up: The Church's Official Response to the Epidemic of Downlow Living*. Lake Mary, FL: Creation House, 2006.

Stetson, Brad and Joseph G. Conti. *The Truth About Tolerance: Pluralism, Diversity and the Culture Wars*. Downers Grove, IL: InterVarsity, 2005.

Stone, Ken, ed. *Queer Commentary and the Hebrew Bible*. Cleveland, OH: Pilgrim Press, 2001.

Stuart, Elizabeth, et al. *Religion Is a Queer Thing: A Guide to the Faith for Lesbian, Gay, Bisexual, and Transgendered People*. Cleveland, OH: Pilgrim Press, 1997.

Swan, Talbert W., II, ed. *Closing the Closet: Testimonies of Deliverance From Homosexuality*. Indian Orchard, MA: Trumpet in Zion, 2004.

Swartley, Willard M. *Homosexuality: Biblical Interpretation and Moral Discernment*. Scottdale, PA: Herald Press, 2003.

Thompson, Chad W. *Loving Homosexuals as Jesus Would: A Fresh Christian Approach*. Grand Rapids, MI: Brazos, 2004.

Thurman, Debbie. *Post-Gay? Post-Christian?: Anatomy of a Cultural and Faith Identity Crisis*. Madison Heights, VA: Cedar House Publishers, 2011.

Tin, Louis-Georges, ed. *The Dictionary of Homophobia: A Global History of Gay and Lesbian Experience*. Eng. trans. Marek Redburn. Vancouver, BC: Arsenal Pulp Press, 2008.

Truscott, Gordon. *Inside Homosexuality: Does My Pain Matter to You?* Singapore: ARMOUR Publishing, 2011.

Turek, Frank. *Correct, Not Politically Correct: How Same-Sex Marriage Hurts Everyone.* Charlotte, NC: CrossExamined, 2008.

Turnbull, Sandra. *God's Gay Agenda.* Bellflower, CA: Glory Publishing, 2012.

Via, Dan O. and Robert A. J. Gagnon. *Homosexuality and the Bible: Two Views.* Minneapolis, MN: Fortress Press, 2003.

Vines, Matthew. *God and the Gay Christian: What the Bible Says—and Doesn't Say—About Homosexuality.* New York: Convergent Books, 2014.

Waiss, John R. *Born to Love: Gay-Lesbian Identity, Relationships, and Marriage; Homosexuality, the Bible, and the Battle for Chaste Love.* N.p.: Outskirts Press, 2011.

Webb, William J. *Slaves, Women and Homosexuals: Exploring the Hermeneutics of Cultural Analysis.* Downers Grove, IL: InterVarsity, 2001.

Weekly, R. D. *Homosexuality: Letting Truth Win the Devastating War Between Scripture, Faith and Sexual Orientation.* N.p.: Judah First Ministries, 2009.

White, James R. and Jeffrey D. Niell. *The Same Sex Controversy.* Minneapolis, MN: Bethany House, 2003.

White, Mel. *Religion Gone Bad: The Hidden Dangers of the Christian Right.* New York: Jeremy P. Tarcher/ Penguin, 2006. (Reissued as *Holy Terror: Lies the Christian Right Tells Us to Deny Gay Equality.* New York: Magnus Books, 2012.)

———. *Stranger at the Gate: To Be Gay and Christian in America.* New York: Plume, 1995.

Whitehead, Briar. *Craving for Love: Relationship Addiction, Homosexuality, and the God Who Heals.* Grand Rapids, MI: Monarch Books, 2003.

Williams, Brian Keith. *Ministering Graciously to the Gay and Lesbian Community.* Shippensburg, PA: Destiny Image, 2005.

Wilson, Nancy. *Our Tribe: Queer Folks, God, Jesus and the Bible.* New Mexico: Alamo Square Press, 2000.

Wink, Walter, ed. *Homosexuality and Christian Faith: Questions of Conscience for the Churches.* Minneapolis, MN: Fortress Press, 1999.

Wold, Donald J. *Out of Order: Homosexuality in the Bible and the Ancient Near East.* Grand Rapids, MI: Baker, 1998.

Wolkomir, Michelle. *Be Not Deceived: The Sacred and Sexual Struggles of Gay and Ex-Gay Christian Men.* New Brunswick, NJ: Rutgers University Press, 2006.

Wood, Peter. *Diversity: The Invention of a Concept.* New York: Encounter Books, 2004.

Woog, Dan. *School's Out: The Impact of Gay and Lesbian Issues on America's Schools.* Boston: Alyson Publications, 1995.

Worthen, Frank. *Destiny Bridge: A Journey Out of Homosexuality.* Winnipeg, Canada: Forever Books, 2011.

Wright, Rogers H. and Nicholas A. Cummings, eds. *Destructive Trends in Mental Health: The Well-Intentioned Path to Harm.* New York: Routledge, 2005.

Yarhouse, Mark A. *Homosexuality and the Christian: A Guide for Parents, Pastors, and Friends.* Minneapolis, MN: Bethany House, 2010.

Yuan, Christopher, and Angela Yuan. *Out of a Far Country: A Gay Son's Journey to God. A Broken Mother's Search for Hope.* Colorado Springs, CO: WaterBrook Press, 2011.

NOTAS

PREFACIO

1. Michael Brown, "Recovering the Lost Letter of Jacob" [La carta perdida de Jacobo], CharismaNews.com, March 11, 2013, http://tinyurl.com/kklvcbp (consultado el 22 de enero de 2014).

CAPÍTULO 1
EL AMOR NO HACE MAL AL PRÓJIMO

1. Justin Lee, *Torn: Rescuing the Gospel From the Gays-vs.-Christians Debate* [Desgarrado, cómo rescatar el evangelio entre el debate de los homosexuales y los cristianos] (New York: Jericho Books, 2012). Permiso requerido.
2. Ibíd., p. 192.
3. Ibíd., p. 205.
4. Ibíd.
5. Jackie Calmes y Peter Baker, "Obama dice que el matrimonio entre personas del mismo sexo debe ser legal", *New York Times*, 9 de mayo de 2012, http://tinyurl.com/p8o4z32 (consultado el 6 de enero de 2014). Para ver mi crítica a la posición del señor Obama, vea mi artículo "Equivocating of Evolving, President Obama Is Wrong Either Way" [Evolución errónea, el Presidente Obama está absolutamente equivocado", publicado el 12 de mayo de 2012, http://tinyurl.com/qgp59x3 (consultado el 6 de enero de 2014).
6. Patrick M. Chapman, *"Thou Shalt Not Love": What Evangelicals Really Say to Gays* (New York: Haiduk Press, 2008). Usado con permiso.
7. John Shore, *UNFAIR: Christians and the LGBT Question* (N.p.: CreateSpace Independent Publishing Platform, 2011, 2013), p. 132, énfasis de él. No sorprende que los escritos de Shore se hayan convertido en antibíblicos, incluidos algunos como: "Mi Dios está pendiente de nuestros corazones, no de lo que tenemos entre las piernas", publicado el 6 de octubre de 2010; http://johnshore.com/2010/10/06/about-lgbt-folk-ill-listen-to-my-god-thanks/, como si no hubiese relación entre la condición del corazón y los actos sexuales; y "¿Amor cristiano diverso?", publicado el 2 de abril de 2013, http://johnshore.com/2013/04/02/christian-polyamory.
8. Ibíd., énfasis suyo.
9. Ibíd., énfasis suyo.

10. Linda J. Patterson, *Hate Thy Neighbor: How the Bible Is Misused to Condemn Homosexuality* (West Conshohocken, PA: Infinity Publishing, 2009).

11. Jay Michaelson, *God vs. Gay? The Religious Case for Equality* (Boston: Beacon Press, 2011). Permiso requerido. La biografía académica de Michaelson es bastante impresionante; vea http://www.jaymichaelson.net.

12. Ibíd., pp. 5–14.

13. Ibíd., pp. 24–29.

14. Ibíd., pp. 28–29; el erudito en Nuevo Testamento que cita aquí es el profesor de la Universidad de Yale, Dale Martin, que es gay. Para más de esta cita, vea el capítulo 10.

15. Ibíd., p. 29.

16. Gene Robinson, *God Believes in Love: Straight Talk About Gay Marriage* (New York: Alfred A. Knopf, 2012.)

17. Judah First Ministries, "Acerca de nosotros", http://www.judahfirst.org/about-us/, y "Publicaciones", http://www.judahfirst.org/publications/ (consultado el 6 de enero de 2014)

18. Robinson, *God Believes in Love*, pp. 109–110.

19. William Stacy Johnson, *A Time to Embrace: Same-Gender Relationships in Religion, Law, and Politics* (Grand Rapids, MI: Eerdmans, 2006).

20. Ibíd., p. 227.

21. Jack Rogers, *Jesus, the Bible, and Homosexuality: Explode the Myths, Heal the Church*, revisado y extendido (Louisville, KY: Westminster Knox Press, 2009).

22. Ibíd., p. viii.

23. Ibíd.

24. Ibíd., pp. 101–102.

25. Comentado en mi artículo: "Los activistas de los derechos gay no pueden poner a la iglesia en el clóset", CharismaNews.com, January 28, 2013, http://tinyurl.com/pzxd4z6 (consultado el 6 de enero de 2014).

26. C. S. Pearce, *This We Believe: The Christian Case for Gay Civil Rights* (Claremont, CA: Pomona Press, 2012), p. xvii.

27. Ibíd.

28. Ibíd., p. 4.

29. Ibíd., pp. 1–2.

30. Ibíd., p. 47.

31. M. W. Sphero, *The Gay Faith: Christ, Scripture, and Sexuality* (New York: Herms Press, 2012; Kindle Edition), Kindle locations 500–505, énfasis suyo.

32. Ibíd., énfasis suyo.

33. Ibíd., Kindle ubicación 134, énfasis suyo.

34. Ibíd., Kindle ubicación 775.

35. Rod Brannum-Harris, *The Pharisees Amongst Us* (N.p.: BookSurge, 2005).

36. Ibíd., pp. 112–113

37. Mel White, *Stranger at the Gate: To Be Gay and Christian in America* (New York: Plume, 1995).

38. Mel White, *Religion Gone Bad: The Hidden Dangers of the Christian Right* (New York: Jeremy P. Tarcher/ Penguin, 2006).

39. Mel White, *Holy Terror: Lies the Christian Right Tell Us to Deny Gay Equality* (New York: Magnus Books, 2012).

40. Mel White, "Resist Southern Baptist 'Terrorism,'" *The Blog* (blog), HuffPost Gay Voices, June 26, 2012, http://tinyurl.com/7y78tfr (consultado el 7 de enero de 2014).

CAPÍTULO 2

¿JUZGAR O NO JUZGAR?

1. PrayersforBobby.com, "Plot Summary," http://prayersforbobby.com/synopsis.php (consultado el 7 de enero de 2014).

2. Ibíd.

3. Brian Tashman, "Michael Brown: Gays Use Youth Suicide Victims as 'Pawns,'" RightWingWatch.org, January 27, 2012, http://tinyurl.com/o88mbwb (consultado el 7 de enero de 2014).

4. Comentario sobre mi artículo "Sharing God's Goodness Is Never a Failure,", *QNotes*, GoQNotes.com, 27 de septiembre de 2013, http://tinyurl.com/pr54689 (consultado el 7 de enero de 2014).

5. Comentario sobre video en YouTube "Brown: Ellen DeGeneres Proves That Gay Rights Are Nothing Like Civil Rights," publicado por RWW Blog, http://www.youtube.com/watch?v=yR_1VR0u9xo (consultado el 7 de enero de 2014). Vea mayor información en el artículo "Comparación entre los derechos civiles de los negros y los de los gays", CharismaNews.com, 26 de septiembre de 2013, http://tinyurl.com/o3hrne8 (consultado el 7 de enero de 2014); para conocer una perspectiva más profunda del filósofo cristiano William Lane Craig, vea "Inter-Racial Marriage and Same-Sex Marriage," http://tinyurl.com/oanbsos (consultado el 7 de enero de 2014).

6. David Kinnaman y Gabe Lyons, *unChristian: What a New Generation Really Thinks About Christianity...and Why It Matters* (Grand Rapids, MI: Baker Books, 2007), p. 92.

7. Lee, *Torn*, p. 2.

8. Michael Brown, "Statement to the Gay and Lesbian Community," AskDrBrown.org, 6 de mayo de 2006, http://tinyurl.com/og32mzv (consultado el 7 de enero de 2014).

9. Ibíd.

10. Por supuesto, entiendo que el evangelio trae muerte a la carne, muerte al pecado, muerte al yo, y a toda la vida, alegre servidumbre a Jesús. Pero todo eso es igual a la vida verdadera y la verdadera libertad, no la muerte y la esclavitud.

11. Benjamin Radford, "Is There a Gay Teen Suicide Epidemic?", LiveScience.com, 8 de octubre de 2010, http://www.livescience.com/8734-gay-teen-suicide-epidemic.html (consultado el 7 de enero de 2014).

12. Oiga el programa en internet "Dr. Brown and Frank Turek Interact With Gay Activist Mitchell Gold," del 24 de enero de 2012, viendo el link: http://tinyurl.com/ph3cj8x (consultado el 7 de enero de 2014). Vea también mi artículo titulado: "Is Kirk Cameron an Accomplice to Murder?", Townhall.com, March 7, 2012, http://tinyurl.com/pktg9nq (consultado el 7 de enero de 2014).

13. Según KidsHealth.org, Todos nos sentimos abrumados por las emociones o situaciones difíciles a veces. Pero la mayoría de las personas acaban superando eso y pueden poner sus problemas en perspectiva para encontrar una manera de seguir adelante con determinación y esperanza. Entonces, ¿por qué determinadas personas intentan suicidarse y otras personas en la misma situación difícil no lo hacen? ¿Qué hace que algunas personas sean más resistentes (más capaces de afrontar los reveses y las dificultades de la vida) que otras? ¿Qué hace que una persona no pueda ver otra forma de salir de una mala situación, que poner fin a su vida? La respuesta a estas preguntas radica en el hecho de que la mayoría de las personas que se suicidan sufren de depresión (KidsHealth.org, "Suicide," http://kidshealth.org/teen/your_mind/mental_health/suicide.html [consultado el 7 de enero de 2014].) Vea también "Youth Suicide Frequently Asked Questions (FAQs)," Youth Suicide Prevention Program, http://www.yspp.org/about_suicide/youth_suicide_FAQ.htm (consultado el 7 de enero de 2014).

14. La línea de fuego, "Entrevista con Walt Heyer (que se cambió de hombre a mujer y luego volvió a ser hombre)," 28 de agosto de 2013, http://tinyurl.com/lgv6orn (consultado el 7 de enero de 2014).

15. Wikipedia.org, s.v. "comorbidity", visite el link http://en.wikipedia.org/wiki/Comorbidity (consultado el 7 de enero de 2014). Vea también en inglés "Comorbidity," National Institute of Drug Abuse, en el link http://www.drugabuse.gov/related-topics/comorbidity (consultado el 7 de enero de 2014).

16. Paul McHugh, "Surgical Sex," *First Things*, November 2004, vea el link http://www.firstthings.com/article/2009/02/surgical-sex--35 (consultado el 7 de enero de 2014).

17. Ibíd.

18. C. Dhejne, P. Lichtenstein, M. Boman, A. L. Johansson, N. Langstrom, and M. Landen, "Long-Term Follow-Up of Transsexual Persons Undergoing Sex Reassignment Surgery: Cohort Study in Sweden," *PLOS One* 6, no. 2 (consultado el 22 de febrero de 2011): http://www.ncbi.nlm.nih.gov/pubmed/21364939 (consultado el 7 de enero de 2014).

19. Para la pregunta de qué hacer con un miembro de la iglesia (que es también un miembro de la familia) que dice estar siguiendo a Jesús y sin embargo, está viviendo en franco pecado sin arrepentirse, ver 1 Corintios 5.

20. Dan O. Via y Robert A. J. Gagnon, *Homosexuality and the Bible: Two Views* (Minneapolis: Fortress Press, 2003), p. 98, énfasis suyo.

21. D. Müller, "Disciple," en Colin Brown, ed., *New International Dictionary of New Testament Theology* (Grand Rapids, MI: Zondervan, 1986), 1:488.

22. C. S. Lewis, *Mere Christianity* (New York: HarperCollins Publishers, 2009), p. 227.

23. Algunos de mis artículos recientes sobre este tema son: "El evangelio contemporáneo de mí", CharismaNews.com, 3 de octubre de 2013, http://tinyurl.com/nbvkuzf (consultado el 8 de enero de 2014), "¿Nos puso Dios aquí? Alégrense", CharismaNews.com 5 de septiembre de 2013, http://tinyurl.com/qfz8mm9 (consultado el 8 de enero de 2014), "El gran pecado de tratar de hacer el evangelio sabroso", CharismaNews.com, 6 de septiembre de 2013, http://tinyurl.com/op3c6vf (consultado el 8 de enero de 2014), y "Un evangelio comprometido produce frutos", MinistryToday.com, 12 de marzo de 2013, http://tinyurl.com/pymxrx9 (consultado el 8 de enero de 2014). También se recogen juntos en Michael L. Brown, en la línea de fuego: 70 artículos de las primeras líneas de las guerras culturales (Concord, NC: EqualTime Books, 2012).

24. A.W. Tozer, "The Old Cross and the New" [La vieja cruz y la nueva], visto en Kjos Ministries, "Reseñas de 'The Old Cross and the New,'" http://www.crossroad.to/Excerpts/books/faith/Tozer/tozer-cross-long .htm (consultado el 8 de enero de 2014).

25. Matt Comer, "Una plegaria por Michael Brown", *QNotes*, GoQNotes. com, 11 de diciembre de 2010, http://goqnotes.com/9424/a-prayer-for -michael-brown/ (consultado el 8 de enero de 2014).

26. Michael Brown, "Setting the Record Straight," *QNotes*, GoQNotes.com, 25 de diciembre de 2010, http://goqnotes.com/9513/setting-the-record -straight/ (consultado el 08 de enero de 2014).

27. Para combatir esto, Christopher Doyle, consejero profesional y exgay, fundó Voice for the Voiceless [Voz para los que no pueden hablar]. Visite http://www.voiceofthevoiceless.info/ (consultado el 8 de enero de 2014).

28. Usado con permiso.

29. Usado con permiso.

30. Usado con permiso.

31. Conté la historia en el artículo "Un gay luchador encuentra seguridad en el Señor", CharismaNews.com, 7 de mayo de 2013, http://tinyurl .com/cwrpt4u (consultado el 8 de enero de 2014).

32. Usado con permiso.

33. Lo que quiero decir es que estamos llamados a abstenernos de la inmoralidad sexual y ser conformados a su santa imagen (ver, por ejemplo, Efesios 5:1-16; 1 Tesalonicenses 4:1-8) en lugar de ser llamado a ser atraídos por los miembros del sexo opuesto. Dicho esto, la vida santa a menudo conduce a cambios profundos en nuestras vidas, incluyendo cambios completos en la orientación sexual para algunos, y a lo largo de la Escritura, sólo las uniones heterosexuales son bendecidas o sancionadas por Dios. (Ver el capítulo 4.)

34. Christopher Yuan, *"Torn*: Justin Lee; Reviewed by Christopher Yuan," The Gospel Coalition, http://thegospelcoalition.org/book-reviews/ review/torn (consultado el 8 de enero 2014). Para conocer la historia dramática de Yuan en su totalidad, ver Christopher Yuan Yuan y Angela, *Out of a Far Country: A Gay Son's Journey to God. A Broken Mother's Search for Hope* [De un país lejano: Viaje de un gay hijo de Dios. Una madre quebrantada busca esperanza] (Colorado Springs, CO: WaterBrook Press, 2011).

35. Yuan, *"Torn*: Justin Lee; Reviewed by Christopher Yuan".

36. Ibíd.

37. Este es un tema repetitivo a través del libro, expuesto completamente en el capítulo 9.

38. Kenda Creasy Dean, *Almost Christian: What the Faith of Our Teenagers Is Telling the American Church* (New York: Oxford University Press, 2010), Kindle ubicación 204–211, 234–238. Permiso requerido.

39. Ibíd., Kindle ubicación 240–245, énfasis de ella.

40. Vea Michael Brown, *Is Gay the New Black?* ["¿Es el gay el nuevo negro?] Analizamos el argumento "I Was Born That Way ["Así nací yo"]," en *A Queer Thing Happened to America* (Concord, NC: EqualTime Books, 2011), pp. 196–225.

41. Como citó Kim Campbell en "Los gays en la hora estelar", en *Christian Science Monitor*, 6 de abril de 2001, http://www.csmonitor.com/2001/0406/p13s1.html (consultado el 8 de enero de 2014).

42. Como citó Brown en "Hollywood's Celebration of Queer," *A Queer Thing Happened to America* ["La celebración homosexual de Hollywood", lo insensato que le pasó a América], pp. 152–195.

43. Marshall Kirk y Hunter Madsen, *After the Ball: How America Will Conquer Its Fear and Hatred of Gays in the 90s* [Después del baile: ¿Cómo conquistará Estados Unidos su temor y odio a los gays en los noventa] (New York: Penguin, 1989), p. 153; para más información, vea "The Homosexual Propaganda Campaign in America's Media," http://tinyurl.com/luyabcj (consultado el 8 de enero de 2014); para negar que *Después del baile* influyó en el activismo gay, vea Brown, *A Queer Thing Happened to America*, 603, n. 28. Vea también David Kupelian, *The Marketing of Evil: How Radicals, Elitists, and Pseudo-Experts Sell Us Corruption Disguised as Freedom* (Nashville: WND Books, 2005), pp. 17–38.

44. Kirk y Madsen, *After the Ball*, vii, 258. Para un relato más amplio y detallado vea Kathryn C. Montgomery, *Target: Prime Time: Advocacy Groups and the Struggle Over Entertainment Television* (New York: Oxford University Press, 1989), passim (vea el índice bajo "derechos gays"); este libro también ubica los grupos de defensa de los homosexuales en el contexto más amplio de otros grupos defensores, lo que permite comparar y contrastar estrategias y técnicas de defensa de los homosexuales con los de otros grupos.

45. Kirk y Madsen, *After the Ball*. Vea también su breve estudio, que pavimenta el camino a un libro completo (note que Madsen usa el seudónimo Erastes Pill en este artículo): Marshall Kirk y Erastes Pill, "The Overhauling of Straight America" [La renovación de América], http://

library.gayhomeland.org/0018/EN/EN_Overhauling_Straight.htm (consultado el 8 de enero de 2014).

46. Jeff Jacoby, "Where's the Tolerance Now?" [Y ahora ¿qué pasa con la tolerancia?], *Boston Globe*, 23 de octubre de 1997, como referencia al artículo de Abigail Wisse Schachter, "Going After Jeff Jacoby," *The Weekly Standard*, 17 de noviembre de 1997, http://tinyurl.com/l9a273x (consultado el 8 de enero de 2014).

47. Dannika Nash, "Carta abierta a la iglesia de mi generación", 7 de abril de 2013, DannikaNash.com, http://tinyurl.com/ofdno4d (consultado el 8 de enero 2014). Para conocer mi respuesta al blog de Dannika's thoughtful, vea "A Father's Response to 'An Open Letter to the Church from My Generation,'" CharismaNews.com, 25 de abril de 2013, http://tinyurl.com/bn443u4 (consultado el 8 de enero 2014).

48. Nash, "An Open Letter to the Church From My Generation".

49. Kinnaman y Lyons, *un*Christian, pp. 92–93.

50. Vea, por ejemplo, Gary J. Gates, "How Many People Are Lesbian, Gay, Bisexual and Transgender?" [¿Cuántas personas son lesbianas, gay, bisexuales y transexuales?], The Williams Institute, abril de 2011, http://tinyurl.com/87vkgmz (consultado el 8 de enero de 2014). En su escrito oficial en el hito Lawrence contra la decisión de la Corte Suprema de Texas, una importante coalición de treinta y un organizaciones gay y progay utilizó las cifras de 2,8 por ciento de la población masculina y el 1,4 por ciento de la población femenina que se identifican como gays, lesbianas o bisexuales (Liberty Counsel, "A Rainbow of Myth", http://www.lc.org/profamily/endoftherainbow.pdf [consultado en línea el 11 de marzo de 2014]. Para una discusión significativa de la población gay en un sitio web gay y un sitio web cristiano conservador, consulte población femenina que se identificó como gay, lesbiana o bisexual, vea "Estadísticas de la población gay" en http://gaylife.about.com/od/comingout/a/population.htm (consultado el 8 de enero de 2014) y "Descubierto: 'El mito de que los homosexuales son el diez por ciento de la población'", http://tinyurl.com/m3m66vq (consultado el 8 de enero de 2014). Hoy se reconoce ampliamente que la encuesta sexual del infame Alfred Kinsey, que sirvió de base al ampliamente citado mito de que "una de cada diez personas es homosexual", no puede ser invocada aquí. Para otras críticas, más ardientes del trabajo de Kinsey, incluidos las acusaciones de abuso de menores, ver la obra de Judith A. Reisman, Kinsey, *Crimes and Consequences* [Crímenes y sus consecuencias] (Arlington, VA: The Institute for Media Education, 1998); Judith A.

Reisman, *Sexual Sabotage: How One Mad Scientist Unleashed a Plague of Corruption and Contagion on America* [Estragos sexuales: ¿Cómo libera un científico loco la plaga de la corrupción y su contagio en Estados Unidos] (Nashville: WND Books, 2010). Para un estudio definitivo de Kinsey (de 937 páginas) vea el libro de James H. Jones, *Alfred C. Kinsey: A Public/Private Life* (New York: W. W. Norton & Co., 1997).

51. Lymari Morales, "U.S. Adults Estimate That 25% of Americans Are Gay or Lesbian," Gallup.com, 27 de mayo de 2011, http://tinyurl.com/3wqmr8o (consultado el 8 de enero de 2014).

52. Lee, *Torn*, 4, énfasis añadido.

53. Para unas estadísticas sobrias, todo lo cual representan las personas, vea el capítulo 8.

54. William J. Bennett, *The Index of Leading Cultural Indicators: American Society at the End of the Twentieth Century*, actualizado y ampliado (New York: Random House, 2011). Consultado en línea en libros Google.

55. Ibíd.

56. Anugrah Kumar, "Nearly Half of All First Births in America Out of Wedlock, Study Says," ChristianPost.com, 18 de marzo de 2013, http://tinyurl.com/l94ox6k (consultado el 8 de enero de 2014).

57. Robert Rector, "Marriage: America's Greatest Weapon Against Child Poverty," Heritage Foundation, 5 de septiembre de 2012, http://tinyurl.com/cydpnsj (consultado el 8 de enero de 2014).

58. Jessica Bennett, "Polyamory: The Next Sexual Revolution?", *Newsweek*, 28 de Julio de 2009, http://www.newsweek.com/polyamory-next-sexual-revolution-82053 (consultado el 8 de enero de 2014).

59. Daily Mail Reporter, "'Está bien que los homosexuales hagan lo que quieran en su propio hogar. ¿En qué es esto tan diferente?' Defensa del profesor de universidad de Columbia acusado de incesto", *Daily Mail*, 8 dé octubre de 2012, http://tinyurl.com/mkkotdk (consultado el 8 de enero de 2014).

60. Michael Brown, *A Queer Thing Happened to America* (Concord, NC: EqualTime Books, 2011).

61. David Hacker/Alianza por la defensa de la libertad, "University Fires Employee for Op-Ed Standing Against Gay Rights as Civil Rights," CharismaNews.com, 2 de Julio de 2013, http://tinyurl.com/kusllxs (consultado el 8 de enero de 2014). Hace poco la Corte Suprema rechazó oír su apelación: John Jalsevac, "SCOTUS Declines Appeal by Christian University Administrator Fired for Homosexuality Column"

LifeSiteNews.com, 11 de octubre de 2013, http://tinyurl.com/mlo269w (consultado el 8 de enero de 2014).

62. Maggie Hyde/Religious News Service, "Consejeros cristianos sufren discriminación por sus creencias religiosas acerca de los homosexuales", Huff Post Religion, 25 de mayo de 2011, http://tinyurl.com/32umf68 (consultado el 8 de enero de 2014). Para el final, el resultado positive del caso de Ward, en el que un tribunal federal de distrito dictaminó que la "tolerancia tiene dos vías" vea National Organization of Marriage, "Victory: University Settles With Christian Julea Ward," 11 de diciembre de 2012, http://www.nomblog.com/31559 (consultado el 8 de enero de 2014).

63. T. Alan Hurwitz, "Chief Diversity Officer", correo electrónico enviado a la comunidad universitaria por el presidente de Gallaudet, http://www.gallaudet.edu/news/mccaskill.html (consultado el 8 de enero de 2014); Nick Anderson, "Gallaudet Diversity Officer Accuses University of Discrimination in Lawsuit," *Washington Post*, 30 de septiembre de 2013, http://tinyurl.com/ornzu2o (consultado el 8 de enero de 2014). Para conocer su reafirmación vea Stephen Tschida, "Angela McCaskill Reinstated After Signing Gay Marriage Petition," WJLA.com, 8 de enero de 2013, http://tinyurl.com/atpztt7 (consultado el 8 de enero de 2014).

64. Por ejemplo, vea los artículos pertinentes recopilados en el libro de Brown, *In the Line of Fire* [En la línea de fuego]. Vea también la extensa documentación a principios de 2011 en Brown, *A Queer Thing Happened to America*, pp. 495-546 (con referencias).

65. Citado por Eric Metaxas en "Bonhoeffer: Pastor, Martyr, Prophet, Spy," TheBlaze.com, 9 de abril de 2013, http://www.theblaze.com/books/bonhoeffer-pastor-martyr-prophet-spy/ (consultado el 8 de enero de 2014).

66. Información legislativa de California, "SB-777 Discrimination," http://tinyurl.com/ml4suqh (consultado el 8 de enero de 2014).

67. Información legislativa de California, "SB-1172: Sexual Orientation Change Efforts" [Esfuerzos por cambiar de orientación sexual] http://tinyurl.com/82atb2x (consultado el 8 de enero de 2014).

68. Información legislativa de California, "AB-1266: Pupil Rights: Sex-Segregated School Programs and Activities," http://tinyurl.com/ctmhh8m (consultado el 8 de enero de 2014).

69. David Crouch, "Toys R Us's Stockholm Superstore Goes Gender Neutral," *The Guardian*, 23 de diciembre de 2013, http://tinyurl.com/ka7tm5n (consultado el 8 de enero de 2014); Alec Torres, "U.K. Toys 'R' Us Going Gender Neutral," *The Corner* (blog), NationalReview.com, http://tinyurl.com/jvtmrqu (consultado el 8 de enero de 2014).

70. Esta es una cita del Dr. Barb Burdge, profesor asociado de trabajo social que opera en Manchester College; in "Lesbian Professor Urges Deconstruction of Gender," http://www.narth.org/docs/deconstruction.html (consultado en línea el 7 de marzo de 2014); para detalles y citas adicionales vea Brown, *A Queer Thing Happened to America*, p. 585; vea también pp. 70–571.

71. Ha habido realmente una serie de estos casos en los últimos meses, vea por ejemplo Wade Rouse, "Transgender Teen Crowned High-School Homecoming Queen," *People*, 23 de septiembre de 2013, http://tinyurl.com/mc8eh3c (consultado el 8 de enero de 2014).

72. Garrance Burke/Associated Press, "Transgender Student Runs for Prom King," *Washington Post*, 21 de abril de 2007, http://tinyurl.com/lclmcvt (consultado el 8 de enero de 2014).

73. Sunnivie Brydum, "Trans Six-Year-Old Is Argentina's Youngest to Amend Gender on Birth Certificate," Advocate.com, 28 de septiembre de 2013, http://tinyurl.com/kp3c5pq (consultado el 8 de enero de 2014).

74. Shane L. Windmeyer, *The Advocate College Guide for LGBT Students* (New York: Alyson Books, 2006).

75. Los Angeles Unified School District, Reference Guide [Distrito Escolar Unificado de Los Ángeles, Guía de referencia], http://tinyurl.com/mrd3gw3 (consultado el 8 de enero de 2014). Vea también Dora J. Dome, "AB 1266: Transgender Students, Privacy and Facilities," California Association of Supervisors of Child Welfare and Attendance, October 18, 2013," http://tinyurl.com/mvgk29g (consultado el 8 de enero de 2014).

76. Agradecimiento especial a Caleb H. Price por investigar y desarrollar esta lista de términos, la cual aparece en Brown, *A Queer Thing Happened to America*, p. 592.

77. Taylor Bigler, "'The Notebook' Director on Incest: 'Love Who You Want,'" DailyCaller.com, 10 de septiembre de 2012, http://tinyurl.com/ly76jzc (consultado el 8 de enero de 2014).

78. D. A. Carson, "Matthew," en Tremper Longman III and David E. Garland, eds., *The Expositor's Bible Commentary*, rev. ed. (Grand Rapids, MI: Zondervan, 2010), 9:219.

79. Vea Michael L. Brown, *Hyper-Grace: Exposing the Dangers of the Modern Grace Message* (Lake Mary, FL: Charisma House, 2013), especialmente el capítulo 3.

80. "Frases de Agustín de Hipona", The European Graduate School, http://www.egs.edu/library/augustine-of-hippo/quotes/ (consultado el 8 de enero de 2014).

CAPÍTULO 3
¿ESTAMOS USANDO LA BIBLIA PARA SANCIONAR
EL PREJUICIO CONTRA LOS HOMOSEXUALES?

1. "Open Letter From Mel White to Jerry Falwell," June 5, 1999, http://tinyurl.com/nv6wa77 (consultado el 9 de enero de 2014).

2. Jerry Falwell, "An Open Letter to Mel White," HolyPop.com, http://tinyurl.com/nzh34vk (consultado el 9 de enero de 2014).

3. "Carta abierta de Mel White a Jerry Falwell".

4. Ibíd.

5. Sarah Pulliam Bailey, "Interview: Desmond Tutu on Gay Rights, the Middle East and Pope Francis," Religion News Service, 13 de septiembre de 2013, http://tinyurl.com/k4ms4oe (consultado el 9 de enero de 2014). Usado con permiso. Las palabras que omití de esta cita (debido a que no son relevantes aquí) fueron: "Yo quisiera mantenerme calmado en cuanto al asunto de los palestinos, no puedo".

6. Brian D. McLaren, *A Generous Orthodoxy* (Grand Rapids, MI: Zondervan, 2004), p. 138.

7. Jay Rogers, "In the Media Spotlight: Furor Over Homosexuality Continues at Harvard," Forerunner.com, 1 de abril de 1992, http://tinyurl.com/kryattx (consultado el 9 de enero de 2014). See also, Elaine Woo, "Peter J. Gomes Dies at 68; Harvard's Longtime Spiritual Leader," *Los Angeles Times*, March 6, 2011, http://tinyurl.com/mhmv5xj (consultado el 9 de enero de 2014).

8. Peter J. Gomes, *The Good Book: Reading the Bible with Heart and Mind* (San Francisco: HarperSanFrancisco, 1996), 147. El capítulo citado está en las páginas 144–172.

9. Ibíd., p. 146.

10. Bruce Bawer, *Stealing Jesus: How Fundamentalism Betrays Christianity* (New York: Three Rivers, 1997), p. 143.

11. Comentario sobre "The Fighting Words of Michael Brown" by Dave Rattigan, ExGayWatch.com, 24 de enero de 2008, http://tinyurl.com/otos9gz (consultado el 9 de enero de 2014).

12. Ibíd.

13. John Corvino, *What's Wrong With Homosexuality?* (New York: Oxford University Press, 2013), p. 33.

14. Ibíd., pp. 35–36.

15. Ibíd., pp. 46–47.

16. Willard M. Swartley, *Homosexuality: Biblical Interpretation and Moral Discernment* (Scottdale, PA: Herald Press, 2003), pp. 95–96.

17. Ibíd., p. 96.
18. Luke Timothy Johnson, "Homosexuality and the Church: Scripture and Experience" [La homosexualidad y la iglesia: La Biblia y la experiencia], Commonwealmagazine.org, 11 de junio de 2007, http://tinyurl.com/p3ags3v (consultado el 9 de enero de 2014). Permiso requerido. Para ver una respuesta sincera al profesor Johnson, consulte: Dan Phillips, "Who Does Luke Timothy Johnson Think He Is? God?", *Contra Mundum* (blog), 4 de marzo de 2008, http://tinyurl.com/njyt84w (consultado el 9 de enero de 2014).
19. Johnson, "Homosexuality and the Church: Scripture and Experience".
20. Ibíd.
21. Ibíd.
22. Ibíd.
23. Ibíd.
24. Ibíd.
25. Ibíd.
26. Ibíd.
27. Ibíd.
28. Ibíd.
29. Ibíd.
30. La palabra hebrea utilizada para "propiedad" en el versículo 46 es *'ahuzzah* que literalmente significa "una posesión". Esta es la única vez en la Biblia en que esta palabra se usa con referencia a un ser humano.
31. Efesios 6:5-8; Colosenses 3:22; 1 Timoteo 6:1, Tito 2:9-10; 1 Pedro 2:18-20.
32. Y note cómo se despedía al esclavo en el séptimo año: "Y cuando lo despidieres libre, no le enviarás con las manos vacías. Le abastecerás liberalmente de tus ovejas, de tu era y de tu lagar; le darás de aquello en que Jehová te hubiere bendecido" (Deuteronomio 15:13-14).
33. Ver Michael A. Grisanti, "Deuteronomio", en el *Comentario Bíblico del Expositor*, rev. ed. , 2:684-685. Según Duane L. Christensen, Deuteronomio 21:10-34:12, *Comentario Bíblico de la Palabra* (Dallas: Word, 2002), p. 549: "Este comando va en contra de todos los códigos de la ley conocidos antiguos del Cercano Oriente, que prohibían el refugio a los esclavos fugitivos. En particular, tenga en cuenta las palabras de un texto de tratado arameo conocido como Sefire III...que expresa lo contrario de las palabras que aparecen aquí: 'Morará contigo, en medio de ti, en el lugar que escogiere en alguna de tus ciudades, donde a bien tuviere'".

34. Walter C. Kaiser Jr., Peter H. Davids, F. F. Bruce y Manfred T. Brauch, *Dichos difíciles de la Biblia* (edición de un volumen), (Downers Grove, IL: InterVarsity Press, 1996), pp. 149-150. Usado con permiso de InterVarsity Press, P.O. Box 1400, Downers Grove, IL 60515, EE. UU.. www.ivpress.com. Note también en la página 150, "Una esclava que estuviera casada con su captor no podía ser vendida de nuevo como esclava. Si su amo, ahora su marido, llegaba a odiarla, ella debía ser liberada y declarada persona libre (Deuteronomio 21:14)".

35. Ibíd., p. 150. Para una respuesta no técnica a la cuestión de la esclavitud en la Biblia, ver CompellingTruth.org, "¿Por qué era permitida la esclavitud en la Biblia?", http://www.compellingtruth.org/slavery-Old-Testament.html (consultado el 9 de enero de 2014).

36. Al escribir sobre Gálatas 3:28 en el *Comentario de la Biblia Rara* [Queer], Deryn Guest, Robert E. Goss, Mona West y Thomas Bohache, eds. (London: SCM Press, 2006), p. 626, Patrick S. Cheng explica: "No es de extrañar que la promesa de igualdad radical en Gálatas 3.28 resuene fuertemente con los cristianos *queer* [gays] y nuestros aliados. En otras palabras, no sólo es que ya no judío ni griego, esclavo o libre, hombre o mujer, sino que ya no hay heterosexual o *queer*". (Cheng cita otros eruditos para apoyar esta lectura). Por supuesto el Dr. Cheng está comparando manzanas con naranjas, ya que el origen étnico, la condición social y el género no tienen nada que ver con las atracciones románticas, deseos sexuales o cualquier tipo específico de comportamiento, mientras que la heterosexualidad y la homosexualidad se dividen a lo largo de estas mismas líneas. El punto de Pablo es que en Jesús no hay sistema de castas o sistema de clases y que, como declaró en Romanos 10:12, "no hay diferencia entre judío y griego, pues el mismo que es Señor de todos, es rico para con todos los que le invocan".

37. Kaiser, Davids, Bruce y Brauch , *Dichos difíciles de la Biblia*, pp. 642-644.

38. Ibíd.

39. Ibíd., énfasis añadido; ver también el comentario de 1 Corintios 7:17, 20, en la página 591.

40. Sólo para que conste, a pesar de que el Dr. King tuvo asociados como Bayard Rustin, conocido por ser homosexual, en realidad hizo una declaración muy clara en contra de tal práctica al responder a algunas preguntas que le presentaron. En "Consejos para la vida", él dirige al joven que le escribe a ver a un psiquiatra y concluye con: "Ya estás en el camino correcto hacia una solución, ya que honestamente reconoces el problema y tienes el deseo de resolverlo". ("Consejos para la vida", El proyecto de

los documentos de Martin Luther King Jr., de enero de 1958, 358-359, http://tinyurl.com/ox7kjb3 [consultado el 9 de enero de 2014]).

41. Jody Victor, "Jody Victor habla Sobre el pastor de América: Billy Graham", 14 de Febrero de 2010, http://tinyurl.com/ocyhn7w (consultado el 9 de enero de 2014). Ver también Trevor Freeze, "Recordando al Dr. Martin Luther King Jr", Asociación Evangelística Billy Graham, 12 de enero de 2012, http://tinyurl.com/o343c9t (consultado el 9 de enero de 2014).

42. Un ejemplo sería el reclamo vergonzoso y totalmente falso de que la maldición de la esclavitud en Génesis 9:25 se aplica a los negros históricamente.

43. Para el argumento de que Jonatán y David tenían una relación homosexual, ver el capítulo 4.

44. Según Hechos 18:26, tanto Priscila como Aquila llevaron a Apolos "aparte y le expusieron más exactamente el camino de Dios"; también, en cuatro de las cinco veces que sus nombres son mencionados juntos, su nombre se pone primero (Hechos 18:18, 26, Romanos 16:3, 1 Corintios 16:19, 2 Timoteo 4:19), lo que implica su prominencia.

45. La mayoría de los eruditos textuales están de acuerdo en que el nombre propio aquí es Junia (una mujer) más que Junias (un hombre); el mayor debate es si ella era "destacada entre los apóstoles" (NVI), lo que significaría que ella misma era una apóstol, o "muy estimada entre los apóstoles" (RVR). Para una defensa apasionada de la primera perspectiva, ver el breve e-libro del erudito del Nuevo Testamento Scot McKnight, *Junia no es la única* (Englewood, CO: Patheos Press, 2011).

46. Ver la nota 36 arriba.

47. Ver, convenientemente, Eliezer Segal, "¿Quién no me ha hecho mujer", MyJewishLearning.com, http://tinyurl.com/2anyum6 (consultado el 9 de enero de 2014).

48. Rodney Stark, *El ascenso del cristianismo: Cómo el oscuro y marginal movimiento de Jesús se convirtió en la fuerza religiosa dominante en el mundo occidental en unos pocos siglos* (Princeton , NJ: Princeton University Press, 1996), p. 95.

49. Ibíd., p. 103.

50. Ibíd., p. 104.

51. Ibíd., p. 97.

52. Ibíd., pp. 98-99.

53. Ibíd., p. 104.

54. Ibíd., pp. 104, 110.

55. Robert A. J. Gagnon, *La Biblia y la práctica homosexual: Textos y hermenéutica* (Nashville: Abingdon, 2001), p. 328.

56. Craig S. Keener, *El comentario de antecedentes de IVP Biblia: Nuevo Testamento* (Downers Grove, IL: InterVarsity Press, 1993), p. 483.

57. Ibíd.

58. La Primera Carta de Timoteo 2:11-15 presenta más dificultades para los intérpretes igualitarios, pero incluso si la mujer *no* debe enseñar a los hombres en los entornos de la iglesia, Pablo no dice que las que lo hacen no heredarán el reino de Dios, para dar sólo una diferencia entre este texto y su enseñanza en 1 Corintios 6:9-11. Para la exégesis igualitaria de este pasaje, ver, por ejemplo, Craig S. Keener, *Pablo, Mujeres y esposas: Matrimonio y ministerio de las mujeres en las cartas de Pablo* (Grand Rapids, MI: Baker, 1992); Phillip Barton Payne, *Hombre y mujer, uno en Cristo: Un estudio exegético y teológico de las cartas de Pablo* (Grand Rapids , MI: Zondervan, 2009). Para la exégesis complementaria detallada, ver, por ejemplo, Andreas Köstenberger y Thomas W. Schreiner, eds., *Mujeres en la iglesia: Un análisis y aplicación de 1 Timoteo 2:9-15* (Grand Rapids, MI: Baker, 2005).

59. Ver de nuevo los comentarios del profesor Rodney Stark, citado anteriormente, junto con los trabajos citados en las notas 34 y 48 del presente capítulo.

60. Hebreos 2:14-18; 4:14-16.

61. El profesor Mark Yarhouse habla de una "distinción de tres niveles", distinguiendo entre la atracción entre personas del mismo sexo, la orientación homosexual y la identidad gay. Ver Mark A. Yarhouse, *Homosexualidad y el cristiano: Una guía para padres, pastores y amigos* (Ada, MI: Bethany House Publishers, 2010).

62. Johnson, "La homosexualidad y la iglesia: Escritura y experiencia".

63. Sólo en el Nuevo Testamento, ver, por ejemplo, Mateo 24:11-14, 1 Corintios 6:9; 15:33; 2 Corintios 11:3, Gálatas 6:7, Efesios 5:6, 2 Tesalonicenses 2:3; Jacob (Santiago) 1:16-26, 1 Juan 2:26, Apocalipsis 12:9.

64. De hecho, no hay evidencia científica respetable de que alguien nazca gay, véase Brown, *Una cosa rara le pasó a estados unidos*, pp. 197-225.

65. Ver Ibíd., 226 a 271, y tenga en cuenta que muchos investigadores afirman que la pedofilia es innata e inmutable; sin embargo, ¿quién de nosotros diría que eso lo hace aceptable? ¡Dios no lo quiera! Así que, sólo porque algo puede ser innato e inmutable, no significa que sea adecuado para un momento. (No estoy equiparando la homosexualidad con

la pedofilia; simplemente estoy refutando que el argumento de "nacido de esta manera" lleve una fuerza moral, además del hecho de que no hay evidencia científica respetable de que sea cierto).

66. Para algunos testimonios representativos en línea, ver el sitio web Las personas pueden cambiar, http://www.peoplecanchange.com/stories/index.php (consultado el 10 de enero de 2014).

67. Richard B. Hays, "El testimonio bíblico concerniente a la homosexualidad", en Maxie Dunnam D. y H. Newton Malony, eds., *Mantener el curso: Apoyo a la posición de la iglesia sobre la homosexualidad* (Nashville: Abingdon, 2003), p. 82.

68. William J. Webb, *Esclavos, mujeres y homosexuales: Exploración de la hermenéutica del análisis cultural* (Downers Grove, IL: InterVarsity Press, 2001), p. 244. Usado con permiso de InterVarsity Press, P.O. Box 1400, Downers Grove, IL 60515 , EE. UU. www.ivpress.com.

69. Ibíd., pp. 245-246.

70. Ibíd., p. 246.

71. Ibíd., p. 247.

72. Ibíd., p. 248.

73. Ibíd., pp. 250-251.

74. Ibíd., p. 252.

75. Willard M. Swartley, *Esclavitud, Sabbat, guerra y mujeres: "Asuntos de caso en la interpretación bíblica* (Repr., Scottdale, PA: Herald Press, 2012), de la descripción del libro en Amazon.com, http://tinyurl.com/qebhy2d (consultado el 10 de enero de 2014).

76. Swartley, *Homosexualidad*, pp. 17-18 .

77. Ibíd.

CAPÍTULO 4
LA BIBLIA ES UN LIBRO HETEROSEXUAL

1. Véase, como un ejemplo entre muchos otros, al Dr. Mel White, que se refiere a "esos viejos 'pasajes golpeadores" (*Religion Gone Bad*, p. 74). Una búsqueda en Google de "pasajes golpeadores" el 10 de julio de 2013, produjo 16.000 resultados. Para un libro sólo dedicado a esos pasajes, véase John F. Dwyer, *Those 7 References: A Study of 7 References to Homosexuality in the Bible* [Esas 7 referencias: Un estudio de las 7 referencias a la homosexualidad en la Biblia] (Np: BookSurge Publishing, 2007).

2. Esta ilustración la conocí en conversación privada con Larry, que me ha dado el permiso para utilizarla en este libro. Visite su sitio web en http://www.larrytomczak.com. Para su video "¿Es correcto ser

gay?", Verlo en https://www.youtube.com/watch?v=-m88QfCPZX0 (consultado el 14 de enero de 2014).

3. Gordon J. Wenham *Génesis 1-15*, Word Biblical Commentary (Dallas: Word, 1998), p. 70.

4. *The Christ in the Bible Commentary* [El Cristo en el Comentario de la Biblia], *Libro 1* (Camp Hill, PA: Wingspread Publishers, 2009), p. 25.

5. En un correo electrónico personal enviado el 10 de abril de 2013, Robert Gagnon declaró: "El potencial para la reproducción es un elemento, pero sólo uno, de un conjunto más amplio de características que permite a la sociedad diferenciar incluso entre las parejas heterosexuales infértiles y las relaciones homosexuales adoptivas. La incapacidad estructural de las relaciones homosexuales para producir descendencia es el síntoma de la raíz del problema de demasiada semejanza encarnada, no hay suficiente otredad complementaria, entre personas del mismo sexo. No es la raíz en sí del problema. En todos los niveles, anatómica, fisiológica y psicológicamente, es evidente que un hombre no es una contraparte sexual apropiada para otro hombre, ni una mujer para otra mujer, que cuando dos (o más) personas del mismo sexo entran en una relación sexual disminuyen su propio sexo o género tratándolo como si fuera sólo la mitad intacta en relación a su propio sexo y no en relación con el otro sexo, que constituye su otra mitad sexual (dos medio hombres hacen un hombre entero, dos medio hembras hacen una hembra completa, en lugar de una unión masculino y femenino para integrar un todo sexual). Los extremos de un determinado sexo son escalados en una unión homosexual por la razón transparente de que la unión carece de un verdadero complemento sexual para moderar los extremos de un determinado sexo y para llenar los vacíos. También hay una diferencia infinita entre [ser] eróticamente atraído por la esencia de un sexo que no es el propio sino que complementa al propio, por un lado, y ser eróticamente atraído por lo que ya uno es como ser sexual: los machos excitados por su propia masculinidad y las hembras excitadas por la esencia de lo femenino. La naturaleza ha hecho infinitamente claro que hay dos y sólo dos sexos principales en el espectro sexual, y que estos dos sexos se estructuran de manera que se complementan entre sí en todos los niveles, mientras que las uniones homosexuales desafían esa complementariedad natural procurando la otredad sexual en la igualdad sexual, deshonrando así la integridad de su propio sexo o género en relación con otros del mismo sexo o género".

6. Con todo el respeto a la tentativa del pastor gay R. D. Weekly por tratar francamente con el texto bíblico, es obvio que ha perdido algunos de los puntos más grandes de la narración en Génesis 1–2, cuando escribe que: "Adán y el matrimonio de Eva es *descriptivo*, no *prescriptivo*. Describe la narrativa histórica, pero no demuestra las intenciones de Dios con el matrimonio" (R. D. Weekly, *Homosexianity* [N.p.: Create Space Independent Publishing Platform, 2009], 78, el énfasis es suyo). Como hemos visto, este argumento es evidentemente falso, ya que lo que se describe es el cimiento y se convierte en el paradigma para el resto de la Biblia, incluyendo todas las reglas descriptivas. Por otra parte, no hay una sílaba descriptiva o prescriptiva aprobando o apoyando el "matrimonio" entre personas del mismo sexo en ninguna parte de la Biblia. Weekly está, por lo tanto, muy equivocado en el resto de su discusión sobre el tema del matrimonio en la Biblia (Ibíd., pp. 71-99), en particular en sus observaciones finales, "Oh amigo, Dios es amor. El reflejar ese amor es lo que es importante para Él, no el sexo biológico de las personas involucradas. Por su propia palabra—interpretada a través de la lente del amor—mejor es que creas que hay algo sagrado en el matrimonio gay" (Ibíd., p. 99). Nada podría estar más lejos de la verdad.

7. Para una respuesta en YouTube a esta gráfica de Alan Shlemon, véase http://www.youtube.com/watch?v=JyjMMbB5KV4.

8. Ver, por ejemplo, Génesis 4:19; 24:4; 25:1.

9. Ver, por ejemplo, las extensas advertencias en Proverbios 5 y 7, y tomar nota de las palabras de Jesús en Mateo 5:27-30.

10. Entre muchos, ver Levítico 19:3; Colosenses 3:18-21.

11. Una vez más, entre muchos, ver Proverbios 4:1-4; 6:20.

12. Una vez más, entre muchos, ver Jeremías 33:10-11.

13. Ver, por ejemplo, Jeremías 2:1-3, Efesios 5:22-33.

14. Efesios 6:1-3, que se remonta a Éxodo 20:12, pero cuando Colosenses 3:20 se refiere a los padres, el contexto deja claro quiénes están en mente: ¡el padre y la madre!

15. Robert A. J. Gagnon, "Amor truncado: Una respuesta al libro de Andrew Marin *Love Is an Orientation* [El amor es una orientación], Parte 1", RobGagnon.net, http://tinyurl.com/lzqttz7 (consultado el 10 de enero de 2014). Gagnon estaba refutando a *Love Is an Orientation* de Andrew Marin (Downers Grove, IL: IVP Books, 2009), un libro que es tan bueno como malo. Con esto quiero decir, Marin realmente ayuda al lector a comprender el terrible dolor que sufren muchos gays y lesbianas debido a su percepción de que Dios los ha rechazado, a lo cual la iglesia

ha contribuido a menudo. Al mismo tiempo, su libro contiene algunos de los peores tratamientos de las Escrituras que yo haya leído alguna vez en algún libro que haya sido publicado por una importante editorial evangélica, casi haciendo gala de la ambigüedad y el mal uso del texto bíblico. Esto es realmente lamentable, ya que otras partes del libro son muy encomiables.

16. Michael Brown, "Es una avalancha, no una pendiente resbaladiza", CharismaNews.com, http://tinyurl.com/lhxqg2u (consultado el 10 de enero de 2014).

17. Igualmente perversa es la descripción de Robert Goss acerca de Juan el Bautista como "el oso peludo Bautista" (*Queer Bible Commentary*, p. 552). Debe tenerse en cuenta, que Goss es uno de los teólogos gays más influyentes de hoy en día, debido a lo cual se desempeñó como editor de este libro.

18. Como se cita en *Queer Commentary and the Hebrew Bible* [Comentario Queer y la Biblia hebrea], Ken Stone, ed., (Cleveland, OH: The Pilgrim Press, 2001), pp. 176-177.

19. Ibíd., pp. 177-178.

20. Ibíd., p. 179, el énfasis es suyo.

21. Ibíd.

22. Ibíd., p. 180. En el mundo de "la cacería" de Koch, Lidia en Hechos 16:11-15 se convierte en "una comerciante lesbiana astuta"; Absalón, hijo de David, se convierte en "un hombre joven que avanzaba [sexualmente] muy rápidamente" (2 Samuel 16:14-23); Dina se convierte en "una hermana lesbiana violada" (Génesis 34:1-17), mientras que Jueces 12:4-6 señala a "un gran número de sacrificados ceceosos " (Ibíd., p. 180, n 3.). Cabe señalar que Koch no es dogmático en sus interpretaciones, pero el hecho de que puede leer estos textos en estas formas en absoluto dice más que suficiente acerca de su método de interpretación retorcida.

23. Estas selecciones han sido adaptadas del capítulo "Teología gay, una Biblia gay, lesbiana y un Cristo homoerótico", en Brown, *A Queer Thing Happened to America*.

24. Daniel Helmeniak, *What the Bible Really Says About Homosexuality* [Lo que la Biblia realmente dice sobre la homosexualidad], edición actualizada y ampliada (Nuevo México: Alamo Square Press, 2000), p. 126.

25. En primer lugar, todo el contexto del Antiguo Testamento, junto con el contexto específico de Rut, deja claro que Rut y Noemí tenían relaciones heterosexuales solamente; en segundo lugar, se trata de un producto de la imaginación para argumentar que las relaciones lésbicas

eran comunes en el antiguo Israel, hasta el punto de ser celebrado por escrito. Eso es sólo parte de la razón de mi exclamación de "¡Tonterías!"

26. Helminiak *What the Bible Really Says About Homosexuality*, p. 127.

27. Ibíd.

28. Ibíd.

29. El libro representa una versión impresa de los materiales en el sitio web GayChristianSurvivors.com y, curiosamente, no contiene números de página. Para un estudio más académico, ver T. Horner, *Jonathan Loved David: Homosexuality in Biblical Times* [Jonatán amó a David: La homosexualidad en tiempos bíblicos] (Philadelphia: Westminster, 1978).

30. James D. Cunningham, *Gay Christian Survivors* [Sobrevivientes cristianos gays] (N.p.: CreateSpace Independent Publishing Platform, 2013). El libro no contiene números de página.

31. Ibíd.

32. Ibíd.

33. Ibíd.

34. Ibíd.

35. No es imposible que esto pudiera describir ese tipo de relación; la evidencia simplemente va en contra de ella, refutando completamente el punto de Cunningham.

36. V. H. Matthews, M. W. Chavalas y John H. Walton, *The IVP Bible Background Commentary: Old Testament* [Comentario de antecedentes bíblicos IVP: Antiguo Testamento] (Downers Grove, IL: InterVarsity Press, 2000), pp. 309-310.

37. Esta fue una referencia al libro apócrifo Judit, el verso citado dice: "Hijos de jovenzuelas los asaetearon, como a hijos de desertores los hirieron, perdieron en la batalla contra mi Señor" (Biblia de Jerusalén).

38. Ralph W. Klein, *1 Samuel, Word Biblical Commentary* [Comentario bíblico de la Palabra] (Dallas: Word, 1998), p. 209.

39. R. D. Bergen, *1, 2 Samuel, The New American Commentary* [El nuevo comentario americano], vol. 7 (Nashville: Broadman y Holman Publishers, 1996), p. 218.

40. R. L. Omanson y J. Ellington, *A Handbook on the First Book of Samuel* [Manual sobre el Primer Libro de Samuel], UBS Handbook Series (New York: United Bible Societies, 2001), p. 446.

41. Bergen, *1, 2 Samuel*, p. 218.

42. J. P. Lange, P. Schaff, D. Erdmann, C. H. Toy, y J. A. Broadus, eds., *A Commentary on the Holy Scriptures: 1 & 2 Samuel* [Un comentario

sobre las sagradas Escrituras: 1 y 2 Samuel], edición electrónica (Bellingham, WA: Logos Bible Software, 2008), p. 266.

43. NET.Bible.org, "NET Notas: 1 Samuel 20:30," https://net.bible.org/ #!biblia/1+Samuel+20:30 (consultado el 13 de enero de 2014).

44. Ver el capítulo 5.

45. Cunningham, *Gay Christian Survivors*.

46. Joseph Nicolosi, "Por qué los gays no pueden hablar por los exgays", Clínica Psicológica Tomás de Aquino, http://tinyurl.com/ldwvnyr (consultado el 13 de enero de 2014).

47. En resumen, véase Michael Brown, "La Biblia Reina Santiago e interpretaciones 'homofóbicas'", CharismaNews.com, 20 de diciembre de 2012, http://tinyurl.com/cz8utoa (consultado el 13 de enero de 2014). Para los versículos clave establecidos visualmente, vea Matt Slick, "La Biblia Reina Santiago, la Biblia *Gay*", Ministerio de Investigación y Apologética Cristiana, 20 de diciembre de 2012, http://carm.org/queen -james-bible (consultado el 13 de enero de 2014). Los principales versículos en cuestión serán tratados en los capítulos siguientes.

Capítulo 5
Leyes levitas y el significado de *To'evah* (abominación)

1. The West Wing, "Open Letter," 9 de diciembre de 2003, http:// westwing.bewarne.com/second/25letter.html (consultado en línea el 13 de enero de 2014).

2. Para el momento de este escrito, en relación con el programa de televisión West Wing, que ofreció el presidente crianza de estos mismos puntos a un "Dr. Tipo de Laura" persona, ver Brown, *A Queer Thing Happened to America*, pp. 178-182.

3. Patrick Chapman, *Thou Shalt Not Love* [No amarás] (N.p.: Haiduk Press, 2008), pp. 129-130.

4. Ibíd., p. 130.

5. Ibíd.

6. Él está siguiendo aquí al estudioso del Antiguo Testamento Saúl M. Olyan, véase su artículo "Y con varón no te echarás como se echa mujer": Sobre el sentido y significado de Levítico 18:22 y 20:13, "en el libro de Gary David Comstock y Susan Henking, eds., *Que(e)rying Religion: A Critical Anthology* [Que (e) Religión Que(e)rying: Una antología crítica] (New York: Continuum Press, 1997), pp. 398-414. No es sorprendente que el judaísmo tradicional reconoce que esta prohibición incluye todas las formas de relaciones sexuales entre varones.

7. Michaelson, *God vs. Gay?*, pp. 61-62.

8. Ibíd., pp. 62-63. También afirma que Reyes, Crónicas y Esdras todos usan *to'evah* para referirse a "los actos que otras naciones cometieron en la tierra de Israel" (Ibíd., p. 63). Después de citar otros versículos en Deuteronomio y los libros proféticos—que, la verdad sea dicha, no ayudan en realidad a su causa—él afirma que la única excepción al uso de *to'evah* como culto o "tabú" está en Proverbios, donde se utiliza para "fallas éticas", afirmando que "No obstante, aparte de los Proverbios, *toevah* no tiene nada que ver con la ética y tiene todo que ver con el comportamiento de culto, idolatría, y ritual extraño" (Ibíd., p. 64). Examinaremos la naturaleza defectuosa de estos argumentos con más detalle en breve.

9. Para una perspectiva judía ortodoxa concisa, véase Esdras Schochet, "La Torá: Una Brújula Moral", Jonás Internacional, 16 de junio de 2008, http://www.jonahweb.org/article.php?secId=317 (consultado el 13 de enero de de 2014).

10. Por supuesto, eso no hace que yo esté automáticamente en lo cierto, sino que simplemente significa que he invertido un tiempo considerable de esfuerzos y recursos para poder estudiar las Escrituras hebreas en su contexto antiguo.

11. Lee, *Torn*, p. 177.

12. Robert Gagnon, "¿Levítico sólo condena práctica homosexual idólatra?, carta abierta de Robert Gagnon", *Fragmentos Filosóficos* (blog), Patheos. com, 28 de marzo de 2013, http://tinyurl.com/lfkldag (consultado el 14 de enero de de 2014). Permiso solicitado.

13. Justin Lee, "No ver el bosque por las A/Bs", *Migajas de la mesa de la Comunión* (blog), http://tinyurl.com/k538j2r (consultado el 14 de enero de 2014).

14. Robert Gagnon, "¿Está Justin Lee ahora tergiversando el hecho de que tergiversó mis opiniones sobre las prohibiciones levíticas?, Réplica abierta de Robert Gagnon a Justin Lee?" *Fragmentos filosóficos* (blog), Patheos.com , 16 de abril de 2013, http://tinyurl.com/mn88uh8 (consultado el 14 de enero de 2014). Gagnon señaló con razón que "todo su punto en esta sección de su libro fue decir que *incluso* 'la máxima autoridad' entre 'los eruditos bíblicos que sostienen el punto de vista tradicional (de que el sexo gay es siempre pecado)' está de acuerdo con las opiniones de los intérpretes 'progay' de que las prohibiciones levíticas fueron 'en realidad planeadas para condenar la prostitución de culto ritual, una forma de idolatría en esa cultura que involucraba relaciones sexuales entre hombres'. Los puntos de vista de los intérpretes 'progay',

señaló, podrían ser desestimadas porque, "Bueno, estaban discutiendo a favor de aceptar las relaciones gays, por lo que podrían estar sesgados'. Luego, usted agrega inmediatamente: '¿Qué ha dicho el otro lado? Resulta que, más o menos lo mismo' (el énfasis es mío; p. 177). Justo después de decir esto, usted me cita como prueba A para mostrar que 'el otro lado' está de acuerdo con la conclusión de los intérpretes 'progays'".

15. Según lo expresado por Pablo, "Si bien la vianda no nos hace más aceptos ante Dios; pues ni porque comamos, seremos más, ni porque no comamos, seremos menos" (1 Corintios 8:8). Él también escribió, en referencia a la comida: " Yo sé, y confío en el Señor Jesús, que nada es inmundo en sí mismo; mas para el que piensa que algo es inmundo, para él lo es" (Romanos 14:14). Esto se basa en las enseñanzas de Jesús, quien no abrogó las leyes de la alimentación para Israel, sino que dejó claro que lo que comemos no nos contamina espiritualmente: "¿No entendéis que todo lo que entra en la boca va al vientre, y es echado en la letrina? Pero lo que sale de la boca, del corazón sale; y esto contamina al hombre" (Mateo 15:17-18).

16. Para una mayor discusión, véase más adelante.

17. La palabra hebrea es *zimmah*, que también puede significar "plan, propósito" (en diferentes contextos, obviamente), o "maldad", como en este caso.

18. Una vez más, *to'evah*. Para más información sobre el concepto de "abominación", véase James B. DeYoung, *Homosexuality: Contemporary Claims Examined in Light of the Bible and Other Ancient Literature and Law* [Homosexualidad: Afirmaciones contemporáneas examinadas a la luz de la Biblia y otra literatura antigua y ley] (Grand Rapids, MI: Kregel, 2000), pp. 65-68, incluyendo la discusión de los términos griegos relevantes.

19. La palabra hebrea es *tevel*, que sólo se produce aquí y en Levítico 20:12; conlleva el significado de " confusión, violación del orden".

20. El destacado estudioso de levítico Jacob Milgrom propuso la idea extraña de que el sexo entre varones sólo fue prohibido *en la tierra de Israel* (basado en este pasaje de Levítico), lo que llevaría a la extraña idea de que los hombres homosexuales en Israel hoy en día podrían tener relaciones sexuales fuera de la tierra sin desagradar a Dios, ¡pero no en el interior de su patria! Para una respuesta académica seria a esto, véase Robert A. J. Gagnon, "Una Crítica a los Puntos de Vista de Jacob Milgrom en Levítico 18:22 y 20:13", http://www.robgagnon.net/articles/homoMilgrom.pdf (consultado el 14 de enero de 2014).

21. Para estas leyes para Israel en la Torá, véase, en particular: "Mis estatutos guardarás. No harás ayuntar tu ganado con animales de otra especie; tu campo no sembrarás con mezcla de semillas, y no te pondrás vestidos con mezcla de hilos" (Levítico 19:19).

22. Para el concepto de la homosexualidad como una violación del orden divino de acuerdo a Levítico, ver Donald J. Wold, *Out of Order: Homosexuality in the Bible and the Ancient Near East* [Fuera de orden: La homosexualidad en la Biblia y el Antiguo Cercano Oriente] (Grand Rapids, MI: Baker, 1998), pp. 91-100.

23. Por supuesto, el adulterio sigue siendo un grave pecado a los ojos de Dios, mientras que la antigua cultura de honor israelita—reflejada a través de toda la Biblia y todavía común en algunas partes del mundo— es muy loable (véase, por ejemplo, Levítico 19:32, " Ponte de pie en presencia de los mayores. Respeta a los ancianos. Teme a tu Dios. Yo soy el Señor" [NVI]). Mi punto es que no estoy abogando por la pena de muerte por adulterio o maldecir a los padres más de lo que estoy abogando por la práctica homosexual.

24. Recuerda: Dios llamó a Israel a no seguir *las prácticas de las naciones*. Como se señaló en un comentario rabínico de Levítico 18:3: "Si usted sigue las prácticas de los egipcios, ¿Con qué propósito los traje fuera de Egipto?" (*Be'erot Yitzhak*).

25. Para más información sobre el ataque en el género, véanse los capítulos 2 y 9.

26. Ludwig Koehler, Walter Baumgartner y otros (traducido y editado bajo la supervisión del M. E. J. Richardson), *El léxico hebreo y arameo del Antiguo Testamento, Edición de Estudio* (Leiden, Boston, Koln: Brill, 2001), 2:1703, énfasis añadido.

27. Para mayores implicaciones negativas para la práctica homosexual derivadas con razón de Génesis 19, vea Gagnon, *The Bible and Homosexual Practice: Texts and Hermeneutics* [La Biblia y la práctica homosexual], pp. 71-90, y Wold, *Fuera de Orden*, 77-89.

28. Tenga en cuenta que Ezequiel, él mismo un sacerdote, utiliza el lenguaje sacerdotal (es decir, el lenguaje a menudo similar al que se encontraba en el libro de Levítico), y la frase "cometer una abominación" (en hebreo, la raíz verbal '-s-h y el nombre *to'evah*) se utiliza tanto en Levítico 20:13 (un texto que revisamos anteriormente, llamando la practica homosexual masculina una abominación) como aquí en Ezequiel 16:50.

29. Lee, *Torn*, 177, citando a Gagnon, *The Bible and Homosexual Practice*, p. 130.

30. Ibíd.

31. Gagnon, "¿Condena Levítico solamente la práctica homosexual idólatra?, Carta abierta de Robert Gagnon", el énfasis añadido por Gagnon.

32. Ibíd., el énfasis añadido por Gagnon.

33. Ibíd., el énfasis es suyo.

34. Weekly, *Homosexianidad*, pp. 101-102, el énfasis es suyo.

35. "Levítico", en Juan Sailhammer, Walter C. Kaiser Jr. y Richard Hess, El Comentario Bíblico Expositor (Grand Rapids, MI: Zondervan, 2008), pp. 742-743.

36. Para una perspectiva diferente, cf. Robert A. J. Gagnon, "Notas a ensayo de Gagnon en el libro de Gagnon-Via *Dos puntos de vista*", nota 41, septiembre de 2003, http://www.robgagnon.net/2VOnlineNotes .htm (consultado el 14 de enero de 2014). Note que "la única 'penalidad' mencionada por tener sexo con una mujer que está menstruando es que el hombre se pone en un estado de impureza ritual durante siete días (15:24)".

37. Mel White, "Lo que dice—y no dice—la Biblia sobre la homosexualidad", Soulforce.com, http://tinyurl.com/m28gvy4 (consultado el 14 de enero de 2014).

38. Guest, Goss, West y Bohache, *Comentario de la Biblia Queer*, 83, el énfasis es suyo.

39. Gregg Drinkwater, Joshua Lesser, y David Shneer, eds., *Torah Queeries* (Nueva York: New York University Press, 2009), p. 153.

40. Ibíd.

41. Ibíd., pp. 153-154.

42. Ibíd., p. 154.

43. Ibíd., p. 153.

44. Por la debilidad de los argumentos del rabino Steven Greenberg, buscando armonizar el judaísmo tradicional con la práctica homosexual, cf. su libro *Lucha con Dios y los hombres: Homosexualidad en la tradición judía* (Madison, WI: Univ. of Wisconsin Press, 2004), con los datos presentados en el libro de Arthur Goldberg, *Luz en el armario: La Torá, la homosexualidad y el poder de cambiar* (Beverly Hills: Red Vaquilla Press, 2008); véase también Chaim Rapoport, *El judaísmo y la homosexualidad: Una visión ortodoxa auténtica* (Londres: Vallentine Mitchell, 2004).

45. Para documentación, véase Brown, *A Queer Thing Happened to America*, 396; ver también A. Dean Byrd, Shirley E. Cox, y Jeffrey W. Robinson, "El argumento innato-inmutable no tiene base en la ciencia", "Asociación Nacional para la Investigación y Terapia de la

Homosexualidad, http://www.narth.org/docs/innate.html (consultado el 14 de enero de 2014).

46. Ver Brown, *A Queer Thing Happened to America*, pp. 227-271.

47. Ver en particular el capítulo 8 para observaciones similares de lecturas "cristianas gays" de Pablo.

48. Ver capítulo 8 para estudios representativos.

49. Consulte la documentación de Brown, *A Queer Thing Happened to America*, 483-490, así como el estudio citado en la nota 50, inmediatamente debajo.

50. Véase James E. Phelan, Neil Whitehead, y Philip M. Sutton, "Lo que muestra la investigación: Respuesta de NARTH [siglas en inglés de Asociación Nacional para la Investigación y Terapia de la Homosexualidad] a las afirmaciones de APA sobre la homosexualidad. Un informe del Comité Científico Asesor de la Asociación Nacional para la Investigación y Terapia de la Homosexualidad", *Diario de la Sexualidad Humana* 1 (2009): pp. 5-121, con extensa documentación. De especial relevancia aquí, vea pp. 53-88. Es común en los círculos de activistas gays para desestimar a NARTH como científicos de chatarra, pero eso se basa en polémicas más que en hechos, y este estudio es cuidadosamente investigado y presentado.

CAPÍTULO 6
¿QUÉ DIJO JESÚS ACERCA DE LA HOMOSEXUALIDAD?

1. Algunos buenos sitios web para explorar incluyen http://www.leestrobel.com/ y http://www.reasonablefaith.org/.

2. Ver Michael L. Brown, *The Real Kosher Jesus* [El verdadero Jesús Kosher] (Lake Mary, FL: Libros Frontline, 2012), con referencias.

3. Como señaló Mary Rose D'Angelo en John J. Collins y Daniel C. Hartlow, eds., *Diccionario Eerdmans del Judaísmo Antiguo* (Grand Rapids, MI: Eerdmans, 2010), p. 1223, "Los tratamientos normales del judaísmo antiguo tienden a atribuirle un aval incondicional del matrimonio heterosexual y una implacable hostilidad hacia el homoerotismo".

4. L. William Countryman, *Dirt, Greed, and Sex: Sexual Ethics in the New Testament and Their Implications for Today* [Barro, codicia y sexo: La ética sexual en el Nuevo Testamento y sus implicaciones para hoy] (Minneapolis, MN: Fortress Press, 2007), citado en el libro de Robert A. J. Gagnon, "Respuesta del prof. Robert Gagnon a la revisión del prof. L. William Countryman en *Revisión teológica anglicana: Sobre un*

cuidadoso estudio académico", de septiembre de 2003, http://robgagnon .net/RevCountryman.htm (consultado el 14 de enero de 2014).

5. Para más información sobre este tema, consulte el capítulo 2, en relación con el elefante activista gay en la habitación.

6. Para más información sobre esto, vea Michael L. Brown, *Answering Jewish Objections to Jesus: Vol. 4: New Testament Objections* [Respuesta a las objeciones judías a Jesús: Vol. 4: Objeciones del Nuevo Testamento] (Grand Rapids, MI: Baker, 2006), pp. 204-236.

7. Como señalamos en el capítulo 4, había ciertas leyes que Dios dio a Israel para mantenerlos separados de las naciones, pero que no tienen una aplicación moral universal, al contrario de las leyes que le dio a Israel que eran de importancia moral universal; la prohibición de la práctica de la homosexualidad cae en la categoría "universal".

8. Hay dos referencias a la homosexualidad particularmente fascinantes de la literatura rabínica temprana, que datan de entre los primeros cinco siglos de esta era: "El Rabí Huna dijo en nombre del Rabí José: 'La generación del Diluvio no fue eliminada hasta que ellos escribieron documentos de matrimonio para la unión de un hombre con un hombre o un animal'"(Génesis Rabá 26:5; Levítico Rabá 23:9) Y, "Ula dijo: Los no judíos [lit., los hijos de Noé] aceptaron sobre sí mismos treinta mandamientos [hebreo, *mitzvoth*], pero ellos sólo acatan tres: el primero es que no escriben documentos de matrimonio para parejas de hombres, el segundo es que no venden carne [humana] muerta por libra en las tiendas, y el tercero es que se respete la Torá" (Talmud de Babilonia Chullin 92a-b).

9. Según el estudioso de la Biblia que apoya a los gays Jeffrey Siker, "Es extremadamente difícil decir mucho de nada con confianza respecto a la actitud de Jesús hacia la homosexualidad. Él habría tenido una comprensión diferente de las relaciones entre personas del mismo sexo en su contexto judío del primer siglo, de lo que es el caso en nuestro mundo del siglo XXI. Ni hubiera conocido a gente de fe que también se autoidentificaba como gay o lesbiana. Por lo menos nosotros no tenemos tal evidencia "Ver Jeffrey S. Siker, ed., *Homosexuality in the Church: Both Sides of the Debate* [La homosexualidad en la Iglesia: Ambos lados del debate] (Louisville, KY: Westminster John Knox, 1994), p. 138. ¿En serio? Tal afirmación no sólo lleva al límite la credulidad, sino que hace casi sacrosantos los conceptos actuales de la orientación sexual.

10. Ver SyracuseCulturalWorkers.com "Tarjeta: Cosas que usted puede hacer para erradicar al género o multiplicarlo exponencialmente",

http://tinyurl.com/kbro7ro (consultado el 17 de enero de 2014). Para discusión, vea Brown, *A Queer Thing Happened to America*, pp. 93-94.

11. Para discusión y documentación, ver Brown, *A Queer Thing Happened to America*, pp. 84-119.

12. Véase Ibíd., pp. 549-598, para las citas representativas.

13. Rick Brentlinger, *Christian Gay 101: Spiritual Self-Defense for Gay Christians—What the Bible Really Says About Homosexuality* [Cristiano gay 101: Autodefensa espiritual para gays cristianos, lo que la Biblia realmente dice sobre la homosexualidad] (N.p: Salient Press, 2007), p. 229, el énfasis es suyo. Su tratamiento a los eunucos (pp. 223-257) está lleno de declaraciones falsas y gratuitas, desde el título del capítulo ("Los eunucos en la Escritura y la historia son hombres gay") hasta sus conclusiones ("El término eunuco, en la historia y la Escritura, es a menudo sinónimo de gay y lesbiana").

14. Sandra Turnbull, *God's Gay Agenda* (Bellflower, CA: Glory Publishing, 2012). Esta cifra se basa en mi búsqueda en el Kindle.

15. Sphero, *The Gay Faith* [La fe gay], ubicación en Kindle, desde 3437 hasta 3438.

16. Ibíd., ubicación en Kindle 3430-3431.

17. Ibíd., ubicación en Kindle 3372-3378.

18. Como ha señalado el profesor Leon Morris, ver nota 33.

19. La palabra hebrea para "eunuco" es *saris*, que se deriva probablemente de la palabra acadia *ša rēši*, que significa "el que está a la cabeza" y se utiliza para los directores, administradores y luego eunucos. (Acadio es el idioma de los antiguos asirios y babilonios). Por lo tanto, se utiliza para describir a los altos funcionarios de la corte y, porque a los hombres castrados a menudo se les encargaban de estas posiciones (especialmente supervisar el harén del rey), llegó a referirse a los eunucos también. El mismo uso se encuentra en la Biblia, por lo que si bien es muy claro que el texto se refiere a hombres castrados (como en Isaías 56:3-4), en otros casos no está claro si los *saris* en hebreo o *eunochos* en griego se refiere a un hombre castrado o a un funcionario alto de la corte. Este sería el caso de Ebed-melec, llamado *saris* en Jeremías 38:7; ¿Era él un "eunuco de la casa real" (RVR)—por lo tanto, un hombre castrado que servía en el palacio real—o, simplemente, "un funcionario de la casa real" (NVI)? La misma pregunta se plantea con el eunuco etíope al que Felipe llevó a Jesús en Hechos 8. ¿Era específicamente un hombre castrado que servía en la corte de la reina (la interpretación más probable) o, simplemente, un alto funcionario de la corte? Sin duda, la palabra griega *eunochos* se

refiere a un hombre castrado, pero hay un fenómeno lingüístico llamado "calco" en el que los conceptos de un idioma (en este caso, el hebreo) se pueden pedir prestados por otro idioma.

20. Aquí véase, en particular, Sphero y Brentlinger; para una discusión más seria (pero aun con conclusiones erróneas), consulte el sitio web de Faris Malik "Nacidos Eunucos" http://www.well.com/user/aquarius/ (consultado 17 de enero de 2014).

21. Para ejemplos representativos y agresivos, consulte inmediatamente arriba, nota 20.

22. Michaelson, *God vs. Gay?*, pp. 76-77.

23. Para una discusión de internet beneficiosa, consulte "¿Es realmente la palabra "eunuco" la manera de la Biblia de decir homosexuales?", Http://www.fredsbibletalk.com/eunuchs.html (consultado el 17 de enero de 2014).

24. Véase, por ejemplo, Sphero, *The Gay Faith*, quien argumenta a favor de las uniones civiles para los homosexuales en base a este pasaje, diciendo: "Se vuelve aún más claro que la primera categoría, en efecto, *se refería* directamente a aquellos que se sienten atraídos por el mismo sexo (es decir, gays y lesbianas, como sus oyentes habrían entendido que significara según la definición inclusiva de la palabra en el momento), y por lo tanto, *no* están predestinados a casarse de la misma manera que Él había descrito anteriormente en el versículo 19:4, en relación con el matrimonio de varón y hembra" (ubicación en Kindle 976-980). Así que Jesús está supuestamente diciendo que los hombres homosexuales *pueden* unirse sexualmente, no sólo en el matrimonio convencional. Cuando leo estos intentos "cristianos gays" de reescribir lo que Jesús dijo en realidad, solo siento tristeza por aquellos que están luchando por unir la homosexualidad activa y la fe cristiana; y animo a aquellos que encuentran sus afirmaciones extravagantes que oren por ellos en lugar de enojarse con ellos.

25. Véase, por ejemplo, Brentlinger, *Christian Gay 101*, pp. 236-242.

26. B. M. Newman y P. C. Stine, *Manual sobre el Evangelio de Mateo*, Serie Manuales UBS (New York: United Bible Societies, 1988), p. 596, el énfasis es de ellos.

27. W. Arndt, F. W. Danker y Walter Bauer, *Un léxico griego-inglés del Nuevo Testamento y otra literatura cristiana primitiva*, 3ª ed. (Chicago: University of Chicago Press, 2000), p. 409.

28. H. R. Balz y G. Schneider, eds., *Diccionario Exegético del Nuevo Testamento*, Ing. tr. (Grand Rapids, MI: Eerdmans, 1990 a 1993), 2:81.

29. Donald A. Hagner, *Mateo 14-28*, Word Biblical Commentary (Dallas: Word, 1998), 550-551.

30. Craig Blomberg, *Mateo*, The New American Commentary (Nashville: Broadman & Holman Publishers, 1992), p. 294.

31. W. D. Davies y D. C. Allison, *Mateo* (en la serie Comentario Crítico Internacional), 3:23, citado en la nota en la traducción NET en Mateo 19:14.

32. Citado aquí del compendio de un solo tomo, Gerhard Kittel y Gerhard Friedrich, eds., *Diccionario Teológico del Nuevo Testamento*, tr. G. W. Bromiley (Grand Rapids, MI: Eerdmans, 1985), p. 277.

33. Leon Morris, *El Evangelio según San Mateo*, Comentario del Nuevo Testamento El Pilar (Grand Rapids, MI: Eerdmans, 1992), pp. 485-486. Utilizado con permiso.

34. Según M. A. Powell, ed., *The HarperCollins Bible Dictionary*, tercera edición. (New York: HarperCollins, 2011), 265, *eunuco* se refería a "un hombre que carece de los testículos, ya sea por haber nacido así o porque ha sido castrado (cf. Mat. 19:12)".

35. Una vez más, lo animo a creer las historias de aquellos que han sido cambiados y que han vivido por encima del reproche por muchos años, así como creo las historias de aquellos que me dicen que trataron de cambiar y no pudieron. Para discusión de asuntos más amplios implicados, ver Joe Dallas y Nancy Heche, *The Complete Christian Guide to Understanding Homosexuality: A Biblical and Compassionate Response to Same-Sex Attraction* [La guía cristiana completa para comprender la homosexualidad: Una respuesta bíblica y compasiva a la atracción por el mismo sexo] (Eugene, OR: Harvest House, 2010).

36. Sam Allberry, *Is God Anti-Gay? And Other Questions About homosexuality, the Bible and Same-Sex Attraction* [¿Es Dios Anti-Gay? Y otras preguntas sobre la homosexualidad, la Biblia y la atracción por el mismo sexo] (Np: The Good Book Company, 2013), p. 9.

37. Ibíd., 10.

38. Michael L. Brown, *It's Time to Rock the Boat: A Call to God's People to Rise Up and Preach a Confrontational Gospel* [Es hora de mecer el bote: Un llamado al pueblo de Dios para levantarse y predicar un evangelio de confrontación] (Shippensburg, PA: Destiny Image, 1993), p. 81.

39. Ibíd.

40. De hecho, muchos ministerios cristianos con énfasis en familias y matrimonios sanos han llamado la atención sobre este problema desde hace décadas, pero en vista de la importancia del escándalo del divorcio

evangélico rampante, especialmente divorcios sin ningún apoyo bíblico posible, se ha producido un relativo silencio sobre el tema.

CAPÍTULO 7
LA CURACIÓN DEL SIERVO DEL CENTURIÓN

1. Ver Frank Heinz, "Vallas publicitarias de iglesias apoyan el amor gay", NBCDFW.com, 9 de septiembre de 2009, http://tinyurl.com/mt6sefq (consultado el 17 de enero de 2014), véase también ";Discriminaría Jesús?", WhyWouldWe.org , http://www.whywouldwe.net/site/ (consultado el 17 de enero de 2014).

2. Michaelson, *God vs. Gay?*, p. 72; en apoyo esto cita a Jack Clark Robinson, "Jesús, el centurión y su amante", *Gay and Lesbian Review* 14, no. 6 (2007): 70-72; Theodore W. Jennings Jr., *The Man Jesus Loved* (Cleveland, OH: Pilgrim Press, 2009), pp. 131-144; Brentlinger, *Gay Christian 101*, pp. 193-221, y Jeff Miner y John Tyler Connoley, *Los niños son libres: The Children Are Free: Reexamining the Biblical Evidence on Same-Sex Relationships* [Reexaminación de la evidencia bíblica en cuanto a relaciones entre personas del mismo sexo] (Indianapolis: Encontrado Perla Press, 2002), pp. 46-51.

3. Miner y Connoley, *The Children Are Free*, p. 47. La sección está titulada: "Cuando Jesús se encuentra con una persona gay".

4. Ibíd., p. 49.

5. Ibíd.

6. Ver, por ejemplo, las revisiones y los artículos enumerados aquí: "Las personas con una historia: Una guía online de historias de lesbianas, gays, bisexuales y trans: Página de John Boswell", Universidad de Fordham, http://www.fordham.edu/halsall/pwh/index-bos.asp (consultado el 17 de enero de 2014). Note especialmente Marian Therese Horvat: "Reescribir la historia para servir a la agenda gay", TraditioninAction .org, http://www.traditioninaction.org/bkreviews/A_002br_SameSex .htm (consultado el 17 de enero de 2014); para revisiones críticas de Boswell por académicos gays, vea "Warren Johansson, Wayne R. Dynes, y John Lauritsen, "La homosexualidad, la intolerancia, y el cristianismo: Un examen crítico de la obra de John Boswell", http://pinktriangle.org .uk/lib/hic/index.html (consultado el 17 de enero de 2014), y Camille Paglia, "Análisis de Boswell", *Washington Post*, 17 de julio de 1994, según fue publicado en Fordham.edu, http://www.fordham.edu/halsall/ pwh/bosrev-paglia.asp (consultado el 17 de enero de 2014).

7. Estos léxicos griegos (y enciclopedias teológicas), que, en su mayor parte, *no* son el producto de la erudición cristiana conservadora y, por tanto, no pueden ser objeto de la acusación de que están sesgadas en contra de los homosexuales (que, desde un punto de vista académico, seguiría siendo un acusación infundada), incluyen: H. G. Liddell y R. Scott, *Un léxico griego-inglés*, novena edición con un suplemento revisado Oxford: Clarendon Press, 1996); Walter Bauer, Frederick Danker, et al., *Un léxico griego-inglés del nuevo testamento y otra literatura cristiana primitiva* (Chicago: University of Chicago Press, 2001); Joseph Thayer, *Léxico griego-inglés del Nuevo Testamento de Thayer* (repr., Peabody, MA: Hendrickson, 1996); Gerhard Kittel y Gerhard Friedrich, eds., *Diccionario Teológico del Nuevo Testamento*, 10 vols., trad. G. W. Bromiley (Grand Rapids, MI: Eerdmans, 1977); Horst Balz y Gerhard Schneider, eds., *Diccionario Exegético del Nuevo Testamento*, 3 vols. (Grand Rapids, MI: Eerdmans, 1990); Colin Brown, ed., *El Nuevo Diccionario Internacional de Teología del Nuevo Testamento*, 4 vols. (Grand Rapids, MI: Zondervan, 1986). Ver también Johannes P. Louw y Eugene A. Nida, *Léxico griego-inglés del Nuevo Testamento basado en dominios semánticos*, 2 vol., segunda edición (Nueva York: Sociedades Bíblicas Unidas, 1989). Tenga en cuenta que estos léxicos también son consistentes en la presentación de términos griegos clave identificados con la homosexualidad en contextos importantes del Nuevo Testamento (o griego antiguo relacionado).
8. Brentlinger, *Gay Christian 101*, p. 199.
9. Michaelson, *God vs. Gay?*, p. 75
10. Aun cuando no es aceptado universalmente en los círculos "cristianos gays"—especialmente los más conservadores—, cada vez es más aceptado, como lo demuestra la campaña de vallas publicitarias mencionada al inicio de este capítulo, que apenas si fue protestada o repudiada por "cristianos gays" a nivel nacional. La aceptación generalizada de esta reescritura disparatada del texto bíblico, se indica también por el hecho de que los académicos gays están presentándola en términos cada vez más dogmáticos.
11. WhyWouldWe.org, "Jesús afirmó a una pareja gay", énfasis añadido, http://www.whywouldwe.net/site/jesus-affirmed-a-gay-couple (consultado el 20 de enero de 2014).
12. Brentlinger, *Gay Christian 101*, p. 197, énfasis añadido.
13. Michaelson, *God vs. Gay?*, p. 75, énfasis añadido.
14. Brentlinger, *Gay Christian 101*, p. 199, énfasis añadido.

15. Michaelson, *God vs. Gay?*, p. 75.

16. Para preguntas en cuanto a la colocación del texto original de Juan 8:1-11, ver, por ejemplo, Craig S. Keener, *El Evangelio de Juan: Un comentario* (Peabody, MA: Hendrickson, 2004).

17. Miner y Connoley, *The Children Are Free*, p. 50. Una de las "pruebas" ofrecidas por los autores de que el siervo, también descrito como tal (usando la palabra griega *doulos*), era el amante masculino del centurión, era que, de acuerdo con Lucas 7:2, ese siervo era "muy estimado" por su amo; por lo que *debía* haber sido amante masculino de su amo. Después de todo, ¿por qué otra cosa podría ser un siervo muy estimado por su señor?

18. Brentlinger, *Gay Christian 101*, p. 194.

19. Un intento más serio de exponer estos argumentos fue hecho por Theodore W. Jennings Jr. y Tat-Siong Benny Liew, "Identidades equivocadas pero fe modelo: Releyendo el centurión, el joven, y el Cristo en Mateo 8:5-13", en *Publicación Periódica de Literatura Bíblica* 123 (2004): pp. 467-494; para una breve pero clara exposición de algunos de los errores en su artículo, consulte D. B. Saddington, "El centurión en Mateo 8:5-13: Consideración de la propuesta de Theodore W. Jennings Jr., y Tat-Siong Benny Liew", *Publicación Periódica de Literatura Bíblica* 125 (2006): pp. 140-142. Ver también Robert A. J. Gagnon, "¿Aprobó Jesús la pareja homosexual en la historia del centurión de Capernaum?", 24 de abril de 2007, http://robgagnon.net/articles/homosexCenturionStory.pdf (consultado el 20 de enero de 2014). En resumen, Gagnon dice con razón: "Hay seis argumentos principales en contra de la suposición de que Jesús estaba apoyando las relaciones homosexuales en su encuentro con el centurión de Capernaum. Individualmente, son argumentos de peso. Colectivamente, hacen un caso hermético contra una lectura prohomosexual".

20. *Study New Testament for Lesbians, Gays, Bi, and Transgender. With Extensive Notes on Greek Word Meaning and Context*, traducido con notas por A. Nyland (n.p.: n.p., 2007). Nyland era un erudito en los clásicos e historia antigua, especializándose en lexicografía griega e hitita.

21. Elizabeth Stuart, ed., *Religion Is a Queer Thing: A Guide to the Christian Faith for Lesbian, Gay, Bisexual and Transgendered People* [La religión es una cosa rara [Queer]: Una guía para la fe cristiana de personas lesbianas, gays, bisexuales y transgéneros] (Cleveland, OH: Pilgrim Press, 1997), 128, énfasis en el original. El Dr. Gorsline es ex pastor de MCC en Richmond, Virginia.

22. Gagnon, "¿Aprobó Jesús la pareja homosexual en la historia del centurión de Capernaum?", el énfasis es suyo.

23. I. Howard Marshall, *El Evangelio de Lucas: Un comentario sobre el texto griego*, Comentario del Nuevo Testamento Griego Internacional (Grand Rapids, MI: Eerdmans, 1978), p. 279.

24. Gagnon, "¿Aprobó Jesús la pareja homosexual en la historia del centurión de Capernaum?".

25. Ibíd., el énfasis es suyo. Él señala además que, "*la fraternidad de Jesús con los publicanos y pecadores sexuales no sugiere apoyo para su comportamiento.* El hecho de que Jesús sanó al "muchacho" (*pais*) del centurión en Mateo 8:5-13 y Lucas 7:1-10 no comunica nada a la manera de aprobación de alguna relación sexual potencial en la que el centurión pudo haber estado participando, ya sea con su "muchacho" o cualquier otra persona. Jesús también se acercó a los recaudadores de impuestos. Sin embargo, Él no estaba elogiando su bien merecida reputación por la recolección de más impuestos de su propio pueblo de los que tenían derecho a cobrar. Jesús se acercó a los pecadores sexuales; sin embargo, da sus declaraciones claras sobre divorcio y nuevo casamiento, desde luego, no estaba aprobando su actividad sexual. ¿Por qué debemos concluir que el silencio de Jesús sobre la vida sexual del centurión comunica aprobación?"

26. Ibíd., el énfasis es suyo. En cuanto a la objeción de que para Jesús sanar al siervo del centurión hubiera sido aprobar la esclavitud, en primer lugar, como se señaló en el capítulo 3, Jesús no trató de derrocar el sistema de la esclavitud en el curso de su vida; en contraste, como se ve aquí en este capítulo, se opone claramente a la práctica homosexual; en segundo lugar, es muy posible que un siervo muy estimado sería tratado así por su amo, y Jesús, con discernimiento perfecto y reconocimiento de la preocupación del centurión por este siervo, habría sabido que ese era el caso; en tercer lugar, Jesús tuvo compasión para sanar (véase, por ejemplo, Mateo 14:14), y podemos asumir con seguridad que el siervo prefería estar vivo en vez de muerto, de lo contrario, él hubiera tomado fácilmente su propia vida.

27. Para la posible conexión entre este pasaje y el que se discute aquí, vea nuevamente Gagnon, "¿Aprobó Jesús a la pareja homosexual en la historia del centurión de Capernaum?"

28. Brentlinger, *Gay Christian 101*, pp. 205-208, intenta suavizar esto basado en las supuestas edades de la actividad sexual en ese entonces.

CAPÍTULO 8
PABLO Y LA HOMOSEXUALIDAD

1. Robin Scroggs, *The New Testament and Homosexuality* [El Nuevo Testamento y la homosexualidad] (Philadelphia: Fortress, 1983), p. 127, el énfasis es suyo. Y, obviamente, Pablo escribió más de "una frase" en Romanos 1 en cuanto a la práctica homosexual. Ver también el capítulo 4, "La Biblia es un libro heterosexual".

2. Esto fue señalado por el profesor N. T. Wright, uno de los estudiosos del Nuevo Testamento más destacados del mundo; para el vídeo de su discusión, consulte "N. T. Wright Debate sobre la homosexualidad 4", http://tinyurl.com/y8eze9u (consultado el 20 de enero de 2014), para una discusión por escrito, ver John L. Allen Jr., "Entrevista con el obispo anglicano N. T. Wright de Durham, Inglaterra", *Reportero Católico Nacional*, 21 de mayo de 2004, http://tinyurl.com/6nezu5 (consultado el 20 de enero de 2014), para un intento más bien débil para refutar esto, vea Richard Fellows, "La equivocación de N. T. Wright sobre la homosexualidad", *Pablo y colegas* (blog) 29 de noviembre de 2011, http://tinyurl.com/lvklsjw (consultado el 20 de enero de 2014). Yo digo que el intento de refutar a Wright es bastante débil debido a que: (1) supone que Pablo habría sido totalmente ignorante de la literatura griega clásica, (2) supone que debido a que Wright no es un experto en homosexualidad, su uso de fuentes históricas como antiguo historiador de primera clase ha de ser rechazado, y (3) supone que no hubo relaciones homosexuales comprometidas que Pablo hubiera observado en Roma o en Corinto (en realidad, él escribió Romanos antes de haber ido a Roma como apóstol), lo que significa que no había tal cosa como la homosexualidad en ese entonces. (¿Los activistas gays quieren discutir esto?) Para citar al profesor Wright directamente, "Como clasicista, tengo que decir que cuando leo *El Simposio* de Platón, o cuando leo los relatos de principios del Imperio Romano acerca de la práctica de la homosexualidad, me parece entonces que ellos sabían tanto sobre eso como nosotros. En particular, un punto que muchas veces se pierde, ellos sabían mucho acerca de lo que la gente hoy en día consideraría como relaciones de largo plazo, razonablemente estables entre dos personas del mismo sexo.

   "Esto no es una invención moderna; ya está ahí, en Platón. La idea de que en el tiempo de Pablo fue siempre una cuestión de explotación de los más jóvenes por hombres mayores o lo que sea...por supuesto que había un montón de eso entonces, como hoy, pero no era de ninguna manera lo único. Ellos sabían toda la gama de opciones que había.

"De hecho, en el mundo moderno eso tampoco es un invento del siglo XX. Si usted lee la literatura reciente, por ejemplo, el libro de Graham Robb *Strangers* [Extraños], que es un relato de amor homosexual en el siglo XIX, ofrece un interesante relato de todas las clases de diversas expresiones y percepciones y fenómenos. Creo que hemos sido engañados por Michel Foucault con el pensamiento de que todo esto es un fenómeno nuevo".

3. En particular, el libro de Boswell *Same-Sex Unions in Premodern Europe* [Las uniones homosexuales en la Europa premoderna] (Nueva York: Vintage, 1995), que fue duramente criticado después de su entusiasta recepción inicial.

4. Para revisiones relevantes, véase el capítulo 7, nota 6 arriba.

5. Pim Pronk, *Against Nature? Types of Moral Arguments Regarding Homosexuality* [¿Contra naturaleza? Tipos de argumentos morales respecto a la homosexualidad] (Grand Rapids, MI: Eerdmans, 1993), p. 279. Sin embargo, Pronk rechaza el veredicto sencillo de las Escrituras basado en "la hermenéutica". Para una revisión crítica del libro de Pronk por Gene B. Chase del Messiah College, consulte http://home.messiah.edu/~chase/talk2/pronk.htm (consultado el 20 de enero de 2014).

6. Bernadette Brooten, *Love Between Women: Early Christian Responses to Homoeroticism* [El amor entre mujeres: Respuestas paleocristianas al homoerotismo femenino] (Chicago: University of Chicago Press, 1996), p. 244.

7. "Louis Crompton (1925-2009)", *Scarlet*, 27 de junio de 2009, http://scarlet.unl.edu/?p=2230 (consultado el 20 de enero de 2014).

8. Louis Crompton, *Homosexuality and Civilization* [Homosexualidad y civilización] (Cambridge, MA: Harvard University Press, 2003), p. 114.

9. Walter Wink, "¿Al diablo con los gays?", *Análisis del siglo cristiano* 119, no. 13 (5 de junio de 2002), p. 33.

10. Via y Gagnon, *Homosexuality and the Bible: Two Views* [La homosexualidad y la Biblia: Dos puntos de vista], p. 93.

11. Eugene Rice, en *GLBTO*, s.v. "San Pablo (d. *ca* 66 CE)", http://tinyurl.com/k22uspy (consultado el 20 de enero de 2014).

12. Ibíd.

13. Ibíd.

14. Ibíd.

15. Ibíd.

16. Con respecto a Romanos 1, ella afirmó que lo que Pablo escribió allí estaba basado en un intento por "mantener una asimetría de género

basada en la subordinación femenina. Espero que las iglesias de hoy en día, estando al tanto de la historia que he presentado, ya no enseñen Romanos 1:26 y siguientes como autoridad". (*Love Between Women*, p. 302.)

17. Rice, *GLBTO*, s.v. "San Pablo (d. *ca* 66 CE)".

18. Ibíd. Esto también sugiere que el coito anal entre parejas heterosexuales sería un error, aunque no proscrita tan claramente como la homosexualidad masculina.

19. Ver el *Study New Testament for Lesbians, Gays, Bi, and Transgender*, pp. 262-264.

20. Ibíd., p. 262.

21. Ibíd., p. 263.

22. Para un serio intento "cristiano gay" para desafiar la comprensión tradicional de estas dos palabras griegas, consulte Brentlinger, *Cristiano Gay 101*, pp. 306 a 356; de un erudito gay, ver Dale B. Martin, *Sex and the Single Savior : Gender and Sexuality in Biblical Interpretation* (Louisville, KY: Westminster John Knox Press, 2006), (Louisville, KY: Westminster John Knox Press, 2006), pp. 37-50; para la refutación de Robert Gagnon de Martin, vea *The Bible and Homosexual Practice*, p. 498 (índice), y note p. 323: "Dados los acontecimientos atestiguados, la falta de voluntad de Martin para admitir que *arsenokoitēs* se limita a la conducta homosexual es sorprendente". Para un análisis detallado de Gagnon en cuanto a estas palabras griegas, véase Ibíd., pp. 306-339 (también con la discusión de *arsenokoitēs* en 1 Timoteo 1:10); para un amplio debate erudito, véase Robert A. J. Gagnon, "'Los perros ladran pero la caravana se mueve': Mi respuesta a la crítica de Jean-Fabrice Nardelli en cuanto a *The Bible and Homosexual Practice*", 26 de julio de 2012, http://tinyurl.com/kn6n6yt (consultado el 20 de enero de 2014), y Jean-Fabrice Nardelli, "Réplica a Gagnon 'Los perros ladran pero la caravana se mueve', Parte 1", http://tinyurl.com/ktxtqy3 (consultado el 20 de enero de 2014). Según el estudioso del Nuevo Testamento Anthony C. Thiselton, "Seguimos en terreno especulativo *hasta que consideramos los dos términos en relación con los demás...*" (*The First Epistle to the Corinthians: A Commentary on the Greek Text*, New International Commentary on the Greek New Testament [*La Primera Epístola a los Corintios: Un comentario sobre el texto griego*, Nuevo comentario internacional sobre el Nuevo Testamento Griego] [Grand Rapids, MI: Eerdmans, 2000], p. 449, el énfasis es suyo.

23. Véase el *Study New Testament for Lesbians, Gays, Bi, and Transgender*, p. 262.

24. Guest, Goss, West y Bohache, *Queer Bible Commentary*, p. 614.

25. Pablo usa la palabra *arsenokoitēs* de nuevo en 1 Timoteo 1:10, donde escribe: "Nosotros sabemos que la ley es buena cuando se usa correctamente. Pues la ley no fue diseñada para la gente que hace lo correcto. Es para los transgresores y rebeldes, para los desobedientes a Dios y los pecadores, para quienes no consideran nada sagrado y que profanan lo que es santo, para quienes matan a su padre o a su madre, o cometen otros homicidios. La ley es para los que cometen inmoralidades sexuales o los que practican la homosexualidad [*arsenokoitēs*] o los traficantes de esclavos, los mentirosos, los que no cumplen sus promesas o los que hacen cualquier otra cosa que contradiga la sana enseñanza que proviene de la gloriosa buena noticia, que me confió nuestro bendito Dios" (1 Tim. 1:8-11). Como observa Gagnon en *La Biblia y Homosexual Práctica*, pp. 334-335, "el orden de la última mitad de la lista de vicios corresponde al orden del Decálogo. 'Quienes matan a su padre o a su madre' se corresponde con el quinto mandamiento de honrar a los padres; 'cometen otros homicidios' corresponde al sexto mandamiento, 'los que cometen inmoralidades sexuales u hombres que llevan a otros hombres a la cama' se corresponde con el séptimo mandamiento contra el adulterio; 'los secuestradores' corresponde al octavo mandamiento en contra del robo [interpretado en el mundo antiguo para incluir el secuestro], y 'los mentirosos' y los 'perjuros' corresponde al noveno mandamiento contra el falso testimonio".

26. Thiselton, *La primera epístola a los corintios*, p. 452.

27. Ibíd.

28. Amy Orr-Ewing, *Is the Bible Intolerant? Sexist? Oppressive? Homophobic? Outdated? Irrelevant?* [¿Es la Biblia Intolerante? ¿Sexista? ¿Opresiva? ¿Homofóbica? ¿Obsoleta? ¿Irrelevante?] (Downers Grove, IL: InterVarsity, 2005), pp. 118-119, énfasis añadido. Según el profesor Jeffrey Siker, "Lo que Pablo dijo acerca de las relaciones entre personas del mismo sexo y por qué lo dijo está relativamente claro, especialmente considerando sus valores judíos del primer siglo. Lo que Pablo habría hecho de las expresiones modernas de la homosexualidad y, en particular, de las nociones de orientaciones sexuales que ocurren naturalmente, no es más que especulación" (Jeffrey S. Siker, ed., *Homosexuality and Religion: An Encyclopedia* [La homosexualidad y la religión: Una enciclopedia] [N.p.: Greenwood, 2006], p. 173). Por el contrario, todo lo que hemos visto en este capítulo indica que nosotros sabríamos exactamente lo que Pablo tendría que decir sobre la homosexualidad hoy en día.

29. Eva Cantarella, *Bisexuality in the Ancient World* [Bisexualidad en el Mundo Antiguo], segunda ed. (New Haven: Yale University Press, 2002), p. 211.

30. Ibíd., p. 217, pero también señalando algunos contrastes con la sexualidad griega. Tenga en cuenta también que, aunque los estoicos eran conocidos por su oposición a la homosexualidad en base a los principios de la naturaleza, se ha afirmado que el "fundador estoico Zeno...era conocido por perseguir a sus estudiantes [varones] y fomentar el vestido andrógino" (Diana M. Swancutt , citada en Guest, Goss, West y Bohache, *Queer Bible Commentary*, p. 597).

31. Timoteo Bradshaw, ed., *The Way Forward? Christian Voices on Homosexuality and the Church* [¿El camino a seguir? Voces cristianas sobre la homosexualidad y la Iglesia] (Grand Rapids, MI: Eerdmans, 2004), p. 156.

32. Ibíd., pp. 167-168. El libro de Bradshaw fue incluso avalado por el profesor gay de Harvard y ministro Peter J. Gomes, lo que indica la naturaleza amable del tono del libro. El profesor Gagnon tiene algunas críticas muy incisivas para aquellos que intentan limitar el significado de *arsenokoitai*: "No hay ninguna posibilidad de que el mismo Pablo, que estaba preocupado por hacer desdibujar las distinciones entre los sexos incluso sobre asuntos relativamente menores tales como cubrirse el cabello en 1 Corintios 11:2-16, pudiera haber limitado el significado de *arsenokoitai* en la misma carta a sólo determinados tipos de relaciones sexuales entre personas del mismo sexo. "Si en opinión de Pablo los peinados inapropiados y el cubrir la cabeza eran una fuente de vergüenza porque comprometía las diferencias sexuales entre hombres y mujeres, ¿cuánto más podría un hombre que toma otro hombre en la cama ser un acto vergonzoso (Romanos 1:27), echándose con otro varón, 'como con mujer '? Pablo no hizo de cubrir la cabeza una cuestión vital para inclusión en el reino de Dios, pero puso las relaciones entre personas del mismo sexo en ese nivel. Supongamos que los corintios hubieran escrito en ese entonces: "'Pablo, tenemos un hermano en nuestra iglesia que está teniendo relaciones sexuales con otro hombre. Pero ese otro hombre no usa maquillaje ni perfume fuerte, no usa ropa de mujer, ni trenza su pelo ni, en su defecto, trate de parecerse a una mujer. Y el otro hombre es un adulto. Los dos realmente se aman y se comprometen a pasar el resto de sus vidas juntos. Tampoco están involucrados en los cultos idólatras de la prostitución. Cuando usted mencionó que *arsenokoitai* sería excluido de la venida del reino de Dios, no estaba incluyendo a alguien como este hombre, ¿verdad?'

"Teniendo en cuenta el contexto de 1 Corintios 5–6 y 11, ¿puede alguien seriamente proponer que Pablo hubiera dicho: 'Así es, un hombre así no sería un *arsenokoitēs*'"? (Gagnon, *The Bible and Homosexual Practice*, pp. 328-329) Ver también Peet H. Botha, *The Empty Testament: Four Arguments Against Gay Theology* [El testamento vacío: Cuatro argumentos en contra de la teología Gay] (Victoria, BC, Canada: Trafford Publishing, 2008), pp. 174-188.

33. Matthew Vines, *"El debate gay: La Biblia y la homosexualidad"*, http://www.matthewvines.com/transcript (consultado el 20 de enero de 2014).

34. Una vez más, esta es la explicación más común entre los teólogos gays.

35. Para ser claros, hay personas piadosas que están enfermas, pero la enfermedad, en sí misma, nunca es vista como una condición positiva en la Biblia.

36. James D. G. Dunn, *Romanos 1—8*, Word Biblical Commentary [Comentario Bíblico Mundial] (Dallas: Word, 1998), p. 64.

37. Véase la nota 2 de este capítulo. Y, contrariamente a los temas de discusión gays, nadie nace gay.

38. Dunn, *Romanos 1—8*, p. 64.

39. CoalitionofConscience.org, "Una respuesta cristiana a la homosexualidad: Debate Knox/Brown", http://tinyurl.com/og7xvr3 (consultado el 20 de enero de 2014).

40. Ibíd.

41. Si usted dice: "¿Qué pasa con una pareja heterosexual que no puede tener un bebé?", está en realidad ilustrando mi punto, ya que esto no es algo para celebrar. Más bien, significa que algo está mal, que algo, ya sea en el esposo o la esposa, no está funcionando correctamente y, por lo tanto, puede que se necesite tomar medidas extraordinarias para que la pareja tenga un bebé. Por el contrario, los gays y las lesbianas insisten en que no hay nada malo con ellos, que Dios los hizo así, y que su homosexualidad es algo para celebrar.

42. Para refutar la idea de que Gálatas 3:28 se puede de alguna manera también significar que "no hay homosexuales o heterosexuales", véase el capítulo 3, nota 36.

43. Por ejemplo, él usa la palabra común para "hombre, marido" *anēr, andros*, cincuenta y nueve veces en sus cartas, en contraste con *arsen*, varón, que la utiliza sólo cuatro veces, tres en Romanos 1:27 y una vez en Gálatas 3:28, como se ha señalado. Esto es muy significativo.

44. Colin Brown, ed., *New International Dictionary of New Testament Theology* [Nuevo Diccionario Internacional de Teología del Nuevo

Testamento] (Grand Rapids, MI: Zondervan, 1986), 3:660; de nuevo, el punto no es que esto sólo ocurrió en el contexto de la idolatría. Más bien, el punto es que estas son consecuencias del pecado humano en contra de Dios. Para más información sobre *para physin* en Romanos 11 y 1 Corintios 11, ver Gagnon, *The Bible and Homosexual Practice*, pp. 254-270.

45. Gagnon, *The Bible and Homosexual Practice*, pp. 290-291.

46. Vines, en "El debate gay: la Biblia y la homosexualidad", refiriéndose a la palabra griega *arsenokoitēs* en 1 Corintios 6:9, afirma que "No hay apoyo contextual para vincular este término con relaciones amorosas fieles". Pero, como ha sido señalado, aun cuando fuera cierto (lo cual podría ser fácilmente disputado; ¿quién puede decir que Pablo no incluyó "relaciones amorosas fieles" aquí?), es completamente irrelevante, ya que los actos sexuales entre hombres están proscritos por Dios, aquí a través de Pablo.

47. Citado en Dunn, *Romanos 1-8*, p. 64.

48. Wolfhart Pannenberg: "¿Debemos apoyar el matrimonio gay? NO", http://tinyurl.com/lwbyrhv (consultado el 20 de enero de 2014). Un "cristiano gay" fue tan lejos como para afirmar que Pablo realmente aprobó el matrimonio del mismo sexo en 1 Corintios 7, una afirmación tan ridícula que él habría hecho mejor argumentando que Paul aprobó el matrimonio entre humanos y extraterrestres. De manera increíble— en realidad, de manera ofensiva—basa sus ideas en 1 Corintios 7. Vaya y léalo diez veces por completo en el griego o en una traducción, y usted nunca encontrará lo que ese "cristiano gay" está argumentando en el texto. Por eso sólo me dirijo a esto en una nota al final, y aun así, es darle demasiado crédito a la idea.

49. Ver los estudios citados más adelante, nota 64. cf. También la nota 59, abajo.

50. Brown, *A Queer Thing Happened to America*, pp. 380-381.

51. Cf., Steven E. Rhoads, *Taking Sex Differences Seriously* [*Tome en serio las diferencias de sexo*] (San Francisco: Encounter Books, 2004), especialmente pp. 45-78 (el capítulo se titula "Los hombres no sufren dolores de cabeza"). Como señaló Lisa M. Diamond, *Fluidez Sexual: Entendiendo el Amor y el Deseo de las Mujeres* (Cambridge, MA: Harvard University Press, 2009), p. 45, "los hombres tanto gays como heterosexuales ponen más énfasis en el sexo en las relaciones que las mujeres lesbianas y heterosexuales (quienes, comparativamente, ponen más énfasis en la intimidad emocional)", en referencia a L. A. Peplau y L. R. Spalding, "Las estrechas relaciones de lesbianas, hombres gays y

bisexuales", en C. Hendrick y S. S. Hendrick, eds., *Close Relationships: A Sourcebook* [Relaciones cercanas: Un texto de referencia] (Thousand Oaks, CA; Sage, 2000), pp. 111-123.

52. Ver de nuevo Rhoads, *Taking Sex Differences Seriously*, pp. 45-78.

53. Esto es parte de su idea de que el matrimonio *"civiliza a los hombres y los enfoca en actividades productivas. Los hombres solteros causan mucho más problemas a la sociedad que los hombres casados"*. Ver Frank Turek, *Correcto, no políticamente correcto: Cómo perjudica a todos el matrimonio homosexual* (Charlotte, Carolina del Norte: interrogado, 2008), p. 18, el énfasis es suyo.

54. Ver Jesse Monteagudo, "Mucho alboroto por Dan Savage", *Gay Today*, http://tinyurl.com/lmwa5wz (consultado el 20 de enero de 2014).

55. Michael Bronski, *The Pleasure Principle: Sex, Backlash, and the Struggle for Gay Freedom* [El principio del placer: Sexo, contragolpe y la lucha por la libertad gay] (Nueva York: St. Martins Press, 1998), p. 9. Un colega que revisó el manuscrito del libro añade aquí: "Muchos también argumentarían que la sexualidad femenina y masculina difieren entre sí en formas tan profundas que cada uno de ellos tienen un efecto de templado en el otro. Y así, en términos generales, puesto que los varones tienden a estar más basados en lo físico en términos de su sexualidad, mientras que las mujeres tienden a estar más basadas en lo emocional, dos varones juntos serían probablemente hipersexuales, mientras que dos mujeres serían probablemente híperemocionales. Sin embargo, los varones y las hembras combinan de una manera tal como para crear un equilibrio sexual entre parejas. Por supuesto, no siempre es perfecto, ni siempre funciona así, pero en términos generales, las parejas hombre-mujer logran este equilibrio en un grado viable".

56. Citado en Jeffrey Satinover, *Homosexuality and the Politics of Truth* [La homosexualidad y la política de la verdad] (Grand Rapids, MI: Baker, 1996), p. 55.

57. Paul Van de Ven, Pamela Rodden, June Crawford, y Susan Kippax, "Un demográfico comparativo y un perfil sexual de hombres mayores homosexualmente activos", *Publicación Periódica de Investigación del Sexo* 34, no. 4 (1997): pp. 349-360, como se hace referencia en Robert Gagnon, "Inmoralidad, insalubridad homosexual y la Escritura. Una respuesta a 'El heterosexismo, salud homosexual y la Iglesia' de Peterson y Hedlund; Parte II: Ciencia: Causalidad y psicopatología, promiscuidad, pedofilia y enfermedades de transmisión sexual", http://tinyurl.com/n82m8a3 (consultado el 20 de enero de 2014).

58. Vea Robert T. Michael, John H. Gagnon, Edward O. Laumann, and Gina Kolata, *Sex in America: A Definitive Survey* (Boston: Little, Brown & Company, 1994).

59. Satinover, *Homosexuality and the Politics of Truth*, p. 55. Para una crítica de la utilización de este estudio (y otros estudios más viejos) por un grupo de vigilancia de los gay, ver Jim Burroway, "Se le están viendo los calzoncillos al FRC ", 4 de diciembre de 2006, http://tinyurl.com/nah3z8t (consultado el 20 de enero de 2014). Después de tratar a varios cientos de clientes homosexuales, y con referencia a este mismo estudio de McWhirter y Mattison, el psicólogo holandés Dr. Gerard van den Aardweg opinó que: "La inquietud homosexual no puede ser apaciguada, mucho menos por tener una pareja, ya que estas personas son propulsadas por el deseo insaciable de la figura de la fantasía inalcanzable. En esencia, el homosexual es un niño anhelante, no satisfecho.

"El término *neurótico* describe estas relaciones también. Sugiere el egocentrismo de la relación; la búsqueda de atención, las tensiones continuas, generalmente derivadas de la queja recurrente: 'No me amas'; el celo, que tan a menudo sospecha: 'Él (ella) está más interesado en alguien más'. *Neurótico*, en fin, sugiere todo tipo de dramas y conflictos infantiles, así como el desinterés básico en la pareja, a pesar de las pretensiones poco profundas de 'amor'. En ninguna parte hay más autoengaño en el homosexual que en su representación de sí mismo como amante. Un miembro de la pareja es importante para el otro sólo en la medida que satisface las necesidades del otro. El amor desinteresado, real, de un miembro de la pareja por el otro deseado terminaría, de hecho, ¡destruyendo el 'amor' homosexual! Las 'uniones' homosexuales son relaciones aferradas de dos esencialmente 'pobrecito yo' egocéntricos". Ver Gerard JM van den Aardweg, *The Battle for Normality: A Guide for (Self) Therapy for Homosexuality* [La batalla por la normalidad: Una guía para la (mí mismo) terapia de la homosexualidad] (San Francisco: Ignatius Press, 1997), pp. 62-63.

Por supuesto, estoy consciente de que algunos afirmarán que estos comentarios son precisos, mientras que otros los leerán con indignación, como representativo del máximo carácter ofensivo. Simplemente estoy citando la perspectiva de un psicólogo, así como cité las perspectivas de muchos psicólogos que apoyan a los gays a todo lo largo de mi libro *A Queer Thing Happened to America*, del cual este material ha sido adaptado. De relacionado interés está el comentario de Kenneth Lewes en *Archivos de Comportamiento Sexual* 31 (2002): pp. 380-383, en el que revisa el volumen del Dr. Jack Drescher *Psychoanalytic Therapy and the Gay*

Man [La terapia psicoanalítica y el hombre gay] (New York: Routledge, 2001), en el que Lewes señala que Drescher no se ocupa de cuestiones como la "búsqueda increíble de los clientes gays de la variedad y frecuencia sexual, la importancia para ellos de la fantasía y escenarios sadomasoquistas, el uso indebido de drogas para aumentar el placer sexual, su despliegue físico narcisista aparentemente adolescente... Los terapeutas que trabajan con hombres gays oyen hablar de estos comportamientos con frecuencia" (383), citado en Linda Ames Nicolosi, "La variedad y frecuencia sexual, S & M (sadomasoquismo) son parte de lo que hace la orientación gay 'peculiar y valiosa'", dice el psicólogo,"NARTH.org, http://www.narth.org/docs/promiscuity.html (consultado el 20 de enero de 2014). Tenga en cuenta que tanto Lewes como Drescher son abiertamente gays, así como defensores de los problemas de los gays.

60. Cf. Gagnon, *The Bible and Homosexual Practice*, pp. 453-460, y ver las notas al calce posteriores en este capítulo.

61. Ryan Lee, "Gay Couples Likely to Try Non-Monogamy, Study Shows: Separate Research Shows Lack of 'Gay-Boy Talk' Hampers Safe-Sex" [Las parejas homosexuales son más propensas a probar la no monogamia, muestra estudio: investigación independiente muestra la falta de conversación sobre el "chico gay" dificulta el sexo seguro], *Washington Blade*, 22 de agosto de 2003, http://tinyurl.com/paywrzr (consultado el 20 de enero de 2014). Note los comentarios de un hombre llamado Pablo, que envió un correo electrónico a nuestra organización el 6 de mayo de 2009: "Yo vivo en el Reino Unido y me di cuenta del ministerio del Dr. Brown a través de la internet. Viví un 'estilo de vida gay' durante años. Yo era un cristiano evangélico que dejé la iglesia y me entregué a mis deseos y perseguí una vida de salvaje abandono sexual y con múltiples relaciones sexuales fallidas. Tristemente los cristianos liberales me animaron a 'aceptarme a mí mismo', lo que me alentó a seguir pecando... *Nunca he conocido a una pareja de homosexuales monógama [sic] que hayan estado juntos más allá de las 'primeras etapas de la atracción romántica y sexual'. Las relaciones que duran tienen arreglos que incluyen la promiscuidad de algún tipo*" (énfasis añadido).

62. Según relatado por el psicoterapeuta gay Joe Kort, "¿Monógamo para siempre?", JoeCort.com, 2004, http://www.joekort.com/articles33.htm (consultado el 20 de enero de 2014). Kort intenta aplicar los mismos principios de la monogamia redefinida tanto a parejas homosexuales como heterosexuales. Para una comparación de estudios que confirman esta tendencia con estudios que afirman que hay una mayor fidelidad

sexual entre las parejas homosexuales, véase Harold Miller, "(¡Intentar!)
Darle sentido a las diferentes estadísticas sobre la monogamia gay"
http://tinyurl.com/n4mb8eq (consultada el 20 de enero de 2014).

63. Marcos Oppenheimer, "Casado, con infidelidades", *New York Times
Magazine*, 30 de junio de 2011, http://tinyurl.com/dy8wdso (consultado
el 20 de enero de 2014); y Dan Savage, "Vigilar: Dan Savage explica
los pros y los contras de la relación 'medio monógama'," Queerty.com,
http://tinyurl.com/p3uneeb (consultado el 20 de enero de 2014).

64. C. H. Mercer, G. J. Hart, A.M. Johnson y J. A. Cassell, "¿Hombres
conductualmente bisexuales como población puente para el VIH y las
infecciones de transmisión sexual? Evidencia de un estudio nacional de
probabilidad", *Revista Internacional de ETS y SIDA* 20, no. 2 (febrero
de 2009): pp. 87-94, como se hace referencia en James E. Phelan, Neil
Whitehead y Philip M. Sutton, "Lo que muestra la investigación: Respuesta de NARTH a las afirmaciones de la APA sobre la homosexualidad", *Publicación Periódica de la Sexualidad Humana*, vol. 1 (2009):
http://tinyurl.com/kfpcgaa (consultado el 20 de enero de 2014). La declaración en resumen simplificado de Whitehead es que, "Tanto gays
como lesbianas tienen 3 a 4 veces más parejas que los heterosexuales
(comparación de las medias)" (N. E. Whitehead, "Conceptos erróneos
comunes sobre la homosexualidad", http://tinyurl.com/m7hzwjp (visi-
tado. 20 de enero de 2014). Cf. D. P. Schmitt, "Estrategias sexuales a lo
largo de las orientaciones sexuales: Cómo se relacionan los rasgos de la
personalidad y la cultura con la sociosexualidad entre los gays, lesbianas,
bisexuales y heterosexuales". *Publicación Periódica de Psicología y Sexualidad Humana* 18 (2007), pp. 183-214, (con "sociosexualidad" siendo
una palabra en clave para la promiscuidad). Para líneas más generales,
ver A. Dean Byrd, "Adicción sexual: Un modelo psico-fisiológico para
abordar los comportamientos obsesivo-compulsivos", http://www.narth
.org/docs/coll-byrd.html (consultado el 20 de enero de 2014).

65. Centros para el control y prevención de enfermedades, "Vigilancia del
VIH en adolescentes y adultos jóvenes," http://tinyurl.com/kkszo2s (consultado el 20 de enero de 2014), y Peter LaBarbera, "CDC (o CCPE?):
94-95. Por ciento de casos de VIH entre los niños y jóvenes vinculados
al sexo homosexual", Estadounidenses por la verdad sobre la homosexualidad, http://tinyurl.com/mpqm7rb (consultado el 20 de enero de 2014).

66. Y desde una perspectiva de diseño, está igualmente claro que Dios no
diseñó a las mujeres para estar con mujeres.

67. Para dar un ejemplo, note que hay una disminución potencial en el cáncer de mama para las mujeres que tuvieron bebés y los amamantaron, consulte "Beneficios de salud del embarazo y la maternidad", lámina 3, WhattoExpect.com, http://tinyurl.com/kx95vcv (consultado el 20 de enero de 2014).

68. Michael S. Piazza, *Holy Homosexuals: The Truth About Being Gay or Lesbian and Christian* [Homosexuales santos: La verdad acerca de ser gay o lesbiana y cristiano] (Dallas: Fuentes de Hope Publishing, 1997).

69. Joe Dallas, *The Gay Gospel* (Eugene, OR: Harvest House Publishers, 2007), explica cuán aterrorizada estaba la comunidad homosexual cuando estalló el SIDA, lamentando el hecho de que, en lugar de llegar con misericordia a los enfermos de SIDA, muchos cristianos señalaron la epidemia como evidencia del juicio divino. Si bien es cierto que el comportamiento inmoral tiene como consecuencia natural diversos riesgos para la salud, en este caso que conducen al SIDA, eso es diferente de la pronunciación de una plaga divinamente enviada a los gays.

70. Ver, por ejemplo, "El VIH y el SIDA en Uganda", Avert.org, http://www.avert.org/hiv-aids-uganda.htm (consultado el 20 de enero de 2014). Nota: esto *no* está escrito desde una perspectiva cristiana conservadora.

71. Observe cómo el Dr. David Reuben, en los días antes de que lo políticamente correcto se hiciera cargo de parte del debate científico, describió el sexo anal en su libro de 1969, *Everything You Wanted to Know About Sex but Were Afraid to Ask* [Todo lo que usted quiso saber sobre el sexo pero nunca se atrevió a preguntar] (Nueva York: David McKay, 1969), pp. 164-169.

72. David Barnhart, un plantador de iglesias metodistas unidas, ofreció lo que llamó "Una lectura retórica escandalosa de Romanos 1 y 2", y aunque formula algunos puntos sobre el juzgar (er el capítulo 2), lo único escandaloso en su paráfrasis es lo profundamente mal que interpreta las palabras de Pablo en Romanos 1:26-27. Ver David Barnhart, "Una lectura retórica escandalosa de Romanos 1 y 2", *RMNBlog* (blog), 20 de julio de 2013, http://tinyurl.com/kq7f66s (consultado el 20 de enero de 2014).

73. Ver Michael Brown, "El evangelio del martirio vs. El evangelio de éxito", CharismaNews.com, 21 de octubre de 2013, http://tinyurl.com/kunpr96 (consultado el 20 de enero de 2014).

74. Thiselton, *La Primera Epístola a los Corintios*, p. 452. Él continúa: "Escritores tan diferentes entre sí, como Kenneth Bailey [un erudito cristiano conservador] y Dale Martin [un erudito gay del Nuevo Testamento] están de acuerdo en que 1 Corintios afirma enfáticamente que *el*

cuerpo y sus prácticas ocupa un lugar de suma importancia para los que están unidos en Cristo".

CAPÍTULO 9

TODO SE REPRODUCE SEGÚN SU ESPECIE

1. Ver Gálatas 6:7-8.
2. Ver Job 4:8; Proverbios 11:18; 22:8; Oseas 8:7; 10:12-13, Mateo 13:24-30, 37-39; Jacob (Santiago) 3:18.
3. Brown, *A Queer Thing Happened to America*, p. 343.
4. Ibíd., p. 346.
5. Véase Ibíd., pp. 343-347.
6. Véase Ibíd., pp. 404 a 407 para referencias.
7. Programa Creating Change: The National Conference on LGBT Equality 2010 [Crear cambio: La conferencia nacional sobre igualdad LGBT 2010], http://www.thetaskforce.org/downloads/creating_change/cc10/cc10_program_book.pdf, 1 (consultado el 19 de septiembre de 2010). Este enlace ya no está disponible en línea.
8. Me refiero a la conferencia de 2010 porque descargué el programa mientras trabajaba en *A Queer Thing Happened to America* y tenía los datos en la mano. Pero el programa no era en ningún modo atípico para estas conferencias.
9. Programa Crear cambio: La conferencia nacional sobre igualdad LGBT 2010, p. 9.
10. Ibíd., p. 17.
11. Ibíd.
12. Ibíd., p. 28.
13. Ibíd., p. 47.
14. Ibíd., p. 88. El Premio al Liderazgo de Cuero 2009 fue dado a Graylin Thornton que, de acuerdo con Estadounidenses por la Verdad sobre la Homosexualidad, era un proveedor de videos porno gay. Véase Peter LaBarbera, "Comando nacional gay y lesbiano habla de 'liderazgo moral' mientras honra a pornógrafo homosexual S & M", Estadounidenses por la Verdad sobre la Homosexualidad, http://tinyurl.com/odxj44c (consultado el 20 de enero de 2014).
15. Crear cambio: La conferencia nacional sobre igualdad LGBT 2010, 25.
16. Según el psicólogo Gerard J. M. van den Aardweg: "La vida de la mayoría de los homosexuales más comprometidos gira en torno a una sola cosa: la homosexualidad. En su egocentrismo ellos, a menudo, no están conscientes del sufrimiento que infligen a su entorno". Vea el análisis de

Dawn Stefanowicz en *Salir de abajo* en la *Publicación Periódica Empírica del Comportamiento Homosexual*, 1 (2007): p. 3.

17. Guest, Goss, West y Bohache, *The Queer Bible Commentary*, p. 528.

18. Drinkwater, Lesser y Shneer, *Torah Queeries*, p. 137. La Dra. Tamar Kamionkowski cita al filósofo judío del primer siglo, Filón, en apoyo a que los sacerdotes estuvieran desnudos y a que su ser fuera ocupado por un fuego apasionado de Dios, añadiendo, sin embargo, que "la lectura de Filón se puede ampliar a través de una lente de lectura *rara*" (Ibíd., pp. 136-137), lo cual es necesario, por supuesto, ya que no había el menor atisbo de algo homoerótico en la lectura de Filón del texto. De hecho, tal interpretación habría sido absolutamente impensable para él.

19. Ver *A Queer Thing Happened to America*, pp. 368-371.

20. "Patrick S. Cheng," http://www.patrickcheng.net/index.html (consultado el 20 de enero de 2014).

21. Sharon Groves, "Del pecado a la sublime gracia", *HRC Blog* (blog), 1 de agosto de 2012 http://tinyurl.com/qdjqq9l (consultado el 20 de enero de 2014).

22. Ibíd. Patrick S. Cheng *From Sin to Amazing Grace: Discovering the Queer Christ* (Nueva York: Seabury Books, 2012).

23. "*Radical Love*", http://www.patrickcheng.net/radical-love.html (consultado el 20 de enero de 2014).

24. Patrick S. Cheng, *Radical Love: An Introduction to Queer Theology* (Nueva York: Seabury Books, 2011). Utilizado con permiso.

25. Ibíd., p. 84.

26. Ibíd., p. 102.

27. Ibíd., p. 108.

28. Ibíd.

29. Ibíd., p. 109.

30. Los elogios de otros eruditos religiosos y teólogos son aun más efusivos que los elogios a su volumen anterior.

31. Cheng, *From Sin to Amazing Grace*, ubicación en Kindle 1882-1888.

32. Ibíd., ubicación en Kindle 1888-1893.

33. Ibíd., ubicación en Kindle 1896-1900. Cheng continúa (Kindle 1900-1903): "En suma, los teólogos LGBT han escrito sobre el Cristo erótico tanto en términos de poder como relación, así como del deseo sexual. Esto surge del hecho de que Jesucristo, como el Verbo hecho carne, es la expresión de la encarnación de los deseos más profundos de Dios para con nosotros, sobre todo en un modelo de pecado y gracia centrado en Cristo".

34. Ibíd., ubicación en Kindle 2605-2606.

35. Ibíd., ubicación en Kindle 2825-2826.

36. Ver Jennings, *The Man Jesus Loved* y también el capítulo 4 de este libro.

37. Ver, por ejemplo, Lucas 21:8, 1 Corintios 6:9; 15:33; Jacob (Santiago) 1:22.

38. Para más ejemplos, ver Brown, *A Queer Thing Happened to America*, pp. 338-371.

39. Justin Tanis, "¿Libertad, gloriosa libertad?" http://tinyurl.com/n77wzky (consultado el 24 de noviembre de 2013).

40. "Sceneprofiles: Interview With Justin Tanis ", http://tinyurl.com/ ld82b7e (consultado el 24 de noviembre de 2013).

41. Ibíd.

42. Ver Brown, *A Queer Thing Happened to America*, pp. 293-296, citando también la bienvenida del alcalde de San Francisco Gavin Newsom a la Feria Popular Folsom como expresión de la "diversidad" de la ciudad.

43. En Yuan, *"Torn: Justin Lee; Reviewed by Christopher Yuan"*, un examen profundo del libro de Justin Lee *Torn*, citado en el capítulo 2, nota 34, Christopher Yuan, ex homosexual, escribe: *"Torn* es una memoria honesta de un cristiano que lucha con los temas de la sexualidad, pero las conclusiones de Lee sobre la forma de vivir parece ser más antropocéntrica que cristocéntrica". Acerca de su experiencia al convertirse en seguidor de Cristo, Yuan escribe: "Con el tiempo me di cuenta de que había puesto un gran énfasis en 'ser gay'. Ahora tenía que colocar mi primera identidad en Cristo".

CAPÍTULO 10
EL EQUILILBRIO ENTRE LA GRACIA Y LA VERDAD

1. Michaelson, *God vs. Gay?*, p. 28.

2. Martin, *Sex and the Single Savior*, pp. 49-50; usado con permiso. Para ver a dónde le lleva la posición de Martin en última instancia, consulte "Profesor gay de religión le dice a la audiencia que abandonen la Biblia", Gay Christian Movement Watch, http://tinyurl.com/lkf2odd (consultado el 21 de enero de 2014).

3. Comentario publicado en mi página Facebook, 24 de agosto de 2013, http://tinyurl.com/otxggg7 (consultado el 21 de enero de 2014). Ver también el testimonio directo del exlíder gay Joe Dallas, un ex "cristiano gay", en *The Gay Gospel: How Pro-Gay Advocates Misread the Bible* [El evangelio Gay: ¿Cómo leen la Biblia erróneamente los defensores progay] (Eugene, OR: Harvest House, 2007).

4. Comentario sobre mi artículo "La cosa más egoísta del mundo", CharismaNews.com, 23 de julio de 2013, http://tinyurl.com/p6dxdxj (consultado el 21 de enero de 2014).

5. "Adán", en comunicación con el autor. Utilizado con permiso.

6. Para algunas reflexiones importantes sobre la cuestión de la "identidad gay", ver Michael W. Hannon, "Desorientación sexual: El problema al hablar de 'homosexualidad'", FirstThings.com, http://tinyurl.com/p7et3jb (consultado el 21 de enero de 2014); Andrew M. Haines, "Cómo entender a los gays: ¿Qué es ficción?", EthnikaPolitika.org, 15 de octubre de 2013, http://tinyurl.com/psh9ofm (consultado el 21 de enero de 2014), y Andrew M. Haines, "Salir del clóset al desnudo", EthnikaPolitika.org, 11 de octubre de 2013, http://tinyurl.com/ppmbzgn (consultado el 21 de enero de 2014).

7. "Adán", en comunicación con el autor.

8. NARTH.org, "Activistas transgénero canadienses urgen protección legal para la fluidez de género", 19 de septiembre de 2005, http://www.narth.org/docs/fluidity.html (consultado el 21 de enero de 2014).

9. Como se relata en Denise, "La vida en la zona T", blog *Life, Law, Gender* [Vida, ley, género], 6 de abril de 2006 http://tinyurl.com/qfuda77 (consultado el 21 de enero de 2014).

10. Comentario sobre Timoteo Kincaid, "La juventud en la mira de los ex-gays", *Ex-Gay Watch*, 2 de marzo de 2006, http://tinyurl.com/qypn87z (consultado el 21 de enero de 2014).

11. Algunos experimentan bisexualidad durante períodos, lo que significa que se sienten atraídos por un sexo determinado en un momento dado y por otro sexo en otro momento, mientras que para otros ocurren ambas atracciones al mismo tiempo, que es el punto en particular que yo estaba formulando. ¿Por qué se deben cumplir todos los deseos? Si uno tiene atracciones homosexuales y heterosexuales, ¿por qué no decir que no a las atracciones homosexuales? Otros han señalado (especialmente mujeres) que se enamoran de una persona, no de un género, lo que pone de relieve una vez más que hay cosas a las que podemos decirles que no, independientemente de nuestros deseos.

12. Martin, *Sex and the Single Savior* [El sexo y el Salvador Soltero], p. 50.

13. De acuerdo con el sitio web de Atracción Sexual Genética (http://www.geneticsexualattraction.org/), GSA se refiere a "un fenómeno de unión familiar, que se ha retrasado hasta la edad adulta" (consultado el 21 de enero de 2014).

14. Falwell, "Carta abierta a Mel White".

15. Ibíd., Énfasis añadido.
16. White, *Religion Gone Bad*, 1, nota *.
17. "Adán", en comunicación con el autor.
18. Página en Facebook de Ministerios Kris Vallotton, https://www .facebook.com/kvministries/posts/10151688318143741, énfasis añadido; el pastor, Kris Vallotton, es mi amigo personal, aunque ciertamente tenemos algunas diferencias teológicas. Utilizado con permiso.
19. Algunos incluso los han acusado de poner demasiado énfasis en la bondad de Dios hasta la exclusión del arrepentimiento y la santidad. Como afirma uno de sus sitios web: "Dios está en un buen estado de ánimo. Él me ama todo el tiempo" ("Ofrenda de Gracias # 4, "http:// www.ibethel.org/offering-readings [consultado el 21 de enero de 2014]). Si tiene preguntas sobre esta perspectiva, vea Brown, *Híper-Gracia* (Lake Mary, FL: Charisma House, de 2014), capítulo 10.
20. Página en Facebook de Ministerios Kris Vallotton, énfasis añadido.
21. Uno de los más conocidos del siglo XX sería el líder católico Henri J. M. Nouwen. Para una obra representativa, consulte *The Wounded Healer: Ministry in Contemporary Society* [El sanador herido: Ministerio de la Sociedad Contemporánea] (New York: Doubleday, 1979).
22. Para ver libros recientes que defienden "el cristianismo gay", vea la bibliografía.
23. Comentario sobre mi artículo: "Compartir la bondad de dios nunca es un fracaso". No estoy seguro de por qué se refirió a Andrew Marin como mi amigo, ya que nunca nos hemos conocido ni hemos tenido ninguna interacción personal (aunque me he extendido hacia él para que se reúna conmigo en mi programa de radio o para participar en un diálogo; hasta ahora sin respuesta); para mi evaluación del libro de Marin, *Love Is an Orientation*, véase el capítulo 4, nota 15.
24. Troy D. Perry, *Don't Be Afraid Anymore: he Story of Reverend Troy Perry and the Metropolitan Community Churches* [No tengas más miedo: La historia del reverendo Troy Perry y la Metropolitan Community Churches (Nueva York: St. Martins Press, 1992), p. 2.
25. Al ver el libro del Rev. Perry, también me entristeció leer sobre el abuso sexual que sufrió a manos del "hermano" de su padrastro pero, por supuesto, él habla de eso en términos negativos ya que era, de hecho, abusivo y forzado. Por otro lado, no se ofrece el menor indicio de que eso podría haber jugado un rol en su desarrollo sexual.
26. Perry, *Don't Be Afraid Anymore*, p. 14.
27. Ibíd., pp. 14-15.

28. Ibíd., p. 20.

29. Ibíd., pp. 24-25. Para conocer la jornada del rabino Steve Greenberg al "judaísmo Ortodoxo gay", vea su libro *Wrestling With God and Men* [Lucha con Dios y los Hombres], y note la forma en que se limita a describir su propia salida del clóset como hombre joven y judío muy religioso, sin ningún sospecha de la maldad de sus actos sexuales (tanto fuera del matrimonio como con un hombre) en la página 8 de su libro. Esto era simplemente parte de su jornada de autodescubrimiento. Véase también el capítulo 5, nota 44.

30. Como señalara uno de mis colegas apropiadamente: "Pensar que los filósofos y pensadores de todas las épocas han meditado, y aún lo hacen, largo y tendido, páginas y páginas de escritura, volúmenes y demás, para responder a esta pregunta y, sin embargo, Troy Perry y la comunidad gay lo han descubierto tan fácilmente, es absurdo". Comentario utilizado con permiso.

31. Cuando me preparé para ver el DVD 2011 de *Llámame Troy*, dirigida por Scott Bloom y elogiaba a Perry como defensor de los derechos de los gays, yo esperaba conmoverme emocionalmente por su valor y la naturaleza de su lucha, a pesar de mis profundos desacuerdos. Pero, al contrario, a medida que se desarrollaba la historia, especialmente su actividad sexual con hombres gays mientras estaba casado con su esposa y la consiguiente formación de su "teología", me dije a mí mismo: "Esto es una teología y una denominación basada en el deseo sexual".

32. Consulte "Piel de cuero con el Rev. Troy Perry", Análisis de Libros Gay, PFOX.org, http://pfox.org/Rev_Troy_Perry_leather_queen.html (consultado el 21 de enero de 2014). Véase también el capítulo 9 de este libro.

33. IMDB.com, "Citas de Carros de Fuego (1981)", http://www.imdb.com/title/tt0082158/quotes (consultado el 21 de enero de 2014).

34. J. P. Moreland, "Why Happiness Isn't a Feeling", Boundless.org, 16 de diciembre de 2004, http://tinyurl.com/mwca55m (consultado el 21 de enero de 2014).

35. Ibíd.

36. Ibíd.

37. Frank Houghton, *Amy Carmichael of Dohnavur: The Story of a Lover and Her Beloved* [Amy Carmichael de Dohnavur: La historia de una amante y su amado] (Fort Washington, PA: Christian Literature Crusade, 1980). Consultado en línea en Libros Google.

38. Sarah J. Rea, *Life of Henry Martyn, Missionary to India and Persia* [Vida de Henry Martyn, Misionero en la India y Persia], *1781-1812*, http://tinyurl.com/pndxqg5 (consultado el 21 de enero de 2014).

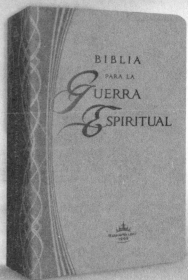